反腐纪实小说

交锋

洪与

著

金城出版社
GOLD WALL PRESS

博集天卷
CS-BOOKY

图书在版编目（CIP）数据

交锋 /洪与著. —北京：金城出版社，2017.9

ISBN 978-7-5155-1559-5

Ⅰ.①交… Ⅱ.①洪… Ⅲ.①长篇小说—中国—当代 Ⅳ.①I247.5

中国版本图书馆CIP数据核字（2017）第 242110 号

交　锋

作　　者	洪　与
责任编辑	王秋月
开　　本	710mm×1000mm　1/16
印　　张	32
字　　数	587千字
版　　次	2018年2月第1版　2018年2月第1次印刷
印　　刷	三河市腾飞印务有限公司
书　　号	ISBN 978-7-5155-1559-5
定　　价	49.80元

出版发行	金城出版社 GOLD WALL PRESS　北京市朝阳区利泽东二路3号　100102
发 行 部	（010）84254364
编 辑 部	（010）84250838
总 编 室	（010）64228516
网　　址	http://www.jccb.com.cn
电子邮箱	jinchengchuban@163.com
法律顾问	陈鹰律师事务所（010）64970501

目录
Contents

01

▼

《圣经》说："当一扇门为你关闭时，一定有一扇窗为你打开。"这，让我想起了监狱的AB门……

——题记

第一章　自杀未遂

(1)

早春，连绵的山峦依旧是一片沉重的斑驳，尽管偶尔一树怒放的野樱花像一团云霞直击眼睑，尽管在厚厚的墨绿中缓缓流淌着嫩嫩的藕黄色。

一辆轿车在逶迤的山间公路上颠簸前行。

文守卫望着车窗外，目光追寻着对面山坡，像是在搜寻什么。

随行的县委办主任坐在副驾驶的位置上，侧头看看文守卫，欲言又止。他很不自然地扭动了几下身子，又侧头看看文守卫。

"书记，您……我……有一件事……"他吞吞吐吐地说。

文守卫依然望着窗外，说："我知道你想说什么。"

县委办主任小心翼翼地接着说："谢书记是我的老领导……"

"停车！"文守卫突然打断他。

司机紧急刹车，县委办主任吓了一跳，有些慌乱，扭过身子眼巴巴望着文守卫，结结巴巴地说："我……我我……"

"没事，我到前边走走……"文守卫打开车门，朝后面走了一段，站在公路边朝山沟凝视。

这地方叫笼子沟。从初中到高中，他都记不清多少次与谢天明从这里走过，二十年前高考后一起回家那一幕浮现在脑海里。

"当官的就了不起？十年后，老子也要坐轿车，还比你这乌龟壳高级！"谢天明当年说的话仿佛又在耳边回荡。文守卫朝东边望望，又转身朝西边自己家的方向看看，苦笑一下，少年时代求学回家，每每走到这里，都与谢天明告别，一个朝东，一个朝西，一个右，一个左，现在想来，显得那么泾渭分明，有些悲凉，还有几分残酷。

而今，自己要顺着这条国道去省城，就任省监狱管理局党委书记兼局长，而谢天明呢，则在自己所管辖的监狱内服刑。

早春的山风还有些刮脸，文守卫打了一个寒战。

文守卫把目光移到对面的悬崖，那里曾发生过一次惨不忍睹的交通事故，当事人就是谢天明的原配妻子。小固县公安机关给出的结论是，当事人驾车车速过快，不幸坠崖而亡。但是民间也有议论，究竟是天意还是人为，只有天知道。

文守卫返回车里，感觉有点儿疲惫，他眯着眼睛，想打个盹，但是心里总是平静不下来……昨天去省城参加全省优秀县委书记表彰会，他是全省表彰的七个优秀县委书记之一。会议还没结束，省委组织部部长就把他叫到省委书记办公室。书记说省委昨晚研究决定，派你去主持省监狱管理局工作，任党委书记兼局长。今天下午回去交接工作，明天就到省监狱管理局履职。现在情势紧急，有什么想法你到任后再说。我相信你有大局意识，会服从省委的安排。

文守卫感觉很突然，但由不得他的感觉，省委书记都这么说了，自己还能有什么意见？省监狱管理局的事他略知一些，因涉嫌腐败、徇私枉法，局长和一位副局长以及三个处长被监察机关逮捕，引发全省司法行政系统大地震。

组织部长说，问题远远比想象要严重得多。近年来监狱处于布局调整阶段，大规模搬迁到大中城市，项目多，腐败现象很突出，加之西方国家对我国人权的攻击，经常拿罪犯改造这一块说事儿，而监狱在布局调整阶段，重心工作在迁建上，客观上放松了对罪犯的监管教育，脱逃、袭警等突发事件增多。全省几十个监狱啊，是我省的后院，后院不稳，省委能安心吗？这就是为什么省委把你这个优秀县委书记放到这个火山口的真实原因。

"怎么样？明天到监狱管理局有问题吗？"组织部长最后问。

"请书记、部长放心，除了办公室的茶杯是我的，其他都是国家的，没什么可移交的，我现在就可以去监狱管理局。"文守卫平静地说。

"嗯。"省委书记赞许地点点头，起身走到他面前。

文守卫立即站起来。

省委书记端详着他，然后拍拍的肩膀："小文啊，这是一个没有硝烟的战场，你担子不轻啊。"

"我一定全力以赴，争取让领导们早点睡个安稳觉。"文守卫说。

"好，我盼着这一天，你去吧。"省委书记使劲揉揉太阳穴，坐回到椅子上，眯起眼睛，一脸疲倦，无力地朝他挥挥手，算是告别。

车子颠簸了一下，打断了文守卫的思路。

"前面就是谢天明的老家吧？"文守卫问。

县委办主任说："还远呢，前面那个山嘴下河，翻过那座山，再下到山腰就到了。"

"喔……"文守卫若有所思。

"哦，对了，你的家不是也在这一带吗？要不要回去看看？"

"不用了，监狱管理局的人已经在高速路口等着了。"

"书记，我得把你送到局里。"这时，县委办主任电话又响起来，他"嗯嗯"了两声，说："是上梁镇孔书记打来的，说是想跟你告别。"

文守卫皱皱眉头："你叫他好生把最后一个村的饮水工程搞好了再跟我告别……哦，不是……到那时再给我打电话，告诉他，我在省城请他吃饭。"

　　（2）

清水监狱一监区罪犯吃过午饭，三三两两在操场上等着集合，到车间劳动。

谢天明靠着厕所边墙角一动不动地蹲着，耷拉着脑袋盯着地面。昨天晚上，他一如往常一般，失眠了，但昨晚又与以往的失眠不一样。昨晚在看新闻时候，他看见了昔日的同学文守卫。新闻报道省委召开全省优秀县（市）区委书记表彰大会，文守卫站在主席台上，高高举起获奖证书。他，满面笑容，不，是春风得意。看他得意忘形的样子，谢天明浑身每一个毛孔都像被严严封死了一般，窒息得要死。而恰在这个时候，那个二皮又大声嚷嚷，谢贪官，快看，在表彰你们呢。他下意识地紧握拳头，想立刻冲上去一拳把他砸倒在地，再踩他几脚。但是，理智告诉他，作为一个县委书记，不能跟他一般见识，他算什么？混混？小流氓？素质低劣得跟肮脏的流浪狗一样！暗骂一通后，尽管心里舒服了许多，但他心头还是在滴血，我他妈的怎么跟这种人生活在一起？！他脸上的肌肉抽搐了一下，高昂起头，鄙夷地扫了二皮一眼，转身离去。哨子声"刺咧咧"地叫起来，犯人们飞快地跑，迅速排队。

"谢天明，谢天明，集合了！"大组长李浩健冲着他大叫。

谢天明似乎没有听见一般。

大组长朝他走去，民警杨阳挥手示意大组长停下。杨阳走过去，弯腰看看谢天明，然后蹲在他面前。

谢天明依然没有发现杨阳。

杨阳拍拍他的肩膀："谢天明，你怎么了？"

谢天明回过神来，抬头看见杨阳，立即条件反射一般地跳起来，摇摇晃晃地立正："报告杨警官……"

杨阳打断他："去集合！"

谢天明扭头就跑，跑了几步，突然停住，似乎记起来什么，转身面向杨阳，立正："是！"

犯人们一阵哄笑。

谢天明笨手笨脚地站到队列里。

"报数！"带班民警杨阳下达口令。

"14、15、16……19……"

杨阳盯了盯谢天明，有些生气了："又是你！你以前还是县委书记，连报数都不会？16过了19？重来！"

监区长马旭东突然出现在大门口。

"谢天明。"

谢天明愣了愣，没有反应过来。

"谢天明！"马旭东提高了声音。

"到……到！"

站在谢天明旁边的潘佳杰推推他，他才反应过来，迟缓地出列，笨拙地立正，机械地回答。谢天明被关了七天禁闭，昨天晚上才回到监区，脸色苍白，没有一点血色，言语显得木讷，行动也比以前迟钝了许多。

"你去喂猪。"

所有罪犯的眼光一下子齐刷刷地丢向这个前县委书记。谢天明尽管背对着罪犯队伍，但也明显感到那一双双眼睛像一支支利箭，刺入他的心脏。他佝偻的身体更加佝偻了，微微战栗，胸口剧烈地起伏，嘴唇哆嗦了几下，似乎想说什么。

内看守从值班室探出头来问："老大，谁签带？"

"我签带。"马旭东说。

内看守连忙填写好出监记录，又把笔和记录本拿出来让他签字。

"走呀！"马旭东签完字，见谢天明还站在原地，催促道。

谢天明表情木然，像一根在风雨飘摇中的朽木，似乎根本没有听见一般，依旧可怜巴巴地站在那里，不时还晃荡几下，好像站不稳。

"为什么偏偏……偏偏……要我去喂猪？！"谢天明情绪很激动。

杨阳大声训斥："谢天明，是不是又想对抗政府？小间（禁闭室）还没待够？你别不识好，监区长就是考虑到你才从小间出来，体质弱，才叫你去喂猪。"

"我……我，我……不去喂猪！我到车间做衣服！"谢天明情绪更加激动，原本死灰色的脸涨成了猪肝色。

一个罪犯举手："报告警官，我去喂猪！"

这个人捕前是个县长，跟谢天明一样是个父母官。所有人的眼光一下子像队伍操练正步一样，整整齐齐地转向他。疑惑、赞许、鄙夷，还有因没有像他那样挣表现而感到后悔的。

马旭东走过来，站在队伍前面的中间位置，目光锐利地扫视。罪犯们不敢与他的眼光相遇，挪动了眼神。

"你，站到谢天明旁边。"马旭东下令。

那名罪犯小跑到谢天明的身边，立正，动作很规范。

马旭东指指他们俩说："你们看看，一个县委书记、一个县长，正好搭班子嘛。"罪犯们一阵哄笑。

"但是，这个班子怎么着都是一个不团结的班子，一个往西，一个偏要往东，所以，县长你不能去喂猪。"说到这里，马旭东话锋一转，"但是，我想问问县长，你怎么愿意去喂猪呢？"

那人原本立正的身子又向上挺了挺："报告监区长，劳动本来就没有高低贵贱之分，我们是什么人？这里是什么地方？我们来这里干什么？所以劳动改造更没有什么高低贵贱之分。"

"县长比县委书记认识深刻啊！谢天明，你入狱已经五年了，难道还没有转换角色？你是不是觉得你还是县委书记？哪怕你现在是县委书记，就不能喂猪？我看，我们有必要开展一场养猪大讨论，今晚就讨论！要把理论、世界观、价值观问题讨论透彻，才能与你们的改造实践相结合，才有改造的动力。这个问题解决后，每个以前是县处级以上的，都要去喂喂猪。"马旭东的手在空中用力地划了一下，仿佛要把什么东西剖开。

罪犯潘佳杰心里冷笑一声，鄙夷地看了马旭东一眼，寻思："我是学马列主义的，难道要我分析用马列主义指导喂猪？要是我手下有这种干部，早就撸下来了。"

马旭东说完，对谢天明命令道："走，去喂猪！"

原先喂猪的罪犯是吉牛马二，他高高举起手，结结巴巴地报告："报……报报……"

罪犯们忍不住窃笑。

马旭东看着他说："你还是去喂猪。"

吉牛马二摇摇摆摆地跑出列，在马旭东身后三米远的地方紧紧跟着。

谢天明迟疑了一下，慢腾腾地挪动着脚步，跟在吉牛马二的后面。

马旭东在猪圈门口停下来，转身对吉牛马二说："分三分之一的猪给他。"

吉牛马二连忙立正："是……是是……"

吉牛马二还没说完，马旭东已经走了。

（4）

文守卫在高速路口与省监狱管理局来接他的办公室主任马星宇会合，打发县委办主任回去，直奔省城。

马星宇三十出头的样子，平头，动作很干脆，显得很干练，今天他特意穿了一身警服来接文守卫，显得更加英气勃发。

他拿出给他准备好的手机卡说："老大，我给你办了一张手机卡……"

"什么？老大？"文守卫眉间一挑，不悦地打断他的话。

"哦哦……我们监狱局都这么称呼局长……"

文守卫严肃地说："监狱是国家专政机关，我们是共产党领导下的国家机器，不是黑社会。"

马星宇连忙改口说："局长批评得是，我马上改正，回去立即给各处室传达你的指示……这里有两张卡，尾数是6777，还有一个是6888，你看你用哪个号？"

"谢天明关在哪个监狱？"文守卫不置可否，而是问另外一个问题。

"这个……我马上问问。"马星宇连忙给狱政处长打电话询问。

狱政处长也不知道这个罪犯关在哪个监狱，便问是刑事犯还是职务犯？

马星宇眼角的余光看见这位局长眉头又锁起来，慌忙背过身低声说："你老兄赶快查查，老大……噢噢……是局长问呢。赶快，不挂电话，我等着呢。"

过了好一会儿，狱政处长还没回话，马星宇觉得气氛很窒息，便挂断手机，小心地问文守卫："你在省城有住房没有？没有的话，就住在清水监狱在省城办事处的宾馆里，我已经跟他们打了招呼，贵宾间，一个卧室、一个会客室，今天之内把互联网安装好……"

"清水监狱是关押职务犯的监狱吧？"文守卫还是对马星宇的话不置可否。

"是是，我们省专门关押职务犯的有两个，清水监狱是专门关押男性职务犯的，女性职务犯关押在省女子监狱。"

"嗯……那谢天明应该就关押在清水监狱……"文守卫若有所思地说，像是自言自语，又像是对马星宇说。

马星宇摸不准这位新领导此刻的心思，便不接话。

又过了一阵，狱政处长才打来电话说全省罪犯叫谢天明的有三个，你要问哪个？

"怎么这么慢？清水监狱有没有叫谢天明的？"马星宇问。

"唉，内勤没来，设了密码，只有我和内勤知道，密码又不能让其他人知道，我又不会摆弄电脑……嗯，有一个。喂，老弟，我听说你一大早就去接新老大了，老大问这个是啥意思？"

马星宇低声说："我哪里知道？"他就挂了电话，对文守卫说，"局长，谢天明就是关在清水监狱。"

这时，省委组织部部长打来电话，要文守卫下午三点直接到省纪委副书记王炳松的办公室，王书记要找他进行廉政谈话。

文守卫与这位副书记相处过几天，那是他就任小固县县委书记半年后，王炳松陪同省委书记来小固县调研退耕还林工作，上梁镇一个村的数十个村民把省委书记的车子拦住了。王炳松从车上下来，对村民们说："我是省纪委副书记王炳松，我住到你们村子处理你们的问题。"他挽起一位老人胳膊："老哥，我住你们家如何？"老人激动得满脸通红，连声说："那感情好。"他和老人有说有笑地走，其他村民也就跟着走。文守卫当时不知是陪省委书记呢，还是去陪王炳松。省委书记说："文守卫，王书记要是有任何闪失，我拿你是问！"文守卫就一阵小跑跟着王炳松住到村民家，一住就是4天。在他的印象中，这是一位严肃而和蔼的老人，对地方官员的要求很严，严格得近乎苛刻，而对老百姓永远是那副笑眯眯慈祥的面孔。他甚至可以停下来跟小学的孩子们一起玩沙子。自从那次与他相处之后，从心底里敬重这位领导，自己的工作风格多多少少受到他的影响。而今，这位副书记找自己廉政谈话，心里既兴奋，还有一点害怕，自己总得表个决心吧，到时候应该怎么说呢？文守卫越是这样忐忑，越觉得马虎不得，于是眯着眼睛打腹稿。

（4）

吉牛马二扭头瞧瞧谢天明，摇摇头，扭头走到猪圈，里面立即传来"哼哼嗷嗷"的猪叫声，像潮水一般，击打着谢天明的耳鼓。他感觉似乎有一盆冰冷的、散发着恶臭的潲水泼在他身上，他愤怒地挥舞了一下拳头。

"逃跑无出路，逃跑无出路……"

一队排着整齐队伍的罪犯朝车间走去，嘹亮的歌声淹没了他的愤怒。他蹲在地上，耷拉着脑袋。

吉牛马二拿了一把扫把出来，打量他几眼，又摇摇头，把扫把放在他面前。

吉牛马二说："你就就……扫……扫扫……"

不知怎么的，吉牛马二有些着急，比画着示意他扫猪圈外围。

谢天明明白，他是在照顾他，拿着扫把站起来，感激地朝他笑笑。

吉牛马二走进去，不一会儿，猪叫得更欢了，夹着"噗噗"的抢食声。

一阵晨风吹过，谢天明下意识地用左手握住鼻子，右手拿着扫把，心不在焉地东一下、西一下地扫地。

三个全副武装的特警巡视路过这里，见他那样，一个特警大声训斥："把手放下来！不像话，你这是在参观访问，还是在劳动改造？"

谢天明觑了民警一眼，把手放下，双手扫地。但心里一阵恶心，他弯腰曲背，直打干呕。

特警们厌恶地皱皱眉头，转身便走。一个特警边走边骂："我靠！这种寄生虫，早就该来劳改了！"

谢天明气咻咻地狠狠将扫帚扔在地上，一屁股坐在扫把上，捂着鼻子愣愣地望着天空，嘴里喃喃地念叨："文守卫……"

（5）

太阳火烧火燎地炙着大地，笼子沟似乎没有一丝风，水稻田边的热浪犹如海涛，一波接着一波的，好像要把所有水分都蒸发掉一般，令人窒息。

山路弯弯，曲曲折折地沿着山势而下，少年文守卫和谢天明走在山道上。文守卫赤着脚，背着背箕，里面装着棉被，被面很破旧，补丁打补丁，有一处已经张开了口子，露出发黄又带一点灰黑色的棉絮；谢天明则赤裸着上身，把一件有很多破洞的背心搭在肩上，拿着一根细细的荆条，不时随意打打路边的野草或者树木，悠哉地走在前面。

文守卫用手刮刮额头上的汗水，在裤子上擦擦，抬起头看看前面说："我们在小河边歇歇吧？"

谢天明停下来，回头看看："我说你呀，背这些回去干什么？你看我，扔了，全扔了，连课本都扔了，多轻松自在！马上就要上大学了，难道你还要背着这些破烂上

大城市？"

文守卫笑笑，没有说话，加快了脚步。

两人来到河边，捧起河水一阵猛喝。

谢天明看四周无人，索性脱得赤条条的，在浅浅的河里痛痛快快地洗澡，看文守卫没动，便说："下来呀。"

"我内裤破了……我给你望风吧。"文守卫不好意思地笑笑，朝上边走了几步，不时警觉地望望四周。

等谢天明上岸穿上裤子，他背起背篓，准备出发。

谢天明跑过来，抢过他的背篓说："我帮你背一段。"

山腰上的公路是一条通往省城的国道，尽管是国道，但也是一条窄窄的泥巴路。

到了山腰的公路上，谢天明气喘吁吁地放下背篓，随地一坐："哎呀……热死我啦……"

这时候，一辆黑色小轿车突然从前面山湾里呼啸而来，喇叭歇斯底里地叫，把两人都吓了一跳。小轿车卷起的尘土迎面扑来，两人躲闪不及，一下子被笼罩在飞扬的尘土中。

谢天明使劲呸了几声，朝小汽车驶去的方向愤怒地挥舞着荆条，骂道："我日你八辈子奶奶，怎么这么没教养？当官的就了不起？十年后，老子也要坐轿车，还比你这乌龟壳高级……"

但他似乎自信心不足，扭头问文守卫："你说，十年后我们能坐上小轿车吗？"

"这个……我说不定连大学都考不上呢，坐小轿车？不可能吧？"文守卫使劲摇头，疑惑地看着他。

"哼！"他有些沮丧，显然很不满意文守卫的回答，"走了走了……兄弟，我们一别，天各一方，不知何时才能相聚，保重！"

他大踏步朝东边而去，边走边高声唱："长亭外，古道边，芳草碧连天……"

文守卫高声喊了一声保重，但他并未回头。

谢天明脸上露出鲜有的笑意，目光里透出一丝明亮，他用力挥动双手，轻哼道："长亭外，古道边，芳草碧连天……"目光游走，在不远处的高墙电网上凝冻住了，张着的嘴里发出的不再有旋律，而是"哼哼啊啊的，杂乱无章"的声音。良久，他才慢慢收敛起心神，目光变得困顿、浑浊和无助，盯着地面，喃喃自语："文守卫……"

目光散乱间，他突然看见一个女人朝他走来。

那女人穿着黑色的紧身衣，外套着高领黑色大衣，再加上一双黑色的高后跟靴子，稳重，高雅，给人一种难以言表的稳重和安全感。只是那条挂在脖子上的围巾，白得像三月盛开的李花，自然溢出圣洁的气息。

谢天明偏头看，使劲地看，可就是看不清她的脸。

谢天明摇摇头，再看，一头猪跑了出来，摇头摆尾地在地上乱拱。

谢天明暴怒地跳起来，举起扫把狠命地打在猪背上。那头猪受到惊吓，向花园里狂奔而去。

吉牛马二正好追出来，见状慌忙追猪去了。

谢天明把扫把扔在地上，坐在扫把上。

"她……唉……"

谢天明神色黯然。

"她……谁呀？想想……婆娘了，嘿嘿……"

谢天明慢慢抬头，才发现吉牛马二站在他旁边。谢天明低头又盯着地面，不理睬他。

"坐牢了，你啥事都得将就警官……"

谢天明皱皱眉头，有些厌恶，捂着鼻子道："我将就什么呀？我又不干违规抗改的事。"

吉牛马二不满地嚷嚷："咋说话的，赶紧扫地，不要捂鼻子！"

谢天明跳起来，双手紧握住扫帚，愤怒地看着吉牛马二。

"叫你喂喂猪，你为啥不乐意？"

谢天明冷哼一声："这辈子，我啥都想过，就没想到我要喂猪。"

吉牛马二突然笑起来说："我给你讲个故事吧。从前呀有一头猪，被宰杀后跑到佛祖那里哭诉，佛祖啊，我吃了一辈子剩饭潲水，最后落得这么个下场，我冤枉啊！你猜佛祖怎么说？"

谢天明假装没有听，把目光丢向地面。

"佛祖说，你上辈子听不进意见，今生就让你长个大耳朵；你老坐在办公室，今生让你四肢短小；你看不起平民百姓，今生就让你眯眯眼；你吃的剩饭剩菜，那是你上辈子浪费掉的，还有啊，你爱二奶，今生就让你长两排奶子……"

谢天明猛地抬头怨恨地盯着他。

吉牛马二"嘿嘿"一笑，又说："不想喂猪？还想当猪？我十二——不，十三万分地、认真地告诉你，进了这个牢房，你过去享清福的日子一去不复返了。"

谢天明拿起扫把在他的脚下一阵乱扫。

"不识好歹！我是琢磨你在咱们内部有点关系，才叫你喂猪。那些讨口子娃儿，想来喂猪，还不行呢！"

谢天明停下来，双手拄着扫把，不屑地说："哼，还有人想喂猪？"

"老实告诉你，喂猪嘛，这活路说起来难听，干起来安逸！打个比方，你在牢里，喝得上'一二六'么？喝不上嘛！在这儿……"

吉牛马二神秘地笑笑，苍老的皱纹像风干了的橘子皮。

谢天明奇怪地看着他："啥叫'一二六'？"

吉牛马二伸长脖子，左右看看，附近见没有民警在场，指点着谢天明："让你长长见识……"

他朝谢天明招手，示意跟他进去。谢天明迟疑了一下，走了进去。吉牛马二跳进一间猪圈，掀开几头朝他叫嚷的猪，很熟练地从猪食槽下面摸出一矿泉水瓶。

吉牛马二将那瓶放在水龙头下冲洗一下，拧开瓶盖，将瓶口直接对准谢天明的嘴："快，趁现在猫儿不在，我批准你喝一口，只能喝一口……"

谢天明推开瓶子，用怀疑的目光打量他："这就是'一二六'？"

"你还装呀，一加二，再加六，等于多少啊？"

谢天明把眼睛睁得铜铃大，大声地叫嚷："九！是白酒？"

吉牛马二慌忙捂住他的嘴："我日……日！你还想蹲小……小间。"

谢天明咂咂嘴，说："我……很久，很久没沾这东西了！"

说着，他抓过瓶子，就往嘴里倒。

吉牛马二一把夺过瓶子，把嘴附在谢天明耳边轻声说："晚上的，悄悄的，我们两个老东西的，就弄'一二六'，嘿嘿……"

吉牛马二说完，翻进猪圈，把矿泉水瓶子又藏在猪的食槽下面，拍拍脏兮兮的手。

谢天明眼珠一转，抱着肚子问："厕所在哪里？"

吉牛马二指指猪圈。

谢天明叫嚷起来："这……这怎么……"

吉牛马二点点头，拿起扫把走了出去。

谢天明立即翻进猪圈，伸手把矿泉水瓶子拿出来，满手、满瓶子都是黑乎乎的猪屎，他条件反射地扔掉瓶子。一头猪走过去用嘴拱那瓶子，谢天明情急之下，踢开肥猪，抓起瓶子，跳出猪圈，撩起囚衣擦擦瓶子，拧开瓶盖，"咕噜咕噜"喝起来。

（5）

中午时分，马旭东来到监控室。

由于监区警力紧张，各办公室的民警轮流到监控室值班，今天值班的是监区办公室的陈莉。马旭东说谢天明情绪不稳定，吩咐她多注意一下。

陈莉说："监区长，我分析这个罪犯有明显的抑郁症倾向，而且正处于高危险期，你得找他谈谈，或者带他到精神病医院去看看。"

"哦？是吗？"马旭东以一种颇为意外的眼神看看她，"听说你在学习什么心理学，这个抑郁症就是心理学讲的？哈哈……人哪，要是关在这里，就是神仙都会关出问题来，在一线工作的民警哪个不知道？就是把我关在监狱里，我也会有抑郁症。"

马旭东说完便往外走。

陈莉说："马监，我明天得请假一天。"

"你怎么又请假？"马旭东站在门口，转身看着她。

"我考试……"陈莉也觉得不好意思，从去年下半年报考了心理咨询培训班到现在，每半个月函授五天，加上大礼拜，也就是说每半个月就要请假三天。

"最后一次还考不过，我不会再批准你请假。我说小陈哪，你去参加个什么司法考试也比你现在这个强，心理学，你能摸透这些犯人的心理？我干了一辈子劳改，也摸不出个道道来，你认为这个人已经悔罪认罪，不会再犯什么事儿吧，他偏偏就给你造些事儿来，真他妈的防不胜防，唉……"马旭东唠唠叨叨地说完，走了出去。

陈莉摇摇头，把监控画面切换到猪圈。

陈莉瞄了一眼，立即跑了出去，大叫："马老大，马老大，谢天明出事了……"

（6）

李文君坐在真皮大班椅子上，对着桌子上一个镏金的、椭圆形的镜子左瞧右看，不时补补粉底。

她穿着黑色的紧身衣，脚上是一双黑色的高后跟靴子，脖子上的围巾，白得像三月盛开的李花。

不远处的衣架上，挂着一件高领黑色大衣。

空调呼啦啦地喷，靠窗的一个青花瓷样子的花盆里密植着四株人那么高的发财树，舒展着倒卵形的、手掌大的叶片，青翠欲滴。其中一个树干上挂着一个财神图片，空调的风扫过时，摇摇晃晃地傍着发财树跳舞。

一个衣冠楚楚的男子推门进来，李文君皱眉，头也不抬，训斥说："还有没有规矩？"

男子笑眯眯地站着看着她。

李文君抬头一看，立即眉开眼笑，跑上去就搂着他的脖子。

李文君嗲声嗲气地说："张副总有何吩咐呀？"

张副总连忙推开她，扭头瞧瞧门边，正色地小声说："哎呀，这是工作时间。"

他转身贼眉鼠眼地看看门口，再走过去，探出头去看看走廊，然后转身把门关上，扑过去，把李文君按在沙发上。

张副总问："文君，昨晚跟吴书记谈得如何？"

李文君有气无力地说："没问题，只是……"

"只是什么？"张副总的脸上掠过一丝不易觉察的笑。

"这老鬼好色，你以后派别人去。"

张副总翻身又压在她身上，笑眯眯地说："你以前是县委书记的夫人嘛，了解这些书记的需求，其他人还真拿不下来。这样，等这个工程合同一签，你就在他视线里蒸发，如何？"

李文君呸了他一口："这可是你说的，小心我跟他私奔了。"

张副总"嘿嘿"奸笑："我才不担心呢，你没那么傻。县委书记是个啥？表面上风光无限，实际上一只脚已经踏进了地狱的门槛，你的老公不是还待在监狱里吗？哪像我们这些商人，要风得风，要雨得雨，就算他们一个一个倒了，我们也稳如泰山。"

张副总说完，站起来就走了出去。

李文君连忙跑过去锁上门，然后倒在沙发上。这时，手机响了，她拿起来一看，是那个县委书记吴友明。

李文君把电话扔在地毯上。

第二章　惊天大案

（1）

下午三点，文守卫准时赶到省纪委。

王炳松办公室的门半掩着，文守卫在门口探头看了一下，见他正在冲着几个人发脾气，便退了回来。哪知王炳松看见了他："文守卫，你进来！"

文守卫只好进去。

王炳松把手中的几页材料朝他一丢，冷冷地说："你看看。"

他连忙翻看材料，上面罗列着十几个名字，每个人名字后面都有大小不等的金额，最多300元，最少的只有50元，加起来也就是2300多元。

他看了两遍，摸不清啥意思，小心地问："王书记，这是……"

"这就是你们监狱干的，堂堂一级党委，居然召开党委会研究行贿，真是胆大妄为，党纪何在？国法何在？"王炳松重重地敲着桌子，很是震怒。

文守卫明白了一些，发现大学同学、在省纪委信访室任主任的顾洪城也在这里，他像是找到救星一样，低声问："这是怎么一回事？"

顾洪城说："这是我们刚刚收到的举报材料，一个监狱不仅以党委名义研究行贿金额，还把受贿人名单和金额作为凭证去财务报销！举报人说这个就是从财务那复印的证据。金额虽然不多，但是涉及县分管领导、局长，甚至当地村的支部书记和村委会主任，性质恶劣，王书记正为这事儿大发雷霆呢。"

"更可恨的是那些地方大员，区区几百元、几十元也收，足见其何等贪婪，可恨！顾洪城，你带几个人下去彻底调查这事儿，该怎么处理按照上限顶格处理！"王炳松又敲了一下桌子，"好了，顾洪城留下。"

　　等其他人走了，只剩下顾洪城和文守卫时，王炳松才说："守卫同志，目前全省监狱情况不容乐观啊，去年我们信访室接到关于监狱一把手的各类举报就达几百件，全省就四十几个监狱吧，有的监狱还没有配设政委，就算一个单位两个一把手吧，你算算平均每人有几件举报？不可否认，这几年省监狱系统按照中央和省委的部署，进行大规模的布局调整，取得了重大突破。成绩是主要的，但是，问题也很严重。"

　　王炳松喝了一大口茶，继续说："从我们纪委掌握的情况看，一是刚才那种，还处在山区有一点资源的监狱，要发展生产，理顺与地方主管部门的关系，集体行贿，但是，监狱经济却很差，可以说是在市场中苦苦挣扎，所以行贿数额不大，但性质恶劣；第二种是列入布局调整盘子的监狱，在迁建工程中收受贿赂，去年我们就双规了三个监狱长；第三种情况更复杂也很突出，就是外役劳动，在大中城市用罪犯劳动力承揽工程，罪犯不像罪犯，民工不像民工，干警不像干警，地方反应很大，而且外劳没有建立完善的财务管理制度，管理混乱，都是一本糊涂账。这两年地方纪委查办这类案件也不少，呈上升趋势。"

　　顾洪城插话说："王书记对监狱很关注，一针见血啊，守卫呀，正是一些监狱班子出了问题，队伍也就涣散了，执法不严、徇私枉法，监狱的基本功能受到挑战，这样一来，如何能把社会的罪人改造成社会主义的新人呢？"

　　王炳松忧郁地说："其实，不光是我一个人在关注监狱的问题，省委、省政府主要领导都在关注，前几天，在省委常委会上，书记做了自我批评，说自己对监狱这一块关注不够，向省委检讨。可以这么说，书记是第一次在常委会上做检查。就在昨天晚上，书记给我打电话，很是忧心，这次监狱管理局班子出事，可以说也只是冰山一角，如何抓班子，如何纯洁干警队伍，有很多问题值得我们去总结，要我找你好好谈一谈，把问题谈透。我还是比较了解你的，省委这次决定让一个年富力强的、优秀的县委书记去担任监狱管理局局长，意义就在于此。"

　　本来该文守卫表态了，但他沉默了，似乎在激烈地思考着什么。

　　顾洪城见他这般，提醒说："守卫，你有什么困难、要求，可以提出来。"

　　文守卫慢慢说："现在省财政对监狱的经费保障还只有70%左右……"

　　王炳松微笑着说："这个不用你操心了，省委已经考虑了，对于监狱系统严格执行收支两条线，经费100%纳入财政保障。"

文守卫立即说："书记，我只有一个要求，请省纪委给地方纪委发指示，对群众反映监狱的问题集中梳理一遍，而且还要请他们配合监狱管理局纪委、审计部门对全省监狱财务进行一次大检查。"

"哈哈……"王炳松爽朗地笑起来，"看来，省委把你放在监狱管理局是英明的，抓队伍先抓班子，该批评的批评，该警告的警告，违法犯罪的，依法追究刑事责任。当然，我给你个许诺，能按照党纪处理的，就按党纪处理，我亲自把这个关，怎么样？"

文守卫站起来，坚定地说："有王书记这话，我保证监狱系统的民警队伍面貌在半年内焕然一新。"

"不行，一个季度。"王炳松说。

"炳松书记……"文守卫为难地说。

"就一个季度！"王炳松加重了语气，停顿了一下，接着说，"我督促各地市州纪委在一个月内完成对监狱问题的梳理和整顿。"

"那我就更有信心了，就一个季度吧。"文守卫笑了。

顾洪城很担心这位大学同学，便提醒他说："一个季度？真能达到？"

文守卫又笑："王书记教了我方法。"

"噢？"王炳松纳闷地看着他。

"同山村孩子们玩沙子啊。"文守卫说。

就是三年前那次上梁镇村民把省委书记的车子拦住了，尽管他表示要住在一个老农家坐镇处理问题，但是村民还是存在疑虑，跟在他后面不肯散去。去老农家途中，他看见村小学一群孩子在玩沙子，便走过去坐在泥地上跟孩子们一道玩。

"哈哈……"王炳松又是一阵爽朗的笑声。

"呵护百姓的孩子，就是表明站在村民这一边，不用任何言语，村民都会向你说心里话。"顾洪城感慨地说。

王炳松笑道："你们也别给我戴高帽子，我呀，当时就是童心大发，难得当一回老顽童，仅此而已。"

"我觉得洪城的话倒是很客观，说来惭愧，我是地地道道的农民子弟，却不知道如何同农民交朋友，最后我从你这里领悟到，要同农民交朋友，我就得把自己当成农民。"文守卫由衷地说。

王炳松点头："这话倒是很实在。"

其实，他心里在盘算，为官多年，深知社会各个层面对纪委的心理，当官者大

多怕纪委，骂纪委，甚至恨纪委；但生活在底层的百姓却爱纪委，盼纪委，把纪委当成表达诉求的最后渠道，所以视纪委为救命稻草。省纪委出面对监狱进行整顿，本来就合乎民警职工的心愿，民心顺，啥事就顺，到每个监狱跟一线民警们谈谈，只要有了财政保障，现场解决一些问题，民警职工也就有了信心，信心这东西，比什么都重要；第二个月根据整顿情况调整充实各监狱领导班子，第三月就开展为期一年的法纪大教育活动，应该没有问题的。

"不过，守卫同志，还有一个问题，最近几年都有职务犯的家属向纪委等有关部门反映，他们的亲人在服刑期间有自杀行为。有的自杀了，被干警及时发现，能被抢救过来。虽然是个别现象，虽然监狱法只有一部，改造教育罪犯的标准也只有一个……"

这时候，文守卫的手机叫了起来，虽然开得是震动，但"嗡嗡"的声音也很清晰，他随手挂断了电话。

王炳松略一停顿，继续说："我在思考这样一个问题，这些人以前毕竟是领导干部，他们也曾为国家、人民做过贡献，那么改造教育他们的手段、方式、方法是不是应该与普通刑事犯有所不同呢？教育不是也提倡因材施教吗？"

说到这里，他语重心长地说："守卫呀，抓一个腐败分子容易，但是把他们改造好更难，更有意义。"

文守卫说："书记，我记住了。"

文守卫的手机又叫了起来，他正想挂断，王炳松说："你接电话吧，我们谈话结束了。"

电话是监狱管理局办公室主任马星宇打来的，说谢天明又企图自杀，幸亏被民警及时发现，正在抢救。

他挂断电话，忧心地说："王书记，真是说不得，这不，我的前任谢天明企图自杀，正在抢救。"

"喔？"王炳松和顾洪城同时看着他。

这时，组织部长给王炳松来电话，说宣布监狱管理局班子的会议改在明天上午。

"王书记，于情于理我得去清水监狱一趟，你看呢？"

王炳松说："你去看看也好，一则对全省监狱领导干部工作作风是一种无声的冲击，二则对谢天明和其他罪犯也是一种冲击。"

"领导，我也去看看，陪陪我的老同学。"顾洪城说。

王炳松看了他一眼："你别去了，马上去起草一个对监狱系统清理整顿的报告，下班前拿来我批。"

（2）

清水监狱位于省城南郊，其前身处在省会一个郊县——清江县——的大山里，尽管民警拥有省会大城市户口，但是距离省会也有上百公里之遥，交通不便，信息闭塞，监管设施破旧，民警和罪犯住房都是低矮的平瓦房，唯一一栋楼房是监狱办公室，四层典型的俄式筒子楼。作为第一批布局调整的监狱，也是全省第一个实现整体搬迁的监狱，这里依山傍水，绿树成荫，往北，宽敞笔直的大道直达市中心，只需要三十分钟的车程；往南，不到四公里便是森林公园，一年四季，鸟语花香，游人如织。由于监狱硬件设施在全省乃至于全国都是一流，所以三年前省监狱管理局把这所原来关押普通刑事犯的中度戒备监狱改为关押职务犯的重度戒备监狱。但是刑事犯并没有调走，于是就形成了职务犯和刑事犯混押的局面。

搬迁后监狱也曾提请改名，局里讨论后认为，不管以前还是现在，都地属于省会辖区，而清水监狱是一所几乎与共和国同龄的监狱，历史悠久，文化底蕴很重，所以不宜改名。于是，搬迁前和搬迁后都使用同一个名称的，全省也只有清水监狱。

文守卫上车对驾驶员说："去清水监狱。"

马星宇错愕："局长，不是马上召开班子调整会吗？"

"通知政治部，改在明天上午九点。"

"需不需要通知分管执法的何凯华副局长和狱政处？还有清水监狱……"马星宇试探地问。

"不用。"文守卫毫无表情地说，一副忧心忡忡的样子。

狱政处长收到马星宇的短信，连忙跑到分管执法的副局长何凯华的办公室，急急地说："何局，马星宇偷偷发来短信，要我转告你，新来的老大正往清水监狱赶……"

"清水监狱？不是要开班子调整会吗？他去哪里做什么？"何凯华纳闷地问。

狱政处长说："上午一上班，马主任就打电话询问关押在清水监狱罪犯谢天明的情况，一定是他知道谢天明下午自杀的事。"

这时，政治部打来电话通知会议改在明天上午九点。

"一个罪犯自杀他就亲自跑去？那全省一年有几百号人自杀，他都要去？这个谢天明？是什么人？"何凯华还是不解。

狱政处长说："我查阅了一下谢天明档案，捕前系小固县县委书记，我们这位新老大也是小固县来的，应该是他的前任领导。"

"噢，原来是私人关系。"何凯华松了一口气。

"我们要去不？"

"他都去了，我们还能坐在办公室？走吧，争取抢在他之前赶到。"

（3）

突然下起雨来，一点……两点……打在车窗的玻璃上，视线一下子模糊起来，看不清前面的路。司机把雨刮器打开，来来回回使劲地刮，车窗却愈加迷糊……

文守卫与谢天明都出生于1960年，在那个多灾多难的年代里，文守卫的父亲在当兵，后来提干，而谢天明的父亲是一个山村小学教师，相比较而言，家庭尚有一定的经济保障，他俩还算很幸运的了。更加幸运的是，"文革"之火虽然也燃烧到了这里，但这里毕竟是偏僻落后贫瘠的山村，人们忙于为两餐（晚上不吃饭）劳神费力，没有过多的精力来拉帮结派，在村民们朴素的观念中，什么造反有理闹革命的都没有一块红薯重要。尽管社会混乱、政治动荡，这里却显得祥和而安宁。也正因为如此，文守卫和谢天明没有荒废学业。在恢复高考的第三年，他俩都参加了高考。

高考后第二天，他俩就在那条国道上各奔东西。文守卫考上了一所师范专科学校，而谢天明被一所水利中专录取。不久，文守卫的父亲转业，为了解决几个子女的户口，他放弃了在一个市公安局工作的机会，来到一座煤矿，把全家人的户口都迁了过去。

就这样，两人失去了联系，直到文守卫毕业分配到小固县县委当秘书，才发现谢天明也在小固县水利局工作。

谢天明中专是两年制，比文守卫早一年工作。不过，在文守卫看来，那时候他似乎少了很多锐气，全然没有高中毕业那阵儿意气风发的精神，他很沉稳，有时候甚至还有点儿颓废。有一次谢天明喝醉了，对他说："现在这世道，有文凭的还不如没文凭的，教书的不如养猪的。你瞧瞧，这县城大大小小身居要职的，哪个是像你我一样正宗科班出身的？文盲管着有文化的，小学生管着初中生，初中生管着高中生，高中生管着中专、大专生……"

工作后第三年，他被提拔为秘书科科长，尽管称科长，其实还是个副科级；而谢天明呢，被提拔为水利局副局长。按照常理，文守卫因工作环境原因，仕途应该比谢天明更顺当，毕竟每天都在县委县政府领导面前晃悠嘛。然而，情况恰恰出乎意料，谢天明自从当上了水利局副局长后，如鱼得水，很快被任命为一个镇的镇长，第二年换届，顺利过渡到镇党委书记，在二十八岁那年，当上了小固县人民政府副县长，在短短的三年内，完美地实现了三连跳。一时之间，风头正劲，成为小固县妇孺皆知的人物。

而此时的文守卫呢，刚从县委秘书科科长岗位上调整到农业局局长位置上，成为谢天明名副其实的下级。

虽然是上下级关系，但毕竟还是同学，除了公共场合外，私下两人还是像兄弟一般。

有一次谢天明带着文守卫去省城开会，路过笼子沟，便停下来，饶有兴趣地重走笼子沟。

趟过小河，来到山路与国道交汇处，十年前他俩就是在这里各奔东西的。

谢天明站在国道上回望山谷，意气风发地看着他说："十年前，我曾说过，十年后，我们也要坐轿车，你当时还不信，现在怎么样？"

那个时候，只有县级领导才有专车，文守卫说："你实现了，我可还没有，不过跟着你沾光，我偶尔可以坐坐，也算实现了。"

"等我当了县长，给你批一台。"

文守卫沉吟说："你现在是我领导，我可不能利用这层老同学关系给你找麻烦，那样影响不好吧？"

谢天明哈哈大笑："我虽然是你领导，但是同学之情就像亲情一样，永远是割不断的，我理当帮你。不过，说实话，你老弟那种按部就班的整法要不得，在官场混，就要融入这个圈子，这个圈子跟影视界一样，有很多潜规则，要不，你就是一天到晚累死累活也没人搭理你。说实话，你从小就比我学习好，我哪一次考试分数能超过你？高考呢，我中专，你专科，也比我高一个档次。毕业参加工作，我水利局，你县委办秘书，更没法跟你比。但是，现在呢？我副县长，你刚刚才任正科级。你反思过这其中有什么道道吗？"

文守卫问："难道还有什么秘诀？"

"我送你一副对联，自己慢慢体会。"

"噢？说来听听，让我也进步进步。"文守卫感激地看着他。

"听好，上联是：收下送上不挖肉；下联是：左收右送是过手。横批：转移支付！"谢天明低声说完，得意洋洋地看着他，"你是我老同学，其他人我才不传授秘诀呢。"

文守卫愕然："这不是行贿受贿吗？"

"这不叫行贿受贿，叫转移支付。"谢天明有些不满。

文守卫沉默了半刻，真诚地说："老同学，我觉得呢，你我都是农民子弟，好不

容易才脱了农皮，我劝你还是适可而止，我呢，二十八岁就上了正科级，不错了，很多人到退休时候还混不了一个正科呢，知足了。我儿子马上就要出生了，所以呀，不求官运通达，不求富贵，但求普普通通、平平安安。"

谢天明不屑地说："你娃很能干，就是胆子小。都在跑，都在送，都在收，这就是潜规则，你要是不遵守，出淤泥而不染，就能保一世清明吗？就像你从妓院出来，就算你真的没有嫖妓，谁信？你就是叫上帝来作证，那也只是一个笑话罢了。不仅如此，说不准班子其他成员还给你穿小鞋。不入流，那就叫你靠边站。"

文守卫彷徨了，是啊，谁不想飞黄腾达，谁不想光宗耀祖？就在他很徘徊很脆弱的时候，他的儿子出生了。

各大局、各乡镇粮管所、粮站闻风而动，"朝贺者"络绎不绝，礼品、红包，甚至直接就给现金的。夜深人静的时候，他把那些红包现金全部搬出来摆放在桌子上，怔怔地出神，收？还是退回去？在那时，只要有一万块，那就不得了，称之为"万元户"，县上每年都要想方设法培养扶持几个万元户，作为政绩向市里省里邀功。刚当上粮食局局长，仅仅得了个儿子，别人就送了两万多，那生日、春节、中秋呢？这样下去，一年下来就是个天文数字，万一有个什么闪失？怎么得了？

父亲突然走了进来，看到大大小小的礼品、红包和礼金，一下子火了："我含辛茹苦养你这么多年，党培养你这么多年，你就这么干的？瞧你那德行，还配做个党员，配当个局长？你祸害了你自己，我就当没有生养你这个逆子，别把我孙子给祸害了。明天，我就把孙子带走！"

文守卫一下子惊醒了，连忙拉住父亲说："爸，我正寻思怎么退回去呢。"

"这还用寻思，退！退不回去直接交纪委！"

"可是……"

"没有可是，这是原则问题。那些年我们家连饭都吃不饱，都熬过来了，现在日子这么好，还贪求个啥？娃儿，我们老文家祖祖辈辈都是清清白白做人、踏踏实实干事的啊。"父亲眼里闪动着泪花。

文守卫说："我知道……爸，你别生气，听我说，我寻思这正常的人情交往还是要讲的，要不今后怎么工作？我想收他们十块钱，表示个意思，记着账，往后他们有什么喜事还了就是了，其余退回去。"

然而，谢天明这颗在小固县冉冉升起来的政治明星并没有像人们预想的那样平步青云，直到1996年，也就是他任副县长八年后，才终于当上了县长。而文守卫依旧一步一个脚印，直到三十五岁才当上副县长。有意思的是，1996年换届，两人同时作为县长的考察人选，从民意测评来看，文守卫还微微超过了谢天明。小固县上下都看好文守卫，很多人，甚至即将卸任的县长都提前表达了对他的祝贺。

考察期间，谢天明约他私下见了一次面，说了许多不着边际的话，文守卫至今都没有搞清楚那次他究竟想说什么。

最后，上级决定推选谢天明。

文守卫还清楚记得那次人代会的选举，第一轮投票，他的票数微弱超过谢天明，但没有达到法定票数，要进行第二轮投票。时值中午时分，休会期间，县委书记、人大主任私下找各代表团团长谈话，传达上级的指示，要求代表们要有政治立场和政治觉悟，深刻领会上级精神，必须把谢天明推出来。第二轮达不到要求，就第三轮、第四轮，直到符合法定程序和达到上级要求，什么时候通过了就什么时候吃饭。

有了上级意向性引导，文守卫心里清楚，他无论如何也超不过谢天明而达到法定票数。果然，第二轮下来，谢天明明显超过他，但还是没有达到法定票数，要进行第三轮投票。休会期间，上级组织部门领导要谢天明代表县委到个代表团休息室走走，说大家辛苦了，代表县委给大家敬一支烟，权当提提神，继续代表小固县人民投出手中庄严的一票。

有些代表相互打趣："为了肚皮，投吧投吧。"

而文守卫呢，县委书记则陪着他喝茶。喝茶归喝茶，气氛却不那么协调，双方感觉很压抑，县委书记想说什么，但似乎很犹豫。

文守卫笑笑说："书记，你是我老领导，我能到现在这位置上，没有你的提携是不可能的，我已经很知足了。你放心，我上一轮投的都是谢天明。"

书记拍拍他的肩膀，半晌才说："你有这心态，我就放心了……我明年就该退居二线了，我这一生，没有什么遗憾，唯一遗憾的就是你的问题，或许……我是小固县人民的罪人……"

书记叫王华山，南下干部，一辈子兢兢业业，两袖清风，至今，家里还是一台黑白电视机，还有一个女儿在家待业。

文守卫很敬重这位老领导，看到他这么无奈，这么自责，心里也不是滋味。想安慰他几句，但此时不知道说什么好。

于是，谢天明终于当上了县长。

第二年，文守卫被调任邻县任代县长，组织上也算是画了一个圆满的句号。

同年，老书记王华山退居二线，谢天明顺理成章接任小固县县委书记。是年，他才刚满三十八岁，成为当时全省最年轻的县委书记。

（4）

"局长，前面就是清水监狱。"马星宇说。

"哦……"文守卫回过神来，朝前面看看，立刻冷冷地说，"不要停下，直走。"

司机一愣，不敢相信自己的耳朵，便再次确认："不去清水监狱？直走？"

"不去了。"文守卫阴沉着脸，转头看看马星宇。

马星宇心里七上八下的，知道坏事了，暗骂狱政处长。

清水监狱监狱长李长雄接到监狱管理局副局长何凯华的电话，立即从外劳工地赶回来，组织民警在监狱大门口列队，准备欢迎新来的局长。并派出人员去前面打探，只要看见局里一号车，马上报告。

不多久，派出去的人就报告说一号车已经过来了，五分钟左右到达监狱。

李长雄立即命令特警队在监狱外围警戒，集合列队，自己则带着班子成员规规矩矩地站在大门外等候。

远远地看见一辆轿车驶来，李长雄立即小跑到一个位置立正，准备报告。哪知警车没有停下来，从他面前开过，他还没有回过神来，警车已经消失在前方的树林中。

过了好一会儿，又有一辆警车驶过来，何凯华从车上下来，看看阵势，便问："局长还没有到？"

李长雄有点慌乱，他不确定刚才那辆车是不是一号，便问旁边的人："刚才那辆车是不是一号车？"

大家都说是。

李长雄低声对何凯华说："坏了，刚才一号车没有停下来，直接开走了。"

何凯华也很诧异："怎么可能呢？马星宇还坐在车上呢。"

"何局，你看我们等等还是？"

"等等吧……"何凯华心不在焉地说。

过了好一阵子，李长雄的手机叫了起来，一看号码，是马星宇。他慌忙接通，但随即脸一下子僵了，怔怔地，好像受到了突如其来的打击。

何凯华很奇怪地看着他："怎么了？"

何凯华见他不搭理，于是推推他："究竟怎么一回事嘛？"

李长雄清醒过来，郁闷地说："马主任来电话，说局长不来了，叫我把人解散了。"

"哦……"何凯华也感到意外。

"何局，刚才那辆车肯定是局长的，可能看到了什么，惹他不高兴了……我没做错什么呀？你可得为我说几句话啊……"李长雄诚惶诚恐地央求说。

何凯华拍拍他的后背，安慰道："你也别见风就是雨的，万一是文局长临时有其他事呢？不就一个犯人自杀嘛，这全省监狱一年有多少犯人想自杀？实施过自杀行为又有多少犯人？正常人还有自杀的呢，何况是罪犯！我想他是地方上的县委书记，什么大事没见过？不至于吧。实话告诉你吧，这个谢天明是他的老领导，他来看看，也是人之常情嘛。"

李长雄心里略微放宽，连声说："感谢何局，感谢何局……"

何凯华微微一笑："何况你是清水监狱搬迁的功臣嘛，在局里，甚至在全省政法系统都是有些影响的，就算有啥事儿他不高兴，也得权衡权衡吧？没事没事，好生干你的工作，工作做好了，有了政绩，这才是真正的硬件，什么都好说。"

李长雄转身把监狱狱政科长叫过来问："谢天明情况怎么样？"

狱政科长说："据一监区报告，正在监狱医院抢救，应该没什么问题吧？"

李长雄一下火了："你这个狱政科长干什么吃的？出了这么大的事，不去现场，待在这里干什么？看风景？！"

狱政科长被他训得莫名其妙，连忙说："我马上去监狱医院……"

李长雄转身对何凯华说："何局，我们也去医院看看，要不要转院？"

何凯华心想来都来了，去看看也好，于是点点头。

在还有些料峭的小雨里站了几十分钟的民警们低声抱怨着散去，很多人则幸灾乐祸地议论着，在他们的记忆中，今天破天荒第一次没有接到上级领导。自从搬迁到这里来被省局列为全省监狱的示范窗口单位后，三天两头地列队，迎接上级领导、兄弟单位来参观的以及外省监狱系统的领导。开始还有些新鲜，到后来便麻木了，再后来就怨声载道，大多数人都只有一个认识：扰民。

李长雄陪着何凯华刚走到监狱二大门，被陈莉拦住。

陈莉说："监狱长，我要请假。"

李长雄本来就很窝火，没好气地说："你请假找我干什么？是不是吃喝拉撒都要我管？找你们监区长去。"

"监区长不同意……"

"监区长有权不批准！"

陈莉很委屈的样子，眼圈都红了，提高了声音说："你不准，那我找新来的局长请假。"转身对何凯华说："你是新来的局长吧？我要请假。"

"陈莉！请霸王假？！"李长雄一下火了，但马上又意识到什么，压低声音批评道，"你还觉得不够乱吗？你是警察，我们是讲纪律的队伍，有啥事儿回头再说，啊！"

何凯华笑道："我第一次遇到民警向我请假，有些意思，说说，为什么找我请假？对了，我不是新来的局长，是分管执法的副局长何凯华……"

何凯华说到这里，他惊讶地"咦"了一声，转身朝一大门方向瞧。原来，他晃眼发现马星宇站在不远处。

其他人的目光也随他朝后看，果然是省监狱管理局办公室主任马星宇。马星宇在这里，那么新来的局长也应该在，可他的前后左右没有别的人。

何凯华纳闷地朝马星宇走去，李长雄等也紧跟了过去。

旁边一个人走过来问陈莉："你找新来的局长请假？"

陈莉打量着他，清清瘦瘦的，脸色虽有些疲惫的样子，但目光却炯炯有神，嘴角分明挂着一丝微笑，但还是显得很严肃，头发上满是细细密密的小水滴。

她试探地问："你是新来的局长？"

这人犹豫了一下，点点头，微笑在他脸上弥散开来。

何凯华问："马主任，文局长呢？"

马星宇朝前面努努嘴。

众人又朝后望去，监狱二大门外，只有陈莉和一个人在说话。

李长雄心里"咯噔"一下，很明显，同陈莉说话的那人就是新来的局长大人。

李长雄暗叫糟糕："完了完了，妈的，今天真他妈的倒了八辈子霉……"

何凯华低声抱怨："我说马主任，跟我们躲猫猫呢？"

马星宇夸张地"嘘"了一声："何局，这位新来的领导工作作风就是不一样，不愧是县委书记……"然后拉着李长雄的胳膊，低声说："老领导，你往后小心点儿，这位局长大人可不好伺候……"

"唉，我真背……你说那个谢天明早不自杀晚不自杀，偏偏选在今天！这新局长刚上任，他奶奶的就自杀，把我也拉下水……真他妈的流年不利……"

"别抱怨了，文局在叫我们呢。"马星宇看着李长雄可怜巴巴的样子，心里有些不忍。

陈莉跟文守卫握手，满脸春风地走了。

李长雄心头七上八下地看了她一眼，惶恐地紧跟着何凯华。

（5）

　　原来，文守卫看见清水监狱组织民警列队迎接，很不高兴，就叫司机把车子开到前面停下来，一个小时后到清水监狱接他，又叫马星宇通知监狱就说他不去了。

　　安排好后，他同马星宇步行去监狱。

　　马星宇紧紧跟在他后面，保持半步的距离，心里在盘算要是他问起来如何解释。

　　但他一声不响地慢慢走，只字未提，这使马星宇产生了很大的心理压力，他鼓起勇气小心翼翼地说：“文局，刚才我给狱政处长发了个短信，说你要去清水监狱，可能……”

　　“以后我下基层，不要提前通知他们。”文守卫只是淡淡地说了一句。

　　马星宇原本做好了被他骂一顿的心理准备，没有料到他的语气如此平淡，仿佛刚才的事没有发生一样。一时之间更加觉得这位领导高深莫测，揣摩不透他心里究竟怎么想的。

　　“清水监狱全部关押的职务犯吗？”文守卫问。

　　“不是，职务犯只占一半左右，当时局里也想把刑事犯调到其他监狱，但是监狱长李长雄不同意，说现在监狱经济还很紧张，搬迁负的一部分债还要还，留下刑事犯去外边打工，增加收入，也能减轻局里负担，于是局里就同意了。”

　　“这是省城，他们还在外打工？做什么项目？”文守卫有些诧异。

　　马星宇说：“他们在为一个砖厂提供劳务，在那里设了一个外劳点，距这里有三十多公里，听说平常还在城郊的建筑工地做些事儿，比如挖土方之类的。”

　　这时，一队罪犯从身后走过来。

　　“瞧，那些可能就是在附近外劳的罪犯。”马星宇说。

　　文守卫闪在一旁，让罪犯们经过。

　　他们灰衣灰裤，浑身泥泞，扛着锄头钢钎，缓缓地走过来。两名民警跟在后面，黝黑黝黑的皮肤和一身已经变了颜色的警服特别抢眼，裤腿泥泞斑斑，皮鞋被泥巴包裹着，只露出鞋带。

　　一位民警高声喊：“停止前进，原地休息十分钟。”

　　一个罪犯叫道：“警官，这里到处湿淋淋的，又没有美女过路，咋在这里休息嘛？”

　　“叫你休息就休息，哪来那么多屁话，是不是想回去‘勾起’？”带队民警对他吼。

　　罪犯们默默地站着，你看看我，我看看你，很多人做着鬼脸。

"勾起？啥意思？"文守卫问。

马星宇朝前面比画了一下，意思是到前面再说话。文守卫便同他朝前面走了一段，与罪犯队伍有一段距离后，马星宇才说："现在不准打骂体罚罪犯，基层呢，就想出一些软办法管教不听话的或者没有完成生产任务的罪犯。勾起，就是叫罪犯弯腰，腿打直，双手尖要摸得到鞋。十分钟甚至一个小时，由民警说了算。"

"这不是变相体罚吗？"文守卫说。

"……"马星宇欲言又止。

"你尽管说，我只是听，不再发表意见。"文守卫笑道。

马星宇受到鼓励，于是说："有一句话讲得很好，犯人再好也是犯人，犯人再坏也是人。最近十年来，随着我国司法体制的健全，对罪犯人权的保障也进一步加强，在管理上是绝对禁止打骂体罚罪犯的。然而，由于财政保障没有跟上，监狱还得靠自己创收来弥补经费不足的部分，这样一来，监狱更重视生产一些，所以民警的压力还主要在完成生产任务上。罪犯完不成任务，又不能打，打了也会留下印迹，有执法风险。

为了尽可能规避执法风险，那只有采用变相体罚的方式，只要把握好度，不会留下任何印迹。"

"所以，民警们把软体罚当作规避执法风险的方式？"文守卫眉头拧紧了。

马星宇进一步解释说："文局，其实我们监狱警察……"

这时，文守卫的手机响起来，马星宇打住话题。

文守卫看了一眼号码，接通电话。

电话里传来责问声："今天是儿子的生日，你知道还是不知道？！"

文守卫笑笑，指着电话："你嫂子打来的……"

文守卫将手机移开耳朵，过了几秒，又才接听："好啦好啦，我这不也是忙吗？这里事情一完，我就跟子平联系。"

马星宇试探地说："要不，我安排人去接你儿子？"

文守卫连连摆手："不用，都实习了，自己可以照顾自己。"

"文局，我好像听见嫂子说你儿子今晚过生日，要不我们明天再来？"马星宇迟疑地看着他，继续以试探的口吻说。

文守卫看着他笑，边走边说："你顺风耳呀？小孩子过啥生日，我都没有过过生日呢。走！对了，你接着刚才的话题，继续。"

马星宇紧紧跟在旁边继续说："说实话吧，我们监狱警察也难，特别是一线民警，要管住这群人不容易啊，稍有不慎，自己也就变成了囚徒。监管犯人最怕的就是两件事，一是群体性事件；二是脱逃，特别是集体脱逃。一旦发生这样的事故，给处分是当然的了，说不定还要被检察院追究刑事责任。所以，我们的民警最担心的是什么时候会发生什么样的问题。结果是上班时间工作紧张，下班后神经紧张，同志们都说，两眼一闭，提高警惕。"

文守卫脸色很凝重，点点头。

"就是正常人被关在监狱里，早晚都要关出病来，何况他们还是罪犯呢？他们的人格、理想信念、道德、性格本来就缺失，或者说某一个方面存在缺陷，心理状态本来就不健康，加之失去了尊严和自由，心理问题就比以前更严重。孤独的更加孤独，暴躁的更加暴躁，抑郁的更加抑郁，只是因为有民警管理，有监规约束着，平常都压抑着，看不出什么，一旦有诱因，那就会像火山一样爆发出来。就拿自杀来说吧，人如果没有到极度绝望的心理状态，是不会产生这种意识，更不会实施这种极端行为的……"马星宇侃侃而谈，看到文守卫面无表情，就打住不说了。

文守卫看看他："你继续讲，我听着呢。"

马星宇"哦"了一声，接着说："就日常工作而言，除了要完成生产任务外，还得花大量时间处理、化解可能会引发罪犯异常行为的诱因。比如两个罪犯争吵就可能是个诱因，民警在生产现场不可能及时了解情况，那样会影响生产任务的完成，那么只有等到收工回到监区后，找双方当事人了解，再个别谈话。一晃眼一两个小时就过去了，等把全部问题处理完，早过了下班时间。所以，很多民警认为，我们虽然是实行的八小时工作制，但是却是十二小时的工作量，二十四小时的责任心，三百六十五天的思想包袱重。"

文守卫听着听着，感觉肩上的担子更加沉重了。

"文局，网上流传一个顺口溜，人世间最痛苦的事，莫过于上班，比上班更痛苦的，莫过于天天上班，比天天上班痛苦的，莫过于加班，比加班痛苦的，莫过于天天加班，比天天加班痛苦的，莫过于免费加班。这个顺口溜虽然反映的是"80""90"后的一种工作态度，但是拿到监狱来，真的很贴切。我们基层的很多民警把上班视为最痛苦的事，说得刺耳一点儿，这是一种原始人的劳动观念，把工作仅仅当成谋取简单再生产的一种手段而已。在这样高强度的工作压力下，我敢断言，我们的一线民警的心理问题也不容乐观，至少很多民警心理处于亚健康的状态……"

"那么，反过来推理，如果压给民警的生产任务重了，用于化解罪犯之间的矛盾的精力和时间就相应减少，是吧？"文守卫突然插话。

马星宇愣了愣，点头说："那是必然。"

"那为什么还要搞外劳，给民警施加那么大的压力呢？"文守卫继续问。

"这个……"马星宇沉吟片刻说，"国家长期对监狱投入不足，历史遗留问题很多，目前创收依然是各监狱的工作重心。"

当然，还有个别领导把外劳视为既定的利益格局，这个他不能说，也不好说，毕竟也只是道听途说罢了。

"你对一线很熟悉，在基层干过？"文守卫看着他问。

"我刚刚参加工作时，被下派到清水监狱老基地锻炼，干过三年带班队长。"

文守卫点点头，不再发问，而是不由自主地加快了脚步，直接进了一大门，才意识到没有受到任何阻拦，他感到很吃惊。而在第二道大门前，他看见一群人正在争吵什么，便不动声色地走过去看个究竟。

第三章　同学之谊

（1）

在何凯华的介绍下，文守卫同李长雄他们一一握手。文守卫脸上挂着的笑容，让李长雄心里暗自吁了一口气。这时，医院报告说谢天明已经脱离危险，只是因体质虚弱，尚在昏迷中。他连忙向文守卫报告了情况。

"怎么自杀的？"文守卫问。

李长雄说："从现场来看，是用碎玻璃割腕的。"

"喔？碎玻璃从哪里来的？"何凯华马上问。

"正在调查中，一监区正在组织清查违禁品。不过，要查清来源估计要等谢天明醒来后才知道。今天这事发现得很及时，伤情也不是很严重，只是这个谢天明刚刚从禁闭室出来，体质很弱，加之流了一些血，所以现在还在昏迷中。"

"不仅一监区要清监，你们要组织一次全狱大清监，总结经验教训，堵住违禁品流入的漏洞。"何凯华严肃地说。

文守卫点点头说："这件事你们处置得当，没有造成严重后果，值得表扬。不过，何局说得对，要认真分析一下，找找原因，特别是谢天明自杀的内在和外在原因，这个很重要。对了，是谁第一个发现的？我想见见这位民警。"

李长雄有些慌乱，难为情地说："报告局长，这个……就是刚才那位闹着要找你请假的陈莉……"

"噢？"文守卫颇为意外。

"听监区长讲，从去年下半年开始，她一个月就要请假六天，基层本来警力就紧张，加之今天出了谢天明自杀事件，而局长你要来，所以监区长就没有同意，她就跑到你和何局面前闹……我下来要教育批评一下，保证以后不出现类似事件……"李长雄一本正经地解释。

马星宇马上打断他的话，笑道："老领导，我给陈莉求个情，请一天假，如何？"

李长雄拍拍脑袋，恍然大悟似的，慈慈地笑："既然领导都表态了，我还有啥说的？"

"你把在外边的人招回来吧。"文守卫看了一眼李长雄，意味深长地说，"这雨，好像比刚才大了些。"

李长雄一怔，立即醒悟，连说三声是。为了迎接文守卫，他叫一队外劳收监的罪犯在外边等着。

"我们进去看看？"文守卫笑笑说。

一行人陪着他进入二大门，大家以为他要到医院去看望谢天明，哪知他却不按李长雄指引的方向走，径直来到一监区内看守值班室前，转身对后面的人说："你们找个地方休息，或者该干吗就干吗，我自己转转，马星宇跟着我就是了。"

文守卫说完，径直走进了值班室。

李长雄想跟进去，被马星宇拦住。

马星宇说："你留下一个民警远远地警戒一下，然后去监区办公室喝茶，完了我来叫你。"

"领导在工作，我们哪敢坐下来喝茶？"李长雄吩咐政治处主任陪何凯华去办公室休息，而自己执意要等候局长。

何凯华也只好表态说我们也不喝茶了，就等等局长吧。

于是一行人、大大小小的头头脑脑们都远远地站着等候，民警们指指点点，不时从窗户里探出头来，朝这边张望。

一监区监区长马旭东从医院跑回来，悄悄问李长雄："老大，局长来了？"

李长雄面带忧愁地指指值班室："正在找你的人谈话呢。"

马旭东说："你放心，我的人不会乱说话。"

李长雄发现何凯华正看他俩，瞪了他一眼，便走过去跟何凯华说话。

马旭东又磨磨蹭蹭地走过来，低声问："老大，要不要通知其他监区，跟民警打个招呼？”

"你有完没完？"李长雄脾气一下子来了，"你今天给我惹的事还少？赶快到医院把谢天明给我守着。"

马旭东五十几岁，算是监狱在职的元老级人物，还没有人当着这么多人面被训过，他脸色挂不住了，但也不好发作，闷哼一声，耷拉着脑袋就走。

哪知李长雄又把他叫住："明天陈莉要去考试，准她一天假。"

马旭东一听，犟牛脾气就来了："老大，你这么一竿子插到底，我以后还怎么开展工作？"

李长雄正待发作，何凯华忙拉拉他，对马旭东说："老马，有意见下来再交换嘛，啊！"

"何局，不是我闹意见，明天外劳有两个点，我都顶上去了，陈莉一请假，监控室真没人守……"马旭东一脸无奈地说。

"要不要我来帮你守？"李长雄压住火气说。

马旭东气呼呼地走了。

何凯华问："难道警力真这么紧张？"

"最近工程多，外劳点也增加了，所以警力特别紧张。"李长雄说。

"老李呀，这个得注意啊，别生出什么事端来，我看还是收缩一些点儿吧，把有些无关紧要的，砍了吧。出了监管安全事故可不是闹着玩的，现在新局长刚来，还摸不清他是怎么想的，到时候恐怕我想保你都保不住。"何凯华担忧地说。

李长雄点点头："我按你的指示办。"他嘴上虽然这么说，心里却嘀咕："站着说话不腰疼，砍，怎么砍？你插手的那几个项目我敢砍吗？好不容易找了几个赚钱的项目，可那白花花的银子……"

这时，文守卫走出值班室，看见何凯华他们远远地站着，便走了过来。

李长雄恭维地说："文局，去看看谢天明？"

文守卫点点头，随他们去医院。

谢天明仍在昏迷中，虽然剃了光头，从脑袋上冒出的浅浅的头发几乎全白了，颧骨很高，面色苍白，没有一点儿血色，半张着嘴吃力地呼吸，牙齿也脱落了不少，乍看起来活脱脱就是一具僵尸。

文守卫心里一阵酸楚，不忍再看，就退了出来询问了一些情况，嘱咐医生全力治疗，如果有异常状况就转到省医院去。他在医生值班室随手翻看了一些记录，走到其他病房看了看，随意问了一些病号的情况。

从医院出来，文守卫边走边问："李监狱长，我刚才翻看了值班记录，民警值班都长达二十四小时，怎么回事？"

"我们监狱点多线广，警力很紧张。"李长雄说。

"点有多少？线有多长？"

李长雄介绍说："我们监狱目前有十三个临时外劳点，一个距离这里有三十来公里的固定外劳点，文局，别小看这外劳，去年我们仅外劳收入就有五百多万呢。"

"喔……"文守卫漫不经心地应了一声，似乎在思考什么，也没有再问什么，只顾走。

一行人跟在后面，气氛有些压抑，李长雄快步跟上他，想给文守卫介绍一下监狱整体环境情况。正要开口，文守卫却又走到了前面，也只好算了，他疑惑地看看左右其他人，其他人都跟他一样的表情。

文守卫在监狱二大门外停下来，转身突然问："如果把罪犯从外劳点全部撤回来，需要多长时间？"

一行人都吃惊地看着他。

李长雄结结巴巴地确认："文局，你是说撤回来？"

"是的，从外劳点撤回来！"文守卫声音不大，却铿锵有力。

李长雄不知道说什么好，也不知道怎么回答他这个问题，愣在那里，心里嘀咕："一年五百多万啊……"

"马星宇，你说，需要多长时间？"文守卫接着问，声音依旧不紧不慢，不高不低，却像扔了一记重磅炸弹。

马星宇迟疑地说："理论上，一天时间就够了。"

"什么意思？"

李长雄抢着解释："文局，临时外劳点好办，顶多干完不再揽工程就是了，也就一个礼拜，但固定外劳点都签订了合同，要突然撤回来，涉及赔偿，那直接损失就很大，间接损失就更大。"

文守卫点点头："明白了。"

文守卫向一大门走去。

"请局长到会议室坐坐，我们班子先汇报工作，再请你作指示，完了吃一顿便饭再回去。"李长雄紧随其后，请示说。

文守卫停下脚步，转身看了看跟着他的一行人，半晌才说："我对监狱工作是一片空白，今天是以局外人的身份来走马观花的，何谈指示？不过，就我这个局外人看来，有两点值得商榷：一是我和马主任大摇大摆就进了监狱一大门，监狱不是菜市场吧？二是我翻看了民警值班记录和医生对罪犯开的处方，值班记录我说了，这个处方嘛，不知道你们这些做监狱领导的查看过没有？我翻了二十三张处方，是今天上午一个警官医生在四、五、六监区给罪犯看病开的，竟然都是一样的，难道我也可以在监狱当医生？"

李长雄脸色一阵白一阵红，嘴唇哆哆嗦嗦，想说什么，就是说不出来。

文守卫看看其他人，包括何凯华在内，表情也好不到哪里去，便笑笑："当然，我不了解监狱情况，也许说得不准确。你们研究一下，回头给我个书面报告，我说对了就是对了，说错了就是错了。"

一行人愈加无地自容，都感觉到一股无形的压力在心头蔓延开来，迅疾向身体各部位血管侵袭。

这时，监管区传来一阵喧闹声，让所有人本来紧绷的神经更加敏感起来，也变得脆弱不堪……

（2）

黄昏刚刚降临，街上的路灯便亮起来，朦朦胧胧的，像一只只惺忪的眼睛，无精打采地盯着来来往往的人流和车流。

谢小婉在人流中急匆匆地小跑。一辆卖烧饼的手推车龟缩在街道的拐角处，旁边摆着一个箩筐，箩筐里歪歪斜斜地插一个毛边了的小纸牌子，上面有几个像蚯蚓一般的字："小柿子，十元／半斤。"只是那个"半"字写得很小，乍看之下，会误认为"十元一斤"。

一个老婆婆瞄着那些柿饼。

老板是个黑壮汉，大声说："很便宜的，来一点？"

老婆婆有些心动，蹲下来拿起一个柿饼看。

谢小婉正好走过来，指着烧饼问："这个，多少钱？"

黑汉子正在招呼老婆婆，随口答道："很便宜的，你自己看。"

谢小婉扭头看看他俩，看看牌子，蹲在婆婆身边，指着牌子上那个"半"字。

老婆婆恍然大悟，扔下柿饼，指着汉子教训道："你这人咋这么不地道呢？"

老婆婆气呼呼地走了。

汉子恶狠狠盯着谢小婉，谢小婉笑笑："老板，来个烧饼。"

汉子不情愿地给她拿了一个烧饼："八元！"

谢小婉嚷起来："昨天还是五元嘛！"

汉子没好气地说："涨价了！"

谢小婉又笑笑："好好，八元就八元！"

她接过烧饼，转身朝天桥跑去，边跑边啃。

今天她找到了工作，是五星级的金帝酒店的酒吧，据说干得好的话，一个月可以挣一万多元。所以她就没有在乎五元还是八元，要是在昨天，她打死也不会多花那三块冤枉钱。

谢小婉换上酒吧职业装，紧身西装上衣，超短裙，来到前台站着。尽管像变了一个人似的，但几年的打工漂泊的生活，她看起来又黑又瘦。一个又一个客人走进来，大多醉醺醺的，朝她们东瞧瞧西瞧瞧，然后挽起一个小妹，勾肩搭背地走向包间。

小妹们一个一个被点走了，没有人点谢小婉。

谢小婉孤零零地站在那里，神色有些尴尬。

有几分醉态的文子平走了进来，上前挽着她的手："走，喝……喝酒……"

谢小婉面露喜色，连忙扶住他说："先生，这边请。"

她把文子平扶到包房坐下。

谢小婉恭恭敬敬地站在他面前问："先生要喝点什么酒？"

"啤酒，要最好的……"文子平倒在沙发上，含含糊糊地说。

谢小婉没有点最贵的，而只是点了一件啤酒。

谢小婉给他倒满，端起酒杯，往他身上蹭了蹭："来来，帅哥，小妹陪你喝一杯。"

文子平一哆嗦，接过酒杯，一饮而尽。

谢小婉看他这样，有些不忍，又给他倒酒，这一次只倒了半杯。

"你还是学生吧？还是少喝点。"

文子平醉眼蒙眬，很生气地盯着她说："只想伺候老板、当官的，是不？倒……倒满……"

文子平的手机叫起来，他从桌子上抓起来看了一眼，扔在桌子上，端起酒杯喝酒。

手机连续不断地叫。

文子平抓起手机，对着手机吼道："你们不陪我，我自个儿陪自己，不行？！我在喝酒，喝酒！"

文子平抓起手机，狠狠砸在地上。

"今天是你生日？"谢小婉轻声问。

"你只管倒酒！"

谢小婉看着他一杯一杯地喝个不停，也不要自己陪喝，心里暗自庆幸，但也有一些莫名其妙的担忧。她端详着那张脸，想弄清楚这莫名其妙的担忧究竟来自哪里，在昏暗的灯影下，瘦瘦的，除了有些绯红和醉态，她看不出有什么特别。这是一张多么普通的脸，在大街上一抓就是一大把的脸。可自己就是摆脱不了他的困扰，难道仅仅是因为他今晚点自己陪酒吗？她有些自怨，觉得自己很自恋。她算什么？一个陪酒女，还是一个皮肤黝黑、粗糙的陪酒女。

文子平真的喝醉了，倒在沙发上呼呼大睡。

她站起来，来到吧台，对经理说："经理，我陪的那位先生喝得烂醉，咋办呢？"

经理招呼几个保安，扯着公鸡嗓子："走，去看看。"

经理扭动屁股带着几个保安朝包间走去。

（3）

陈莉原本要去跆拳道馆，可父母好说歹说拉着她去相亲，她只好陪着父母去吃晚饭。饭桌上，陈莉如坐针毡，不得已偶尔礼貌地朝男方父母微微笑笑。她的这种表现，在母亲看来，就是端庄、文静，一副大家闺秀的样子。母亲心里暗喜，满意地朝老伴使劲地使眼色。可转眼间发现女儿不见了，她连忙借故跑出酒店，远远看见陈莉正在拦出租车。

陈母跑过去一把拉住她。

陈莉不满地叫："妈，我练跆拳道要迟到了！"

陈母急得直跺脚："你这丫头，客人还没走呢！"

"那我不管，反正有你和爸爸在嘛。"

陈母一个不留神，陈莉挣脱了她的手，扭头就跑。

她无奈地摇摇头："一天到晚打打杀杀的，我看谁敢娶你。"

陈莉摆脱母亲后，招了个的士赶到跆拳道馆。她换上衣服，给杨阳打了个电话。杨阳手机关机。陈莉有些纳闷，今晚不该他值班呀？这小子跑哪里去了呢？难道在加班？于是给值班室打了个电话，他果然在值班。原来因谢天明自杀的事，监区加派了民警在医院守护。

陈莉顿觉无趣，有几个学员见她来了，纷纷要求与她对练。陈莉三下五去二，将他们一一撂倒在地。

陈莉拿起毛巾擦汗，看着他们说："算了算了，真没劲！"

陈莉说完，就往外走。

矮个子学员巴结说："陈莉，你是警察吧？"

"是呀。"

高个子学员恍然大悟："难怪，难怪，哪？是武警还是刑警？"

"狱警。"

高个子学员满脸惊愕，摇头，再摇头："什么？没听说过……"

"监狱，听说过吗？"陈莉不屑地瞪了他一眼。

高个子夸张地惊叫："啊？山上下来的！"

陈莉指着他走过去，高个子连忙举手投降，往退后。

陈莉笑道："你小子才从山上下来的吧？"

高个子说："没……没有，我一个哥们在山上待过……"

陈莉拿起衣服，转身看着他："告诉你，我们从山上搬下来了，胡汉三回来了，哈哈……"

高个子冲着她喊："陈莉，嫁给我呗。"

"好呀，你打赢我，我就嫁给你。"陈莉朝外走去，头也不回。

（4）

马旭东和杨阳走进监狱医院谢天明那间病室，站在病床前观察了一阵，不管怎么问，谢天明假装昏迷，就是不出声。马旭东恨恨地扫了他一眼，招呼杨阳走了出去。

马旭东边走边焦虑地说："杨阳，你今晚多留点心，吉牛马二交代了酒的来源，可是这割手腕的玻璃片是从哪里来的，只有谢天明知道。这不，李老大还在办公室等着要我们的狱情分析呢。"

杨阳担忧地说："老大，谢天明又臭又硬的，今晚怕是……"

马旭东跺了一下脚，头也不回地走了。

（5）

经理打开所有的灯，使劲摇摇文子平。

文子平烂醉如泥。

谢小婉看看文子平，这一次，她才看清了他的脸，心里油然滋生一种似曾相识的感觉，好像在那里见过。

经理翻他的口袋，把钱全部拿出来，数了数，才一千二百多元。

经理轻蔑地数落："哼，穷鬼，一千多块也想到金帝来晃？算算，多少钱？"

经理把钱又放回文子平的衣袋。

前台小妹数数瓶子说："算上陪酒费，一共两千八百元。"

"拿一盆水来，弄醒他，要钱。"经理指着一个保安说。

保安走了出去，端来一杯水，泼在文子平的脸上。

文子平醒了过来，四处看看，惊慌地问："你们？"

经理一脸恭敬地媚笑："小哥，你一共消费了两千八百元，这是账单，明码实价。"

文子平哆哆嗦嗦地把钱掏出来，一数，愣怔在那里。

经理拍拍他的肩："打电话叫你朋友送钱来吧。"

文子平一脸惶恐："我我……我明天给你们送来，好吗？"

"你说呢？"经理"哼"了一声。

一个保安上来就是一拳，文子平"哎呀"一声，下意识地握住鼻子，血从手指间流下来。

经理托住文子平的下巴，"嘿嘿"奸笑："打电话吧，我可是最最最不喜欢暴力，但是这社会就这样，我也没法子。"

文子平惊慌失措，带着哭腔哀求："我我……"

保安又抡起拳头。

谢小婉突然扑过去挡在文子平的面前。

谢小婉央求道："经理，我不要陪酒费了，行不？"

经理咂咂嘴，看着谢小婉："哟！美女救英雄？不不，狗熊，狗熊。这也不够呀，还差八百。"

"那……明晚，我也不要陪酒费，行不，求你了，经理。"谢小婉说。

经理转身就走，边走边吩咐保安："把他弄出去，晦气。"

谢小婉扶着文子平从金帝酒店走出来。

谢小婉问："你家住在哪里？"

文子平突然转身，跑到花台旁，趴在花台上呕吐。呕吐完，靠着花台喘息了一阵，摇摇晃晃地走。

谢小婉走过来扶住他："你家住在哪里？我帮你叫个出租车。"

文子平突然扭头盯着她："为什么对我这么好？"

谢小婉松开他，急忙摇手。

文子平站立不稳，半跪在地，谢小婉连忙扶起他。

文子平提高了声音："为什么对我这么好？"

谢小婉有些慌乱："是呀，我凭什么这么对他？"

文子平用力甩开她的手，摇摆了几下，站定，冲着她张牙舞爪地挥舞着拳头，愤怒地叫喊："我不要你可怜，不要，不要！"

谢小婉有些气恼，转身就走，可后面却传来"嘤嘤"的啼哭声。她又转身，文子平蹲在地上哭。

文子平抱着头，边哭边喃喃自语："爸爸出差，妈妈出差，从我懂事起，就知道他们一直出差、出差……他们心里只有工作……工作……"

文子平突然抬头，可怜巴巴地望着她："我给她写了那么多信，她一封都不回，为什么，这是为什么？"

谢小婉不知所措地看着他，眼神透出怜悯。

文子平哭了一阵，站起来，头也不回地走了。

谢小婉若有所思，望着他的背影，直到消失在朦胧的街灯里，她依然朝那个方向望着。

(6)

雨下了一夜，催开了清水监狱背后山坡上的一树梨花，在晨曦中摇曳着，格外养眼，只是，在早春还有些料峭的风中，略显得几分孤单……

清水监狱监狱长李长雄一大早就直奔监狱管理局，到局里时候，工作人员才三三两两地来上班。一些处长们早已听到了昨天的事情，都驻足和他寒暄几句，说些同情或者安慰的话。

李长雄越听越不是滋味，长吁短叹地苦笑，人背了，连喝清水都要咬到舌头。本来局长大人就要离开了，哪知道一监区又出事，罪犯潘佳杰不满民警把他的照片没收了，像狼一样号叫着对民警表示不满，引发其他罪犯起哄。职务犯大都倾向于潘佳杰，但刑事犯大都站在管教民警的立场，罪犯大组长是个刑事犯，早就看不惯这些贪官们，冲上去就打了潘佳杰几耳光，潘佳杰便同他厮打起来。两派犯人都上前劝阻，与其说是劝阻，还不如说是趁机搞小动作偷袭，一场混战就开始了。何凯华是分管执法的副局长，尽管跟李长雄是那种同志加兄弟再加酒肉朋友的关系，这时候脸色也挂不住了，接二连三地出事，让他在新来局长面前颜面扫地，他当时就火了，下令尽快查明事件原因，第二天把处置报告上报省局。李长雄立即跑回去亲自坐镇，平息事态，又连夜召开会议，分析原因，形成事故报告后，又召开班子会议，研究措施。还守着办公室把两个文件起草签发打印出来后，才回家吃饭。

他跟他们打听文局长是不是还在原来局长办公室办公。他们都说还不知道，八成要换个办公室，要是我是新局长，也要避一避晦气，四楼（原局长办公室在四楼），就是死啰，死喽啰，多晦气！这不，三楼朝南那一面中间那两间都打通了，正在装修呢。

他给马星宇打电话，马星宇说老领导，这时候恐怕你见不到局长，我现在正在省委大院呢，局长一上班就去恭候组织部长大驾，现在还没下来呢，你先到我办公室等吧，等宣布完班子，我来叫你。

好不容易等到宣布班子的会议结束，马星宇小跑来说，文局马上要组织召开党委会，你还得等等，我已跟他说了你在等他。马星宇说完，急匆匆地又跑了出去。李长雄拿出手机看看时间，十点过了，这党委会不知道开到什么时候，看来今天上午是没戏了，他暗自抱怨："早知道这样，我不如下午来，上午还可以跑几个外劳点。"不过这次倒没等多久，半个小时后，马星宇就来叫他到局长办公室。

文局长还是在前任局长办公室，李长雄对这间办公室太熟悉了，就连那两盆发财树有几片叶子他都清楚。他进去打量了一下，晃眼间没有发现这里的摆设有什么变化，只是办公桌上那尊镏金尊贵的、插笔用的砚台不见了……

文守卫亲自给他泡了一杯茶，他有点受宠若惊，连忙双手接过去，端在手中。文守卫叫他坐，他才恭恭敬敬地坐下来，把茶杯放在案几上，又直起身子，像小学生正在上课一般。

"事件平息了？"文守卫问。

他把两份报告双手呈送到局长面前，发现报告文本颠倒了，连忙拿回来把方向校正。

文守卫拿起报告很仔细地看，李长雄有些紧张，不时偷偷看看他脸上的表情，急于知道局长对这两个报告是不是很满意。然而，他有些失望，文守卫的脸上没有任何表情，让他读不出任何蛛丝马迹来；继而，他开始进一步紧张起来，背心发热，额头上感觉似乎在冒汗，因为他发现，文守卫看着看着就不那么仔细了，甚至只是翻了翻第二个报告。

果然，文守卫抬起头，眉间一挑，说："你们工作效率和态度值得肯定，但是我怎么看都感觉这样的报告像格式化的公文，也许套在任何一件事故上都可以。"

李长雄不知如何回答，愣愣地看着这位局长。

"报告上说事件处置及时，程序上没有违法，那么说明我们的民警执法意识很强，处置应急事件的能力水平都不错，那么后面又在强调加强民警执法意识教育、提高业务素质等等，我感觉怎么有点勉强的意味呢？你们这报告，说实话吧，我是越看

越糊涂。"

文守卫看着他说。

"这……这个……"李长雄语无伦次，不知怎么回答。

文守卫眉头锁紧了："更重要的是，你们党委研究决定给直接管理的两个民警警告处分，按照报告上说的，责任心不强，摸排和狱情分析不准确、不深入，这岂不是前后矛盾？"

李长雄感觉脸有些发烫，虽然以前的报告都这样写的，但他不得不承认这位局长看问题就是不一样。

文守卫把声音提高了一些："要么你们没有实事求是地上报情况，要么你们思路有问题。"

李长雄喃喃地说："我们……我……我回去进一步核实……"

文守卫笑笑："你也别紧张，我也不是说你们上报的情况就是虚假的，相反我认为你们报的这个基本情况是实事求是的。"

"那……"李长雄错愕地看着他。

文守卫又翻了翻两个报告，看着他说："我看问题是出在你们对事件的固有思路上，监狱出了事故，一般是不是先从监管制度、纪律制度、当事民警的责任心和民警的思想教育、从业素质等等方面进行分析？"

"是呀。"李长雄纳闷地说。

"那么，为什么不换个角度，从罪犯个案入手，就现在这两起事故而言，就是对谢天明和潘佳杰的个案分析呢？"

"这个……狱政部门正在分析……"李长雄确定自己在冒汗，底气不足地回答。

"那就好，不要求快，也不要抱有应付上面的思想，要认真、深刻地分析，从外围入手，最好结合罪犯的家庭、生活经历和现实监狱改造环境，挖一挖他们内心的东西，这样才有的放矢，是吧？"

李长雄彻底服气了，对这位新来的局长一下有了全新的认识，他忙站起来立正，说："我回去马上落实局长指示！"

文守卫接着说："老李呀，这事儿你真得去抓一抓，搞好了，说不准就开启了一条不一样的改造罪犯的道路，那你可就是我们全省监狱系统的功臣啊。"

李长雄有些激动，身体又向上挺了挺："感谢局长信任，我保证尽心尽力完成这次任务。"

文守卫微笑着摆摆手，说："你也别这么讲究什么规矩，这样还怎么说话呢？我也不习惯。"

这时，李长雄的手机叫了起来，他连忙挂断，并把来电提示设置为震动，然后说："哪能失了规矩？那就不像警察了。"

文守卫无可奈何地笑笑，看来自己还真得有个心理准备和适应过程。

"局长，没其他的事，那我就回去了。"

"如果局里决定取消罪犯外劳，在一周之内把外劳罪犯全部收监，你有什么看法？"

李长雄刚刚回暖的心一下子跌落回去。昨天文守卫问他从外劳点撤回需要多少时间，他着实感到惊讶，从他懂事的那天起，听父辈们讲，民警的工资是国家给一部分，犯人给一部分（罪犯劳动创造的价值），如果不把犯人盯紧点，工资就拿不齐。这种说法虽然很刺耳，但参加工作从普通民警一步步到股级、科级、副监狱长，一直到现在的监狱长，都是这样的。近几年随着国家对监狱的保障大幅度提高，去年甚至达到了70%多，但还是有20%多需要监狱自己创造价值，监狱靠什么创造？而监狱唯一可以靠的就是罪犯，不靠犯人靠谁？哪个监狱长不想把罪犯关在监狱里，既安全又简单。

前年省局决定要把清水监狱作为全省监狱一个示范窗口，专门关押职务犯，把刑事犯调往其他监狱，他急了，要是全部关押职务犯，这些贪官不仅年龄偏大，难管，还没干过体力活，这些年监狱做了那么多事情，还不是靠外劳创造的效益？他跑到局里一个领导一个领导地诉苦，终于说服了主要领导，答应逐步分流，自然过渡。而现在，说撤了就撤了，说起来简单，可是往后怎么办？监狱一年的经费缺口在八百万以上，这队伍还怎么带？就算是撤，固定外劳点合作方劳动力怎么解决？也得要一个过程吧？

"怎么，有困难？"文守卫问。

又有人打电话进来，他伸进衣袋摸索着挂断电话，迟疑地表达自己的意见："既然……局党委做出了决定，我们坚决执行。只是……不过……"

"有什么意见或者建议就直说，不要有顾虑。"文守卫对他点点头。

"那我就直说了。"李长雄深深呼吸，"我建议局长到各监狱走走，了解一下监狱的状况，我们监狱可不像地方……"他意识到这话有点过了，马上改口说，"我的意思监狱没有地方资源多，没有地方富有，就拿我们监狱来说，我们还得自己挣八百万，要不监狱就难以运转。再说了，全省大多数监狱都有固定外劳点，都是签订了合同的，现在撤回来，不仅赚不到钱，而且还要赔偿对方一笔不小的损失……"

文守卫见他又将手伸进衣袋里，便笑着说："你先接电话。"

李长雄犹豫了一下，还是拿出手机接听。

电话是监狱纪委书记打来的："李监，省纪委来人了，要我通知你马上回来……"

"他们……他们来做什么？我正在给局长报告工作呢，你就不能先挡一挡？"

"我说了，可是带队的顾主任说，就是给省委书记汇报工作，也得马上回来。你还是赶快回来吧，他们正在财务上查账呢。"纪委书记焦急地说。

李长雄心里一沉，隐隐感到要出大事。

文守卫见他神情异样，关切地问："出什么事了？"随即又笑笑，"不会又出什么监管事故了吧？"

"没……没有，局长，监狱来电话说，省纪委一个姓顾的主任到了我们监狱，要我立即回去，你看……"李长雄明显有些坐不住了，语气里透出焦急。

文守卫说："那好吧，你回去吧。不过，在一个礼拜内撤回外劳点是局党委的决定，我希望你带个头，不管有多大损失，限期内必须完成，一个礼拜后我来你们监狱，我希望能看到我想看到的。"

李长雄心不在焉地应了一声，匆匆忙忙走了。

文守卫望着他的背影，若有所思，然后抓起手机给顾洪城打电话。

（7）

谢天明今天的早餐很丰富，一杯牛奶、一块面包、一个鸡蛋，外加一碗米粥，而其他病号依旧是馒头和米粥。等管教民警带着送饭的犯人离开了，同病房的其他犯人都盯着他。牛奶面包的香味一下子勾起了谢天明的食欲，肚子也咕咕地直响，五年了，没有闻过牛奶面包的香味，他下意识地坐起来，伸手去拿面包，发现同室的其他犯人都不吃饭，盯着他。他迟疑了一下，迟缓地把目光转了一圈，才发现只有他才有这样的待遇。那些目光像刀子？抑或如虎视眈眈的魔兽那贪婪的目光？还带着鄙夷、不屑、嫉妒甚至怨恨？他内心开始战栗，继而手脚不由自主地微微抖动，一个劲儿地在心里问自己："他们会扑过来吗？会扑过来吗？"

这时，管教民警在铁门外喊："怎么不吃饭？不饿？那就收了！"

犯人们齐刷刷地埋头吃饭，一片稀里哗啦的声音。

谢天明也从莫名其妙的恐惧中清醒过来，看到眼前这群人，他想起狱友潘佳杰曾悲怆地说："人啊，只有坐了牢，才体验到个中苦涩。进看守所的第一个早餐，我才知道，牛奶面包的早餐已和我永别了！"他内心突然涌动着一波一波的悲哀，人吃饭，其实跟猪、狗有什么两样呢？人活一世，不就为了三餐吗？

"要是我不翻船，牛奶面包算什么？就是鲍鱼也是小菜一碟，哪会跟这帮流氓混混在一起吃饭……"他喃喃地说，无力地闭上眼睛，这可是自逮捕之后第一次吃牛奶面包啊，想起在这么一个环境里，跟一群素质这么低的人吃牛奶面包，真是暴殄天物。

他在心底里长长地叹息，那叹息声仿佛被很多叫不出名字的藤蔓缠绕着，令他很窒息。而他隐约看见藤蔓上长满了刺，扎得他的心脏隐隐作痛，继而，痛楚感蔓延开了，全身每一个神经每一个细胞似乎都锥心地疼……

他痛苦地呻吟。

"谢天明，你怎么了？"

一个犯人的声音把他从痛苦中拉回来，一下子感觉轻松了不少，他扭头朝他们点点头，表示谢意。

"妈的，官就是官，犯了事儿也他妈的比老子们待遇好，现在连监狱也这个样子，这社会真没救了。"一个犯人愤愤不平地说。

一个年轻的罪犯接话道："可不，老子去年自杀，还不是稀饭馒头？哪像他这样子，还牛奶面包的。在外边搜刮民脂民膏，进来了还多吃多占，老子最恨的就是贪官。"

说话的罪犯叫赵海东，抢劫、故意伤害致人死亡罪，无期，来监狱有些年头了，尽管才三十来岁，经常以老大自居。也许是他颇有几分口才，其他罪犯给他起了个外号叫二皮，渐渐喊出了名，连民警有时候也叫他二皮。

"二皮，我看你也好不到哪里去？抢嘛，也得瞄准个暴发户嘛，或者抢谢天明这样的贪官，就像梁山好汉一样。你娘的把别人追了两公里，才抢了四块钱，还有几张角角钱，你丢人不？"一个老年犯人说。

其他犯人都嘲笑起来。

"笑个球，老子满以为他身上有钱，哪知道只有几块钱，要是你，你气不？就几块钱，你跑个吊呀？我以为是条大鱼呢，追得我浑身散架一般。我当时那个气呀，结果老子三拳两脚，哪知道他那么不经打，就死了呢？这不，无期……别说了，别说了，算老子倒霉。"二皮摇头晃脑，后悔不已。

众犯人又是一阵大笑。

二皮看着谢天明说："老子抢钱，还不是这些贪官逼的，他们要是稍微考虑一下我们失地农民的生存问题，我能去抢？谢天明，我看你今天就吃得下去！"

年老的犯人说："二皮，你小子也别这样，你瞧瞧他，皮包骨头的，像旧社会的

长工，算了吧，都是老人儿了。"

"是啊，你娃小心点，人家是啥人？我们又是啥人？局长还来看他呢。"另外一个犯人说。

"局长？来看我？"谢天明有些不相信自己的耳朵。

"老子不怕什么鸟局长，反正我出去也他妈的老了，大不了少活几年罢了，不过看在他是个老人的份儿上，就算了。"二皮嘴上说狠话，但心里还是有些惧意。

沉默。

犯人们都耷拉着脑袋各自盯着某个物体发呆，看不出他们内心在想些什么。

谢天明说："我不想吃，你们吃吧。"

犯人们都转头看着他，还有两个连声问："他说什么？"

这时候，铁门开了，医院院长带着一帮医生进来。

院长看看早餐，俯下身子问："都九点过了，怎么还没吃东西？没胃口？"

谢天明木讷着脸，吃力地躺下。

院长用听诊器听听他的心脏，摸摸额头什么的，跟其他医生商议，一致认为他并没有大碍，只是身体虚弱，需要营养。院长吩咐值班民警把牛奶拿去热热，监督谢天明吃下去。

院长又对他说："你放心吧，没事，只要你吃饭，配合我们治疗，不出一个礼拜就会康复。"

院长说完，就带着其他医生往外走。

二皮抗议说："院长，你查房怎么不关心一下我们？"

二皮是在外劳中脚受伤住进来的。

院长转身走过来，看看他，看得二皮很不好意思，低头不语。接着，院长仔细检查了他的伤口，说："你可以出院了。"

"啊啊……"二皮即刻抱着肚子在床上打滚，"哎呀，我肚子痛，痛死我了……"

院长也不理会他，对随行医生说："查完房通知监区领人，建议送他去集训队。"

二皮一骨碌爬起来，快着脸说："那我回去就是了嘛，别送我去集训队就好。"

一群医生笑笑，走了出去。

一监区监区长马旭东刚走到门口，正好看见里面发生的这一幕，值班民警把热好的牛奶端过来，他接过来，跟院长打个照面。

院长说："马监，这谢天明没什么大问题，但不吃东西可不是办法，这样下去，恐怕真要出事。你来得正好，想办法让他把东西吃下去。"

马旭东点点头，进去了。他把牛奶放在谢天明床头柜上，对二皮开玩笑："怎么样？本来可以再安逸一天，你个死皮，搬起石头砸自己的脚吧。"

二皮也是马旭东监区所管的罪犯。

"哎呀，政府，老大，别说了嘛，都怪我这张嘴……"说完使劲地打了一下自己的嘴巴，"各位，拜拜喽，过几天我再进来陪你们啊。"

众犯人想笑，但马旭东和医院值班民警在场，不敢笑。

马旭东瞪了他一眼，二皮连忙媚笑："老大，我就是管不住这嘴巴……"说完又打了一下自己的嘴巴。

"欢迎欢迎啊，我们昨天研究了一个法子，你可以来试试，嘿嘿……"医院值班民警看着他怪兮兮地说。

"啥法子？"二皮期待地问。

"啥法子？你今天要是继续装病，我们就给你试试，要不，你别走，马上试试？"民警一脸坏笑。

二皮连忙说："算了算了，我虽然没多少文化，但是魔高一尺道高一丈这个理儿我还是知道的。呀呀……政府，警官，刚才谢天明说他不想吃，要不全给我吧，让我也享受一下贪官的待遇。"

"你小子以为贪官就是那么好当的？有个领导说，做清官是大智慧，我看做贪官也是大智慧。"马旭东说，"谢天明，你说是不是？"

谢天明翻翻眼皮，不语。

"你看啊，二皮，赵海东，无期，这小子该吃就吃，该睡就睡，该说人话就说人话，该说鬼话就说鬼话，该要死狗就要死狗，把监狱当成江湖，多逍遥？"马旭东笑道，转身背着谢天明跟二皮使使眼色。

二皮立刻明白了马旭东的意思，一下子来劲了："老大，这话虽然有点儿损，但中听，我二皮就这么个人儿，赤条条来，赤条条去。"

"所以嘛，你小子当不了贪官，当贪官要有大智慧。"马旭东看看他，又看看谢天明。

"嘿，老大，这啥狗屁智慧哟，像他谢天明？一天到晚皱着一张苦瓜脸，好像全世界都欠他啥的，一副心事重重的样子，好像在密谋推翻美国总统一样，到头来倒不是监狱把他折磨死，而是自己把自己折磨死。要是我是他，该吃就吃，该睡就睡，好

死不如赖活着。死在监狱里，拉到火葬场一把火，屁都不放一个，有几个人知道？还不如去清江大桥上跳下去，至少嘛，那些个记者什么的炒作你一个礼拜嘛，多少还会引起人们的一些同情心。"二皮说完，指指其他病犯，"你们说是不？"

其他罪犯都说是这个理儿。

"嗯，二皮你这话有水平，回去我给你加改造分。"马旭东说。

"真的？"二皮得意洋洋地说，"那我得努力，现在才三月，争取今年还是捞够减刑的份。老大，以后要是有啥表现的，你就喊一声，要是我二皮皱一下眉头，我他妈的就不是妈生的。"

众犯人一声轻笑。

"谢天明，你觉得二皮话说得对不？"马旭东问。

谢天明似没有听见一般，闭着眼，一动不动。

"谢天明，你究竟吃还是不吃？"马旭东苦口婆心启发他这么多，见他一个态度都没有，一下火了。

"老大，好办，他不吃，我有办法。"二皮挤眉弄眼，讨好地说。

马旭东意味深长地看了他一眼，笑道："你小子莫不是打牛奶面包的主意？"

二皮连连摇头："我是说，我有办法让他吃进去。"

"噢？你真能让他吃饭？"马旭东故意不相信。

"你去休息十分钟，我保证他吃得干干净净。"二皮认真地说。

马旭东说："好，要是完成得好，我再给你加分。"

说完，他给医院值班民警递眼色，一同走了出去。

谢天明眼皮翻了一下，依旧一副木乃伊的模样。

刚出门，监狱办公室来电话，叫他立即到党委会议室去，他便对值班民警说："你看着点，啊！一会儿给我个电话。"

第四章　旧案重提

（1）

　　马旭东赶到党委会议室，里面坐了四五个人，除了监狱长李长雄外，其他监狱领导都在场陪着，面色很沉重。

　　监狱纪委书记说："顾主任，这位就是马旭东。"然后对马旭东说，"这位是省纪委的顾主任。"

　　顾洪城说："你坐吧，我们找你核实一件事情。"

　　省纪委一个工作人员交给他一份复印件，他拿起来一看，原来是一份监狱协调地方关系的清单，上面写有需要送礼人的姓名、金额和谁负责送，最后两笔各五十元，赫然写着他的名字，是送给当地村支书和村主任。在马旭东的记忆中，这是监狱还没搬迁之前在老基地的事儿，距今都四五年了，多大一回事儿呀，不就是一百两百的事儿吗，怎么现在翻出来了呢？他错愕地看看监狱纪委书记和其他领导，也许是由于纪委书记也参与了送礼金，面色更加不好看。

　　"这上面关于你送给村支书村主任各五十元，是否属实？"顾洪城问。

　　他点点头说："有这么一回事儿。"

　　"你能回忆一下当时的情况吗？"顾洪城又问。

　　"当时……当时……哦了，记起来了，当时领导们都觉得五十块钱拿不出手，都不愿意去送，恰好我给监狱长请示找村长帮忙找几个临时工，监狱长就让我带去了。

领导，多大的事儿呀，不就五十块钱吗？这事儿要传出去，不成笑话了吗？"马旭东说。

顾洪城严肃地说："党纪国法是笑话吗？我拿到这份举报材料时候，没有觉得可笑，反倒心里很沉重，相反，五十元也收，难道还不能说明一些问题吗？"

马旭东碰了一鼻子灰，揶揄地笑笑，发现所有人都一脸肃穆的表情，连忙收敛笑意，一本正经地坐在那里。

"通知名单上的所有人，马上来清水监狱！"顾洪城说。

工作人员应了一声，拿起手机给清江县纪委书记打电话。

李长雄从局里火速赶回来，一进监狱大门，办公室主任早在那里等候，急急地说："李监，有人向省纪委举报五年前我们监狱给地方一些领导拜年的事儿，现在顾主任他们正在会议室等你呢。"

"五年前？拜年？"李长雄边走边问，有点纳闷，他都记不清楚了。

"就是给分管煤炭的副县长、煤管局局长什么的拜年的事儿……"办公室主任紧跟着解释。

李长雄还是记不起来，这样的事儿哪个单位哪年没有？他们怎么就专门来查我们呢？他快步奔向二楼党委会议室，刚要推门进去，听见里面一个人在发脾气："你们都是党培养多年的干部，是警察，是执法者，居然开党委会研究怎么去送礼金，简直是滑天下之大稽，这确实是一个笑话，这个笑话的笑料点不在于钱少，而在于一级党委干的这个蠢事！这要是传出去，我们的百姓会怎么样？党委都在研究如何行贿，难道我们国家，我们这个社会真腐败到这个地步了吗？"

李长雄头皮发麻，这么一说，他这个党委书记还脱得了干系？他不知所措地站在门口，进去还是不进去，他实在没有勇气推开这道门。

"你们监狱长呢？怎么还没回来？打电话催催。"又是刚才那个声音。

李长雄知道非进去不可了，于是推门进去。

清水监狱所有人都噤若寒蝉，面无表情。

纪委书记站起来介绍："李监，这位是省纪委顾主任。"

李长雄过去主动伸手同他握手，哪知顾洪城看了他一眼，指指空着的位置。他只好退了回去，绕道过去坐下。刚坐下，一位纪委的同志就给了他一份复印件，他看看监狱其他人，每人面前都摆了一份，于是拿起来看。

这时，刚才打电话的那位省纪委工作人员对顾洪城说："县纪委书记来电话，说当年分管煤炭的吴友明副县长现在已是该县县委书记，说他要到省发改委去办重要的事，请示能不能派县长过来。"

顾洪城一下火了，质问："你说呢？他是当事人，派县长过来干什么？叫他立即过来，否则，后果自负。"

李长雄心想，刚才在门外听到发脾气的想必就是这位顾主任。

顾洪城接着说："不用问我都知道，你们大多数一拿到这个材料是不是跟这位……"

他指指马旭东。

李长雄忙说："他叫马旭东，一监区监区长。"

"马旭东同志想法一样呢？多大的事儿呀，不就是几十块钱的事儿吗？那么我反问，真的只是几十块几百块钱的事儿吗？那是你们站在社会风气原本就是这样的立场上在看待这个问题。监狱的同志们呀，监狱的领导同志啊，你们想过没有，把自己的违纪行为视为再正常不过的事，这是很危险的！你们是执法者，连你们都这样认为，我问问你们，还怎么把罪犯改造好？如果今天的事情还没能给你们警示，那我毫不客气地说，这个人世界观、人生观有问题，不配做领导干部。"

李长雄诚恳地说："顾主任的话，犹如当头棒，这件事情足以表明我们很多人把违纪违法当成一种习惯性工作来做，我们在无形之中也养成了一种习惯性思维，确实是世界观问题，我检讨，也请顾主任放心，我们班子召开一次民主生活会，开展深刻批评与自我批评。"

顾洪城点点头："李监狱长，你知道这份材料是从哪里来的吗？"

"这个……"

"就是从你们财务凭证上复印下来的！"顾洪城说。

李长雄等你看看我，我看看你，一脸茫然与惊讶。

"我说实话吧，这事儿真拿到桌面上说，你们当时的班子成员都脱不了干系，处理起来恐怕是很严重的。但是，你们新来的文局长向炳松书记求情，说监狱有它的特定情况，与地方上不一样，越是历史悠久的监狱，历史遗留问题越是多而复杂，所以，炳松书记指示，就事论事，不扩大化，给你们敲敲警钟，达到效果就行了，至于处理嘛，由你们局纪委拿出意见。"顾洪城最后问，"你们有什么意见？"

大家都清楚，这是省纪委放他们一马，都七嘴八舌地说，感谢炳松书记，感谢顾主任，我们一定加强学习，坚定党性，以后绝不再犯这种低级的错误。还有人说，文局不愧是当过县委书记的领导，看问题一针见血啊，了解监狱情况，看来我省监狱系统有希望了，云云。

顾洪城笑笑说："我想看望关在你们这里的一个罪犯，不知道法律许可不？要办哪些法律手续？"

李长雄忙说："你看望一个犯人，那是对我们工作的支持，怎么不可以？何况上级部门领导来视察监狱，与一个罪犯谈谈话，有什么不可以的？不知道顾主任想见哪一个罪犯？"

"谢天明。"

李长雄一怔，其他班子成员都交换眼神。

"怎么啦？不可以？"

"可以可以，谢天明就在这位马监区长的监区改造。"李长雄连忙说。

"那，现在就去看看？"顾洪城说完就站起来，随后吩咐纪委其他工作人员，"他们来了，就叫他们先等着。"

马旭东故意走到前面一些，马上给医院值班室打电话。

值班民警说："谢天明吃了早饭，现在睡着了。"

他这才放心了，其实他心里早就有数，二皮采用的方法不外乎就是强行灌，就像对小孩不吃药那样，把面包撕一块，硬塞到谢天明嘴里，然后灌牛奶。只要没出什么意外，达到目的就成了。其实呢，这种方法也是民警们常用的一种方法，总不能眼睁睁地看着那些罪犯自虐吧，万一真出什么事情而没有采取有效措施，说不准还得承担法律责任。

但是，自从关押职务犯开始，这种方法遭到了他们的强烈抵制，去年有几个罪犯就不停地向上级机关写举报材料，而罪犯写给上一级机关的信件监狱是无权检查的，结果闹得司法厅纪委派人来调查。虽说最后也没啥后果，但是被纪委、检察院召唤去谈话，心里总是不爽，本来是为这些罪犯着想，到头来还挨一记批评，费力不讨好。特别是对付谢天明这类罪犯，那就得更慎重一些。当然，自己不插手，让其他罪犯干这事，就是上面追查起来，也好开脱一些。

一行人陪着顾洪城来到医院，值班民警说谢天明刚刚吃了早饭，睡着了，我去把他叫醒。

顾洪城摆手说："算了，让他休息吧。"

隔着铁门，他端详着谢天明的脸。记忆中的谢天明一点也不显老，四十多岁的他就像三十来岁，白净，红光满面，精神饱满，举手投足之间折射出睿智、精明和干练，可是，眼前这个人是他吗？消瘦，皱巴巴的皮肤如同刀斧雕刻的，那轮廓，清晰得令人心颤，而花白的头发，更显示出他已经是一个垂暮之年的老者。

"唉……"顾洪城不由自主地叹息，摇摇头，转身就走。

李长雄跟在后边，见他神情凝重，也不说话，便小心翼翼地说："顾主任，我们工作没做好……我们正采取措施……"

顾洪城停下脚步："罪犯的身体状况堪忧啊，他们的伙食是按照标准供给的？"

"绝对是！实话说吧，我们监狱是窗口单位，监狱每月对每个罪犯还额外补贴了二十元生活费。"李长雄说。

"那谢天明怎么成这样了？人不人，鬼不鬼的？"

"这个……"李长雄一时答不上话来。

马旭东在后边说："顾主任，我有意见。"

"噢？"顾洪城看着他。

"谢天明进来后，不管怎么教育、引导，尽管认罪，但不悔罪，一个月后就被列为重危犯，第三年依然如此，被监狱列为顽危犯，处于高度戒备状态。他是我这几年亲自包教转化的对象，我在他身上投入的精力比我孩子还多，就是没有效果，这不，去年，我这个监区啥都走在监狱的前头，就是因为他没有转化过来，监狱党委取消了我们四好班子的奖励。"马旭东委屈地说。

"嗯，我相信你说的。"顾洪城拍拍他的肩膀。

马旭东受到鼓励，又大胆说："有一句话，叫天作孽犹可恕，自作孽不可活，谢天明真就是这样的，又臭又硬，我调动监区所有的警力资源，也无济于事，我真没法了。"

"我相信你会找到转化他的方法的。"顾洪城欣慰地说，"炳松书记说得好啊，抓一个人容易，改造一个人，意义更重大，对在职党员干部的警示力度更有冲击，对我们反腐败更有现实意义。"

顾洪城参观了一监区，又到罪犯劳动改造现场看了看，然后回到党委会议室。除了县委书记吴友明没来之外，其他当事人都来了。

李长雄看看时间，请示说："顾主任，马上十二点了，是不是先吃饭？"

"你给在座的准备一个盒饭，我们办完事儿再吃。"顾洪城说，"不等了，我们开始吧。"

他目光扫视了一下那几个当事人："给他们发一份，让他们自己看。"

几个人看了一眼就明白怎么一回事了，面面相觑，脸上表情惊疑不定，都弓着身子坐着，一副诚惶诚恐的样子。

"我就一句话，把钱退给监狱，现在就退！"顾洪城面无表情，冷冷地说。

村支书捅捅村主任，低声说："不就五十块嘛，我俩退了吧。"

村长连连点头，和支书一起拿出五十元问："领导，交到哪里？"

清江县的煤管局长、镇长、镇党委书记、副镇长等一行人耷拉着脑袋，都把钱退了。

这时候，吴友明走了进来，先扫了一下全场，然后说："请问哪位是省纪委的领导？"

纪委一个工作人员介绍说："这位是顾主任。"

吴友明连忙走过来，恭敬地说："顾主任……"

顾洪城脸色一沉："找个位置坐，都几点了？从你那里到这里就要走两个小时？当了县委书记，是不是没人监督你了？"

吴友明没想到顾洪城一点余地都不留，愣怔了一下，深深地呼吸，看样子很久没有人这么对他说话了。他很不适应，内心倏地升腾起怒火来，但是他没法发泄出来，只好拼出全力将怒火压制下去，勉强挤出一些笑意说："顾主任，我哪敢呀，这不，接到你的电话就赶过来，哪知在途中市长又叫我……"

工作人员也发给他一份复印件。

顾洪城打断他的话："闲话少说，看看你面前的那份材料。"

吴友明瞄了一眼，脸色一下煞白，连忙抓起来仔细看，看了又看，继而，双手微微哆嗦起来。

"不用看了，你一看心里就明白，还是那句话，退钱，现在就退！"顾洪城冷笑说。

吴友明抬起头说："顾主任，这……这从何说起？"

顾洪城这一着不亚于给了他一记清脆的耳光。

李长雄等人心里再清楚不过了，要一个县委书记当众退那三百元钱，钱是小事，但是传出去就可就成笑话了，就连普普通通的百姓都看重脸面，何况领导干部呢？说不定政治前途也因此而毁掉。

"我不跟你说那么多废话，你不承认也行，我找个宾馆让你好好地回忆，如何？"顾洪城说。

吴友明脸涨成猪肝色，结结巴巴地说："领导，你也不能偏信……算了，我退……"

吴友明摸出一叠票子，数了三张，扔给旁边的煤管局局长，意思是你帮我去交了。

煤管局局长连忙拿起钱站起来。

顾洪城笑道："吴书记，你这态度嘛，要不要我立即汇报给炳松书记？"

吴友明训斥煤管局局长："你站起来干什么？！"随后对顾洪城尴尬地笑道："顾主任，我不是那个意思，这愣头兵多事……"

他亲自交了钱，签了字。

"好了，不知道各位肚子饿了没有，反正我是饿得咕咕叫，李监狱长，开饭吧。"

然后，顾洪城看看在座的人，含沙射影地说："各位，清水监狱为我们准备了盒饭，监狱的饭不好吃啊，你们愿意吃的，跟我一起吃，不愿意的也可以走。"

吴友明表情依然是阴晴不定，献媚地说："我们紧跟领导，顾主任指到那里，我们就打到那里，叫我们吃吃监狱饭，我们就吃监狱饭。"

顾洪城笑笑："吴书记这话过了，太抬举我顾某了，不是我叫你吃监狱饭，人哪，要是想方设法地为吃监狱饭创造条件，那我也没法，是不？"

众人勉强笑笑，不再说话。

临行，顾洪城主动伸出双手，紧紧抓住吴友明、李长雄两人的手，说："老吴，老李，上午我拒绝跟你们握手，现在呢，我表示一下歉意，请你们理解。这个事儿呢，就此打住，我衷心希望这次警钟能够起作用，说实话，官做到你们这份儿上，更多的是凭良心为党和人民干事了，稍有不慎，就会跌落深渊，万劫不复啊，关押在这里的那些人就是鲜活的例子，不得不引以为戒啊。"

李长雄和吴友明不住地点头，也紧紧握住他的手。

（2）

文守卫主持开完上任后第一次党委会，就到各处室走了走，算是跟局机关同志们见见面。匆匆吃过午饭，跟洪文岭打了个招呼，没有带司机，只是带上办公室主任马星宇便匆匆上路。他计划在这个礼拜内跑至少六所监狱，第一站是北部偏远的平溪监狱，然后向东南方向，到中部的几所正在迁建的监狱看看，礼拜天返回，到清水监狱。

马星宇算是摸着了他的一些风格，既没有给监狱方去电话，也没有告诉其他分管局长，包括分管监管执法的副局长何凯华等打电话或者发短信给他询问局长的去向，他都说不敢问，也不知道他究竟要去哪里。

但是，局长到基层的消息还是很快透露了出去，全省监狱都行动起来，里里外外打扫卫生，把地面冲了一遍又一遍，要求民警着春秋小西装，加重对迟到早退的处

罚，派出特警队在监狱周边不停地巡逻，督察队二十四小时不间断不定时巡查，停止休假，要求监区强化训练民警的报告词，要求民警强化训练罪犯的行为规范，班子成员该出差的也暂缓出差，等等，就像在"两会"期间抓稳定保安全一样，处于高度戒备状态，迎接不期而至的局长。

就连李长雄也接到很多监狱长打来的电话，询问这位新来局长的情况，打听他的动向。

一路上，马星宇的手机不停地响，影响他开车，他笑道："文局，都在追查你的行踪呢，我把手机关了可以不？影响我开车呢。"

"关吧。"文守卫说，"我先睡一会儿，你开累了，说一声，我来开。"

"你安心睡吧，我慢慢开。"马星宇嘴上这么说，心里在想，哪能让局长开车呢，就是再累我也得撑下去。

晚上七点，浓浓的夜幕仿佛一下子落下来，把群山笼罩得严严实实的，马星宇打开大小车灯，狠命地瞅着前面的公路，嘀咕说："这山里……怎么说黑就黑下来了呢？怪吓人的。"

文守卫笑笑："山区跟城市不一样，特别是冬季，天色黑得很快，城市里灯火通明的，所以不怎么觉得。看来，你没有开过山区公路，还是我来吧。"

马星宇确实没有开车走过山区这种碎石公路，早已经紧张得一身是汗了，只好让局长开车。

文守卫很熟练地开车在公路上跑，车子也不像刚才那么颠簸。

马星宇由衷地说："文局，看来你以前经常跑山路。"

"是啊，为官者若不深入群众，你就是个'瞎子'。也许看到的是个别现象，不能作为决策的依据，但是会给你留下不可磨灭的记忆，使你在以后的工作中学会更加全面深入地思考问题，这样我们的决策就会少一些失误。"文守卫说。

马星宇沉思着说："希望我们监狱系统的领导干部们能学会你这种工作作风，那么我们系统的工作将会提升一个档次。"

"你以前没下过监狱？"文守卫奇怪地问。

马星宇感叹地说："下过，但大都是当天去当天回来，而且都是一大帮子人，最少也得两台车吧。提前通知监狱，监狱把什么都准备好，汇报材料、吃的喝的、迎来送往，哪像你这样啊？"

一个急弯，三个人影在车灯范围内晃了一下，就没入黑暗中。

"好像有两个是犯人！"马星宇惊讶地叫起来。

（3）

临近黄昏，文子平来到金帝大酒店外，站在不远处的街道上四处张望，在潮水般的人流中搜寻，终于看见谢小婉从天桥上匆匆而来。文子平挥手跑过去拦住她，谢小婉一愣，看着他。

文子平笑笑："怎么，不认识我了？"

"你还想喝酒？"谢小婉也笑笑，不住打量他。

文子平连连摆手，还把头摇得像拨浪鼓一般，说："不喝了，不喝了。"他拿出一叠百元大钞递给她："给。"

谢小婉接过钞票说："你还记得，我以为……"

"以为我溜了，是吧？喂，你叫什么名字？"

谢小婉反问："那你叫什么名字？"

"文子平。"

谢小婉睁大眼睛看着他，满脸惊愕、惊喜、无奈，突然，她的眼泪簌簌落下。

文子平大吃一惊，有些不知所措："你？"

谢小婉扭头就跑，边跑边擦眼泪。

（3）

"什么？！"文守卫紧急刹车。

"三个人，两男一女，那两个男的像是犯人。文局，我下去看看，你就在车里。"

马星宇说着，掏出手枪，把子弹顶上膛。

文守卫说："一起去！"

三个黑影走了过来，马星宇突然打开强光手电照射过去，喝道："什么人？！"

趁着三人发愣，马星宇已经冲到他们面前，一看，有一个光头，还穿着灰色的囚服。

"蹲下！"马星宇吼了一声，把枪对准他们。

一个犯人反应过来，撒腿就跑。

"砰！"马星宇鸣枪，喊道："站住，再跑我开枪了！"

枪声吓傻了逃跑的罪犯，他一下子瘫在地上。

马星宇说："文局，你看着这两人，我去把他拖过来。"

他跑过去，抓起那犯人半拖半拽地走过来。他叫文守卫拿着枪和强光手电，自己则把两罪犯的皮带解下来，将双手捆上，搜搜身，一个罪犯身上有1300多元钱，一个

则有1600多元。

那女人蹲在地上，吓得浑身直哆嗦。

那个没跑的犯人倒是很镇静，说："两位好汉，钱都归你们了，你们要是看得起这娘们，也归你们，放了我们吧。"

"住口！我们是省监狱管理局的，说，你们是什么人？"马星宇厉声问道。

刚才说话的犯人原本蹲在地上，一听就站了起来。

"蹲下！"马星宇踢了他一脚。

那罪犯只好又蹲下，高兴地说："是监狱管理局的呀？好啊好啊，没事啦没事啦……"

文守卫心里"咯噔"一下："难道抓错了？那可麻烦了。"

马星宇骂道："你个死狗，啥意思？"

"报告警官，我俩是平溪监狱的罪犯，我是外宿犯，他是外劳犯，我以为刚才遇到抢劫的了呢。"犯人站起来立正，但马上又意识到什么，连忙又蹲下，大声说。

文守卫这才发现，这个外宿犯是光头，那个外劳犯是个平头，没穿囚服。

"这女人是什么人？"马星宇接着问。

"是他从外头带回来的，是个'小妹'。"光头朝平头看了一眼。

马星宇喝道："胡说，监狱准许你带'小妹'进去？！"

光头说："监狱当然不准，但我是外宿犯，住在外面的，所以可以睡我那里。"

"钱是哪里来的？"文守卫问。

"报告警官，我这一千六百多是家里人带来的，他那钱是干部叫他收的外劳款。"光头说。

"文局，怎么办？"马星宇试探问，作为下级，他很知道分寸。

文守卫说："我开车，你押着他们。"

不到十分钟，他们来到监狱大门口。

马星宇对守门的老民警说："我们抓到两个犯人。"

老民警立即出来看了看。

光头叫起来："王警官，是我呀。"

老民警骂道："又在外面晃？"接着给两个罪犯解开皮带："赶紧给老子爬回去。"

两个罪犯朝监狱里跑去，边跑边系皮带。

文守卫和马星宇面面相觑。

老民警看着他们抱怨说："两位怎么面生？是公安局的吧？唉，抓他们干吗？他们又不会跑。"

马星宇正要发作，文守卫连忙摆摆手，对老民警说："老哥，这里怎么还这么冷？找点水喝，暖暖身子。"

"来吧来吧。"老民警把他们带到值班室，给他们倒了一杯开水。

文守卫坐下问："老哥，刚才那两罪犯真不会跑？"

"不会，这俩娃都放出去一年多了，没出事。你想想，在外边总比在里面强吧，加之余刑很短，顶多一年半载就可以回家了，跑啥呀？"

"那就不怕他们出去惹事？"

这时，车子上那个小妹走过来，小心地问："我可以走了吧？"

"走吧。"老民警说，"姑娘，朝西走再拐个弯，有个招待所。"

小妹说了一声谢谢，便消失在夜色中。

马星宇见文守卫不制止，也就没说什么。

"惹事？哪能不怕嘛，毕竟还是罪犯，但是没得法子。"老民警接着说，"你们公安不了解监狱，以为监狱有无偿劳动力挣钱，哪里知道我们监狱的苦处啊。工资工资拿不齐，奖金没得，你领多少工资？"老民警说着问文守卫。

"我1500多一点点。"文守卫说。

"我三十二年工龄，才1400多，这三个月才拿80%。"

"噢？监狱不是可以挣钱吗？"

"是啊，监狱是可以挣钱，关键你能挣得到嘛。我们这里生产石墨和稀土，早就亏得不敢生产了。上面又只拨70%，怎么办？监狱只好把犯人放出去搞点儿外劳，挣点儿钱，听说还是不够。够不够我也说不准，反正领导说不够。"老民警说。

文守卫沉默了。

马星宇说："我们搜查两个罪犯身体，一个有1312元，一个有1623元，交给谁？"

"啊？"老民警有些惊讶，想了想说，"今天是监狱长值班，那我给他打电话吧。"

不一会儿，监狱长徐昌黎来了，见到马星宇，又看看文守卫，张开嘴半天说不出话来。

(4)

顾洪城回到省纪委把处理情况给王炳松副书记做了汇报，然后回到办公室，心想还是给文守卫通报一下情况，可电话就是打不通。临近下班时间，依然无法接通。他

感觉有些不对劲，便打电话问监狱管理局纪委书记洪文岭。洪文岭说他到基层监狱调研去了，但他没说具体去哪个监狱。晚上七点，手机依旧无法接通，他深知这位大学同学的作风，一定是到最偏远最艰巨的监狱去了，那些地方一般山高路险，万一有个差池，说不定叫天天不应，叫地地不灵。

想到这些，他担心起来，又打电话给洪文岭，说了自己的担忧。洪文岭也觉得事情很不妙，于是急忙召集几个副职和办公室副主任到办公室商议。

新来的局长刚到局里上任不到一天，在去基层监狱的路上失去联系八个小时，大家都觉得是个问题，不怕一万，只怕万一，建议在座的分别给全省所有监狱打电话，查找文守卫的行踪。

然而，跟所有监狱都打了电话，都说局长没来。这下洪文岭急了，大家都急了，真是出了车祸什么的，怎么向厅里交代？怎么向省委交代？大家都建议给厅长报告一声。

于是洪文岭就给厅长打了电话。

厅长感觉事态严重，马上给分管省委领导报告，于是省委书记就知道了，省府也知道了。

就在这时候，洪文岭接到平溪监狱监狱长徐昌黎报告，文守卫刚刚到达他们监狱。

洪文岭立即向厅里报告，他了解那所监狱，至今只有一部外线电话，监狱内部用的还是老式手摇电话机，手机在那地儿就是一个摆设，你就是把几千元的手机送给当地人，他们可能会当成不值钱的玩具交给孩子玩耍。洪文岭再拨通电话要跟文守卫通话，过了好一阵子，文守卫才来。

洪文岭抱怨说："书记，你以后走哪里去，跟我说一声总可以吧？"

文守卫歉意地说："老洪，是我不对，让你担心了。"

"啥也不说了，我就一个请求，要到哪里去，走之前给我说一声，到了给我打个电话，我这要求不过分吧？"洪文岭说。

"好好，我听你安排。"文守卫笑笑，心里一阵温暖。

洪文岭来气了："书记，班长，你这话带有情绪啊，找人的滋味可不好受啊，下次我也让你找我一次！"

文守卫忙说："老洪，我开个玩笑呢，你别往心里去啊！我以后一定注意点儿。"

不一会儿，厅长又打来电话，随后何凯华等也打来电话。

文守卫看着大家摇摇头，正无奈之际，电话又响了。他便对徐昌黎说："你接一下，就说我休息了。"

徐昌黎拿起话筒把他的话重复了一遍，接着右手紧紧握住话筒，说："对方说他叫顾洪城，叫我喊你一声。"

文守卫笑笑："这个电话得接。"

顾洪城说："你小子又出名了哈，恭喜你呢，还是替你担心呢？"

"怎么说？"文守卫不解地问。

"洪文岭向厅长报告，厅长向省委分管领导报告，我估摸着省委书记都知道这个事儿了，据内情人透露，在接到你的准确消息时，省委办公厅起草好了大规模搜索文守卫的行动命令，马上就要发往各地市州。"顾洪城说。

文守卫说："老兄，别开玩笑。"

"我会因工作跟你开过玩笑？"

"这……这下麻烦了……"文守卫担忧地说。

"也不算啥麻烦，大不了以后遇到这些领导们说一声谢谢罢了，好了，言归正传，按照你的要求，我在清水监狱把他们班子成员都召集起来，全程目睹了当事人退还礼金的全过程，其中还有一个县委书记，该讲的讲了，该提醒的也提醒了，我想他们应该受到了警示教育。"顾洪城说。

"对他们怎么处理？炳松书记有指示没有？"

"我跟炳松书记汇报时建议，由于金额确实不大，只是党委开会研究这个问题要严重一点，但监狱有监狱的特定情况，就由你们局纪委提出处理意见，经局党委研究后上报即可。炳松书记同意了我的建议。"顾洪城说。

文守卫感激地说："老顾，谢谢你。"

"也是我的工作嘛，再啰唆几句，那个谢天明……对对，就是他，我当时还在第四监察室，他的案子是我主办的，既然去了清水监狱，就顺便看看他。唉，老兄，这人现在都不成人形了，我俩是同学，他又是你的同学，算起来跟我还有些渊源，在法律许可的范围内，你关照他一下吧。真有个三长两短，他那个家恐怕真的彻底完蛋了。"顾洪城痛心地说。

(5)

文子平木头人一样站在那里，望着她的背影消失在金帝酒店门口。他在脑海里飞速搜索，说真的，从昨晚见到她到现在，他还真没有认真打量过她，在他脑海里留下的也就是刚才那一瞬间的印记。这个印记似乎很清晰，但细细回想，却又是那么模糊，那么遥远。

微寒的小雨淅淅沥沥地飘然而至，文子平抄着手龟缩在金帝大酒店的屋檐下，紧紧盯着大门口。

大门口不时有"小妹"模样的人进进出出，他也不时跑过去瞧，然后失魂落魄地回到原地。

今夜照样没有人点谢小婉，那些姐妹妖娆而风骚的肢体语言和暧昧的哕声哕气，她也想学，可是怎么也做不出来。她索性找一个僻静而幽暗的角落坐下，痴痴呆呆地望着窗外。她万万没有想到会在这里、这种地方遇见子平哥哥。

由于谢家与文家的特殊关系，她和文子平理所当然成为童年的玩伴，从幼儿园到小学，几乎形影不离。在她的记忆深处，文子平不仅是她哥哥，还是心目中唯一的英雄。

小学三年级的时候，文子平作业没有完成被老师留下来，她等了一会儿见文子平还没出来，就自己回家。在一个小巷子里遇到三个高年级的同学，他们拦住她，叫她把零花钱交出来。她吓得大哭。一个男生拿出一把水果刀，在她脸上晃了晃，不准她哭，说再哭就放她的血。三个男生搜她的书包，又搜身，找出五元钱。男生晃了晃水果刀，叫她每天交一块钱保护费，否则就划花她的脸。她吓得蹲在地上，惊恐地看着水果刀。

就在这时，文子平高举书包冲过来，朝三个男生一阵乱打。三个男生开始很慌乱，当发现文子平跟谢小婉差不多大后，便把文子平包围起来。那个拿刀的男生朝文子平膀子上划了一刀，鲜血一下子流了出来。文子平毫无惧色，从地上捡起一块砖头，直接朝拿水果刀的男生冲了过去。那个男生吓得拔腿就跑，其余两个也逃之夭夭。

文子平扬扬手中的砖头，冲着他们的背影吼："你们再敢欺负小婉，我砸烂你们的脑壳！"

想到这里，谢小婉心里暖暖的，暖暖的。

这时，有人在喊谢小婉，她一听是经理，连忙站起来走了出去。

接近凌晨，文子平依旧蹲在酒店外不远处的屋檐下，瑟瑟发抖。客人们走了一波又一波，依然不见谢小婉出来。文子平站起来徘徊，走到酒店门口，朝里面瞅了瞅，酒吧经理正在训斥谢小婉。

（6）

夜凉如水，山风拂过窗帘，尽管很轻很柔，却寒意如冬。文守卫不由自主地裹了裹被子，依然感觉双脚掉进冰窖一般。被子是崭新的，尽管招待所服务员开着电热毯烤了一个多小时，但依旧有些潮湿，他只好又打开电热毯开关。

外面传来窸窸窣窣的声音，不一会儿变成一片"唰唰"声，风使劲地掀动窗帘，"噗噜噜"不停地响，继而，远处传来一阵"呜呜"声，紧接着，大风猛然灌进屋里来，窗帘猎猎作响。文守卫的脸上明显感觉到细细密密的雨点。他连忙起身开灯，跑去关窗户，又连蹦带跳跑回床上，钻进被窝，瑟瑟发抖……

过了好一阵子，他才感觉好一点，于是闭上眼睛。刚才还睡意蒙眬，被这么一折腾，怎么也睡不着了，脑海里不时浮现今天与那位守门老民警谈话的情景，继而，谢天明形如枯槁的样子又闪现在脑海里……

2002年，也就是谢天明出事的第二年，组织上把他调回小固县任县委书记。不久，检察院指控谢天明涉嫌受贿360多万、贪污公款150多万、挪用公款510多万，被法院判处有期徒刑十五年，没收全部财产。

小固县是个农业县，加之山地多，耕地少，一年的财政收入不到1000万，所以一直是国家级贫困县。在这么贫穷的县，谢天明涉案资金超过县财政一年的收入，成为名副其实的小固县历史上第一贪。省纪委在调查中发现，谢天明卖官可以说达到了极致，就出事那年春节前后，他就调整了八十多个岗位，令人啼笑皆非的是，一些人为了买官，不惜从银行贷款，贷款买官涉案人员竟达十九人之多，最多一个贷款11万元，买官贷款总额有92万之巨。

案发后，全省地震，省委震怒，小固县人民拍手称快。文守卫到任后有人跟他讲，县城百姓为此放鞭炮庆祝，鞭炮声断断续续响了三天，就像过年一样。

然而，就在这种政治气候下，还是有人同情谢天明，说他在任期间还是为小固县办了一些事情，只不过运气不好，老百姓因对旧城改造和建设工业园区征地补偿不满，拦了当时省委书记的车子，省委书记发毛了，才翻船的。要是省委书记不来小固县，或者晚两个月来小固县，谢天明就不会出事，说不定以后还要升官呢。

又说现在的县委书记，哪个不是土皇帝？不投入两三百万你能当县委书记？既然投了钱，在任上不捞回来？我们中国做官的跟外国不一样，外国做官的都是资本家，都是富人，不在乎你那几个小钱，而中国做官的有几个家境原本就殷实？大多数还不是平民阶层，所以先买官，后捞钱，恶性循环。

还有的说，谢天明十足就是政治斗争的牺牲品。现在当官的为什么那么怕纪委？还不是贪污腐化已经成了社会的常态，你没违法乱纪，你怕什么呀？你为官了，不贪污那才叫怪呢。都想做官，还都想做大官，于是就窝里斗，弄死你，我好上，就找些狐朋狗友给省纪委举报，匿名的，实名的，一起上。现在这个文守卫书记还不就是谢天明的政敌？这里面猫腻多呢。……

这些议论，有的甚至是毫无根据的谣传，虽然是分散的、个别的，但还是流行了几个月，当然也传到了文守卫的耳朵里。文守卫淡淡一笑，也能理解，毕竟小固县很多官员是谢天明提拔的，堵是堵不住的，唯一的办法就是自己身体力行，坚持党性，坚持原则，清正廉洁，为官一任，造福一方，不搞政绩工程，真真实实为百姓做事，一切工作围绕民生展开，到一定时候，谣言不攻自破，负面议论也就没有了。果然，半年之后，那些负面议论就消失了。

正当工作渐渐走上正轨的时候，省委书记带着包括省纪委副书记王炳松一行，到小固县上梁镇调研退耕还林工作，上梁镇一个村的百姓又把车子给拦住了，一时之间，小固县上上下下议论纷纷，说这一次文守卫要重蹈谢天明的覆辙；还有的人煞有介事地说这是报应，一报还一报。惋惜的、幸灾乐祸的、暗自欢喜的，形形色色，不一而足。甚至连其他市县很多官员都认为，小固县出刁民，做官千万别去小固县。然而，王炳松亲自坐镇，不仅没有处理文守卫，当年还被省委评选为全省优秀县委书记。

小固县上下一下醒悟过来，原来并不是谢天明运气不好，而是罪有应得，老百姓拦省委书记的车顶多仅仅只是个导火线而已，天作孽犹可恕，自作孽不可活，就是不在小固县翻船，迟早也会在别的地方翻船。

文守卫至今还清楚地记得在任县委书记第一年过春节的情景，全县一百五十多个一把手和企业老板在春节前一个月内几乎都来了，红包、土特产、文物古董、小件奢侈品，更有甚者，还有送房子、汽车的，五花八门，不一而足。企业老板他可以不见，但这些官员总不能不见吧。还是老办法，送土特产的，只收本县产的，然后叫办公室重新包装好，送给来访的，也算是为小固县生态农业做个广告；送红包的，只收50元，做好记录，等对方有什么喜事再返还给他；其他的物件一律不收。就是这般处理，那种从门缝塞进来的或者他不在家时敲开他家门，扔下就跑的，这些红包连名字都没有落一个，压根儿不知道是谁送的，加起来把他吓一跳，一共20多万。没办法，只好交纪委。

就是这个春节之后，小固县干部真真切切地认识了文守卫，很多干部恍然大悟，其实文守卫在小固县任副县长时候不就是这样的吗？怎么我们就忘记了呢？各级党委政府工作作风焕然一新，安安心心地沉下去抓民生工作。

然而，旧城改造和小固县工业园都是谢天明留下的两个烂摊子，总不能就烂在那里吧？搁置了将近一年半，文守卫不得不提上工作日程。这两个工程原本是作为政绩工程来打造的，文守卫把这个炙手的山芋交给人大政协，一句话，最大的政绩工程就是民生工程，你们去广泛征求意见，讨论、论证，然后县委来研究。这一拖又是半年，市里省里有些着急了，要求小固县尽快拿出方案来。最后人大政协认为旧城改造工程分成两部分，一半修廉租房，一半交给开发商搞房地产，政府将工业园土地与开发商进行置换，廉租房由政府设计，开发商修，政府不投入一分钱。廉租房主要满足回迁户，剩下的解决部分低收入家庭住房问题。工业园继续搞，但是必须在政府的规划下进行，小固县本来就是山区，靠山吃山嘛，建议引进与农业有关的产业，比如果汁、药材之类的。

文守卫认为时机已经成熟，召开县委会原则上通过了人大政协的方案，组建指挥部，具体负责两项工程建设。小固县政府专门派出一个副县长带队，去全国著名果汁饮料企业和中药企业衔接招商，第二年，知名果汁等入住工业园区，而几家中药企业把小固县列为原料生产基地。至此，市里省里、小固县百姓皆大欢喜。

对于谢天明，一则是他初中、高中同学，二则以前还是他的老领导，所以他在各种会议上并没有像警示教育片中那样措辞。有时候秘书给他起草的稿子中有些刺眼的词，他讲话时候都绕过去了，只是强调要以谢天明为戒，吸取教训，廉洁从政等等，相反，在个别场合，他并不是打落水狗一样把谢天明在小固县的工作全盘否定，而是强调任何事物都有一个发生发展的过程，言外之意，他这一届县委的工作成绩是建立在上一届基础之上的。

有一天，谢天明的第二任妻子李文君突然来找他，一进来就哭得泪人儿一般，说通讯公司要开除她，请他帮忙说说，她说："要是我失去了工作，这一家老小怎么办啊？以前我家老谢在位的时候，也没少照应他们，怎么现在就拿我开刀了呢？"文守卫问了谢天明及他女儿、母亲一些情况后，安慰说："你先回去，我先了解一下情况，明天就给你答复。"

李文君走后，他立即把通讯公司经理找来，经理说："我听部门经理反映，她以前从来没上过班，公司工资奖金照发，现在也不来上班，公司就停发了她的工资奖金，她就到公司闹，闹得不可开交，这样下去，我们也不好办啊。"

文守卫也颇为难，想了想说："你看这样好不好，你给她找个不需要多少技术含量的简单工作，我叫她来上班，我呢，从来没有给人打招呼安排工作什么的，谢天明是我同学，他现在情况你也清楚，一家人要靠李文君挣点儿钱生活呢。"

经理说："文书记都说这份儿上了，那我安排她去办公室搞搞外协吧，也适合她的性格。"

安顿了李文君，文守卫还是有些顾虑，毕竟她和谢天明没有孩子，与谢天明女儿

谢小婉没有血缘关系，他就叫人了解一下谢天明家人的情况。

有关工作人员了解情况后给他汇报说，谢家就两兄弟，谢天明是老大，老二在老家农村务农，谢天明逮捕后，他父亲患脑溢血不治身亡，他母亲就搬回了老家，跟老二生活在一起；李文君还是在通讯公司上班，据她的同事说她没回去过，似乎根本不关心谢小婉和婆婆。谢小婉还在大学读书，明年毕业，估计谢小婉婆孙俩生活很困难。

他徘徊了几天，拿出1000元钱派县委办主任专程送到谢天明的老家，以后每月以谢天明同事的身份给谢天明的母亲寄200元钱。

按理，谢小婉已经工作好几年了，这个谢天明怎么就想不开呢？究竟是监狱执法管理方面出了问题？还是谢天明家里又发生了什么重大变故？除非他母亲和女儿同时出事，否则他不会选择自杀……

"难道真的是他母亲和女儿出事了？"文守卫辗转难眠，理不出个头绪来。

（7）

经理正气恼地朝谢小婉指指点点："你瞧瞧你，整晚哭丧个脸，家里死人了？你这样子，哪个客人敢点你？连我都觉得晦气……"

谢小婉低着头看着脚尖，泪珠雨点般掉在地上。

"说你哭丧，你还真哭？这里是什么地方？你是什么人？你来这里干什么？你来这里，就先想清楚。说得好听一点，陪酒；说得不好听，就是……"经理愈加生气，扯着公鸡嗓子，越说越难听了。

文子平突然冲进来，拉起谢小婉的手就走。

"哎！哎！拦住他。"经理急忙叫保安。

旁边几个保安一下子堵住门口。

经理走过来，看看文子平。

"原来是你呀，小哥？今儿个是英雄救美女呢，还是美女救狗熊？"他嘲弄地看着文子平。

谢小婉想挣脱，文子平却紧紧抓住她的手。

文子平瞪着经理说："你要怎么样？"

经理冷笑几声："我可是最最最遵纪守法的，最最最讲究诚信的，明码实价，按章纳税，从不欺瞒顾客。你小哥想消费，你就是我的爷，你又想骗喝骗吃的，那我就是你的爷……"

文子平打断他："我要带走她。"

"我要是不答应呢？"

文子平以坚定的口吻说："那我只好报警了。"

经理哈哈大笑："报吧，请便，有手机没有？"他拿出自己的手机，"来来来，我借给你，报报报……"

文子平一把夺过他的手机，拨110。

经理很意外地看着他，"嘿嘿"干笑几声："嗨，我说你小子，还真打呀？你们几个，咋的，成哈巴狗了？"

几个保安就要动手。

文子平大喝一声："慢！"

"怕了？小子，老实告诉你，你报警也没用，看在你刚刚出道的份儿上，我就让你见识一下什么是人生"

文子平连连冷笑："我爸虽然不是李刚，但手底下也有几万人。"

经理摆摆手，几个保安退回去。他绕着文子平和谢小婉转圈，狐疑地打量他，良久才说："公子，报个名号？"

文子平冷冷地说："没名号。"

经理迟疑了一下："好吧，她欠单位800元，交钱，走人。"

文子平掏出一叠钱，数了数："只有700。"

谢小婉拿出钱包，数数说："我这里还有50元，经理……"

经理拿过文子平的钱，说："好了好了，走吧走吧。"他一个转身，唱起川剧来："一对苦命的小鸳鸯……"

文子平拉着谢小婉走了出去。

文子平和谢小婉刚刚走出酒店大门，一阵风夹着雨点迎面而来。谢小婉一阵哆嗦，文子平把外套脱下来，给她披上，左右打量她。

文子平疑惑地问："你认识我？"

谢小婉把脸扭到一边。

文子平歉意而诚恳地说："对不起，我真记不起来了……你……叫什么名字？"

谢小婉咬咬嘴唇，低声说："谢小婉。"

"什么？小婉？"文子平双手抓住她的肩膀，不敢相信自己的耳朵，兴奋而惊愕地追问，"是真的吗？你真是小婉？"

突然，他摇摇头，颓然地松开手："我问你的真名。"

谢小婉失望而伤心地看着他："你真不认得我了么？子平哥，我就是小婉啊。"

文子平愤怒地吼："胡说，谢小婉怎么会来这种地方？！"

谢小婉一怔，闭上眼睛，两行清泪夺眶而出，滑过面颊，神经质地喃喃地说："哼哼，谢小婉是何等人？县委书记的千金，怎么会来这种地方？哈哈……"

谢小婉扭头就走，走了几步，把文子平的外套脱下来，狠狠扔给他。

文子平愣怔了一下，反应过来，跑步追上去，一把搂住她。

文子平泪流满面："小婉，对不起，对不起……我……"

谢小婉再也抑制不住，失声痛哭。

"小婉，我们回家。"文子平轻轻抚摸她的头发，安慰说。

"家？家？我没有家……"

"怎么没有家，我的家，就是你的家。"

谢小婉猛地推开他，凄然说："算了，连你都认不出我了，我这样子……我怕见到叔叔阿姨。何况阿姨她……"

文子平一把搂住她，爱怜地说："他们都不在家，走吧！"

文子平招了一辆出租车。

（8）

文守卫打开手机，手机就响了，他一看来电号码，是妻子刘蕊打来的。刚刚接通电话，就传来刘蕊质问的声音："我给你打了两个小时电话，你死到哪里去了？你工作调整咋不说一声？都去报到了，我还蒙在鼓里，你瞒什么瞒，心虚了还是怎么的？一个堂堂省管县级市市委书记，去当什么破局长，你脑子进水了还是被什么迷住了？你……"

文守卫好不容易找着一个机会，插话解释说："这是组织上的安排，我是党员……"

"少给我来那一套，你坚决不去，省委组织部能把你吃了？我问你，儿子工作的事，你怎么安排的？"

文守卫说："儿子大了，他有他的想法，我说老婆，我们就不要过多干涉他……"

刘蕊"哼"了一声："我压根儿就没有指望你。我跟财政厅厅长说好了，先去他那里，事业编制，然后再考公务员。明天，你请厅长吃顿饭。还有，儿子电话也打不通，你找到他，明天上午把简历交到财政厅……"

文守卫皱眉说："明天不行，我现在在平溪监狱，就是回去也是晚上了。"

文守卫说完，挂断了电话，在床上呆坐了一会儿，拿起手机拨儿子的电话，儿子的电话一直处于关机状态。文守卫突然感觉有些冷，又把电热毯打开，又拨打家里座机。

这一次，文子平接了电话。

文守卫本来想说说他找工作的事儿，可是话到嘴边却变了："子平，你怎么不接电话？哦哦……能修不？喔，那你明天去买一部手机，国产的啊。嗯，你也早点休息。"

(9)

谢小婉洗了澡，像小猫一样蜷缩在沙发上。文子平从厨房里走出来，端着一碗煮好的方便面。

"来来，先吃点。"

谢小婉有气无力地摇摇头说："我好困，我想睡觉。"

文子平扶着她走到自己的房间，谢小婉倒在床上，文子平把被子给她盖上。

谢小婉闭上眼睛，一脸疲倦。

文子平坐在床边，定定地看着她。过了好久，估计她已经入睡了，就蹑手蹑脚地站起来，准备离开，哪知谢小婉一把拉住他的衣服。

谢小婉以哀求的口吻说："子平哥，别走，我怕……"

文子平转身蹲下，抚摸她的脸。

文子平怜惜地说："我不走，我就在这里陪你，啊！"

谢小婉睁开眼睛，坐起来靠在床头上，目光直直地盯着被子。

"小婉，我在大学里听说了你爸爸的事情，也不至于搞成这样呀？咋回事呀？"

谢小婉摇摇头，喃喃地说："咋回事，咋回事……"她一把抓住他："我想爸爸，我……我想见见爸爸……"

交锋

第五章　进退周旋

（1）

李文君醒来，看看躺在旁边又肥又短的吴友明。她一阵恶心，想呕吐，连忙起身冲向厕所，趴在马桶上干呕了好一阵，才站起来拍拍胸口，长舒了一口气。

她看着镜子里的自己，摸摸眼角的鱼尾纹，神情变得忧郁。

她把马桶盖放下，有些颓然地坐在马桶上，往事一幕幕又浮现在脑海里……

那一天，李文君醒来，感觉头昏脑涨。她闭上眼睛，使劲揉揉太阳穴又努力睁开眼，发现自己赤条条的，旁边睡着谢天明。

她惊叫起来，抓起被子把自己紧紧盖住。

谢天明被她惊醒，睁开眼睛看了她一眼，起身，径直走进洗浴间，随即传来"哗哗"的水声。

她手忙脚乱地穿好衣服，慌慌张张地走出房门。

外面却是一个巨大的客厅，她的老板张大新正倒在沙发上睡觉。张大新惊醒了，连忙跳起来一把拉住她。

李文君哭起来："黄小伟呢？小伟，你在哪里？"

张大新把她按在沙发上，坐在她旁边，从茶几上扯了几张纸巾递给她："文君，谢书记能看上你，那是你的福气。"

李文君歇斯底里地尖叫："我要找小伟！"

张大新从茶几上拿起一张支票说："这是一张支票，二十万，你写上自己的名字，就归你了。还有……"

李文君瞄了一眼，尖叫变成了哭泣："小伟，小伟……"

她手忙脚乱地找出手机，给黄小伟拨电话。可是他男朋友黄小伟的手机始终关机。

她一遍又一遍地拨，张大新冷眼看着她。

李文君抓住张大新的手，哭泣，哀求："张哥，求求你，告诉我，这怎么一回事？小伟呢？小伟呢？"

"你先别哭，让我把话说完，好么？啊？！"张大新挣脱了她的手，拍拍她的后背。李文君镇静下来，低头抽泣。

张大新环顾四周说："这个地方如果你喜欢，你想来就来，想走就走，这里的消费，一切都免费，这里的服务人员，会尽量满足你的要求。"

张大新拍拍她的后背，又拍拍他们坐的椅子："看看，这么好的地方，这椅子，金丝楠木，你知道值多少钱吗？"他压低声音："尽管是我的，说句掏心窝子的话，我都舍不得住一晚上。"

李文君抬头看看她。

张大新朝她点点头，指指屋子里的陈设。

李文君的目光缓缓在屋子里移动，张大新把二十万支票塞到她手里。

李文君看着支票上那一串"0"。

张大新接着说："至于你的黄小伟，恐怕这个时候正乐颠颠地办理调动手续，去就任副乡长。"

李文君身子一颤。

张大新凑过来，指指谢天明住的房间，压低声音神秘地说："你只要把……紧紧攥在手里，你张哥就有办法拿到工程。我每拿到一个工程，给你提20%的红利。20%是多少，你知道吗？我大体给你报个数，二三十万是保底的。"

李文君惊愕地睁大眼睛，抬头看着他，张嘴想说什么，但没有吐出一个字来。

当天下午，她在与黄小伟第一次见面的地方等黄小伟，黄小伟春风满面地如约而至。

李文君看着他，就像看着一个陌生人。黄小伟有些尴尬，干笑两声，赔笑说："文君，我们依然是朋友，以后还请多多在谢书记面前美言几句……"

李文君鄙夷而怨恨地看着他，一字一句地质问："你真的就把我转给他了？"

黄小伟正色说："这啥话呢？你又不是商品。你跟着谢书记，比跟着我强多了嘛。"

李文君咬牙："今晚你陪我。"

黄小伟立即惊慌失措，连连摆手说："使不得，使不得，你现在是谢书记的人……"

李文君抬手狠狠打了黄小伟一记耳光。

李文君咬牙切齿，扭头瞪着镜子里的自己。

门外传来吴友明的声音："亲，还没完么？一起洗嘛。"

李文君轻轻朝门口"呸"了一声，深呼吸，收敛心神，满脸堆笑地开门。

吴友明进来搂住李文君又啃，撩起她的睡衣，把她按在洗浴台上趴着。

李文君笑道："你咋那么强大呢？"

"你不是说你那位书记比我厉害么？"吴友明"嘿嘿"笑。

（2）

所有的外劳罪犯全部收监，马旭东顿时感觉心里空落落的。以往只要监区没什么大事或者监狱开会，一到上班首先不是到办公室，而是直奔外劳点，检查完工地后，就忙着去找建筑老板谈工程，茶楼一坐，谈完了，达成协议了，就打打牌、打打麻将什么的，偶尔还被老板们拉去洗洗脚，神马浮云一般地逍遥。

今天，他一早来到办公室，却有点茫然，不知道干什么。监区罪犯有一大半是刑事犯，这些人主要从事外劳，而那部分职务犯呢，接揽一些服装加工之类的活儿，就是给他们提供一个劳动改造的手段而已，也不在乎效益不效益的，能做多少算多少。一下子把外劳犯人收回来，这些人没事做，早饭后聚集在多功能厅闹闹嚷嚷，显得一片混乱。

带外劳的民警也空闲起来，三三两两地在办公室之间窜，往日很冷清的办公区也一下子热闹起来。

马旭东心里琢磨，这可不是个事儿，这么下去迟早要出问题……

正寻思着，一楼一阵喧哗，接着有罪犯起哄："打起来了，打起来了……"

所有的男性民警立即冲向监管区，脚步声在办公区响成一片。当他赶到的时候，打架的几名罪犯已经被民警控制起来，罪犯潘佳杰鼻子流血，虽然受了伤，但还是怒目圆睁，盯着打他的罪犯二皮赵海东。而那二皮呢，则是皮笑肉不笑，一副江湖老大的样子。

"潘佳杰，又是你！"马旭东本来就对他有成见，所以一来就训斥他。

"我怎么了？"潘佳杰高扬起头，冷眼看看马旭东。

"潘佳杰！"分队长杨阳捅了他一下，"有话好好说。"

潘佳杰这才把头压低了一些，说："报告监区长，赵海东他洗碗后不关水龙头，我说你们怎么不关水龙头？他说关你屁事，我关了，要'维监'干什么？我没理会他，就去关了，哪知他从后面就给了我一拳。"

"是不是这样？"马旭东问。

杨阳瞪着二皮他们几个喝道："监区长问你们呢？"

二皮低下头。

马旭东一下火了："所有外劳分队全部集合，各分队民警组织罪犯进行队列训练！"

说完，咬牙切齿地指指二皮，"你小子回来就给老子生事，我还打算今天给你兑现奖励分呢，哼，取消！"

他转身就走，走了两步，又转身指着二皮："你，面壁一小时！"

二皮低三下四地说："老大，我改了还不行吗？你昨天许诺了的，给我加分嘛……"

马旭东不理会他，转身又走。

值班民警命令："赵海东，面壁，一个小时！"

二皮耷拉着脑袋，嘟嘟囔囔地站到墙体边。

值班民警看到他摇摇晃晃的样子，走过来踢了他一脚："挺直，鼻子贴墙，还有肚子、脚尖，贴墙！"

马旭东走了几步，又转身回来问潘佳杰："你怎么没去劳动？"

潘佳杰说："我们那组机器检修，杨警官叫我们在监区待命。"

马旭东想说什么，但最后似乎忍住了，沉着脸走了。

杨阳对潘佳杰说："去吧，回监舍休息。"

潘佳杰闷闷不乐地回到监舍。

（3）

文守卫吃过早饭，临行前来到监狱大门值班室。

昨夜那位守门的老民警立刻激动地站起来，对前来接班的年轻民警说："怎么样？

"我说局长走的时候一定会来。"又对文守卫说，"局长这么快就要走？"

"谢谢你呀，老同志，我还没有请教你尊姓大名呢。"文守卫说。

"他是我们这里的老革命了，叫王寿贵，带了一辈子班，早几年前得了骨质增生，我们想调整他干点儿别的，不要那么劳累，他不干，去年痛得厉害了，才勉强同意了。"监狱长徐昌黎说。

　　"我没同意！"王寿贵说，"是你命令二大门守卫民警不让我进去，我没法子嘛。"

　　文守卫听着，眼眶湿润了，紧紧握住他的手说："老王，辛苦你了，局党委会记住你的，全平溪监狱民警会记住你的。请你给同事们带个话，在一个月之内，局里会想办法把工资给你们补齐！"

　　王寿贵立即眼泪哗哗："感谢局长，感谢局党委，请你放心，我们一定会把好门站好岗。"

　　文守卫转身问徐昌黎："局里决定把所有外劳犯人全部收监，你们有什么意见？"

　　徐昌黎说："你放心，我们今天就全部收监。"

　　文守卫说："辛苦了，我得走了，你们就送到这里吧。"

　　车子缓缓启动，徐昌黎、王寿贵和值班民警，肃穆地朝车子敬礼，目送他们消失在前面的弯道上。

　　王寿贵的身子有些佝偻，古铜色的脸在晨光中格外抢眼。

　　放晴了，薄薄的雾在山间萦绕，太阳跃出东方的山巅，染红了那一片蔚蓝的天空，红红的阳光穿过雾霭，被树林撕扯成一条条彩带，奇幻纷呈。回头望望，平溪监狱便笼罩在一片霞光之中。

　　文守卫从感慨中回过神来，轻轻地叹息。

　　马星宇说："文局，这里风景不错吧？"

　　"是啊，是不错……"文守卫好像在思考什么。

　　"可惜得是，只可旅游，不可久留。我们监狱大都建在这样的地方，可以说对于巩固稳定新生政权、减轻国家负担做出了不可磨灭的贡献，几代人任劳任怨地守卫在大山里，奉献了自己的花样年华不说，还把儿子甚至孙子也搭了进去，社会上有'富二代''官二代'的说法，可社会上其他阶层的人也许还不知道我们监狱有'监二代'，甚至'监三代'，即使知晓，又知道他们多少呢？了解他们多少生活境况呢？"马星宇慨叹道。

　　文守卫说："是啊……我以前也不了解，还以为这群人是特权阶层呢。喔……马主任，前几年我们省监狱布局调整，像平溪监狱这么偏远，又没有赖以生存的资源，为什么没有列入布局调整？"

马星宇略微停顿了一下才说："怎么说呢？我省的监狱布局调整，说得不好听一点，就一个字：乱！"

"哦？"文守卫有些意外。

马星宇继续说："当时国家财政和省财政配套资金没落实，有钱的监狱就自行其是，先以修老干部宿舍为名，其实呢，就是修民警住宅，然后大规模向城市输送犯人劳动力搞外劳，建立固定外劳点。一部分民警特别是老干部都住进城里去了，外劳点建立起来了，造成既成事实，监狱才向厅局提出搬迁请示，你说厅局会不同意吗？不同意吧，那些老干部就要闹，民警队伍也不稳。"

文守卫明白了："那就是说，局里没有一个统一的规划。"

"规划还是有的，当时我记得平溪监狱也在规划之列，就是无法实现，没钱呀。所以，当国家和省财政解决了配套资金后，监狱系统布局调整已经遍地开花了，都是些半拉子工程，很多连立项都还没有办下来，监狱局于是成了消防队，到处救火，哪还顾得上像平溪这样的监狱。"马星宇无奈地说。

"于是，越富有的监狱就搬迁到了大中城市，越贫穷的监狱反而不能搬迁。"文守卫担忧地说，"不能这么搞，这种搞法必须得纠正！"

马星宇嘴角动了动，心想："就目前形势而言，不这么搞，还有第二条路吗？"

文守卫不再说话，也许是刚才的话题有些沉重，气氛有些压抑。马星宇脑筋一转，决定换个话题，于是说："文局，你是我第一次见到的发现重大问题而没有处理的领导哟。"

文守卫果然调整了情绪："噢？你是说我该对昨晚的事严肃处理？"

"我的意思是说，以前我下监狱，遇到这样的事，不处理几个人、不在全省监狱系统通报，是绝对不可能的。不过，你这种工作作风更好，理解下级的难处，先解决他们的困难和问题，这对徐昌黎来说，比直接处理更难受。说不定呀，平溪监狱的领导们此刻满心的愧疚，正开会研究如果整顿监管问题呢。"

这时，马星宇手机叫了起来，他放慢速度，拿起一看，嘻嘻直笑："瞧，这不来电话了？喂喂，是我呀……嗯嗯，知道了，我一定向文局报告，嗯，好好。"

马星宇挂断电话说："文局，他们叫我给你转达他们班子成员的愧疚，他们马上开会研究部署整顿事宜，说实在不好意思给你打电话，整顿方案出来后马上上报给你。"

文守卫乐哈哈地笑了起来。

（4）

谢小婉醒来发现文子平趴在床边睡着了。她望着文子平，感动而甜蜜地笑，伸手

摸文子平的头发，但在头上停下来。

谢小婉笑容突然凝固了，缩回手，一副怅然若失的样子。

文子平醒了过来，揉眼睛，呵欠连天："你醒了？饿了吧，我马上去弄吃的。"

不一会儿，文子平跑进来推着谢小婉来到餐桌边坐下，桌子上摆着牛奶面包。

文子平拿起一块黄油面包递给她。

谢小婉接过面包，若有所思地说："不知道爸爸早上吃什么？"

文子平一怔，看着她。

"又打搅你的心情了，可是，就是不自觉地要想……有时候，我好像感觉自己已经是一个疯子了，神经兮兮的。"谢小婉歉意地笑笑。

文子平也笑笑："疯子自己不会说自己是疯子。吃吧，吃吧。"

谢小婉咬了一口面包，叹息说："一想到爸爸，我就没胃口……子平哥，无论如何，谢谢你。"

"你爸爸关在哪个地方？"

"清水监狱。"

"吃吧，吃完了，我们去看你爸爸。"

谢小婉又惊又喜地说："真的？"但她马上又摇头，满脸无奈："看不到，看不到的……"

文子平颇为奇怪地看着她："为什么？"

"我去过，没有身份证，没有户口本，没有当地公安机关的证明。"谢小婉失魂落魄地说。

"你身份证，你户口本呢？"

谢小婉说："身份证丢了，我的户籍在学校，前几年在外边打工，没机会去办。

前几天去了一趟学校，学校前几年就除去了我的学籍。我现在还真不知道我的户籍在哪里。"

"原来的老户口本呢？"

谢小婉眼神里透出怨恨，说："在李文君那里，就是，就是我那个后妈……"

文子平想了想，笑道："我有办法。"

谢小婉跳起来："真的？"

文子平看着她，点点头，指指牛奶面包。

谢小婉坐下，抓起面包大口大口地吃。

第六章　绝食事件

马旭东刚回到办公室，管教来报告说谢天明依旧不吃饭，医院要我们过去协助处理。

他有些恼火："这些事儿你跟分管领导汇报。"

管教说："马监，分管副监区长昨晚值班，今天休息……"

"这个谢天明，究竟要干什么？进来都五年多了，还不知悔改！不吃拉倒，一顿两顿不吃，饿不死他。"马旭东恨恨地说。

管教又说："恐怕不行啊，就昨天早上吃了一些，还是强行喂食，中午、晚上都没进食……这样下去，恐怕……还有，真要是转院，看护、守卫、吃喝拉撒，还不是我们的事儿？更麻烦。"

"我还没有见过这样顽固的人，就是以前那些反革命罪犯也没他这么顽固，动不动就要死要活的，要是早几年，管他吃不吃，饿死活该，自己寻死，能怪政府？"马旭东抱怨道。

马旭东这几句话说到这位管教的心坎儿上了，他满腹苦水一下倾泻而出："是啊，很多民警很怀念以前那种管理方式，没多少道理可讲，就两个字：服从。不听话，打屁股；还是不听话，捆一绳子。省事还有效果，罪犯服服帖帖、规规矩矩的，哪像现在，你苦口婆心，嘴巴都说干了，他当你在放屁。"

"算了算了，你带两个人去看看，不行的话，还是采取强迫进食，跟医院建议，

给他输液的时候加点氨基酸之类的，先把命保住再说。"马旭东说完，继续抱怨，"这不搞外劳，事儿一下就出来了，这往后还不知道有多少……"

管教笑道："老大，客观讲，与外劳没多大关系，我们都见怪不怪了，说实话，自从关押了职务犯之后，事儿就特别多，自残的、自杀的，监狱每个月都有发生，我们监区今年都是第二起了，这才3月份，要是这么下去，不是我们在折磨这帮孙子，而是这帮孙子在折磨我们，真要命了。"

马旭东眉头紧锁："快去快去，处理完了马上回来，我们组织人召开个会议，分析一下狱情。"

抱怨归抱怨，但是目前的监管形势真不容乐观，要是这么下去，说不准哪一天真要出大事。平心而论，执法环节没有问题，民警对这些罪犯也比较关心，该谈话的都在谈，罪犯提出的诉求，只要是合情合理的，都尽力解决。监狱自查、监狱系统交叉检查、局里执法督查、检察院监督检查和地方人大执法大检查，都没有大的问题，得分还处在全省前三名。

但是，问题究竟出在哪里呢？难道这些职务犯骨子里比新中国成立初期那些敌特分子还顽固，抑或以前那种粗放的管理方式更有效？

马旭东这两天都在苦苦思索，却没有找到答案。

这时，陈莉进来报告说："监区长，政治处来电话催我们报'十佳民警'推荐人，你看报谁，今天必须得上报，要不取消我们的名额。"

"喔……"马旭东答非所问地说，"来来来，你坐下，我们讨论一件事情。"

陈莉有些诧异地看了他一眼，坐了下来。

"前天你请假的事，是我太主观，我呢，给你道个歉，你小妮子别往心里去啊。"马旭东看着她说。

本来陈莉打心里看不起这位监区长。观念陈旧，跟不上形势，脾气火爆，管理方式简单粗放，五十几岁的人了，早该调个轻松岗位休息，还占着位置，不知道监狱党委是怎么考虑的，这样的人，放在这么重要的岗位上，不出事才怪呢。但今天马旭东开门见山地这么道歉，她反倒不好意思起来，于是说："我也有错，没好好跟你沟通。"

马旭东对她伸出大拇指，赞誉道："真不愧是学习心理学的，沟通能力强。"

"领导你别给我戴高帽子了，有什么事情你吩咐。"陈莉笑笑说。

"谢天明还是绝食，这两天呀，包括我在内很多民警都做他的思想工作，可就是没有实际效果，我想听听你的分析……"马旭东真诚地说，"说实话，我现在很被动，有些领导。甚至包括我们监区一些民警都认为，我那天不应该安排他去喂猪……"

这时候，监狱长李长雄带着分管监管执法的副监狱长杨天胜及狱政、狱侦、教育等科室一行七八个人走了进来。马旭东和陈莉忙不迭起身迎接，陈莉见椅子不够，就去办公室搬了几把过来。

"我好像听见你们在讨论谢天明喂猪的事？说说看。"李长雄问。

"是啊，有的同志认为我不应该安排他喂猪。"马旭东闷闷不乐地说。

狱政科长问："你安排他喂猪，是考虑他刚从禁闭室出来，体力差，给他派个轻松的活儿，当时跟他讲清楚没有？"

"这个……没有明说，但他应该是知道的。"马旭东说。

"可能问题就出在这里，我们可以想象一下，一个县委书记以前是何等风光，你这么安排，他又没有弄清你的意思，自尊心伤大了，觉得在罪犯中再也没有面子，想不开，于是就自杀。所以，你马旭东对这件事有不可推卸的责任。"狱政科长说。

教育、狱侦科的人都点点头。

陈莉看了看他们，便暗自往外走。

李长雄笑道："陈莉，回来好生坐下，你别想溜。"

陈莉说："领导们在研究事情，我坐在这不好意思嘛。"

"说吧，我想听听你的意见。"李长雄对她说。

陈莉坐下来，沉思着说："因为马监安排他喂猪，伤了他自尊，所以他就自杀，我可不这么看。叫他去喂猪，仅仅只是个导火线……"

"你的意思是谢天明自杀是必然的？"狱政科长有些不满。

"如果不采取干预措施，其他偶发事件，比如打架、民警批评几句、罪犯之间的口角，甚至晚上做的噩梦等等，都会引发他采取自杀行为，我是这么认为的。"陈莉有点犹豫，但还是说出了自己的看法。

李长雄问："噢？说具体点。"

"我是不可能接触男犯的，所以我对谢天明不很了解，但我经常守监控，通过对谢天明禁闭前后的表面行为举止的分析，他经常发呆，不管坐在监舍床上还是多功能厅椅子上，甚至就是坐在地上，只要一坐下去，不出一分钟，哪怕他周围有其他罪犯在聊天，他就会进入发呆状态……"

"这种情况在监狱里很多嘛，不足为奇。"狱政科长插话说。

"你别插话，我都在认真听，你就不能听陈莉把话讲完？"李长雄不满地看了他

一眼，然后对陈莉说，"大胆说，不要被他们的观点所左右，真理越辩越明嘛。"

陈莉继续说："我从监控录像发现，有一次民警杨阳找他谈话，他一进谈话室，很拘束，情绪很低落，不愿意坐，蹲在地上。杨阳多次要求他坐，他都摇头拒绝，后来杨阳扶他起来后才坐到椅子上。谈话整个过程全身不停发抖，杨阳观察到了，问他是不是有点儿冷。他说不是，并说自己没有发抖。当他用眼光看着自己身体时，全身就停止了抖动，而一旦回答问题或移开目光后，身体便开始抖动。"

众人都流露出很诧异的表情，暗自佩服陈莉，自己也看过类似这样的录像，怎么就没有发现呢？

陈莉接着说："还有一些不正常的行为，抽烟时，烟头烧到手指几秒后才反应过来，但表现并不是那么疼痛，说明他对疼痛有些麻木……"

监区管教突然插话："对对对，我几次找他谈话，拿烟给他抽，情况就是这样的，这说明什么呢？"

"说明他对自己的认知行为不能自已，就是有时候不能控制自己的某些行为。"陈莉说。

"这种行为很危险……"李长雄眉头锁紧了，接着示意陈莉，"你继续。"

"他走路、找地方坐的时候，总是靠着墙壁，经常待在某个角落里，说明他内心深处有一种不安全感，这种感觉在他从禁闭室回来后被放大。我听值班民警说，他昨天找罪犯潘佳杰了解情况，潘佳杰反映，谢天明曾跟他说，监舍的灯泡可能会爆炸，还说他经常做噩梦，吵得其他罪犯休息不好；潘佳杰还说，他曾发现谢天明在噩梦醒来后，使劲揪自己的大腿，第二天他发现还流血了，有一次洗澡时候看见他的大腿外侧肿了一大片，青紫青紫的，很吓人。"

在场的人有些骇然。

马旭东说："你怎么没跟我说呢？"

陈莉笑笑："监区长，有些我也是刚刚才了解的，我又不是管教上的，也不好说。这些能说明什么呢？至少可以说明两点：一是他内心极度痛苦；二是他极度抑郁。"

说到这里，陈莉把目光转向李长雄："监狱长，我推测谢天明患有抑郁症，这种心理疾病自杀风险很高。当然，这也是我的初步判断，不一定准确，可能直接管理他的民警杨阳更了解一些，可以找他来问问情况。"

马旭东快步走到门口大声叫："杨阳，杨阳！杨阳呢？"

"到！"从楼下传来杨阳的声音。

不一会儿，杨阳走了进来，他警服上衣上和裤子上有牛奶浸湿的痕迹，面积还很大。

"怎么回事？"李长雄问。

杨阳见监狱长盯着警服看，于是说："刚才给谢天明强行进食，他吐的。"

"辛苦了，那你去换换衣服再来。"李长雄有些感触地说。

杨阳说："监狱长，不碍事，一会儿就干了，再说我这里也没衣服换。"

像杨阳这样的"80"后小伙子，独生子女，家里都是像宝贝一样宠着长大，还没结婚，哪里经历过这些事儿。

李长雄关心地说："你以后要带一套放在办公室。"

副监狱长杨天胜忙说："李监，为了防止罪犯偷取民警警服作案，去年监狱出文件不准民警把警服放在办公室。"

"哦……"李长雄对杨天胜说，"这个问题也要解决才行，我看有必要在二大门外给监区民警设置一个更衣间，每人一个放衣服的格子，你们回去拿个初步方案来。"

杨天胜点点头说："我回去马上组织相关部门研究。"接着他看了看大家："监狱长亲自带队研究个案，是第一次，说明李监非常重视。文局长说这个礼拜天他还来，到时候如果谢天明依旧是这个态度，那我们就被动了。我丑话说在前头，到时候局长把板子打在我们身上，我们只好打在你们身上。所以，今天务必拿出方案。"

"杨监，检察院介入调查的报告不是说了，从执法环节和对事件的处置上来看，没有执法方面的问题。"马旭东一下子把球又踢了回去。

"检察院认为你们没有问题，并不代表监狱也认为你们就没有问题！"杨天胜生气地说。

狱政科长立即补充说："你们监区工作还是有很多问题的，就拿刚才陈莉说的这些情况来说吧，你们狱情分析报告上，只言片语也没有，你们是怎么分析的？是怎么排查的？所以，我看问题还是出在工作责任心和态度上！"

马旭东不再辩解，低头不语。

李长雄说："天胜同志，我们今天来不是追究责任的，而是探讨感化谢天明的方法的，至于那些放之四海而皆准的原因，就不要说了，根据你们了解的情况，具体说说怎么做。"

监狱长这话，无疑是对杨天胜和狱政科长的否定，这让马旭东很是感激。

杨天胜与狱政科长对视一眼，眼神都有点诧异，似乎没有搞清楚这位监狱长究竟

什么意思。

陈莉打量李长雄，他的这种转变太突然，令她很是疑惑。她考上公务员来这所监狱工作好几年了，深知这位监狱长以前的作风，在以往，他才难得过问类似谢天明事件，要是罪犯死了，真出事儿了，都是按照刚才狱政科长的逻辑，把一切问题都归结为基层的责任心和工作态度上。就像踢足球，只要踢进去了，什么赞扬的话都可以说；要是没踢进去，哪怕你努力了，浑身泥泞，伤痕累累，什么批评的话也都可以说，典型的结果主义者。换句话说，哪怕你昨天在司法部抱个监管执法先进集体奖状回来，今天出了监管事故，那他可以把你以前的工作全盘否定，找出一千条一万条罪状来。

难道，人的思维模式真的可以在一夜之间发生变化？在她纳闷的同时，不由得对他刮目相看。

马旭东说："杨阳，你是谢天明的管教民警，你先说说。"

"谢天明是一个很特别的罪犯，认罪但一直不悔罪，他对法院判定的罪认可，但固执地认为他被检察机关查处纯属偶然，要是当年百姓不拦省委书记的车，他就不会有事……"

马旭东打断杨阳的话说："他曾三次跟我讲，省纪委办案人员对他说的第一句话是：'兄弟，对不住了，老大发毛了。'正是基于这样的思想，他拒不悔罪，而且还有几次在公共场所散布反动言论，说什么哪个县委书记不贪不腐？不贪不腐才不正常呢，就看你运气了，运气好，一样飞黄腾达，运气不好，就跟他一样的下场。"

"正如马监说的，这人经常散布对抗性极强的言论，但是最近，准确地讲就是春节前后，突然像变了个人似的，沉默寡言，经常发呆，有时候又特别冲动，上次关他禁闭，就是因为与那个二皮赵海东口角时，抓起木墩子砸二皮的头，要不是二皮躲闪得快，后果恐怕不堪设想。说实话，监区对谢天明没少费心思，马监亲自包教感化，民警们三天两头找他谈心。领导们，说实话，我对我父亲都没这么上心过，不管你好说歹说，他都沉默，根本没有听，油盐不进，百毒不侵。这不，刚才还吐了我一身牛奶呢，有时候想，要是他真是我父亲，我可能会扇他几个耳刮子……"杨阳说着说着，情绪有点激动，也很无奈。

"认罪，不悔罪……"李长雄若有所思地说。

杨阳接着说："嗯呢，就是不悔罪。陈莉姐是学心理咨询的，我把这个情况跟她说了，请她帮我分析，她观察了几天，判断可能有抑郁症倾向，而且处于高危行为时期，建议去医院检查确诊。我给监区领导都报告了，马监也同意上报狱政科……"

杨阳看看狱政科长，突然打住不说了。

"你们看到这个报告没有？"李长雄扭头问狱政科长。

狱政科长说："看到了，李监，关在我们这里的，哪个没有心理问题？如果都要去医院检查，那监狱能承担吗？就算是抑郁症，那也不是精神病，既然不能称之为病，监狱经费中罪犯医疗费是治病用的，理所当然不能用于这方面的开支，何况我们有的民警还有心理疾病呢，也没见监狱组织检查，而对一个罪犯就要检查治疗，民警们怎么看？我叫他们进行个别教育。"

李长雄无语，狱政科长的话也不无道理。

"我有不同意见。"陈莉说。

大家都看着她。

陈莉说："科长的话没错，我们正常人群多少都存在心理问题，由于长期的工作压力，个别民警心理问题还很严重，但是，正常人群所处的外部环境与谢天明他们不一样，一个丧失尊严和自由的人，他的自我调节能力比正常人群的自我调节能力要低得多，若不适时进行治疗和干预，他们的心理抗体产生的阻力会越来越大，采取危险性行为的风险就会增加。"

"那是不是以后我们的民警都要成为心理学专家才合格？"狱政科长不以为然地说，"陈莉，你别危言耸听。"

陈莉冷冷一笑，不再说话。

沉默，大家都不说话。

陈莉站起来说："李监，我手头工作还多呢，我还是去做我的本分。"

李长雄笑道："你别闹情绪嘛，狱政科长的意见也是意见，我们是在讨论，对吧？"

"讨论任何问题都得有一个前提，那就是至少对这个领域有所了解，你对着大水牛弹莫扎特的曲子，行吗？"陈莉不客气地说。

"我们监狱搬迁了，林子大了，啥鸟儿都有了哈？"狱政科长讥讽地笑笑，"按照我们陈警官、陈专家的说法，我们按传统办法是把谢天明转化不过来的，是吧？两位监狱领导，你们把谢天明交给我，我保证在一个月之内让他认罪伏法、服服帖帖的。我就不信了，难道我们都是大水牛，只有你陈莉是莫扎特？哼！"

"我可没有那么理解，但是你自己偏要那么理解，我也没办法。"陈莉也反唇相讥。

杨天胜看看大家，对李长雄说："李监，今天是不是就到此为止，抽个时间再

讨论？"

李长雄想了想说："好吧，大家下去都思考思考，明天我们继续。"

送走李长雄等人后，马旭东开心地笑着说："小陈，你说话是刻薄了一点，不过我怎么听着倒是很受用。"

"对狱政上就是刻薄一点好，他们一天到晚到处指手画脚，根本不管基层的苦衷。"杨阳跟着说。

"杨阳，你别跟我掺和，实话说了吧，很多心理咨询机构都给我发出了邀请，我在考察中，随时可以走。你不同，还得在这里工作呢。"陈莉规劝道。

杨阳立即说："马监，你可不能让陈姐走。"

马旭东叹息一声，对陈莉说："你真不想穿这身警服了？"

陈莉淡淡地说："不是想不想的问题。"

马旭东愣了愣，确信自己没弄明白她的话，也不好再深问，于是说："这谢天明的事儿，你多操操心，至于你手头的工作，我安排其他人来做。"

"难道你真认为我说得有道理？"陈莉好奇地问。

"没道理我还要你操心呀？我是老了，观念跟不上你们了，但是我在基层，理解什么叫基层。"马旭东感触地说。

"老大，要不，我们就按陈姐的办法试试？死马当活马医嘛。"杨阳建议说。

马旭东笑骂道："你小子，什么死马活马的？老子还没死呢。"

杨阳不好意思地抓抓头。

他随即给李长雄打电话："老大，我想先按照陈莉的办法试试，你看呢？嗯，嗯……好。"马旭东放下电话说："好吧，陈莉你说说，目前应该采取什么措施，先解决他绝食的问题。"

第七章　恋人重逢

（1）

副县长办公室，黄小伟西装革履，一本正经地看文件。这时，传来敲门声。

黄小伟头也不抬："请进。"

李文君像蝴蝶一样飘进来，手里拿着一叠资料。

黄小伟抬头看见是她，一脸惊喜，眉开眼笑地站起来："呀，呀呀！我说今儿个右眼皮怎么跳得这么厉害，原来有相好的来。"

李文君"呸"了一口："谁是你相好的？"

黄小伟打量她，舔舔嘴巴，使劲吞咽口水："文君，你可是越来越有韵味了……"

黄小伟走到门口，把门反锁上，像猴子一般跳过来，一把搂住她，就要亲嘴，李文君使劲推开他。

"我是来找你签字的，不是来亲热的。"

黄小伟色迷迷地笑："字儿要签，事儿要办。"

黄小伟又一把搂住她。

李文君鄙夷说："我现在可是你们吴书记的人。"

黄小伟像牛一般喘气："吴书记整得，我也整得，你原来就是我黄小伟的嘛。"

李文君愤怒地挣扎，骂道："你……你简直禽兽不如！"

黄小伟也不生气，涎着脸说："你是美丽的鸟儿，跟你亲热，不是禽就是

— 084 —

兽嘛。"

黄小伟不由分说，把她按在办公桌上，猴急地扯她的裤子。

李文君愤怒的脸上掠过一些阴笑，她到医院检查的情形浮现在脑海里……

李文君将化验单拿给医生。

医生看了看："恭喜你，怀孕了。第一胎还是第几胎？"

李文君惊愕而兴奋地说："第一胎。"

"我给你开点草酸，每天一粒。注意休息，不要太劳累，过两周来检查，啊！"

……

黄小伟两三下就败下阵来，李文君看着他轻蔑地笑。黄小伟哼了一声，光着屁股在抽屉里乱翻，拿出一瓶春药，猴急地吞下一粒，冲过来又把李文君按在桌上，"吭哧吭哧"地一阵乱戳。

事毕，两人穿戴好衣服。

李文君讽刺道："谢天明那阵儿，你碰都不敢碰我一下，哼！"

黄小伟笑眯眯地说："这就是成长。"

黄小伟拿起资料看了一眼，抬头看着她："吴书记都签了，我还签个屁呀？"

李文君来抢文件，说："不签是吧？给我！"

黄小伟连忙说："哎呀，我签还不成吗？"

李文君拿着文件，朝黄小伟飞吻了一下，又像蝴蝶一般飘出去。刚刚下办公楼，就给张副总打电话，说政府的批文搞定了。

（2）

文子平和谢小婉来到清水监狱会见楼，值班民警一见到他们，就朝旁边指了指。

会见楼值班室外墙上贴了一个通知，文子平小声念道："接狱政科通知，上午不会见，请家属同志们见谅。"

谢小婉愁眉苦脸，不住地朝二大门张望。这时候，二大门A门缓缓打开。谢小婉跑过去，站在监狱大门口朝里面张望。

值班民警走过来，礼貌地提醒："同志，请不要站在那里。监狱重地，不准逗留。"

文子平跑过来把她拉开。

谢小婉忍不住哭起来："爸爸就在里面，里面……"

文子平说："你别着急，我打个电话……呀，我手机前晚摔坏了。"

谢小婉连忙把自己的手机递给他，文子平拨文守卫的手机，可手机怎么也打不通。

谢小婉再一次失望了，眼泪再一次夺眶而出，哽咽着说："你跟谁打电话呀，怎么老打不通啊？"

文子平低声说："我爸爸现在是监狱管理局局长，我给他打电话。"

谢小婉惊喜地跳起来，破涕为笑，打了他一巴掌："你怎么不早说呀……可是怎么打不通啊？"

文子平说："爸爸昨天出差，监狱嘛，大多在山上，估计信号不好，等等，等等啊。"

局纪委书记洪文岭也来到清水监狱，他接到罪犯家属的实名举报，说清水监狱会见很不规范，态度也不好；再者，他风闻一监区有个叫鲁本川的罪犯住单间，他也想突击检查一下。可是，上午不接见，看看时间将近中午，便想等到下午看看后再回去。

不过，他没有惊动监狱，也没有进去，而是待在车里。

中午十分，下起了小雨。

洪文岭见四周无人，下车伸伸懒腰，看见一男一女两个年轻人在吃饼干，便走了过去。

洪文岭看着他们："你们好。"

文子平和谢小婉看看他，点点头。

文子平说："你好……"

洪文岭问："你们是来探视的？"

"是呀，可是上午不准探视。你是监狱领导？"谢小婉打量他说。

洪文岭有些奇怪，笑着问："你怎么知道我是监狱领导？"

谢小婉也笑起来："我在这里看谁都像是监狱警察。"

洪文岭一阵哈哈笑，接着问："他们服务态度怎么样？"

谢小婉看着他，又看看文子平，迟疑地摇摇头。

文子平气愤地说："不好，领导，你看，现在哪个政府部门不设几个凳子，不准备开水什么的？你看看这里，就让这些人待在外面。今天下小雨，那万一下大雨下大雪呢？"

洪文岭左右看看，点点头："你说得对，我保证，下一次你们来，至少有个遮风避雨的地方，有开水。来来，跟我进去坐一会儿。"

洪文岭带着文子平和谢小婉走到值班室外，值班民警马上探出头来："现在还不

到探视时间，请下午两点再来。"

洪文岭说："民警同志，你看都下雨了，让我们进去避避雨，好吗？"

"不行！"

洪文岭问："那……这里哪儿可以躲雨呀？"

值班民警白了他一眼："你回家吧，你家里可以躲雨。"

洪文岭生气了："你这个同志，咋说话的？"

值班民警又探出头来："我说得不对吗？这是监狱，监狱，不是茶馆，你懂吗？去去去！"

洪文岭震怒地说："你，我命令你，打电话叫李长雄来。"

洪文岭的震怒把文子平和谢小婉都吓了一跳，他们对视一眼，文子平拉着她退了几步。

值班民警似乎见怪不怪，反而笑起来："哎呀，我说老人家，你这样把戏我见得多了，这里关的，都是大官，我知道他们能量大，动不动就是市委呀省委的，前几天还有个抬出中央来呢。去吧，去吧。到了两点，我准时给你们办理探视手续。"

文子平看了谢小婉一眼，忍不住笑。可谢小婉却没有笑，一副不可捉摸的表情。

文子平连忙打住笑，装作严肃地站在那里。

洪文岭哭笑不得，一字一句严肃地说："我是省监狱管理局纪委书记洪文岭，我命令你打电话叫李长雄到这里来。"

值班民警愣住了，看着他。

洪文岭沉脸说："没听见？需要我重复一遍么？"

值班民警连忙转身走进值班室。

文子平一听，走过来："洪……洪书记……"

洪文岭朝他笑，点点头。

"洪书记，你能不能给文守卫打个电话？"

洪文岭收敛住笑容，看着他。

文子平不好意思地笑，低声说："洪叔叔，我是他儿子文子平，我带朋友来看她爸爸。"

"按正常程序探视就是了，为什么要打电话？"洪文岭问。

文子平解释说："是这样的，她没有证明，连身份证都丢了，所以……"

洪文岭扬扬头："哦，你为什么不打给你爸爸。"

文子平说："我打了，开初打不通，刚才倒是通了，也许号码不熟悉，所以他没接……哦，对了，我手机摔坏了，我是用她的手机打的。"

洪文岭点点头，拿出手机拨文守卫的电话："文局，你儿子是不是叫文子平？他带着一个朋友探视，没有证明……哦，好好，好的。嗯，嗯……好的，好！"

洪文岭笑笑："小文，你先带你朋友办好证明再来吧。"

谢小婉哭着一阵疯跑，文子平连忙追了过去。

（3）

对于一监区的罪犯，甚至民警来讲，鲁本川是个神秘的人物，在罪犯积委会旁边的阅览室，给他隔了一个小间。陈设嘛倒是一般，单人床、一个独坐沙发和一台电视机，最近不知怎么的，又给他增添了一台饮水机。他的工作就是管理图书室，很少与其他罪犯说话，平常也不与其他罪犯接触。没事的时候，总把自己关在那间小屋子里，不是看书，就是写写画画。这在监狱里异乎寻常，有罪犯猜度他一定是大官，在监狱里也享受着特殊待遇；还有罪犯认为，他可能是政治犯，所以要特殊一些。好在鲁本川对于每一个民警恭恭敬敬，加之自己很低调，渐渐地，这些议论也就没有了，大家似乎对他住单间享受特殊照顾也没什么看法。

中午饭后，留监罪犯们正在活动，下棋，打乒乓，写毛笔字，看书，看电视。

杨阳走进图书室，三个看书的老罪犯立即站起来，鲁本川连忙起身立正，报告。

杨阳摆摆手，示意大家该干吗还是干吗。鲁本川叫三个老犯人出去一下，他要向杨警官汇报思想。三个罪犯立刻走了出去，还顺手把门带上。鲁本川把杨阳请到自己的卧室，满脸堆笑，拿出一包软中华。

杨阳摆摆手说："不抽！"

"杨警官，上午你搜出的那3000元钱，我就不要了。"

杨阳看着他，不语。

鲁本川态度甚是恭敬："以后还请杨警官多关照。不是我吹，这座城市没有我摆不平的事儿，以后要是有什么需求，尽管吩咐。"

杨阳看着他问："完了？"

鲁本川瞄了一眼杨阳，似乎明白了什么，连忙说："杨警官如果嫌少……"

杨阳站起来，走了出去。

鲁本川皱眉，望着杨阳的背影，自语道："监狱这么黑？"

监管区办公楼，陈莉抄着手站在门口，靠着门房，看着杨阳走来。杨阳只顾低头走路，刚进监区办公楼大门，发现陈莉用一种异样眼光看着他，吓了一跳："哎哟，姐，你吓我一跳。"

陈莉似笑非笑地说："这大白天的，又没有鬼，难道有的人心里有鬼？"

杨阳做了一个"嘘"的动作，前后看看，把她拉进了值班室，掏出3000元。

陈莉笑道："嘿，还挺老实的嘛。"马上沉下脸："说，这是怎么回事？"

杨阳急忙说："小声点儿，你只知其一，这鲁本川就是一个特殊罪犯，住单间，还藏这么多钱。上一次，我搜出了2000多块，交给监区，你猜马老大怎么处理的？"

陈莉看着他，脸色不那么难看了。

"又给那虾子上账上去了，也没给什么处分。就刚才，我去鲁本川那里试探，你猜那家伙怎么说来着？说送给我。我知道，马老大不是那种人，但是这事儿保不准哪天就捅到上面去，那吃亏的还不是马老大嘛。姐，我就是来找你……"杨阳又比又画，一副着急的样子。

陈莉突然笑起来。

杨阳跺脚说："哎呀，我是认真的，姐，我知道你看不起马老大，但他绝不是那号人，真的！"

陈莉问："你敢保证？！"

杨阳立正，敬礼："我敢保证！"

"那好，现在就有个机会，就看你敢不敢，我刚才看见局纪委书记……"陈莉在他耳边说了几句，然后看着他。

杨阳拍拍胸口："有啥不敢的？大不了某些人不提拔我呗！好了，我去了啊！"

杨阳一溜烟跑了出去，陈莉望着他的背影，心里甜丝丝的。等回过神来，不由得面红心跳，自嘲地拍拍自己的脑袋。

（4）

李长雄等一行人陪着洪文岭漫不经心地走到一监区门口，洪文岭突然停下脚步，问："我想看看鲁本川。"

马旭东跑出来，立正，向洪文岭报告。

李长雄招呼马旭东："把鲁本川带到谈话室来。"

洪文岭说："不用，我去他工作的地方见见他就行。"

李长雄敏感而条件反射地看着洪文岭："鲁本川？工作的地方？书记，你……"

"怎么了？鲁本川不参加劳动改造？"洪文岭脸色沉下来。

李长雄笑道："那你就说劳动改造场所嘛，吓我一跳。"

一行人笑起来，马旭东带路，来到监区图书室外。

马旭东大叫："鲁本川，鲁本川……"

在特殊单间传来鲁本川的声音："到！"

马旭东吃了一惊："出来！"

可这个时候，鲁本川不吱声了。马旭东看了李长雄一眼，李长雄也急得变脸变色的。

马旭东提高声音，再次喝令："出来！"

依然没有回答。

马旭东又气又急，大骂："老子叫你滚出来！"

还是没有回答，这时候，潘佳杰从多功能厅探出头来。

马旭东急忙命令："潘佳杰，你去看看。"

潘佳杰却小跑过来，立正报告："报告马监区长，我的照片……"

"你的事，下来再说，快去！"马旭东恶狠狠瞪了他一眼。

潘佳杰跑步走进鲁本川的房间，随即就跑了出来，立正。

马旭东不待他报告，震怒地问："咋回事？"

潘佳杰吞吞吐吐地说："马监区长，你……你自己去看……"

洪文岭皱眉，径直走了进去，其他人也跟着走进去。

杨阳立正，看着马旭东笑。马旭东明白了，不好发火，狠狠瞪了他一眼，把火气撒在鲁本川身上。

马旭东喝道："鲁本川！"

鲁本川吓了一跳，大声回答："到！"

马旭东严厉地质问："报告词？"

鲁本川面色死灰，有气无力报告："报告马监区长，鲁本川被杨警官绑架，无法出来。报告完毕，请指示！"

李长雄狠狠瞪了一眼杨阳，杨阳假装没有看见。洪文岭走到杨阳面前，打量他，伸手拍拍他的肩膀，赞许地笑笑："年轻人，好好干！"他转身扫描着鲁本川："鲁本川，你在这儿享福来着？单间、电脑、沙发、座椅，一应齐全哪！"

鲁本川惶恐地低头不语。

洪文岭阴沉着脸："立即关闭这间特殊监舍，马上带鲁本川到集体宿舍，与其他罪犯'八同'。究竟怎么一回事，我希望每天早上看到报告。"

李长雄面如死灰，立正说是。

洪文岭转身就走，李长雄指指杨阳，咬牙切齿，转身也走了出去。

马旭东敲了一下杨阳的头，喝令道："杨阳，到我办公室等着，给老子说

清楚！"

杨阳得意地笑笑，朝门外猛吼："潘佳杰，把他带到208押室。"

鲁本川懊恼地瘫坐在椅子上。

二皮正在208室外面壁，鲁本川抱着被子迟迟疑疑地走了过来，边走边看门牌号，后面跟着潘佳杰。鲁本川走进208室，二皮四处看看，没发现值班民警，也跟了进去。

二皮抢先几步，拦住他抄着手斜睨地看着他，不住地摇头，一副江湖老大的派头。

鲁本川傲然看着他。

二皮明知故问："新鬼？"

鲁本川想往里走，又被二皮拦住。

二皮瞪眼，抬高声音："老子问你，是不是新鬼？！"

鲁本川高傲地反驳："你才是鬼。"

"嗨，现在的犯人越来越没有规矩。"二皮指着他，摩拳擦掌。

鲁本川有些害怕，退后几步，惶恐说："你……你干啥？"

二皮"嘿嘿"奸笑："你说干啥，教你懂点规矩。"

鲁本川把被子扔在地上，像兔子一般躲在潘佳杰身后。

潘佳杰笑道："二皮，现在不兴以前那一套了，你小子别装腔作势的，你娃正被上报关小间，小心罪加一等。"

二皮泄气地说："老潘，你别打击我嘛。"他抬头看其他囚犯，"哥儿几个，这又是个大大的贪官，按老规矩审审，找点乐子？"

潘佳杰等几个人职务犯狠狠盯着他，不语。

二皮连忙摇手，满脸堆笑："算了算了，你们贪官势大，惹不起。"

值班民警走过来："二皮，谁解除你面壁的？要不要再加一道菜？"

二皮连忙跑出去面对墙壁站着。

值班民警踢了他一脚，喝道："三点一线，站好。"

二皮厚着脸皮嬉笑说："政府，我在修理贪官呢。"

值班民警也笑起来："你先把自己修理好了再说吧。"

"反腐败也有罪呀？"二皮装出一副可怜相，哭丧着脸说。

值班民警不再搭理他，走了。

鲁本川走了出来，在他面前走过去走过来打量。

二皮额头顶着墙，侧头："看什么看？"

鲁本川明知故问："你这是在干什么？"

二皮迅速扭头不满地白了他一眼，马上又恢复原来的姿势。

鲁本川一本正经地问："练功？"

二皮不理睬他，鲁本川停顿了一下继续说："练啥功？气功？"他摇头晃脑："不像……莫非舞蹈队的？"

二皮受不了，转身，猛地一拳，将鲁本川打倒在地，又迅速转身，恢复原状。

鲁本川"哎哟哎哟"地大叫起来。

值班民警跑来喝问："咋回事？"

鲁本川半卧半坐在地上，指着二皮："他打我，哎哟，妈呀……"

二皮大声说："报告政府，我在面壁，如何打他？"

值班民警立即明白了，假装不知道，说："鲁本川，起来起来，你在外面好歹也是个副厅级干部，怎么耍起死狗来了。"

鲁本川满脸委屈，狠狠瞪了二皮一眼，"哼哼啊啊"地爬起来，走进了监室。

（5）

马旭东气呼呼地来到办公室，坐在椅子上，沉着脸。陈莉走了进来，马旭东诧异地看她，他拍拍自己的脑袋，站起来指点着她："原来是你这小妮子的鬼主意……"

陈莉朝外边招手："进来，进来呀！"

杨阳局促地走进来，小心翼翼看着马旭东，又看看陈莉。

陈莉说："马老大，你别吹胡子瞪眼的，我们可是在救你于水深火热之中，你得感激我们。"

马旭东气呼呼坐下，把头扭到一边。

陈莉假装责备杨阳："还不给老大接开水？"

杨阳连声说是，他给马旭东的杯子接满开水，小心翼翼地放在他面前。

陈莉又说："敬茶要双手奉上，你咋这么笨呢？"

杨阳连忙端起茶杯，双手递给马旭东。

陈莉给杨阳递眼色："说话呀？"

杨阳清清嗓子，忍住笑："老大，请喝茶，我给你赔罪……"

陈莉继续一唱一和："要说下属，下属。"

马旭东忍不住笑起来，接过茶杯："好啦好啦，别唱戏了，整得跟'涉黑团伙'似的。"

"真不生气了？"杨阳嬉笑道。

陈莉白了一眼杨阳："你咋说话的呢？老大是啥人？跟你一个小屁孩生什么气？"

马旭东指指他们："还装呢？"他点点头："说实话，当时真的很生气，不过回到办公室一想，你们还真挽救了我。那间特殊监室多存在一天，我就向地狱迈进一步。"

陈莉说："马监区长，你要有思想准备，怕是要挨处分了。"

马旭东笑哈哈："没啥，比起坐牢，处分算什么鸟。"

（6）

谢小婉在前面亡命地奔跑，文子平追赶，边追边喊，可谢小婉不仅没有停下来，反而跑得更快了。不一会儿，来到一片河滩地上，她脚下一滑，跌倒在河滩的鹅卵石上。

她爬起来又想跑，不料脚腕一阵钻心地疼痛，痛得她龇牙咧嘴的，只好又坐在地上，摸着腿。

文子平跑过来，弯腰喘息："小婉……别别……在跑了，我求求你了，我要死了……"

谢小婉欲哭无泪。

文子平安慰说："我爸爸那人就那样，走，我们回家去等他，总会想到办法的啊！"

文子平拉她起来。

谢小婉突然像发疯一般，狠狠推开他，抓扯自己的头发，歇斯底里叫："我爸爸就在那里面，就在里面！"

文子平搂着她说："我知道，我知道……"

谢小婉大哭："你知道什么呀，你知道那种撕心裂肺的感受吗？"她拍打胸口，"这里，痛，好痛，你知道吗？你知道吗？！"

文子平愣住了，看着她。

谢小婉双手握拳，朝着河面神经质地吼，渐渐地，谢小婉吼声低沉下来，变得嘶哑。

文子平背过身擦擦眼泪，背向她，蹲在她面前。

谢小婉一怔……

秋天，芦花飘摇，河滩上一片雪白。小时候的谢小婉和文子平追逐。谢小婉摔倒，崴脚了，哭泣。文子平蹲下，背起她，在芦花里慢慢走。

"子平哥，我重不重？"

"不重。"

"你累不累？"

"不累。"

"要是累了，背不动咋办？"

"我是你哥哥，背不动也得背，一直背你回家。"

文子平扭过身子说："崴脚了吧？来，我背你回家。"

谢小婉惊醒过来，泪水"哗哗"地流。

"来，听话。"

谢小婉趴在他背上，文子平慢慢走。谢小婉不哭也不闹，安静得像个熟睡的婴儿。

文子平走了一段，偏头轻声喊："小婉……"

谢小婉"嗯"了一声。

文子平露出快乐的笑："我以为你睡着了呢。"

（7）

昨天新来局长失踪了几个小时的事件，让全省监狱头头们着实捏了一把汗，不是担心局长真的出了什么事儿，而是担心局长突然出现在自家监狱，甚至在办公楼到处走而监狱还不清楚，所以都下令加强门卫制度，不出示证件一律不准进入监狱，哪怕是省委书记来了，也要履行登记手续。然而，让很多监狱长没有料到的是，几天的瞎忙活没有等来局长，省纪委和所在地市县纪委倒是来了，原本就紧绷的神经一下子更加敏感起来。一方面小心翼翼地应对这些人，一方面不断地向局里反映，找不到局长就找洪文岭和何凯华等副职诉苦，说不就是财务上一些小问题吗？省纪委是不是小题大做了啊？他们这么个整法，民警们怎么看？好像我们真有什么问题一样，基层工作还要不要推进，监狱还要不要稳定？

监狱长们反映得多了，何凯华这些副职都觉得是个问题，都向洪文岭讲。

省纪委牵头对集中反映监狱的信访件进行梳理，文守卫临行前跟他讲过这事儿，

要他知道就行了。但是监狱长们叫得多了，加上副局长们的担忧，他也觉得是个问题，至少应该让文守卫知道这个情况，于是就给他打电话。

文守卫说："我们俩心里一定要清楚，通过省纪委出面调动地方纪委的力量对监狱的问题进行梳理，有问题及时得到纠正和处理，没问题就算敲敲警钟，纯洁我们干部队伍，为以后工作打下坚实的基础，这是个千载难逢的好事，我俩就是调动本系统

里一切资源开展廉政教育，其效果也达不到他们那种效果。所以，老洪啊，不管他们怎么叫怎么闹，不要理会他们。相反，叫得越凶闹得越凶的，只能说明他那里的问题很多很严重。必要时候你转达我的意思，如果觉得实在干不下去了，就让他们向局里打辞职报告！"

洪文岭把局长的话一转达，果然没人再叫了，老老实实地配合纪委查摆问题。

接下来所到监狱，文守卫轻易进不去了，而且他还发现，在值班室、劳动改造现场的民警都很谨慎，说话都一个调子。他改变主意，到民警住宿区，随便找老干部、在家轮休的民警，甚至家属了解情况，但是随后连住宅区都要严格登记，也进不去了，他觉得没意思，叫监狱把民警花名册拿来，随机点几个人，在上班的可以立即找来，但是还有一些不是在轮休就是请假了。

洪文岭来电话说，部监狱管理局局长要来，请他马上赶回去。他只好往回赶，不过走了几天，监狱的情况大致差不多，心里也有底了，比起地方上来，还是要单纯些，毕竟有一套完整的法律制度规定的相对固定的轨迹。而让他很高兴的是，民警们对省纪委梳理监狱的问题都很欢迎，上班的责任心反而还增强了，按照他们的说法，监管上出了问题，直接受牵连的还是最基层的带班民警，上级整顿一下监狱，给监狱领导敲敲警钟，说不定他们往后的日子就好过一些。

然而，让他忧心的是谢天明，前两天打电话询问，还是绝食。他本想每天打个电话，一则顾忌有人会误解，认为谢天明是他同学，所以格外关照；二则是怕给监狱施加太大的压力。平心而论，他承认对谢天明的关注有同学的情分，但他还有另外一种考量：

就以他熟悉的谢天明作为突破口，把他思想转化过来，就是在探索改造罪犯的新路子！

他对马星宇说："你了解一下谢天明的情况。"

马星宇立即给李长雄打电话，令他欣慰地是，谢天明不再绝食，配合医院积极治疗，恢复得不错，现在可以下床走走了。

（8）

下班的时候，陈莉刚刚把车开出监狱停车场，杨阳就小跑过来。

陈莉摇下车窗问："要进城？"

杨阳点点头。

"相亲？"

杨阳把头摇得像拨浪鼓一般。

陈莉笑笑："上车呀，愣着干什么？"

杨阳上车，坐在副驾驶位置上，陈莉扭头问："去哪里？"

"陈姐，你今晚练跆拳道不？"杨阳期期艾艾地问。

陈莉立刻笑吟吟："怎么，想挨揍？"

杨阳言不由衷地说："我……请你吃饭，大餐。"

陈莉奇怪地打量他，杨阳被她看得不好意思，说："不就请你吃顿饭嘛，又不是没请过客。"

陈莉边开车边说："说，有啥阴谋？"

杨阳挠挠脑袋："哎呀，什么也瞒不过你。"他看了一眼陈莉，有些迟疑："马老大给我一个任务……"

陈莉说："吞吞吐吐的，准没有好事。"

"对你来说是好事，多了个陪练，对我来说，那就倒了大霉了啊。"杨阳哭丧着脸，"今天你推了马老大一下，差点四脚朝天，我当时多嘴，说你练跆拳道。他就要我也练，说这是男犯监狱。一帮大老爷们怎么能让一个丫头给盖住呢？"

陈莉哈哈大笑，杨阳也跟着憨笑，双手抱拳，"陈姐，手下留情啊。"

陈莉"嘿嘿"笑："那不行。"

"我这……当陪练，还自己掏医药费？这日子呀，呀呀……"

陈莉大笑："找马老大报。"

陈莉坚持先练跆拳，再吃饭，两人直奔跆拳道馆，换上服装，来到训练场地对打，这里的学员都认识陈莉，都过来围观。

杨阳连续猛攻，陈莉连连躲闪。陈莉反击，将杨阳击倒。

陈莉叫道："起来，起来，再来。"

杨阳赖在地上不起来："让我喘口气嘛。"

高个子学员大笑，数落杨阳："男子汉大丈夫，说不起来就不起来。"

矮个子学员跟着嘲笑："就就……就是。"

杨阳爬起来，对着高个子比画："来来，我们练练？"

高个子摩拳擦掌："谁怕谁？来来。"

高个子跟杨阳对打，杨阳几招就将他打趴在地上，一屁股坐在他背上。

杨阳得意地扬扬挥舞拳头："怎么样？"他学他的口气："谁怕谁？"

高个子气恼地说："有本事，打她呀……"

杨阳面露怯色，摇头："打不赢。"

陈莉走过来，杨阳一下子跳开。

陈莉冲着他说："过来，哎呀，怕什么怕，过来，过来。"

杨阳慢慢走过来，陈莉使劲拍了一下杨阳的肩膀："有进步。我这个师傅咋样？"

杨阳叫起来："哎哟，轻点嘛。"

高个子和矮个子同时跪拜陈莉，嚷嚷要她也当他们师傅。陈莉指着杨阳说："好哇，你打赢他再说。杨阳，走，练臂力去。"

杨阳抱着肚子嚷嚷："陈莉，我肚子饿了。"

陈莉扬起手，杨阳连忙躲闪。

"嗨，你小子，怎么没大没小了？连姐都不喊了。来，练十分钟臂力，吃饭。"

杨阳深情地望了一眼陈莉，脸红了。

(9)

谢小婉在文子平家住了几天，她的情绪时好时坏，脸色也越来越差，文子平尽管很着急，却束手无策。他又给文守卫打了电话，文守卫叫他好生照顾谢小婉，一切等他回来再说。

黄昏时分，谢小婉站在窗子边，怔怔地看着华灯初上的城市。文子平端着两盘菜从厨房走出来，笑吟吟地说："小婉，你看我给你做什么好吃的了？哎呀，这可是我第一次下厨，你可别……"

谢小婉突然倒在地上，文子平放下盘子，连忙跑过去，抱起她。

"小婉，你怎么了？怎么了？"他焦急地喊。

谢小婉无力睁开眼睛："我……我……"

她头一歪，昏了过去。

文子平大惊，摸摸额头，抱起她就往外走。

座机响了起来，文子平迟疑了一下，没有理睬。

文守卫回到家里，没见着文子平和谢小婉，拿出手机找谢小婉的手机号码。

座机响了起来，他拨号，又接座机。

是他老婆刘蕊打来的。

"老文，子平呢？"

文守卫边拨号码边回答："我正和他联系呢。"

"儿子的手机怎么整天关机？出啥事儿了？"

文守卫说："子平的手机坏了，我叫他买一部，可能还没来得及买吧？对了，这几天小婉住在我们家里。"

"谁？谁是小婉？"

"谢小婉呀，谢天明的女儿。"

电话里传来刘蕊生硬的声音："你告诉子平，叫他离谢小婉远点。"

"咋了？"

"咋了？你脑子真有毛病，是不是？谢天明现在是全省有名的贪官，我们的儿子跟贪官的女儿在一起，省委省府领导怎么看你？"刘蕊以教训的口吻说。

"你多虑了吧，他俩是一起长大的嘛……"

"老文啊，你知道雷锋为什么那么光辉吗？他做了好事不留名，但是每一件事情都记到日记里面，这就是智慧。你跟谢天明啥关系？你现在又是监狱管理局局长……"

文守卫有些不耐烦，打断说："啥关系，同学关系。好了好了，我联系子平了。"

文守卫挂了电话，呆立在电话机旁，嘀咕："这什么道理，什么逻辑？"

电话接通了，传来文子平的声音。

文守卫惊醒过来："子平，你和小婉在哪里呢？我在家等你们，一起出去吃顿饭……"

"爸爸，小婉病了，我现在在医院里，二医院住院部。"

文守卫忙说："好好，我马上过来。"

文守卫带上门，刚进电梯，手机又叫起来。

文守卫一看号码，是副局长何凯华的，他自言自语道："又出事了？"他接通手机："喂，老何，我是文守卫……我这会儿有点急事正下楼呢……你在小区门口？好好，我马上过来。"

第八章　先手后手

（1）

金帝酒店咖啡厅，李文君端庄地坐着，从玻璃窗看着高楼下大街上像蚂蚁一样的人流。吴友明走进咖啡厅，东瞧西瞧，找到了李文君。他走过来，在李文君对面落座。

李文君依望着窗外。

吴友明有些不悦："你急急火火地，究竟什么事？"

李文君转头，把手放在桌子上，看着他，冷冷地说："工程的事情。"

"哎哟，这个事儿吧……"吴友明松了一口气，信誓旦旦地说，"我可是尽了力的，哪知道半道上来了个比我后台还硬的……"他拍拍李文君的手："下次，下次有项目，我一定给你留着啊！"

吴友明看看手表："呀，我还有个应酬，改天联系哈。"

他站起来。

李文君把这一张医院报告单复印件放在桌子上，看着他，似笑非笑。

吴友明一愣："这是啥玩意儿？"

"恭喜你，中奖了。"李文君似笑非笑。

吴友明拿起来一瞧，目光就像钉子一般，钉在那张纸上。他又坐下来，拿着那张化验报告单，双手微微发抖："这……这，这什么意思？"

李文君把头朝他那边凑了凑："明知故问？不懂装懂？"

"就那么几次，这怎么可能呢？"

李文君抿嘴道："所以说嘛，你运气太好了，就那么几次，就中彩了。"

吴友明很是气恼："这是不是我的哟？"

李文君脸色"唰"的变了，使劲拍了一下桌子，厉声说："快活了，就不认账了？要不要我把这张纸交到纪委去？"

吴友明慌忙摆手，四处看看："小声点儿，我的姑奶奶，小声点儿，啥大事儿呀？好好商量嘛。"

"那你说，咋办？"李文君靠在沙发上，双手抄在胸前，斜睨地盯着他。

吴友明额头上浸出汗珠："工程，给……给你，给你。"

"你错了，工程不是给我的，是给你儿子的。"李文君妩媚地笑起来。

吴友明眼珠扫视她，低三下四地说："姑奶奶，奶奶，你是我奶奶，行么？这可不是开玩笑的。这样，只要你同意打掉，啥条件，你说。"

李文君说："200万，加上工程项目。"

吴友明急了："姑奶奶，你当我是开银行的呀？"

李文君冷哼："你别在我面前装，姑奶奶我还不知道你们这些书记？我没有逼你离婚，算是退让了一大步了。看来，我们没有共同语言了。"

李文君站起来，拿起坤包。吴友明连忙走过来，双手把她往沙发上按。李文君坐下来，夸张地摸摸肚子："轻点，轻点，这可是你的孩子……"

吴友明哭笑不得。

在大厅一个角落里，张大新偷偷盯着李文君和吴友明，最后把目光落在李文君的脸上，摇摇头，深深吸了一口气，慢慢吐出来……

(2)

在小固县公司办公室里，张大新坐在大班椅子上，把双脚放在豪华的办公桌上。

屋子里站着一高一矮两个人，手臂上的文身很抢眼，还有几分恐怖。张大新从抽屉里拿出一大叠钱，扔在桌子上。

张大新说："事成之后，会有人把余下的钱送给你们，你们就到外地避避风头。"

高个子拿着钱，亲吻了一下，狞笑："老大放心，保证天衣无缝。"

张大新挥挥手，瘫坐在椅子上，有气无力地挥挥手。

两人走了出去。

第二天晚上，张大新打开电视，电视正播放新闻，说今天下午，在笼子沟附

近发生一起惨烈车祸，一辆小车被撞入山谷，车上三人全部遇难。目前警方正介入调查……

张大新脸上露出一丝阴笑："谢天明，李文君，你们怎么感谢我呢？"

（3）

张大新眼角瞟见吴友明夹起公文包快快而去，便朝李文君走去。

张大新搓着手，依然是那副客客气气的样子，亲热跟她打招呼："文君，好久不见了，你还好吗？"

李文君一怔："你怎么……怎么在这里？"

张大新彬彬有礼地坐在她对面，一本正经的样子，像个英国绅士。

张大新笑笑："这座大楼有我的股份。"

李文君心不在焉地"哦"了一声。

张大新指指吴友明去的方向："男朋友？"

"婚都还没离呢。"李文君惨然一笑。

"这个谢天明也是，半拉子老头，怎么一点风度都没有。改天，我去看他，做做工作啊。"张大新突然愤愤不平地说。

李文君笑笑，不语。

张大新看看她，吞吞吐吐问："那他……"

李文君淡淡地说："姓吴，也是个县委书记。"

张大新温文尔雅地笑笑："你跟县委书记还真有缘啊。说吧，有什么需要我帮忙的？"

李文君有些动情，眼圈也潮湿起来："张哥，说实话，谢天明完蛋后，那时候真是走投无路，多亏了你，真的很感谢。这辈子怕是……"

张大新摆摆手，苦笑："言重了，言重了。你以前也没少帮我嘛。"

张大新转身叫来一个服务员，让她去把经理叫来。服务员应了一声，走了。

张大新又问："最近见到过黄小伟没有？他小子现在飞黄腾达了，当上了副县长。"

李文君点点头，脸上表情捉摸不定。

经理急匆匆走了过来。

经理点头哈腰地巴结说："张总好，请问有什么吩咐？"

张大新指着李文君说："以后这位小妹在这里所有的消费，全部挂在我头上。"

这时，张大新的手机响起来，他看看手机上的号码。

张大新满脸歉意："文君，我还有事，就不陪你了。"

李文君站起来："张哥，我也走了，谢谢你啊。"

张大新吩咐经理送送李文君，目送他们走远，才接电话："你上来吧，我在A楼十层咖啡厅。"

（4）

不大一会儿，黄小伟春风满面地走了过来，两人寒暄坐下。

黄小伟指责他："张哥，这么久才接电话，是不是，是不是，嘿嘿……"

张大新也不在意，笑笑："李文君，刚走。"

黄小伟有点儿意外，一脸坏笑，比画着："你俩这个了吧……"

"朋友妻，不可欺，这一点是我张大新的原则。"张大新正色道。

黄小伟大笑："你对谢天明可不是这么说的哟。"

张大新大笑："说归说，做归做，人与人还是有些不同的。"

黄小伟点点头："你别说，这李文君还是那个样子，怎么就一点都没老呢？"

张大新盯着他："后悔了？"

"谈不上后悔，怎么说呢，有得必有其失嘛。"黄小伟摇头。

张大新有些惋惜地说："说实话兄弟，当初要不是你求我，我不会把文君介绍给谢天明。"

黄小伟不以为然地说："你也不要自责，她现在也不错嘛，又跟上了我的县委书记。"

张大新看着他，似乎不相信。

"她在我们那里揽工程嘛，不过，吴友明可是人精……"

张大新说："你也别小看你这位前女友。小伟，恭喜你荣升副县长，今晚我做东，哥儿俩好生喝一杯。"

"现在你我呀，少喝点，身体好，多活几年，那就是银子。"黄小伟摆摆手说。

张大新翻翻白眼："说吧，你是无事不登三宝殿。"

黄小伟有些迟疑，盯着他："张哥，你是我的领路人，你还得推我一把。"

张大新笑着说："你小子，贪心不足。想转正了吧？"

黄小伟两手摊开："我当得越大，就越好给你办事嘛。两会一过就要换届。我呢，现在不缺人脉，就是缺资金。"

张大新问："要多少？"

黄小伟四处瞧瞧，把头凑过去低声说："至少300万。"

张大新沉吟。

黄小伟拍拍他的手说："你放心，我要是上了，一句话，你赚的岂止300万？"

张大新伸出手："成交！"

（5）

一辆警车旁，何凯华正在四处张望，看到文守卫，他连忙迎上去。

文守卫问："有啥急事儿？"

何凯华诚恳地说："我是来向你检讨的……"

文守卫有些诧异："这话从何说起？"

"就是鲁本川单间的事情，唉……"

文守卫看着他，不语。

何凯华说："文局，鲁本川你是知道的，官宦世家，在我们省乃至于其他几个省都有影响，关系盘根错节。哎呀，也是一个领导给我打招呼……我想啊，我们监狱局是二级局，求爹爹告奶奶的事情多着呢，你刚来，也不想给你增加思想负担，就叫李长雄办了。"

文守卫眉头紧锁，看着他。

何凯华接着说："说实话，我还真得感谢洪书记，现在想想，这个单间存在一天，我就增加一分危险。"

文守卫点点头说："老何，你说的是实情，我理解。但是我们是国家执法机关，一切以法律为准绳，在法律面前，没有特权、关系可讲。"

何凯华连声说："是是，文局批评，我一定铭记于心。我的意思呢，单间的事，也只是违规，没有造成大的影响，如果以后上级部门问起，你看能不能……"

文守卫打断他的话说："我明白你的意思了。好了，老何，你回去休息吧。"

文守卫匆匆走到街边招出租车。

何凯华走过来问："司机呢？"

"又不远，他来回跑，更耽搁时间。"

何凯华说："那坐我的车，我打车回家。"

文守卫看看手表说："这……那这样，你也别打车，把我送到二医院。"

（6）

明天就是清明节，下午还春光明媚的，刚到黄昏，老天一下子就幽怨起来，云层压得很低，淅淅沥沥的雨丝铺天盖地而来。才展开小叶片的梧桐，渲染着那一片动人心魄的绿，在雨丝中一下子变得朦朦胧胧。盛开的杏花，飞英如萍，飘荡盘旋，最后无力地跌落，犹如遍地落魂……

一切的一切，就因为这雨，失魂落魄起来。

"君问归期未有期，巴山夜雨涨秋池。何当共剪西窗烛，却话巴山夜雨时。君问归期未有期……"谢天明心里反反复复地吟诵着这首诗。

监舍的窗户开得很高，只有仰起头才能看见一尺见方的天空，而又被密密排列的钢筋分割开来，所以，尽管只有一尺见方的天空，也是残缺的。即或在走廊上，也是被密密麻麻排列的钢筋包裹着，之间的空隙容不下一个拳头，只有站在凳子上，把脸紧紧地贴着钢筋，一只眼睛所看到的天空才是完整的。

然而，只有一只眼睛看到的，真的是完整的吗？

谢天明以前不了解监狱，做县委书记时候，省委组织他们开展警示教育，参观过一所监狱，那所监狱的环境绿化、陈设还没这里好，他当时就感触，监狱怎么像花园像学校？他与其他官员交流时候说，监狱是国家刑罚执行机关，是国家专政工具，就是不应该给罪犯提供这么好的条件。

现在，他明白了，什么叫监狱。

设施再好，哪怕是总统套房，只要搬进监狱来，那就是搬进了铁笼子，人们把监狱称为牢笼，把他们称之为囚，现在想来，真生动，真贴切。说白了就是像马戏团圈养的那些低等动物，只不过圈养人这种高等动物的铁笼子相对大一些而已，本质上就是一回事儿。

在铁笼子里面生活，就是锦衣玉食又能怎样？比得上在外面日出而作日落而息劳累得来的粗茶淡饭么？目力所及的东西都是残缺的，自由、尊严、人格被限制了，与其说监狱的功能是禁锢人的身体，还不如说是禁锢人的心灵，折磨人的意志。

而今想起古代寡妇数黄豆的故事，说寡妇长夜难熬，为了打发时间，把黄豆撒在地上，一粒一粒地捡起来，又撒，又捡，如此重复，日复一日，年复一年，直到某一天穿上衣服再也没有脱下来。这些囚徒们，跟那些寡妇不是一样的吗？煎熬着度日如年，但你还得要重复前一天上演的苦涩、委屈，甚至羞辱。

所以，在谢天明心灵深处，自己就是被圈养的狗，就是古代那个哀哀怨怨的寡妇。

吃过晚饭，谢天明就坐在床沿上，歪着头审视那一尺见方的天空，灰衣灰裤，灰色的帽子，佝偻的身子似乎还蜷缩了一部分，远远望去，说不准究竟是人还是雕塑。

直到那一尺见方的天空渐渐变暗，最后融入一片黑暗之中，他依旧歪着脖子盯着，似乎在等待长着翅膀的天使穿过两厘米宽的缝隙飞进来，给他带来惊喜。

其他的狱友要么在楼下活动，要么被民警叫去谈话，只剩下他一个人。监舍的灯开了，光线苍白苍白的，充斥着一股悲凉的气息，女儿谢小婉小时候稚幼的哭声好像从窗外飘进来，清脆而委屈；哭声中还夹杂着母亲呼喊声，凄厉而悲恸："儿啊，你啥时候回来啊！"继而，父亲呵斥声隆隆传来，像夏天的雷："逆子，逆子啊！"

　　他脑袋里杂七杂八的事情纷至沓来，搅扰得他心神不宁，心慌、气短，大口大口地喘息！

　　"或许美国的战机要轰炸这里……"他脑子里突然冒出这个念头，紧接着就似乎听见爆炸声，然后就听见狱友们鬼哭狼嚎的声音。

　　"叫什么叫，那是美国来解救我们了！"谢天明突然蹦起来，双目圆睁，抓狂地挥舞着拳头，歇斯底里地吼叫。

　　二皮刚好进来，迎面遇上谢天明的拳头，还没等他反应过来，谢天明像一只发狂的狮子，拳头雨点般地打在二皮的身上。

　　二皮被打蒙了，双手护着头，在地上滚，像狼一样哀号："杀人了，杀人了，谢天明杀人了……"

　　（7）

　　谢小婉诊断为严重贫血、植物神经紊乱，医生再三嘱咐，植物神经紊乱这个病要引起重视，因为这个病是长期的精神紧张，心理压力过大，以及生气和精神受到刺激后所引起，而且现在的治疗手段也仅仅是抗抑郁治疗，主要还是自我调节为主。一定要她保持心情舒畅。

　　文子平守在病床前，一天一夜都没有合眼。

　　谢小婉终于醒了过来，文子平一脸倦意的脸上乐得像花儿一样，端起早已准备好的稀粥，一口一口地喂她。谢小婉吃了几口，摇头示意不想吃了。

　　文子平放下碗，摸摸她的额头："又发烧了……"

　　他用湿毛巾搭在她的额头上。

　　谢小婉扭头望望窗外："现在什么时候了？"

　　"晚上了，你呀，昏睡了一天一夜。"

　　谢小婉望着他充满血丝的眼睛，动情地说："谢谢你，谢谢……"

　　文子平说："小婉，昨晚爸爸来电话了。他说，他明天到清水监狱调研，顺便看看你爸爸。"

　　谢小婉突然坐起来，惊喜地看着他："真的，我爸爸……怎么样？还好吗？"

　　文子平把她轻轻按在床上躺着，说："爸爸明天才去呢，对了，爸爸要我陪你回去办个证明，这样你每个月可以探视一次。"

谢小婉咧嘴笑："我要好起来，马上好起来……"

"所以你要坚强起来，从吃饭开始，好么？"

谢小婉连连点点头："我吃，吃……"

谢小婉吃了几口，望着他："我想去那片芦苇滩，我想……我想……我……我在南方的时候，每晚都睡不着，我……我不敢去大街上，我就在……就在租房的楼下，走啊……走啊，走累了，就坐在地上……睡着了……"

谢小婉无力地闭上眼睛，声音越来越弱。文子平再也忍不住，泪水哗哗直流。

谢小婉强睁开眼睛，微笑："我没事，就是感觉太累。吃饭，继续……"

文子平连忙擦擦泪水，给她喂饭，看着她下咽的痛苦表情，于心不忍："小婉，实在不想吃就不吃了啊。"

谢小婉摇摇头，语气坚定地说："我要吃，要吃。"

谢小婉正艰难地吃着饭，文守卫走了进来。谢小婉像被雷击了一般，一口稀饭含在嘴里，痴痴傻傻地盯着文守卫。

文守卫微笑说："小婉，好点了吗？"

谢小婉还是一副呆傻的样子。文子平连忙拉拉她的衣服，谢小婉惊醒过来。

文守卫歉意地说："小婉，叔叔今天上午才回来，事儿多，没有及时来看你，别生气啊……"

谢小婉眼泪哗哗地流下来，哽咽地说："文叔叔，你别这么说，我我……我都不知道如何感激你……"

"别说傻话了，孩子，这些年受苦了吧？以后，你就把这里当成你的家，啊！"

文守卫拍拍她的头："你安心养病，等你好了，子平陪你回趟老家，把证明开来，这样，你每个月就能见到你父亲了。对了，我明天去清水监狱看看，等我回来告诉你爸爸的情况，好吗？"

谢小婉感动得哭起来。

（8）

当其他罪犯和民警赶到时，谢天明呆坐在床沿上，而二皮还是抱着头蹲在地上哀号。

罪犯们哗然大笑，值班民警一把抓起他，喝道："你神经病？！下去给我勾起！"

二皮看看周围，才发现情势有些不对，连忙解释说："政府、干部，不不……警官，他真的发疯了，要杀我呢，你看，这里，这这儿，就是他打的。"

二皮急了，在脸上身上乱指。

除了鼻子流血外，其他没有一点异样。

其他罪犯显然不信："他？一个半残废老头，打你？你扁他还差不多，切！"

二皮连忙把衣服脱下来，哭丧着脸说："你们看，我背还疼呢……"

二皮的背上青一块紫一块的，罪犯们面面相觑，惊讶不已。

值班民警指着谢天明和二皮，命令说："你们两个，随我到值班室。"

其他民警闻讯赶来，把谢天明和二皮连拉带拽地带到值班室。

谢天明一脸木然地蹲着，而二皮则逢人便说自己被打的经过。

今晚值班的正好是马旭东。

他带着几个民警去监控室调录像，看完后，民警们都一脸惊骇。

"疯了，真疯了……"一个民警说。

另外一个说："那万一是装疯卖傻呢？"

大家都沉默了，也许都在思考谢天明究竟是真疯还是假疯，过了好一会儿，一个民警问："现在怎么办，老大？"

正在马旭东犹豫之间，外边又闹起来，几个人连忙冲出值班室。

原来是潘佳杰又在闹，他站在值班室外要找马旭东讨说法，与值班民警顶撞起来，其他犯人远远地看热闹，监管区一片躁动。

监狱特警队正好巡逻至此，立即冲了进来，把潘佳杰控制起来，驱散了围观的罪犯。

潘佳杰依旧用尽全身力气哭叫："为什么没收我的照片，那是我父亲生前的照片，我向监区反映了一个月了，为什么一点儿消息也没有？我父母的照片难道也是违禁品吗？

那为什么进来时候检查的警官没有没收？马旭东，你是领导，你给我个说法！犯人就不是人？凭什么你们可以祭奠亲人，我们怀念一下就不可以？"

特警队一警员大声喝斥，命令潘佳杰不要号叫，有问题可以通过正当途径反映，但他就是不听，还是又哭又闹。于是，这位警员就用电警棍电击了他一下。

潘佳杰浑身一哆嗦，果然不闹了，跪在地上低低地抽泣。

就在大家准备把潘佳杰带走的时候，谢天明突然"噌"地站起来，走了出来，面目狰狞，紧握双拳，对马旭东说："把照片还给他！"

声音尽管不高，但那语气却令人不寒而栗，或许大家都没有料想到一个罪犯会用这种语气跟管教民警说话，都有些发楞。

谢天明猛然扑过来，抱住马旭东的一只腿，张开嘴，狠命地咬下去。

马旭东"哎哟"一声，几乎站立不稳，其他民警回过神来，七手八脚地想分开他俩，可谢天明死死抱住，死死咬住。鲜血汩汩地流下，染红了谢天明的双手。

特警队叫其他人让开，举起狼牙棒就要朝谢天明身上乱打，马旭东忍住剧痛，立即大声说："别打他，你们都别动！"

"马监……马监……"民警们围着他，不知所措。

"奶奶的，给我搬一把椅子来，老子……坐下来，看他能咬多久！"马旭东镇定地笑笑，汗珠从额头上冒出来，他摸索着拿出一盒烟，旁边的民警连忙给他点上。可这一阵风雨交加，怎么也点不着。

罪犯们震撼了。

民警们肃立地站在雨中，护卫着马旭东，眼眶里噙着泪水。

（9）

雨，下了一夜，整个城市被笼罩在一片烟雨蒙蒙之中。

几天前，文守卫便安排今天去清水监狱对职务犯管理相关问题进行调研，而且指定了纪委书记洪文岭、分管副局长、政治部主任和办公室、管教线所有处室领导以及相关工作人员一同随行参与。

一上班，文守卫便叫马星宇通知清水监狱，召集随行人员，九点钟准时出发。

省纪委王炳松副书记找他廉政谈话时，指示他关注一下职务犯的管理问题，本来就应该马上组织相关部门进行调研，找出问题，研究制定针对性的措施，尽快给他报告落实情况。但是对于监狱这一块工作，他是一片空白，可以说要从头干起，得先摸清情况；二是省纪委对最近两年来针对监狱的信访件进行调查梳理，既要统筹安排全力配合他们，还要关注基层监狱的反应；三是无条件把外劳罪犯收监，这其中的阻力也不小。原计划在上任后第二个礼拜就安排到清水监狱调研，但是上面几件事都忙不过来，所以一拖再拖。

紧接着局纪委协同审计、财务对全省监狱系统进行大检查，规范财务行为；重新研究布局调整，把全省监狱纳入一盘棋来考虑，严禁监狱擅自异地搞建设，同时把监狱所有项目的立项统一归口到局规划处，不准监狱直接跑省发改委；凡是先建设后申报立项或者边建设边申报立项的，监狱长就地免职。把最艰苦、最偏远的监狱，要么纳入布局调整规划，要么直接撤销，将民警、罪犯分流到已经搬迁的监狱。其中，平溪监狱被列入撤销范围，民警原则上并入清水监狱。

然而，新的考验紧接着又来了，原来省委相关领导承诺省财政对监狱系统经费100%保障，变成了90%，尚有10%还得靠监狱自己。消息一出，局里和监狱反响就来了，这外劳一收，狱内加工一时半会跟不上，今年经费尚有的缺口怎么办？

同时，个别占有社会紧缺资源的监狱，经济效益一直很好，坚决反对收支两条线，甚至包括个别局领导也明确表示反对，说这样一来，白花花的银子就被省财政收了，多可惜，往后一切按照财政要求来，一步一动，局里用钱也就很不方便。

有的人甚至提出，是不是暂缓将外劳罪犯收监？

文守卫几次召开党委会统一思想，可有的成员就是想不通，他火了："你不就是在为两三个效益很好的监狱说话吗？我就想不通了，他们那几个一年的效益加起来不也就一千多万吗？而我们整个系统经费缺口是多大？是你为省财政做贡献呢，还是省财政保障我们呢？我不相信连这个简单的算术题都算不出来？图自己用钱方便，就不顾大局？这是什么思想？我看，这里面是不是有什么利益格局？文岭书记，你牵头查一查。"

他这么一说，所有人都不说话了。

他接着说："中央决定改革公务员分配制度，实行工资加地方津贴的收入分配制，实行的具体时间由各省根据自身财力决定。这意味着公务员收入在现有基础上翻倍，全省两万多监狱民警，工资支出翻翻，同志们，这是个什么概念？监狱系统本来就没有享受同等公务员待遇，如果再让外界特别是省委省府认为自身还具备造血功能，那以后将面临更大的压力。"

恰在这个时候，省人大组织有关专家对《监狱法》落实执行情况做大规模调研，省党报记者根据调研结果在省党报上刊发了一则新闻，新闻说，监狱执法工作人员是警察，是一只带枪的队伍，是维护国家、社会安全稳定的不可缺少的力量。人大对监狱落实贯彻《监狱法》调研后认为，《监狱法》的配套措施没有制定出来，监狱民警很多权益得不到保障，人大呼吁，党委政府要关心监狱，关心监狱民警，让他们早日享受国家公务员待遇。

于是，文守卫带领一帮人，实事求是地向厅里、省委省府、人大政协反映监狱的情况，坚持收支两条线，将监狱经费全盘纳入省财政统一管理。

而省纪委对监狱信访件调查梳理工作已经结束，向省委做了专报，也对发生这些问题的原因进行了分析，建议省委保障监狱的经费。

结果，不仅省委决定监狱系统经费100%纳入财政保障，而且可以先行一步实行新的收入分配方式。这就意味着，监狱自己造的血可以用来试行工资加地方津贴的新的分配机制。不过，这个结果还要等省委常委会原则通过，所以，他没有跟班子通气。

文守卫终于松了一口气，可以腾出时间来关注对罪犯的教育改造了。然而，省纪委根据调查情况，又"双规"了三名监狱长，对一名违纪较重的监狱长进行了通报，责成省司法厅、省监狱管理局纪委提出处理意见，经同级党委批准后上报省纪委。

补充班子，研究处理意见，对被处理的监狱长诫勉谈话，一晃又是一个月过去了。

令他欣慰的是，就在短短的一个多月，监狱系统面貌焕然一新，监狱逐步回归主体地位，日常工作也慢慢步入正常轨道。而最令他充满信心的是，省委省政府不仅终于解决了困扰监狱几十年的经费保障问题，还根据监狱的特殊性开了绿灯，可以先行一步让民警拿到地方津贴，这对于以后整顿监管执法，创新教育改造罪犯的新方法新模式打下了坚实的基础。

他想到谢天明凄苦、可怜的样子，不再那么忧心忡忡，他坚信，谢天明会转化过来的，会以新的心态、新的精神面貌直面余下的监狱生活，就像浴火的凤凰一样，涅槃重生，走向新生。

一行将近三十余人的庞大的调研队伍来到清水监狱，把李长雄他们吓了一跳，他自任监狱长以来，还没接待过大的调研团。不仅李长雄困惑，甚至包括局办公室主任马星宇在内很多人都很困惑，这位新局长要么特别低调，近乎古代的微服私访，要么声势浩大。

文守卫对李长雄说："先调研，再听你们汇报。你们找四个人，陪着他们四个组就行了，其他人散了，该干吗就干吗。"

局里调研队伍分成四个组：监管执法、教育改造、罪犯生活、民警思想，分别由一个副职带队。李长雄也分别叫相应分管副职陪同，自己则陪着文守卫。

"我去见见谢天明。"文守卫说。

"这个……"李长雄迟迟疑疑地说，"文局，我们工作没做好，谢天明……昨晚又被禁闭……"

"究竟怎么一回事？"文守卫很意外，但又好像在意料之中，表情捉摸不定。

今天刚刚上班，李长雄正在安排迎接局长，见马旭东一瘸一拐、急急忙忙地跑来，便说："你怎么没有回去休息？怎么了嘛？不会又出事了吧？"

马旭东苦笑，这段时间来，不知道是运气不好还是怎么的，监区总是出事，而监狱领导呢，形成了习惯性印象，出事了，八成就是一监区。马旭东还听小道消息说，有监狱领导建议，是不是调整一下一监区的班子。

"李监，陈莉打了辞职报告。"他把陈莉的辞职报告递给他。

"什么？"李长雄一下火了，"这个陈莉还真会挑时候，早不辞职晚不辞职，文局长一来她就辞职，啥意思？"

马旭东很意外地打量着他，眼光很复杂。

"你先签署意见，上报政治处，拿给我干什么？"李长雄继续发脾气。

马旭东把辞职报告拿了过去，掏出笔就在上面签字，然后交到政治处主任手中，头也不回地走了。

政治处主任一看，马旭东签的是"不同意，建议监狱党委找找原因再研究决定"，这无疑是在向李长雄宣战，就拿给他看，建议说："李监，我看这事儿先冷处理一下，我去找陈莉和一监区班子谈谈，了解一下情况再说。"

李长雄也冷静下来，也感觉刚才说话有点过了，但话已至此，也不便当众承认错误，便没说话，默许了政治处主任的建议。

"究竟怎么回事？"文守卫见他一副沉思的样子，忍不住问。

"袭警，把监区长马旭东的腿咬了，伤尽管是轻伤，但情节很恶劣，四五个民警没把他拉开，足足咬了几分钟，所以关了禁闭。"李长雄说。

"咬了几分钟？不松口？"马星宇奇怪地问。

"是啊，本来特警队也在，准备按照突发事件来处理，但马旭东不让他们打，就由他咬。这个老马，啥都好，就是脾气不好……"李长雄想起刚才的事，叹息说。

"这跟他脾气有什么关系？我看这个马监区长值得表扬！我去看看他，他在家里还是在医院？"文守卫问。

李长雄说："我叫他休息，他不干，在监区呢。"

"那我们去监区。"文守卫说完就走。

李长雄心里一下子忐忑不安，不知道这个陈莉还在没在监区？但是当着局长的面，他不好打电话，心里只有默默地祈祷，希望在这节骨眼儿上不要又爆出辞职的事儿来……

正在忐忑不安地寻思，哪知文守卫却问："陈莉考试通过了没有？"

"好像通过了吧？"李长雄不确定地回答，越不希望发生的事情，偏偏却发生了。

"好像？"文守卫停顿了一下，继续走，"把她也叫来，我也想见见她。"

"这个……文局，她打了辞职报告……不知道还在监区没有……"李长雄吞吞吐吐地说。

马星宇看看他，责备说："我说，李大监狱长，你知道国家二级心理咨询师是个什么概念吗？目前，我们省取得这个资格的最多不超过100人，全省多少人，接近一个亿，而你这里就窝着这么一个金凤凰。"本来他对李长雄一直很尊重，平常都称他老领导，一听陈莉辞职了，一下就急了，语气中不免带着情绪："你别忘了，前几年也是在你这里发生的注册会计师事件！"

"注册会计师事件？"文守卫不解地问。

"前几年他这里出了一个注册会计师，他们反而把她从财务岗位上调整为内勤，这个注册会计师一气之下，啥都不要，跑了，现在她在市里一家很有名的会计公司工作。"马星宇解释说。

"我马上了解情况，尽量做工作让陈莉打消辞职的念头。"李长雄嘴上虽这么说，心里却不以为然，就是博士、科学家来又怎么样？监狱工作还不就那样？我还是技校毕业的呢，还不是搞得好好的？反而近几年招考进来的大学生出的监管事故多，我们也按照陈莉那套方法做了，结果呢，问题比以前还严重，反而还对罪犯造成了不良影响，民警们也颇有微词……

马旭东站在监区门口迎接文守卫。

文守卫躬身拉起他的裤管，看看，然后关切地问："怎么样？还痛吗？"

"谢谢局长关心，这点小伤算不了什么，早就不痛了。"马旭东感动地说。

文守卫对马星宇说："你了解一下情况，回去发个通报，引导我们的民警要像马旭东同志这样，具体情况具体分析，而不是一概而论，在管教过程中充分体现人性化，把罪犯当人看。当然，我们是专政机关，我们民警的人身安全应该放在第一位。"

接着，他问："陈莉在吗？"

"在，还在……"马旭东看看李长雄说。

"走，我们去你办公室谈谈，把陈莉也叫来。"

陈莉好半天才过来。

马星宇有意挑起话题，笑道："千呼万唤，总算来了。怎么，还在闹情绪？"

"哦，不是，陈莉把警衔标志都摘了下来，既然局长要见她，她说自己还没走，还是一个民警，又把警衔标志上好才过来。"马旭东解释说。

文守卫赞赏地点点头："陈莉，你辞职的事儿等候会儿再说，我想听听谢天明的情况，就马旭东和你说。"

（10）

那天李长雄他们走后，杨阳向马旭东建议，按照陈莉的意见试试，马旭东请示李长雄后，说监狱长同意我们试试，带他去省精神病院检查一下，先解决他绝食的问题。

陈莉就说："让他吃饭不再绝食很好办，说服医院安排一个单间，让跟他关系比较好的罪犯潘佳杰去照料他。"

"就这么简单？"杨阳有些不相信。

"不简单啊，你看看我们监区长的表情就明白了。"陈莉笑道。

果然，马旭东一副愁眉苦脸的样子，说："你这小妮子，不是为难我吗？住单间？

医院本来病房就紧张，就算有空病房，这狱政上那帮子人会同意吗？"

"只要说服医院就可以了嘛。"杨阳说。

"医院归杨天胜副监狱长管，就是报告给李长雄，也还不一定同意呢，说不定还骂你一顿。这个方法不成，陈莉你再说说其他办法。"马旭东说。

陈莉摇摇头："你要求立竿见影，我没其他办法。"

"你保证他就不自杀了？"马旭东追问。

"先声明一下，我是说这种方法可以让他进食，而不是说他不会自杀。还有，我不能百分之百保证他今天中午就自己吃饭。"陈莉说。

既然不能百分之百保证，马旭东犹豫了。

"马监，不是新局长要来么？说不定李监狱长比我们还着急呢，你请示一下，他同意了，医院就好说了。"杨阳说。

马旭东想了想说："豁出去了，大不了挨一顿批。"

马旭东把建议给李长雄报告了，李长雄沉吟了半晌才说："我跟杨副监狱长商议一下。"

果然，一会儿副监狱长杨天胜就来电话了："马旭东，亏你还是老革命，跟陈莉那些小屁孩儿掺和什么？我们李监住院都没有享受单间呢。谢天明不就是文局的同学吗？

你这破点子要是文局知道了，不撤了你才怪！"

马旭东挨了一顿批，喃喃地说："算了吧，一个罪犯而已，死了就死了吧，也不关我们的事，瞎操心什么呀？"

陈莉和杨阳相对无言。

而陈莉呢，辞职的念头一下子变得那么清晰，那么强烈。

一会儿过后，狱政科长却打来电话，说李监同意他们的方案，要他们去医院，末了又说："老马，悠着点，毕竟我们还是监狱，改革者往往付出的代价很高的……"

安顿好后，陈莉说我去陪他聊聊天，马旭东也要去，陈莉不同意："他是个奄奄一息的老人，能把我咋样？你就放心吧。"

马旭东和杨阳就留在值班室，不时焦急地张望。

一个小时后，陈莉出来了，叫潘佳杰进去陪他。

马旭东、陈莉和杨阳就蹲守在医院，令人欣慰的是，谢天明果然不再绝食，中午就吃了两碗米粥，还想吃，医生不准，说是一下子吃多了，反而对身体不好，得慢慢来。

马旭东朝陈莉伸出大拇指："不错，不错，我马上向监狱长报告。"

杨阳问："陈姐，你真行，怎么谈话的？教教我吧。"

陈莉笑笑："聊天你不会呀？你QQ上怎么跟人聊天的，就怎么聊呗？"

"是不是哟？"杨阳睁大眼睛问。

"你把他当成一个生病的老人，而不是罪犯，只要你调整了这个心态，转换了角色，你自己就知道应该怎么说话了。"

杨阳面露难色："说起来容易，做起来恐怕很难……"

"下一步我们怎么做？"马旭东给李长雄汇报完毕，急急地问。

陈莉说："去省精神病院检查，如果确诊患有抑郁症，先用药物治疗，等他的抑郁行为状态消除或者明显减轻时，介入心理干预和治疗；杨阳视其情况在这两天之内找他聊一次，杨阳，记住，不是谈话，而是聊天，随便聊，能引导就引导，但不要强行灌输什么。"

第二天，三个人带谢天明去省精神病院检查，医生诊断症状：思维迟钝、情绪低落、意志减退、行为退缩，自责观念强烈，有自杀行为倾向，对自己目前状况缺乏自知力。

初步诊断为抑郁症，且处于急性发作期间，自杀、自伤自残的危险性很大，还伴有偶发性高危行为，建议进行抗抑郁药物治疗，并开了一个疗程的治疗药品。

服药前三天，谢天明症状无明显改善，但是由于住单间，加之潘佳杰陪着他，情绪尚算稳定，依旧失眠、噩梦，精神状态很差。第四天开始，睡眠增加，眼神较前期灵活，少有呆滞现象，与他聊天时，陈莉发现他能够将注意力集中到自己身上，能看着她眼睛进行交谈；情绪改善明显，在谈话中出现笑容；思维较过去流畅，但自述仍

有时想不起一些事情，头痛症状消失；四肢颤抖症状消失；抽烟时能够主动注意烟头情况，抽完后立即主动将其熄灭，说明他的知觉状况有改善。

然而，第一个疗程后，本来谢天明应该继续一个疗程的药物治疗，可狱政上不同意了，抑郁症是心理问题，不是精神疾病，可以通过自身调节得到改善，一个疗程就几百元，要是以后每个心理有问题的都来几百元，监狱哪有这么一笔经费？国家财政预算，也没有心理治疗这笔费用。鉴于谢天明目前的状况，可以出院，长期住单间，会影响其他病犯的情绪。

就这样，谢天明出院了，回到一监区。

陈莉无奈，试着对谢天明心理进行了干预，也许是因为他抑郁症状态没有得到明显改善，没有达到预期效果。不过，在干预过程中，她发现谢天明内心最敏感的地方，就是他的女儿。

陈莉和杨阳立即调阅他的档案，研究他女儿的情况。他被捕那年，谢小婉二十二岁，大三，那么现在应该早就工作了，而探视记录上，只有谢天明的弟弟来过一次。五年了，亲人就来过一次，工作了的女儿为什么一直不来？难道他家里发生了重大变故？

他们把情况给马旭东说了，陈莉建议，立即派人去他们家了解情况。

马旭东说："再等等吧，看看情况再说。"

于是，谢天明又回归到原来的改造生活。

陈莉也失望了，辞职的意念越来越强烈，是啊，自己喜欢的心理咨询，有知识有理论，却无法实践，待在这里有什么意思呢？

然而，令她更无法接受的是，这个季度减刑指标，一监区只有五个名额，少了一半多。马旭东给狱政科一个要好的同事打电话询问究竟是怎么一回事，这位同事说："讨论的时候有人说，你们动用了那么多资源，可谢天明呢？还是那样。老兄，就这条理由就够你喝一壶的，你到哪里都不好说，你注意一点，得罪我们狱政上可没有好果子吃，还是忍了吧。还有，有的人还说，谢天明自杀事件都过去一个多月了，也没查出有其他什么原因，那就是你工作失误，安排谢天明去喂猪直接导致他自杀，而且，自杀用的玻璃碎片从哪里来的，也没有查清楚，提议给你处分呢。"

马旭东他们嘴上虽不说，其实陈莉心里清楚，就是自己得罪了狱政上造成的。

今天是清明节，星期三，陈莉思考了几天后，终于下了决心：辞职！

她早早地来到办公室，把昨夜写好的辞职报告打印了一份，开始慢慢清理东西。

第九章　首度交锋

（1）

听完马旭东和陈莉的讲述，文守卫面沉如水，而李长雄如坐针毡，额头浸出细细的汗珠，他不时地把帽子摘下来擦擦。

"把谢天明带过来。"文守卫沉默良久，才说。

马旭东站起来，一拐一拐地往外走。

马星宇忙拉住他："你别去，叫其他人去。"

"那我安排人去带。"马旭东说完出去了。

陈莉说："局长，根据谢天明现在的情况，我建议你以平等的身份跟他谈话，而且最好不要做记录，当然，以老同学的身份更好。如果你同意的话，不管他说什么，即使他发表一些反社会的言论，你都不要反对或者纠正、灌输什么，只是倾听。

等他抑郁症状消除后，再慢慢引导、纠正他的观点。"

"他发表反社会的言论，也不纠正？"文守卫加重语气问。

（2）

昨晚文守卫的到来，无疑给谢小婉心灵上最大的安慰，她叫文子平回家休息，文子平拗不过她，只好回家。这些天他确实很疲惫，回家睡个觉也好。一觉醒来，爸爸已经走了，桌子上摆着熬好的稀粥和面包，文子平担心谢小婉，顾不上吃早饭，拿起爸爸给谢小婉准备好的早餐，匆匆赶到医院。谢小婉的气色好多了，脸上也出现了些许的红润，胃口也好了，吃了两碗稀粥和一个面包。她的话也多起来，憧憬着文子平陪着她回老家，回忆着两人孩提时代的点点滴滴。

就在两人嘻嘻哈哈的时候，刘蕊突然走了进来。

文子平跳起来，睁大眼睛，惊讶地叫："妈？你咋回来了？"

刘蕊一脸不悦："我怎么不能回来？怎么说话的？"

"不是，你不是下个月才回来嘛……"文子平解释说。

刘蕊瞟了一眼谢小婉："她是谁？"

刘蕊明知故问，语气很生硬。

文子平连忙介绍："她就是谢小婉啊。"

刘蕊又故意问："谢小婉是谁？"

文子平诧异地看着她："谢小婉就是谢叔叔的女儿呀。"

刘蕊依旧不冷不热地追问："哪个谢叔叔？"

谢小婉脸色一变，眉头紧锁起来，低下头。

文子平拉她走到一旁，低声说："谢天明，谢叔叔呀。"他加重语气："妈！"

刘蕊拍拍自己的额头，做出恍然大悟的样子。"哦……"她走过来拉起谢小婉的手，亲热地说，"哟，几年不见，大姑娘了。小婉呀，瞧我这记性……"

谢小婉眼光闪烁，受宠若惊地说："阿姨，千万别这么说……"

刘蕊坐在病床上，望着谢小婉："这几天啊，子平工作的事把我搅扰得心神不宁，这不，学习还不到一半，我就请假回来了。"她抬头看着文子平，以教训的口吻说："子平，我叫你把简历拿到财政厅，你拿去了没有？"

文子平低声说："妈，我不想去那里……"

"嘿！嘿！人家好多人都挤破脑袋想进去，我好不容易才帮你弄了个指标，你可倒好。简历呢，给我！"刘蕊站起来，伸出手。

文子平朝厕所里跑："我上厕所。"

刘蕊对着谢小婉苦笑一下，抱怨道："这孩子真不让人省心，财政厅多好啊，离家近，工作轻松，待遇又好。这人一生就三件事重要，一是考个好大学，二是找个好工作，三是找个好伴侣。工作不找好，那以后怎么谈女朋友呀？"她望着厕所那边，低声说："这不，刚刚被人甩了。小婉呀，你和子平是娃儿朋友，多劝劝他。啊！"

谢小婉勉强挤出笑，点点头。

（3）

屋子里很沉闷，除了陈莉之外，连文守卫在内的所有人的脸上都有一种不可思议的神情。

"是的，他是一个有严重心理问题的人，必须要先解决他的心理疾病。"陈莉郑重地说。

文守卫笑笑："我明白了，他是一个病人。"

"对对，局长就是局长，思想就是开明！"陈莉高兴地说。

"哎哟，被我们监狱系统首席心理专家表扬，可了不得！"文守卫爽朗地笑。

大家都笑起来，只是，李长雄感觉自己的笑却是那么勉强。

没多久，谢天明被带了进来。

谢天明眼神呆滞，表情木讷，动作迟缓，两眼直直地盯着下前方的地面机械地走，一进来就蹲在地上发愣。

文守卫发现他戴着手铐，立即说："把手铐解开。"

"报告局长，不能解开！"马旭东说。

"为什么？"文守卫本来想发作，但面对马旭东，他忍住了。

马旭东立正，报告说："谢天明现在处于高危险时期，随时有攻击行为发生，我们必须保证局长的安全。"

文守卫说："他是一个病人，能对我怎么样？解开吧。"

"局长，我必须要对你的安全负责，我就是活生生的例子！"马旭东固执地说。

文守卫一下火了："我命令你解开！"

马旭东还是一动不动地站在那里，好像没听见一般。

陈莉轻声对他说："马监，不会有事的，相信我。你忘记了，你这间办公室原来是设计为谈话室用的，有监控的摄像头，我们去监控室盯着，再派两个民警守在门口，不就万无一失了吗？"

"真不会有事？"马旭东不放心地问。

"你放心吧。"陈莉拿过手铐的钥匙，给谢天明打开手铐，然后扶着他坐在靠墙角的沙发上，还给他找了两个软垫子，放在他的脑袋后面，拍拍他的肩膀轻声说："没事，这里很安全。"

谢天明翻动了一下眼皮，认出了她："是你呀，陈丫头？你是……好人，他们是……坏人……"

"我们把坏人赶走，好不好？"陈莉问他。

"好啊好啊……"谢天明咧开嘴，痴痴地笑，手舞足蹈。

— 118 —

（4）

高考过后在笼子沟分手时谢天明的豪言壮语，任副县长时还是在笼子沟给他讲为官之道的意气风发，做县委书记时在台上讲话的洋洋洒洒……一幕一幕像电影片段一般在文守卫脑海里闪过，那么清晰，恍若就发生在昨天，而眼前这位，就是自己的同学谢天明吗？是那个年仅二十八岁就当上了副县长的谢天明吗？是那位霸气十足的县委书记谢天明吗？不是，在眼前这个人身上找不到一点点当年的痕迹，他就是一个行将就木的老人、病人……

陈莉把其他人劝出去，指指文守卫，然后对谢天明说："我是谢小婉的同学，我俩还是朋友呢，他呢，是我的朋友，他不是坏人。"

"小婉？你，同学？"谢天明似乎在费力思考，指指陈莉，又指指文守卫，"他，朋友……对，朋友，不是坏人，不是坏人……"

陈莉给他泡了一杯茶，发现文守卫的茶杯是他自己带的，于是把他的茶杯拿开，也换上跟谢天明一样的一次性纸杯，对文守卫示意，可以开始了。

"你和他，朋友，谈谈，我出去一下啊。"陈莉对谢天明说。

谢天明抬头打量着他，突然，他"霍"地站起来，两眼发光，直视文守卫说："你是文守卫！"

陈莉本来打算离开，也吓了一跳。

谢天明突然无力地坐下，整个身子瘫在沙发上，喃喃地说："我早就知道是你，我……我……"

"你没事吧？"陈莉轻声问。

谢天明突然坐直了身子，对陈莉说："陈警官，我没事！"

谢天明的语气不紧不慢，透出一种淡定，淡定中还带着一丝威严。

陈莉也摸不清为什么他突然像变了一个人似的，万一发生什么不测呢？是不是应该留下来？她很犹豫，毕竟自己的经验也不多。

"你出去吧，我跟老同学说说话。"文守卫平静地说。

谢天明听到"老同学"三个字，浑身一颤，但马上恢复了先前的神态，不过，腿部还是不听使唤地微微抖动，看得出来，他尽力在平抑自己的情绪。

等陈莉出去了，文守卫拿出一包烟，慢慢撕开，才说："来一支？"

见他没反应，文守卫就自己先点一支："我不抽烟，但今天我陪你抽一支。"

接着，他走过去递给他一支烟。

谢天明接过烟，放在鼻子下嗅嗅，在文守卫的打火机上点燃，抽了一口，背靠着沙发，缓缓地吐出，样子很优雅，神情也轻松了不少。

沉默，两人都不说话。

"在这里怎么样？"文守卫打破了沉默。

"什么怎么样？监狱，就这样。我是啥人？犯人，啥叫犯人？就是人民的敌人，无产阶级专政的对象，还能怎么样？哈哈……"谢天明说着大笑起来，面色有些狰狞。

文守卫看着他，不语。

"你怎么不说话？专程来看我的笑话？还是奉什么人指示深挖我的犯罪根源？好让我悔罪？安心改造，早日新生？这些话就不要说了，我耳朵都听腻了！"谢天明一副傲慢的样子。

"我没有……"

"谁叫你插话的？要是放在以前，你敢吗？我一直都是你的上级，要是我不翻船，早就是厅级了，说不定还是省级了呢，哈哈……你看看你，还是副厅，我早就断言过，你没出息，做不了大官，干不了大事。"谢天明依旧一副领导的口吻，对文守卫说，"我这几年也在思考，我为什么走到这一步？难道真的是必然的吗？伸手必被捉，屁话！"

他略微停顿，文守卫本来想说什么，但是怕他情绪波动，就起身给他接了一点儿水，放在他面前。

谢天明接着说："在孟德斯鸠的《论法的精神》中有这样一句话，'一切有权力的人都容易滥用权力'，这句话说得好啊，权力嘛，本身具有扩张性与易腐性，最容易与腐败并存。在中国，党委更是拥有绝对的权力，绝对的权力导致绝对的腐败，这已成为全世界公认的定理，所以，我官至县委书记，我腐败，我必然！"

"所以，权力只要失去了监督，必然导致腐败。"文守卫很感叹。

"屁话！"谢天明盯了他一眼，不屑地说，"你懂不懂结构理论？结构决定功能。比如同是碳元素，只是由于排列组合的方式不同，可变成金刚石，也可变成石墨，而金刚石较之石墨，无论在硬度上和用途上均有天壤之别。回过头来看看我们国家，之所以一方面存在一个庞大的纪检监察系统，另一方面腐败现象却是愈演愈烈，其症结就在于国家体制的缺陷严重束缚了其功能的发挥。"

谢天明突然笑起来："算了，给你讲什么碳元素，你理科一直没我好，讲了你未必能懂。"

"是的，我长于文科，但是我还是明白你说的意思，你认为你的腐败、你走到今

天这一步，是我们国家体制造成的。"文守卫说。

谢天明看看这位昔日的同窗、同事，似乎想从他脸上找出点什么来。可是他失望了，文守卫很平静。按理，文守卫应该驳斥他，但文守卫却没有那样做，这令他很疑惑。

"难道不是吗？"谢天明接着说，"我们国家的领导体制是党、政二元混合结构体制，也就是在国家政权中存在党、政两套政权机构，党的治理原则是以权治党，而政府的治国原则是以法治国，权力和法制本来天生就是一对冤家。在权和法制发生冲突的时候，是权大还是法大？"

文守卫认真地听着，若有所思。

"于是乎，地方党委是第一个不受法律制度制约和监督的盲区；在法不责众的机制下，'集体领导'就成了第二个盲区；既是'地方党委'又是'集体领导'的就是第三个盲区；最后，在地方党委一把手的保护下个别政府部门、个别党员干部就成了第四个盲区。"

谢天明说到这里，有些得意，他喝了一口水，抿抿嘴，继续发表高论："这四个盲区中，最要命的是地方党委的一把手不受监督和制约，在小固县，我是县委书记，我就是土皇帝，连县长都是我治下的，小固县的纪检和其他干部对我起不到监督作用，他们都是我提拔的，谁敢来监督我？而上级呢？上级纪检呢？离我太远，他们一来，我赔笑脸，迎来送往，人际关系和谐，官场和谐，于是社会也和谐，上上下下一片歌舞升平，他怎么还拉得下脸来监督你？"

"怎么？你有不同意见？"谢天明发现文守卫眉头紧锁，于是不满地问。

文守卫说："我听着呢……"

"我腐败，是触犯了法律，犯了罪，这一点我承认。但是，在这样的体制下，你能不犯罪吗？"

"噢？"

"所以我承认我犯了罪，但是我的犯罪过程都是在失去控制、失去监督、不知不觉中完成的，这不令人悲哀吗？所以，我也是个受害者，凭什么我要悔罪？凭什么要我忏悔？"谢天明有些激动，情绪开始波动。

文守卫连忙又给他递上一支烟，干脆就坐在他旁边，边给他点烟边给他戴高帽子："哎呀，你激动啥？要我说呀，你还是以前的你，一点儿没变，还是那么意气风发，来来来，抽支烟，消消气。"

"唉，这就是本性啊。"果然，谢天明又平静下来，叹息，"官做到我们这一级，主要靠自己的德行操守，而不是什么法律制度。"

"又怎么说？"文守卫故意问。

"这你还不明白？组织部门的无奈啊！我国新中国成立以来就没有真正的法治，德治、人治一直居主导地位，虽然改革开放以来，健全完善了很多法律制度，但仍然存在超越法律制度之上的权力，法律制度只是权力的附庸。这种体制下也只能强调人本身的自律，于是乎上级总是试图选拔出一个党性原则强、道德素质高的官员，把国家行政寄托在干部自身素质养成上，这不是在赌博吗？"谢天明侃侃而谈，神情飞扬。

"但是，我们党员干部大多数还是清正廉洁的，比如老领导王华山，一辈子两袖清风，一辈子不贪不占，清正廉明，为了小固县百姓，为党的事业那可以说是兢兢业业，废寝忘食，最后落得个癌症，送到医院时，已经到了晚期，几天就去世了。是我们的榜样啊，遗憾呀，他走的时候我都没赶回来送他老人家一程……"文守卫说到这里眼眶湿润了。

谢天明冷笑："两袖清风？两袖清风就是好官？！"

"怎么说？"

"这老头子，我太了解他了，他的后事就是我料理的。家里那个穷啊，一样像样的家具都没有，被子还打着补丁，还有一个女儿在家待业，最后还是我打招呼安排在城管执法局呢。我当时想啊，这么好的领导，上级部门应该给予表彰，我就把他的材料报上去了。哪知，上级一个领导说：'王华山？一点政绩都没有！表彰个啥？'我当时心都寒了，做清官就是这么个下场？王书记一生是清廉的，但也是悲哀的。不过，细细想来，人家上级那位领导说得也不全错，他王华山任职那么久，给小固县带来了什么？他在上面要不到钱，也引不来商，没钱嘛，就办不了事，百姓不满，上级不满，县里大大小小的官员们更不满。这件事对我触动很大，你说，这样的官，是好官？"

"不算好官，但是总比贪官强。"文守卫说。

"你别给我装清高！你也做过县长，你说你收过红包礼金没有？"谢天明连连冷笑，死死盯着他。

"是啊，我来省监狱管理局之前，就是小固县县委书记。老实说，我收过礼金，也收过红包。"文守卫说。

"你接我的班？这不就对了，话又说回来，你不收行吗？"谢天明丧气地说，"而你，好端端的，我呢，成了你的阶下囚，你说这合理吗？要不是那年几个刁民拦

了省委书记的车，我能翻船吗？省委书记发火了，下令双规我，这不正是我国现行体制的'书记'现象吗？想来真是可笑啊可笑！"

"这个谢天明，还真攻击我们党来了。"文守卫想，要是继续谈下去，还不知道他会怎么样大放厥词呢，于是说，"老谢啊，我一点还有个会议，改天我再来看你啊！"

不等谢天明反应过来，他同他握手道别。

文守卫走了出去。

李长雄一行从监控室里出来，陈莉激动地说："局长，你是一个合格的心理咨询专家，我相信，谢天明会变个样！"

一席话说得文守卫哈哈大笑："不是恭维我吧？"

李长雄惭愧地说："那倒不是，我就没有做到这一点。"

一行人刚刚下楼，监管区传来凄厉地喊叫："我要见局长，我要见局长！"

（5）

谢天明压根儿没有料想到文守卫会突然告辞，他还没有回过神来，文守卫已经走了出去。谢天明目送他的背影消失在门口，怔怔地不知所措。接着，门关上了，屋子里只剩下他一个人，一阵风夹杂着雨点从窗户猎猎而来，几点雨滴猛烈地打在他的脸上，他不禁全身战栗，从懵懂中惊醒。

"这算什么？！"他有些愤怒，"还口口声声同学同学的，就这么对待我？要是在以前，他敢吗？"

他想起以前文守卫在聆听他讲话时那种认真、恭顺的样子，心里泛起一阵快意。

"或许，我把他说得哑口无言，他无地自容吧……"想起刚才文守卫那副专注、又想反驳但又不知道从何开口的样子，真滑稽。他心里那一阵阵快意正像一块巨石投入小河中溅起的水花，正在放大，扩散到每一个神经的末梢，在每一个细胞里勃勃生长。

"对，应该就是这个原因，哈哈……"他在心里放肆地大笑。

（6）

文子平从厕所出来，一脸无助和失望。

刘蕊恨了他一眼："搬救兵去了？我告诉你，你爸爸回来还是得听我的！"她站起来："跟我回去拿简历。"

"妈，我已经与公司签约了，一毕业就去上班……"文子平为难地说。

刘蕊沉下脸："不行。"

文子平叫嚷道："妈，你讲点儿道理好不好？我长大了，有权决定自己的事情。"

刘蕊生气地说："我不讲道理？我为你好，我还不讲道理了？我凌晨就起床，大老远跑回来，你就这么评价你妈的？"

刘蕊有些伤心，眼圈红了，直抹泪。

谢小婉看了一眼文子平，用手拉拉他的衣服。

文子平只好道歉："妈，我说错了，你不要哭嘛。不就是一份工作嘛？我只是找一份自己专业对口、自己喜欢的工作。我是学外贸英语的，你说，我当公务员能做什么？"

刘蕊对着谢小婉说："小婉呀，子平太天真了。我们不求富贵，但求个稳定总可以吧？他工作稳定了，以后日子就稳定了，我们也就放心了，是吧？哦，合资公司是给的薪水高，企业不可能几十年几百年生意都那么好吧？万一……"

文子平打断她，抱怨说："那我再找别的工作嘛，何况我也活不了几百年。"

"咋说话呢？站着说话不腰疼是吧？到时候……"刘蕊白了他一眼。

文子平让步说："我们改天再讨论好吗？"

刘蕊又生气了："你这孩子，我都跟那约约好了，你以为就你时间宝贵？哼！"

文子平看着谢小婉，谢小婉笑笑，朝他点点头。

文子平说："小婉，我去投个简历就回来，很快的啊！"

刘蕊在门口催："子平，快点。"

文子平跑了出去。

（7）

谢天明长长地吁了一口气，点上一支烟，深深地吸了一口，仰头徐徐吐出，心中往日那种郁闷、痛苦、绝望似乎随着烟雾吐了出来。

他站起来在办公室来回踱步，习惯性地外八字官态步伐，把他带回到以前在自己办公室那种居高临下、从容不迫的状态中。他随后坐到马旭东的位置上，习惯性地朝右边转，又转，再转，椅子还是一定不动，他这才意识到这把椅子不是他那时候坐的大班椅子，而是普通得不能再普通的四脚直板木头椅子。他低头左右看看，又摇晃着身子使劲动摇西荡，那椅子还是纹丝不动。

"破椅子……"他咕哝了一句，脑海里不自觉地冒出一个念头，"这东西，很普通，却很稳固……倒有几分像文守卫……"

他有意识地认为这是一个很异类的念头，于是想把它排挤出自己的思维之外，越是想赶跑这个念头，可它却如藤蔓一般在心里缠绕起来，使他很是纠结，继而心里开

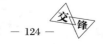

始隐隐作痛。

他索性靠在椅子上，深深地呼吸，平抑情绪，试图让自己宁静下来。屋子里一下子异常安静起来，就连窗外那一片沙沙的雨声，也变得很微弱，像是从无垠的地方传来，又在无垠的空间荡开，若有若无，感觉有的时候却像一根根细细的针芒，扎在身体的某处，很痛的样子，但是若要去专心捕捉那种痛的时候，似乎一下子又消散了。不去想的时候，说不准就在不经意之间，这种痛楚又出现在身体的某个部位，挥之不去，欲罢不能……

他痛苦地闷哼一声，想回到老家的山巅狂叫，想找一百个女人发泄，想端起机枪把顾洪城那一帮子人全部打成筛子，想……

不知过了多久，门被推开了。

"咦？！"马旭东走了进来，看到他坐在自己的椅子上养神，他有些不满，但还是用平静的语气说，"谢天明，走吧。"

他下意识站起来，下意识地惴惴不安，他终于彻底明白了，这里不是他的办公室，是监狱，他知道他要去哪里，是那间他经常光顾的禁闭室。虽然有些黯然，但他心里还是泛着些许的快意，作为一个囚犯，能给局长上一堂课，如果古代的御使知道了，估计要记入历史，可惜现代没有御使，只有糊弄人的纪委。

他漠然地跟着马旭东走，直到他走进禁闭室，铁门"咣当"一声关上，紧接着沉重的锁门声揪打着他的心脏。刚才残留的那点儿快意，一下子被敲碎。

"谢天明。"马旭东隔着铁窗叫他。

好一会儿，他才回头，漠视着他。

"文局长让我告诉你，他在上任半年后，那个上……上什么镇……哎呀，我没记住，反正就是一个镇，某个村的村民也把省委书记的车拦住了。"马旭东说。

"啊？！"谢天明眼光一闪，马上又黯淡下来，似乎明白了什么。

马旭东看着他那副瞠目结舌的样子，有些好笑："局长说，过些日子他再来看你。"

谢天明无力地垂下头。

"明天，陈莉和杨阳警官要去看望你父母，你有什么话需要我转达吗？"

谢天明不敢相信自己的耳朵，本来很茫然的眼神一下子充满了光芒，双手哆嗦着，嘴唇剧烈地翕动，却说不出话来，他不停地指着自己的耳朵。

"明天，陈莉和杨阳，去探望你父母！"马旭东一字一句地说。

谢天明的眼泪夺眶而出，他转身面对墙壁，他不想让马旭东看到。

"好了，既然没有什么话需要我转达，那我走了。"

"马监区长……"谢天明在铁窗边喊。

马旭东又走了回来。

"对不起……我昨晚不该咬你……"谢天明低头低声说。

一丝微笑从马旭东脸上荡漾开来，他说："我接受你的道歉，也不怪你。我也有错，不该安排你去喂猪，伤了你的自尊心。"

马旭东说完，大步流星而去。

谢天明把脸紧贴在铁窗上，目送他走远，眼泪再一次不由自主地流出来，他听潘佳杰说，监狱认为是因为马旭东安排他喂猪而伤了他的自尊，导致他采取自杀行为，马旭东因此受到了严厉的批评，还要给他处分。其实呢，哪里是这个原因啊？只不过……

"谢天明，面壁！"禁闭室值班民警站在他头顶的钢筋上命令道。

谢天明转身靠墙而立，动作比先前快了一些。

（8）

文子平他们刚刚离开，护士就来给谢小婉挂上液体。

本来，文守卫昨晚的一席话，让她看到了希望，心里也平静了不少，而刘蕊的态度再度浇灭了她的憧憬。她明显感觉到每一个毛孔都被堵得严严实实的，没有一丝缝隙，身体变成了一个铅球，正慢慢坠入冰冷的河水里，不，是海水，冷，而且苦涩。谢小婉视线慢慢模糊起来，脑海里浮现出她给文子平家打电话的情形。

那是怎样一种境遇呀？她爸爸出事后，爷爷心梗躺在医院里，后妈李文君不知所踪，她和奶奶束手无策，她第一次感受到什么叫困境，什么叫苦难，什么叫无助……

"喂，是文叔叔家吗？"

电话里传来刘蕊的声音："你是哪位？"

"阿姨，是刘阿姨吧？我是谢小婉，小婉，阿姨……呜呜……"

"哦，是小婉呀，找我们什么事？"

"阿姨，我爸爸……"

"我知道，都上报纸了。小婉呀，我们家老文不在，就是在，他一个小小的县处级干部，又不在小固县工作，也帮不上什么忙。有什么事情，你向小固县县委反映，啊！就这样，保重啊！"

谢小婉恍然若梦，有些喘息。她定定心神，木讷地看着天花板。突然，她使劲扯掉输液针，一阵风死似的跑了出去。跑到电梯口，电梯还在二十六楼，她转身从楼道往下跑。三步并作两步，深一脚浅一脚，颠颠倒倒，像一个醉汉。

她跑到医院外一个取款机前，将银行卡插进去，显示还有5134元，她迟疑了一下，取出了5000元。没有丝毫的犹豫，她破天荒招了个的士，直奔文子平的家，来到文子平的房间，把5000元钱放在桌子上，找了一张纸，拿起笔就写，写了一行字，晃眼间看见相框中的文子平正冲着她笑。她拿起文子平的相框，摸索着照片上他的脸，眼泪扑簌簌落下。

谢小婉拿起行李，走到门口，慢慢转身，打量这所房子，朝空房子鞠躬，再鞠躬。

她擦汗眼泪，打开门，走了出去。

文子平像个机器人一样跟着刘蕊去交简历，借故上厕所，一溜烟跑回医院，见谢小婉没在病床房里，他找了一圈，又问护士。护士也大吃一惊，连忙把走廊的监控调出来，才发现谢小婉跑下楼去了。文子平转身冲下楼，飞奔到街道边，拦下出租车，忙不迭地钻进车里。

文子平焦急地催促师傅到汽车总站，死死盯着大街上的人流，还不停地拨打谢小婉的手机。

谢小婉的手机一直关闭。

手机响起来，文子平看看号码，是母亲刘蕊打来的，他狠狠地按下拒绝接听键。

（9）

马旭东来到监区监管区大门口，把潘佳杰叫出来，让他跟他走。潘佳杰忐忑不安地跟着马旭东走，他心里早有准备，大不了关禁闭。

马旭东停下来，指指路边的木头椅子："坐会儿。"

马旭东坐下来，潘佳杰还是站在那里，没动。

马旭东拍拍椅子："坐呀。"

潘佳杰局促不安地说："你一身警服，我一个灰衣灰裤的囚犯，太扎眼了，我还是蹲着吧。"

潘佳杰蹲下来，马旭东欲言又止。

潘佳杰平静地说："马监区长，其实，我在之前都料想到要受处罚，想想……"

他苦笑了一下："以前我当副市长的时候，遇到上级领导来检查，像我这种行为，给上级领导难堪，又扫了地方领导的脸，怎么着也得收拾收拾他。"

马旭东说："你能这么想，我就放心了。不过，平心而论，对你的处理，有点儿重。"

潘佳杰又苦笑。

马旭东叹息："想想，你原来是副市长，要风得风，要雨得雨，现在呢，一张照片就把你难成这样……"

"这就是政府的权力。但是，滥用权力，会导致公信力下降。"潘佳杰无奈地说。

"你要是早些悟到这个道理，你就不会在这里面了。"

潘佳杰又苦笑，看了他一眼，沉默。

马旭东接着说："作为你的监区长，我会就你的处理问题向上级继续申诉，但是，我希望你不要有抵触情绪。禁闭室不是地狱，对吧？"

潘佳杰点点头。

马旭东拿出烟："抽一支？"

潘佳杰搓手，不好意思地笑了一下。马旭东给他点烟，他连连摆手："我自己来，自己来。"

马旭东白了他一眼："咋了，我就那么可怕？"

"只是不习惯……"潘佳杰勉强笑。

马旭东说："你要还是副市长，我恐怕连见你一面的机会都没有。"

潘佳杰尴尬地笑笑，吸烟。

马旭东刚刚把潘佳杰送进禁闭室，杨阳风风火火地跑来说，接到监狱电话，解除谢天明的禁闭，送到医院继续治疗。

值班民警抱怨道："这咋回事？刚进来又解除禁闭，小孩子过家家？"

马旭东笑问："怎么？寂寞？"

"可不是吗？这里一个月没有禁闭犯人，连个说话的人都没有，你说无聊不无聊？"值班民警嘟囔说。

马旭东哈哈大笑："不是还给你留了一个吗？"

值班民警瘪瘪嘴："这些个职务犯，别说了，你想和他们拉拉家常吧，半天闷不出一个屁来，哎呀，你以后送一个刑事犯来嘛，最好是涉黑团伙那种。"

马旭东和杨阳相视一笑，带着谢天明走了。

走到监区门口，谢天明报告说要回监室拿两本书，杨阳叫他去了，转头问马旭东："老大，潘佳杰的事……"

马旭东无奈地摇摇头。

杨阳又问："那？那谁去护理谢天明？"

"你和陈莉商议一下，安排个合适的人吧。"马旭东说完，掉头朝二大门走去。

（10）

谢天明来到监室，二皮、李浩健等罪犯头挨头地聚集在一起，正筹办一场"虫虫特攻"。

李浩健打量谢天明："咦，谢书记，这么快就放出来了？"

二皮也打量着谢天明："我的妈呀，疯子回来了。"他眼珠一转，看着谢天明嘻嘻笑，指着瓶子里的土狗和黑蚂蚁："来得正好，来来，看看你们职务犯是怎样自相残杀的。"

鲁本川哼了一声。

李浩健在二皮屁股上踢了一下。

二皮被他踢蒙了："咋了？"

李浩健呸了一口，教训说："什么职务犯社会犯？职务犯是犯人，社会犯不是犯人？"

二皮挠挠头，一头雾水："老大，啥意思呀，你今天……"

李浩健不再搭理他，大叫开始。

二皮将一只土狗儿（一种在墙角的泥灰里生存的虫豸，约指头般大小）放进一个透明的矿泉水瓶里。

二皮"嘿嘿"奸笑："这就是贪官。"

二皮又将一只黑蚂蚁放进去："这是我们老百姓。"

一个刀疤脸罪犯直嚷嚷："不公平，不公平。"

"咋不公平了？"二皮问。

刀疤脸恨恨道："贪官那么大的个儿，不公平。"

二皮拍了一下他的头说："个儿不大叫贪官？别嚷嚷。"

二皮盖上瓶盖，那土狗儿和黑蚂蚁先是在封闭的瓶里焦躁地左冲右突，一会儿，便因瓶里空气的稀薄而瘫软瓶底。

二皮用针尖在瓶子的侧面刺出了两只小孔，马上，那只土狗儿和黑蚂蚁迅速地各霸一孔，贪婪地呼吸。

李浩健又放进去五只黑蚂蚁："这下公平了吧？嘿嘿。"

鲁本川瞥了一眼，又拿起书看，嘀咕："无聊。"

五只黑蚂蚁开始在瓶底自由自在地爬来爬去。一会儿，好像意识到有某种危险逼近，它们马上聚拢一起，喁喁私语了几句，随后便一齐快步向土狗儿爬去，顷刻间贴近土狗儿。

二皮和几个刑事犯手舞足蹈："打贪官喽，进攻！"

五只黑蚂蚁分别在土狗儿身上的各个部位使劲叮咬，土狗儿迫不得已离开那孔，奋力用手足蹬打叮咬自身的黑蚂蚁。

二皮举起右拳高喊："土狗儿雄起！土狗儿雄起！贪官雄起，贪官雄起！"

刀疤脸拍了一下二皮的头，不满地质问："你是红方还是黑方？"

"你说贪官赢还是老百姓赢？"二皮瞪了他一眼，反问。

刀疤脸说："我看贪官赢。"

二皮猛地一拍桌子说："老子赌老百姓赢。"

"赌什么？"

"今晚的回锅肉。"

刀疤脸来劲了："好！"他也高喊助威："贪官赢，土狗儿雄起！"

最先进瓶的那只黑蚂蚁也离开那孔，爬过来参战，它叮咬住了土狗儿的眼睛。

土狗儿开始翻背仰身，手脚颤抖，一会儿便无声无息。

六只黑蚂蚁几乎同时从土狗儿身上不同的部位爬出，有两只悄悄地向那小孔移动，慢慢接近那孔，把头贴上去。

此时，瓶底剩下的那四只黑蚂蚁兵分两路，两只一组开始向占据小孔的那两只黑蚂蚁袭击，顷刻，那六只黑蚂蚁相继跌入瓶底，相互叮咬成一团。

稍后，瓶底留下了四只黑蚂蚁残缺不全的尸体。两只胜利了的黑蚂蚁精疲力竭地向各自面前的那只小孔爬去。

大家发出一阵阵欢呼声，二皮耍着瓶子，笑闹着。

二皮转向刀疤脸，扬扬得意地说："记着，回锅肉！"

刀疤脸指着几个职务犯骂："不争气的东西，连几个老百姓都打不赢。"他转身面向李浩健，"老大，你说气不气人？"

谢天明等几个职务罪犯把头一扭。

李浩健白了他一眼："我是罪犯积极分子委员会的，不讲这些是非。"

二皮笑着奚落他说："能够进积委会的，全都是你这种宝气。"

李浩健翻翻白眼："你想宝，还宝不进去呢。"

二皮"哼"了一声，随手将矿泉水瓶丢在墙角里。

谢天明趁二皮不注意，从墙角捡起那瓶子，迅速跑到监舍水龙头前，恨恨地将瓶子灌满水。

那两只胜利了的黑蚂蚁在水中激荡，旋即，水面漂浮着两只黑蚂蚁的尸体。

谢天明脸上露出笑容。

楼下传来杨阳叫谢天明的声音，谢天明连忙拿起两本书，跑出来应答，慢腾腾地往楼下走。

鲁本川拿出香烟，抽出一支叼在嘴上。

李浩健走到他床前，瞪着他。鲁本川只好又拿出那盒烟，给他发了一支。

李浩健瞧瞧香烟："哟，中华？把烟盒拿来我看看。"

鲁本川把那包中华递给他。

"呀，呀呀，还是软中华。我日，比我们警官抽的烟高几个档次。"李浩健把那盒烟放进自己的衣兜。

鲁本川看着他。

其他犯人都朝这边看，李浩健把那盒中华拿出来，扔给二皮："哥儿几个，出去抽支烟再进来。"

犯人们拿起烟就跑到外边，

李浩健看着鲁本川："老鲁，我看你这几天累得够呛，需不需要我老李帮你？"

鲁本川看着他，点点头。

李浩健压低声音："我找几个哥们，卖一点生产任务给你。"

鲁本川压低声音："你若帮我，我有得是银子。"

李浩健拍拍他："成交！"

第十章　家破人亡

(1)

杨阳在监管区门口看见陈莉远远走过来，像遇到救星一般，使劲朝她招手。

陈莉走过来问："有事？"

杨阳满脸愁容："找谁陪护谢天明呀？"

陈莉也紧锁眉头。

"报告。"一个迟疑的声音从大门里面传来。

陈莉和杨阳回头一看，原来是吉牛马二。

吉牛马二迟疑地说："如果……如果陈警官和杨警官……"

"你想去陪护谢天明？"

吉牛马二点头。

陈莉看着杨阳，杨阳犹豫地看看吉牛马二，不语。

吉牛马二说："我我……会弹……"

他做了个弹吉他的动作。

杨阳惊喜地问："你会弹吉他？"

吉牛马二叹息一声："好多……多年不玩了……"

"好，就你了。"陈莉说。

吉牛马二满脸惊喜："真的？"

陈莉点点头，她把杨阳叫到一旁，拿出钱包，数了1000元，给他："给你个任务，去买一把吉他来。"

杨阳说："我有一把，晚上我给他送过来。"

潘佳杰从铁门的栏栅望着谢天明、马旭东和杨阳离去的背影，外铁门关门的"咣当"声传来，他浑身一哆嗦。

值班民警站在他头顶的钢筋上，喝令："面壁，思过！"

潘佳杰木然地转身，对着墙壁站着，把头顶在冰冷的墙上，闭上眼睛，在心里发出一声长长的叹息。这声叹息，只有他能听见，很清晰，就像一个受伤的流浪狗，呜呜咽咽地。他感受到那就是他的灵魂，如诉如泣。恍惚中，他看见吴双双朝他跑来，搂着他的脖子。

（2）

第一次遇见吴双双是在市医院门口，她跪在地上，尽管穿的是粗布旧衣，但直觉告诉他，这是一朵带露珠的梨花。他帮了她，跟搞其他女人一样的路数，几天后，潘佳杰搂着她躺在宾馆的床上，但他并没有像上其他女人那样，猴急地扯她的裤子，而是慢慢跟她闲聊。

他说："你就像一只受惊的小鹿。"

吴双双羞怯地说："人好多，我好怕，好怕跟丢了啊，所以时不时撞在你身上。"

"我故意时快时慢，你就撞在我身上，酥酥的，那种感觉真爽。"

"原来你是流氓，嘻嘻。"

"我真是流氓，你喜欢么？"

"喜欢，哎呀……"吴双双的声音越来越弱，带着喘息，"我还没有洗澡呢……"

潘佳杰和吴双双在床上打滚。

两人事毕，潘佳杰坐起身，抽烟，拿出一叠钱，给她。

吴双双睁大眼睛，扑闪扑闪地，说："你这是干什么？我不要。"

潘佳杰摸着她的屁股说："双双，我有老婆的……"

"我知道。"

"也许这辈子我都不能给你个名分。"

"我知道。我跟你好，那是看中你人好，不是钱。"

潘佳杰愣愣，灭了烟，又把她按在身下。

这一生最难以让他忘记的，是他跟妻子离婚的那天。他刚刚被押送到清水监狱，妻子就跟过来了。其实，他并不怨恨妻子，这些年，准确地讲从三十几岁开始，他和妻子之间就没有性生活了，说实话，他现在才感觉对不起她。

他爽快地在离婚协议上签了字。妻子面无表情，拿着协议头也不回地走了。本来事情到此结束，他将在监狱里绝望地度过余生，可没有想到，就在这时候，吴双双扶着他母亲走了过来。

潘母望着儿子哭泣，潘佳杰落泪。

吴双双拿起话题："哥，有我呢，你放心，我会照顾阿姨的。"

潘佳杰泪水"哗哗"直流。

潘母拿过话筒说："儿子，你要听双双的话，啊！这些日子，要是没有她，我怕早就……"

吴双双临走的时候冲着他一笑："哥，我等你出来，给我一个名分呢。"

潘佳杰使劲点头，泪流满面，站起来，给吴双双鞠躬。

想到这里，潘佳杰感觉心脏像扎了一根针，痛，痛得他不能呼吸。他痛苦地闷哼一声，倒在地上。

（3）

谢天明在输液，闭着眼睛，吉牛马二坐在他旁边。

吉牛马二轻声说："老谢，现在就我们两个人了，说说话，啊！"

谢天明慢慢睁开眼睛，看看他，看看屋子。

谢天明："单间？"

"是呀。昨天监狱局局长，叫什么文局长，来看你，今天早上就给你换单间了。"

谢天明身子动了动。

吉牛马二接着说："你们原来是同事？现在好了，警官、同改都不敢欺负你了……"

谢天明打断他："老潘呢？"

"潘佳杰呀，被关了小间。昨晚他拦局长告状……"

谢天明慢慢闭上眼睛，又变成一个活死人。

"老谢，你吃点吧。这样下去，你还能挺几天？"

吉牛马二把稀饭端起来，用汤匙喂他。谢天明不张嘴，稀饭洒在嘴上和衣服上。

吉牛马二连忙放下碗，用毛巾擦干净。

吉牛马二自责地说："怎么了，怎么又不说话了？唉，早知道我就不把酒拿出来了，害了你，也害了自己……监区长说，我还有七天禁闭，挂着账呢……我好不容易把酒搞回来，对了，你想知道我怎么把酒带进来的么？"

吉牛马二满以为谢天明会感兴趣，就故意打住不说，看着谢天明，谢天明还是像活死人一般。

吉牛马二闹了个没趣，停顿了一会儿，倍感无聊，就自言自语地说起来："我托拉饲料的，把酒藏在猪饲料里面，酒用塑料袋装着，每次只能藏二两，最多三两，多了怕发现。这还不行，有警犬嘛，还要在酒袋周围埋一瓶风油精。嘿嘿，就这么捎带进来了……哎呀，可惜这瓶酒，我存了几个月啊，就这么糟蹋了……"

吉牛马二突然想起什么，看着谢天明，继续絮絮叨叨："你说的，等你出去了，买几十箱五粮液，倒在猪食槽里，我们喝……哎呀，就别倒在猪食槽里了，暴殄天物啊……老谢，你还是吃点儿饭吧，你要是有个三长两短，我找谁要五粮液呀……"

就在这时，外面一阵喧哗，吉牛马二走到铁栅门往外望，看见杨阳背着潘佳杰，两个随行的警官正和几个医生七手八脚地接住潘佳杰，抬进急救室。他正要回去告诉谢天明，不料杨阳在外面喊他。

（4）

下午，李文君刚刚开门进办公室，副总就过来了，劈头盖脸就是一顿训，质问她你上午到哪里去了？手机也不接，企划部开会你知道吗？李文君也不示弱，反问，企划部开会，关我人事部什么事？张副总越加生气说："你什么态度？我给你说，你要搞清楚你的身份，你现在不是县太爷夫人了！"

李文君瞄着他，冷笑，眼睛里流动着一波又一波的不屑。

张副总傲慢地指着她道："不服气是吧？我告诉你，这里是企业，不是政府，不要自以为是……"

李文君一拍桌子。

副总真发怒了，骂道："你还给我拍桌子，我告诉你，你不要妄想用我们那档子事来威胁我。你这个人事部经理是我给你的。没有我，你就是一条没人要的母狗。"

李文君突然媚笑起来。

副总惊愕而奇怪地注视着她。

李文君拿出医院报告单复印件，摔在地上："老娘就威胁你了，怎么着？"

副总捡起报告单，看了一眼，突然笑起来，把单子扔在她面前："我忘记告诉你了，我精子成活率不到20%，典型的——典型的不育，嘿嘿……你肚子里的野种，是谁的，说！"

李文君嫣然一笑，坐在大班椅子上，转了一个圈，拿出小镜子左顾右盼："我只跟你睡觉，你说，这是哪个的野种？"

副总断然否定："绝不可能！"

"那你去咨询一下医生呀，我反正是问过了。"李文君漫不经心地说。

副总开始有点儿心虚了："医生……医生怎么说？"

李文君把头一扬："你又不相信我的话，你自己去问好了。"

副总立即换来一副面孔："宝贝儿……"

李文君冷笑："不是成活率只有20%吗？只有，什么意思？那说明有呗。恭喜你，高中状元。"

副总颓然坐在沙发上。

（5）

杨阳带着吉牛马二来到积委会办公室，吉牛马二停在在门口呼报告。

杨阳说："进来吧。"

吉牛马二走进来，目光在那把崭新的吉他上停顿了一下，掠过一丝惊喜，但马上又恢复了先前的表情，规规矩矩站在那里，低头看着自己的脚尖。

陈莉拿起吉他："给。"

吉牛马二依然低着头："报告陈警官，我……"

陈莉说："拿着呀。"

吉牛马二举起右手："你看，我还能弹吉他吗？"

吉牛马二的右手食指断了，陈莉和杨阳一愣，对视了一眼，陈莉搬了一把椅子放在吉牛马二面前。吉牛马二受宠若惊，满脸惶恐，连忙接过椅子，却不坐下。

陈莉指指椅子："坐呀。"

吉牛马二脸上挤出勉强的笑："坐着不习惯，我还是站着吧。"

陈莉看着他说："那好，我也陪你站着吧。"

吉牛马二慌忙摆手，脸涨得通红："这这……"

陈莉和杨阳注视着他看着他，吉牛马二深呼吸，沉默了一会儿才说："陈警官，杨警官，不瞒你们说，有个成语叫如坐针毡，我进了监狱后，才真正体会到这个成语的意思。在警官面前，还是站着好，心里踏实一些。"

陈莉瞪了一眼杨阳，杨阳看着陈莉认真地说："我可没有打骂过他们。"

"这与某个警官没有关系。"吉牛马二解释说。

陈莉明白了："哦，你的意思是说，这种压力来自于内心，是吧？"

吉牛马二点头道："好像是吧。"

"上午主动要求照顾谢天明，不是说自己能弹吉他吗？"杨阳问。

吉牛马二说："杨警官，谢天明自杀，多少与我有点儿关系，我很内疚。我想啊，也许音乐能舒缓他内心的痛苦，我是想赎罪啊。但是能弹和弹得很好，那是两回事啊。"

陈莉笑笑："可是！"她将可是两个字咬得很重，故意停顿下来，杨阳和吉牛马二都望着她："你上午说的是'玩'，你说：'好多年不玩了'，我没记错吧？"

吉牛马二惊愕地看着她。

陈莉一字一句地说："如果不是把自己的生命融入艺术之中，能说'玩'吗？"

吉牛马二脸色一变，低下头："可是我现在……"

杨阳笑起来，拍拍他的肩膀："哎呀，不就断了一根手指吗？"

吉牛马二还是很犹豫的样子，低声："可是……"

陈莉说："这样吧，这把吉他先放在你这里，或者这么说，我们委托你保管好这把吉他，可以吗？"

陈莉说完就往外走，走到门口，转身看着他说："吉牛马二，你刚才说得很对，音乐能舒缓一个人内心的痛苦，但是还不够，我认为音乐能拯救一个人的灵魂。"

吉牛马二浑身一哆嗦，看着吉他出神。

杨阳说："走吧，我带你回医院。"

吉牛马二抱着吉他，紧紧跟在杨阳的身后。

（6）

文子平在汽车站的人群中穿梭，焦急地四处看。他突然看见一个姑娘，背影很像谢小婉，他连忙跑过去，一把拉住她，大声喊："小婉……"

姑娘旁边一个高个男子一把推开他。文子平被推开几步，差点跌倒。

高个男子愤怒地冲着他挥挥拳头："你干什么？耍流氓？！"

那女子转身看了一眼文子平，连忙拉住男子。

文子平一下子愣住了，眼前这个姑娘并不是谢小婉，他连忙道歉："对不起，对不起，认错人了。"

男子不依不饶，指着他吼道："认错人了？哼，你这鬼把戏网上早就有了，你是不是想冒充她的亲人，强行拉她走，然后施暴，敲诈勒索，说，是不是？！"

一些人围过来，指指点点，议论纷纷。

文子平又摇头又摆手说："大哥，我真认错人了，对不起，对不起……"

他心里牵挂谢小婉，转身就跑。那男子马上追过来，边追赶边大叫："抓抢劫犯，抓骗子，他是骗子……"

两个巡警正好走过来，见状立刻包抄过来。文子平心里越发着急，狂奔起来。

（7）

谢小婉背靠着大街，坐在花圃的台阶上，斜对面不远处就是金帝大酒店。她打开手机，六十几个未接电话，全是文子平的。她怔怔地看着手机，眼泪不知不觉流下来，她下意识地回拨过去，哪知文子平的手机处于关机状态。她愣怔了一会儿，使劲擦干眼泪，站起来，仰天哭笑了一下，关掉手机，走向金帝大酒店。

张大新坐在办公室正在打电话，歌厅经理敲门进来，拿着一张照片，等候张大新。

张大新放下手机，经理双手把照片呈上去说："老板，我们查清楚了，这个人是省监狱管理局局长文守卫的儿子，叫文子平，在省城一家外贸公司实习。"

张大新眯着眼睛端详照片。

"还有那个化名为芳芳的陪酒女，本名叫谢小婉，是贪官谢天明的独女，谢天明现在在……"

张大新放下照片问："谢小婉呢？"

"几天前离开了。"

张大新沉吟不语，似乎在思考什么，良久才说："以后要是遇到这个谢小婉，给她点儿方便。"

经理点点头，退了出去，不一会儿，他又小跑进来："老板，谢小婉又来了，她要求当班，你看……"

张大新眉头紧锁，沉思了一会儿，才说："把前些天扣掉她的钱还给她，然后再给1000块钱，打发她走。"

经理从里面走了过来，谢小婉迎上去问："经理，怎么样？"

经理没有搭理她，径直走到吧台后，低头数钱。

谢小婉央求说："经理，我可以的，我以前是有点儿不听话，我错了，行吗？"

经理把一叠钱放在柜台上："拿着走吧。"

谢小婉诧异地看着他："这是啥意思？"

"老板说了，这里不适合你，拿着走吧，别再回来。"

"那我也不能平白无故拿你们的钱呀。"

经理抬眼瞧瞧她："想不到你这小妮子还有点儿骨气。这钱呀，本来就是你的，不要是吧？那我要了。"

谢小婉满脸疑惑："是我的？"

"哪儿那么多废话？拿着，走走走！"经理有些不耐烦。

谢小婉赌气地说："你不说清楚，我不要！"

经理把钱拿上，把她拉到门外："哎呀，你咋那么倔呢？"他把钱塞给她："这里面1800元扣得你的提成，就是前些日子，那个小白脸那个。还有1000块，是老板给你的。"

谢小婉越发错愕："老板为啥给我钱？"

"我也不清楚，你也是小固县的吧？对，他是小固县来的。"

谢小婉大体明白了几分，数了数钱。

经理笑笑："嘿，你这小妮子，还信不过不成？数吧，数吧，我等着。"

谢小婉数了1000块，塞给他："我的提成我要，这钱，我不要。"

谢小婉说完，哼着小调，走了。

经理拿着钱，看着她，摇摇头，又点点头，嘟囔了几句，不知道说些什么。

这时，张大新走过来。

经理连忙迎上去，晃了几下手中的钱，点头哈腰地说："老板，我就说嘛，这小妮子有骨气。"他感叹道："唉，现在这样的姑娘不多喽！"

张大新停下来，望着谢小婉的背影，若有所思，良久才说："安排她去客房部。"

经理一愣："可是，这小妮子这么倔，刚刚才赶她走……"

张大新打断他："你去人才市场摆个摊位。"

张大新说完，走了出去。

经理望着他，咕嘟道："这，这哪儿跟哪儿呀？守株待兔？我成什么了？"

（8）

文守卫下班一进家门，看见刘蕊坐在沙发上抹泪。

文守卫把公文包放在沙发上，把手机放在茶几上，边脱外衣边问："怎么了？什么时候回来的？"

刘蕊没好气地说："怎么了？怎么了？这几十年你就会问这么一句？"

文守卫定定看着她："到底怎么了？"

刘蕊哼了一声，抱怨说："我今天一早就回来了，你一个电话也没有？别给我说你不知道！还有，儿子呢？儿子现在都没回来，你怎么就不关心一下？"

文守卫愣怔了一下，赔笑说："这不是工作忙吗？儿子可能找小婉去了，儿子大了……"

"儿子就是儿子，在我眼里，他永远是儿子。工作忙，工作忙，你有不忙的时候吗？忙得打一个电话的时间也没有？"刘蕊责备道。

文守卫转身走进了厨房，刘蕊追到厨房门口。

"还有，谢小婉的事情……"

文守卫把铲子扔在锅里，铲子乱跳了几下，发出"叮当"的响声。

"你有完没完？"文守卫也生气了，生硬地说。

"嘿！你还跟我发起火来了，谢天明的事儿你能掺和吗？他是有名的贪官……"

文守卫生气地打断她："谢天明是谢天明，谢小婉是谢小婉，谢天明的事儿跟小婉有啥关系？你讲点儿道理好不好？"

刘蕊不依不饶，大声说："你真傻还是装傻？怎么就没有关系了？谢小婉是谢天明的女儿！"

文守卫沉着脸："我说的是谢天明的事儿，不是他女儿！"

刘蕊气得直甩头，指着他："你……"

这时，文守卫的手机叫起来，刘蕊气冲冲走到客厅，抓起手机就吼："都什么时候了？还要不要人休息？！"

文守卫追出来，摇摇头，伸出手要手机。

刘蕊惊叫起来："什么什么？哪个派出所？哦哦……好好，我马上来，马上来……我是他妈妈！"

她拿起手提包就走，边走边抱怨："这小子，就没让我安生过……"

文守卫冲着她问："出什么事儿了？"

"你儿子，在派出所。"

文守卫一下子愣住了，走到窗户边，望着夜幕下的城市出神。

大约一个小时后，刘蕊和文子平回来了。文子平浑身是泥水，脸上有几处瘀青，低着头，也没给文守卫打招呼，径直走进自己的房间，坐在床上。

刘蕊跟着进来，大呼小叫："哎哟，你看看你，哎呀……"

文子平歇斯底里地大叫："妈！我换衣服也要你管？！"

刘蕊愣怔了一下："好好好，我出去，你快点换啊，免得感冒了。"

文子平站起来，使劲将门关上，关门的响声吓了刘蕊一跳，她无奈地摇摇头，走

到客厅，坐在沙发上。

文守卫问："怎么回事？"

"没事，一场误会。"

"究竟怎么回事？！"文守卫声音尽管很低，但很严肃。

刘蕊吓了一跳，看看他说："还不是因为谢小婉，他去车站找人，认错人了，人家以为他是……是……哎呀，就是网上流传的那个，强行认女的伪丈夫什么的。"

文守卫松了一口气："好了，吃饭吧。"

刘蕊站起来去敲文子平房间的门："儿子，吃饭了，出来吃饭了啊。"

文子平不理睬他。

刘蕊推门，门被锁着，她走回饭厅，看了文守卫一眼："你去叫。"

文守卫来到文子平房间门前，轻轻敲了两下："儿子，我把饭给你放在高压锅里保温，饿了就起来吃，啊。"

里面传来文子平的声音："好的。"

(9)

一夜无话。

黎明时分，文守卫起床，抓了一盒牛奶和几片面包，拿起公文包刚刚走到门口，传来刘蕊大呼小叫的惊叫声："老文，快来，快来。"

文守卫转身回去。

刘蕊站在儿子文子平房间门口："儿子不见了！"

文守卫走进儿子的房间，被子叠得整整齐齐，桌子上有两张纸条，文守卫拿起来看，一张是谢小婉写的。

"子平哥：我走了，我生病住院共花费5327元，我这里只有5000元，欠下的钱，我会尽快还上。子平，阿姨说得对，找份好工作是人生三大转折之一，你还是慎重考虑她的意见。我们两家现在门不当户不对，我不想连累文叔叔，更不想成为你的累赘。这段日子，是我这些年最快乐的日子，谢谢你。"

还有一张是文子平写的。

"爸爸：我去找小婉了，勿念。小婉的钱，我拿走了。"

文守卫火气一下子升腾起来，瞪眼看着刘蕊。

刘蕊走过来，一把拿过纸条，看了看。

刘蕊抱怨说："这个谢小婉也是的，走就走吧，还留什么条子，你看，子平不见了，到哪里去找啊？"

文守卫敲着桌子发火："你究竟给小婉说了什么？"

（10）

李浩健在操场正中吹哨子。

李浩健大声吼："严管集训组集合。"

二十多名罪犯从监舍里飞奔而来，自觉站好队。

脑袋被剃成光头的鲁本川带着红色的"二级严管"胸牌，跑在最后，边跑边提裤子。马旭东在监管区大门外喊："李浩健，你来一下。"

李浩健应声跑到大门口，立正。

"叫赵海东整训严管组，你去生产车间。"

李浩健大声回答："是！"

李浩健跟着马旭东走了。

二皮耀武扬威走了过来，指着鲁本川，扬扬手中的跑表："鲁本川，出列。"

鲁本川仿佛没听见，手搭耳朵："啥？"

二皮走过去，拧起他的耳朵，对着鲁本川的耳朵大吼："出列！"

鲁本川浑身打战，连忙跑到前排站好。

二皮"嘿嘿"几声奸笑："鲁本川，你已经超过二十秒了，今天又是你一人迟到。"

"刚才是张组长掐表，又不是你嘛，你咋知道是二十秒？"鲁本川不满地辩解说。

二皮喝道："老子给你数着呢。"

鲁本川耷拉着脑袋说："对不起，我在解大手。"

二皮使劲干咳几声才说："这个……这个嘛……昨天，我们李浩健大组长就讲过，严管组集训，口哨声第一。解小手的，必须刹车；解大手的，必须夹断。"

二皮一脸坏笑，瞧着鲁本川："鲁本川，听清楚了没有？"

鲁本川哭笑不得："我下次就夹断。"

众犯人一阵笑。

"看你这把年纪，怕是孙子都有了，这次饶了你，下不为例。入列。"

鲁本川走进队伍。

二皮面向队列："今天我们继续操练'四面转'，一会儿监区长要来检查，大家一定要用心。老规矩，转错两次以上，耳光伺候。清楚没有？"

犯们齐声应答："清楚了。"

鲁本川没有应答，很胆怯地东张西望了一下。

二皮喊口令："全体立正，向右转！向右转！向左转！"

鲁本川独自一人转错，他还是向右转，还差点撞上其他罪犯。

"鲁本川，怎么不长点儿记性。"二皮呵斥，指着一个罪犯，"你，给他记着。"

那个罪犯拖着长长的尾音叫道："鲁本，转错一次。"

值班民警正好从楼上巡视下来，喝止："不准叫绰号！"

那个连忙立正："是！"重新喊，"鲁本川，转错一次。"

二皮继续喊口令："向左转！向左转！向左转！向左转！向右转！向左转！"

鲁本川又转错了。

二皮斜睨着鲁本川："唉，鲁本……"他瞄了一眼值班室，转头："鲁本川，我都不好意思说你了，严管集训队，是干啥子的，你晓得不？让你背规范你说你脑壳开过刀，听到集合哨响你拉屎不夹断，按规定坐地上你要坐床铺，你是安心给老子捣乱，想让监区扣我们的考核分哪？"

罪犯们七嘴八舌批评。

"就是，你龟儿子不听话，我们也要挨骂，老天下雨，大家都得穿蓑衣呀。"

"你是贪官，不怕扣分，我们怕呀。"

二皮"嘿嘿"奸笑："听听，听听，这是群众的呼声！人民群众是历史的创造者，你明白吗？你娃当那么大的官，为啥进来了？就是群众祸害的嘛。"

鲁本川苦笑，强迫自己集中精神。

二皮继续教训："我们再来。鲁本川，你已经没有犯错的机会了，记住，千万不要出错。"

鲁本川紧张地点点头，站在鲁本川身边的罪犯摩拳擦掌，一副急不可耐、渴望鲁本川出错的神态，鲁本川瞄见他们那副神态，心里愈发紧张。

"立正，标齐。向左转，向右转，向左转，向左转。"

鲁本川又出错了。

二皮一脸坏笑："按规矩，站在鲁本川左右两边的人执行刑罚，要分清楚，转错那边打那边。"

站在鲁本川左边的那名罪犯使劲给了鲁本川一记耳光。

鲁本川一手捂脸，一手举过头顶想还击。

左边的那名罪犯喝道："你敢，你一错再错，老子打你耳光是轻的。"

二皮"嘿嘿"干笑两声："打得好！继续操练，再错再打！"

鲁本川恶狠狠地瞪着二皮。

二皮又下口令："全体都有，立正，标齐。向后转。"

鲁本川没有向后转，而是直接向二皮走去。

二皮迎上来："你想干什么？"

"组长，我想给你说……"鲁本川怪怪地咧嘴笑了一下，轻声细语地说。

二皮一愣，鲁本川一拳准确地打在二皮鼻子上，瞬间，二皮脸上鲜血直流。趁大家大呼小叫之时，鲁本川快步跑向警官值班室与操场的隔拦，猛烈摇动铁栏杆，大呼小叫："警官，出人命了！出人命了！"

值班民警走出来："你打不来报告词？"

鲁本川立正："报告警官……"

二皮满脸鲜血地带领一群人围上来，抢先报告："报告警官，罪犯鲁本川抗拒改造，并打伤严管集训组组长，请警官严加处理。"

值班民警问："大家说，是这回事吗？"

鲁本川急忙解释说："警官，是这样的……"

二皮马上打断鲁本川："报告警官，他自己都承认了！"

鲁本川慌忙摆手："不不，不是，警官，是这样的……"

民警看着鲁本川，强忍住笑："嗨，究竟是还是不是？"

犯人们七嘴八舌向警官报告。

"有这回事。"

"大组长都流血了，这就是证据。"

"龟儿子职务犯太猖狂了。"

"就是，好猖狂哟，在外面欺压百姓，在这里还欺压我们。"

……

值班民警慢条斯理地转过身，进值班室拿出一条用帆布仿背背佳做的衣服，交给二皮："去，给他穿上。"

鲁本川满面悲愤地指着民警叫道："你今天要是强迫我穿这玩意儿，我就死给你看。"

值班民警慢条斯理地说："给他穿上。"

二皮拿着背背佳走向鲁本川，鲁本川撒腿就跑。几个社会犯将他拿住，二皮亲自动手，将背背佳套在鲁本川身上，并把调节松紧的绳扣紧了又紧。

鲁本川忍不住呻吟，值班民警慢慢离去，临近值班室，转身看着二皮："赵海

东，找两个人看住他，不要出事。"

二皮立正，兴高采烈地回答："是。"他点了两个罪犯，命令道，"将他拖回监舍，背《规范》！"

（11）

群山巍巍，峰峦叠嶂。

也许是雨后的天空，特别深蓝，特别高远。阳光暖暖地洒下来，浸润在风里，所有的一切似乎都沉醉了，静静地享受着四月阳春，暗自孕育着新的生命。

唯有那偶尔的一丛叫不出名字的野荆棘，紧紧环抱着柏树，球状的花序次第开放，簇簇团团，在阵阵清风中，夸张地舞弄着长长的枝条，在一片嫩绿色的山野中昂起高傲的头。

"那是什么花？真好看。"陈莉擦擦汗水问。

乡司法所所长说："蔷薇科的一种荆棘，当地人叫它白刺花，还有一种开红花的，花朵要大一些，叫红刺花，实则就是野蔷薇，华而不实，没一点儿用处，疯长，就像那些贪官，当地人很痛恨，砍了，一年后又长成很大一团，把柏树都缠死了。"

接着，所长笑起来："谢天明当县委书记时候，百姓们把他比作柏树，何等风光啊，而被抓了后，又把他比成这野刺，连狗屎都不如，真是世事难料……"

"不至于吧？"杨阳有些疑问。

"你不知道乡村的风土人情，在我们这里的农村，只要你家出了'劳改犯'，那可是几辈人都抬不起头的事儿。"所长说。

"那谢天明一家生活得怎么样？"陈莉问。

"不知道呢，在农村，反正就那么一回事儿，能好到哪里去？再差嘛，也能吃饱饭。"

不用多说，大家都心照不宣，谢天明的母亲顶多就是能吃饱饭的那一类。

"还有多远啊？这路怎么越来越难走？"陈莉喘息着问。

"爬上这座山，再下到半山腰就到了。你们这时候来还好啦，要是五月来，这路就没了，更难走。"

是啊，那时候路就被野草和荆棘封死了。

"为了保障通行，每年冬天，这里的百姓都要砍一次。"所长继续抱怨说，"这谢天明也是，当个县委书记，也不把家乡的路修一下。"

"我们休息一下吧？"杨阳看看陈莉说。

"算了，我还行……"陈莉咬咬牙说。

杨阳感觉腿越来越沉，他知道陈莉的体力已经消耗得差不多了，只是在拼命坚持。

他何尝不想早一点儿到达，他恨不得长出翅膀，一下飞到谢天明的家呢？

今天一大早，他们从监狱出发，抵达谢天明家所在的乡政府时，已经下午两点了。

找到司法所，说明情况。所长很热情，自告奋勇给他们带路。他们向所长了解谢天明家里的情况，所长也不是很清楚，只知道谢家有两兄弟，谢天明为长兄，弟弟在务农，谢天明出事后，他母亲和女儿谢小婉回到老家住，谢小婉住了一段时间就走了，估计继续上学去了。然而，让所有人没有料想到的是，所长说谢天明的父亲早在五年前就死了。但他的档案上记载却活着，陈莉他们推测可能是谢天明在法院判处后才过世的，估计他弟弟怕影响他改造，没有通知监狱，监狱至今也不清楚，十有八九谢天明也还不知道他父亲已经去世。

但这个情况令陈莉一行心里沉甸甸的，谢天明现在情况很糟糕，要是他知道了，谁也无法预料会发生什么事情。这给他们实施的教育感化工作无疑又增加了难度。

教育感化谢天明的任务，是文局长亲自安排部署的……

（12）

昨天文局长跟谢天明谈完话刚下楼，罪犯潘佳杰在一监区活动场上狼嚎一般叫冤。文守卫满脸笑容一下凝固了，他对马星宇说："你去了解一下。"

监狱长李长雄还暗暗急得不行，他料想这位亲力亲为的局长肯定会去过问，哪知道他派马星宇去，心里顿时松了一口气。倒不是潘佳杰又给监狱、给他李长雄脸上抹黑，要知道如果罪犯点名叫某个领导申诉，这位领导就答应了，那么，就会给罪犯形成一种印象，觉得不公正，就等上级领导来视察的时候闹，那以后万一遇到省人大、政协或者司法部来视察，怎么办？看来这位县委书记也深知其中的利害关系。

文守卫坐在党委会议室，一言不发，似乎在沉思什么，其他人也不敢问。李长雄就借给他加水时机搭讪，可文守卫根本不理睬他；他又叫陈莉去加水，借机试探一下这位领导究竟在想什么，但是他失望了，这位局长还是没有任何表情，也没主动问什么。

四个调研组陆陆续续回来了，局党委副书记、纪委书记洪文岭问："文局，我们开始？"

文守卫这才恢复到惯有的表情说："等等马星宇。"

过了不多一会儿，马星宇回来了。

文守卫说："马星宇先汇报，其他四个组依次汇报。"

马星宇说，刚才号叫的那个罪犯叫潘佳杰，起因是谢天明自杀当天，监狱组织违禁品大清查，收走了他父母的几张照片。他向监区民警申诉了好几次，就是没有给个明确答复，今天不是清明节吗？想起来就控制不住自己，听说局长来到了一监区，于是就闹着给文局反映情况。

文守卫有些恼火："其他组汇报。"

其他组领队都汇报了调研情况，指出了很多问题，并提出了整改意见。

"先说说照片的事情，违禁品？监管法规是怎么界定的？我不懂，但是我感觉罪犯父母亲照片不是违禁品吧？"文守卫等各组汇报完了，便问副局长何凯华。

何凯华说："不算。"

"那你说说，究竟是怎么一个情况？"文守卫转头问李长雄。

李长雄不清楚这件事，便扭头问分管副监狱长杨天胜。

杨天胜说："这事儿……"其实他也不清楚，于是他冲着马旭东发火："你怎么没有报告？"

"我们报告了狱政科，还打了专题报告。"马旭东说。

狱政科长不得不说话了："文局，各位领导，这个潘佳杰……那天我们狱政科一民警在清查违禁品时，认为其他罪犯都没有，唯独他有，怕其他罪犯有情绪，就没收了。何况，如果每个罪犯都叫家里邮寄来这样的照片，有碍于规范化管理，所以……所以……"

也许他自己都难以说服自己，于是越说越觉得说不下去了。

"照片呢？还给他。"文守卫说。

马旭东说："报告局长，狱政科曾答复我，说照片找不到了。"

"什么？！"李长雄脸色一下涨成猪肝色，质问，"你这个狱政科长是怎么当的？你，马上去找！"

狱政科长面露难色。

"怎么回事？叫你马上去找！"李长雄命令道。

"因为当违禁品没收，就销毁了。"狱政科长埋着头，低低地说。

李长雄觉得自己的脸丢尽了，当着文守卫的面又不好进一步发作，要是在其他场合，他可能马上就宣布撤他的职了。他只好狠狠地瞪了他几眼，气呼呼地说不出话来。

文守卫反而冷静下来，想想都已经反映到了省纪委，这原本就是在他臆想之中的事，于是说："初步看来，问题确实不少，如果深入下去，估计问题还会更多。四个调研组回去之后形成详细的报告提交局党委，我们根据全省的具体情况制定一些原则的措施，局调研组仅仅只是起到抛砖引玉的作用，大量的工作还得靠你们监狱，靠监狱各级民警。"

他接着说："至于今天发生的照片风波，我相信清水监狱党委会引起重视，就不说了。我着重要说的是关于谢天明的教育感化问题，也许你们中有些同志认为我跟谢天明是同学同事关系，所以格外关照。"

他这么一说，所有人都不约而同地抬起头，看着他。

"从你们的表情上看，持这种观点的同志还不少，呵呵……"他笑起来，很开心的样子，这让大家更加疑惑。

他继续说："我一个月之前跟李长雄监狱长交换意见，怎么说来着？我说要从外围入手对自杀事件进行深度分析，分析社会、家庭、改造环境等等，再深入罪犯内心，搞好了，说不准就开启了一条不一样的改造罪犯的道路，那你李长雄可就是我们全省监狱系统的功臣，对不对？李监狱长。"

李长雄忙站起说："是是是……"

不过，声音很小，小得几乎自己都听不到。

文守卫朝他摆摆手，示意他坐下："刚才监区给我讲，谢天明很特殊，认罪但是不悔罪，五年来此人不悔罪，不服从管理，经常顶撞民警，还不时散布反动言论，曾煽动其他罪犯闹事，被严管一次，禁闭三次，记过两次，被列为包夹对象、顽危犯。昨天，还袭警，咬了马旭东，特警队的同志给我讲了过程，我既感动，又害怕，可以说毛骨悚然！"

文守卫呷了一口茶，接着说："为什么这样说呢？先自杀，后像疯子一样袭击民警，这说明什么？说明谢天明已经不能承载内心的痛苦，绝望了。而我们的民警呢，投入了大量的心血想转化感化挽救他，就是没有效果，说明我们的思路有问题，方式方法有问题。现在看来，谢天明是一个特殊的个案，教育感化谢天明，确实有现实的实践意义。"

说到这里，他话锋一转："省纪委副书记王炳松同志在给我廉政谈话时告诉我，有人向省纪委投诉监狱在执法上缺乏人性化，要我关注一下。我呢，刚来，对监狱工作不熟悉，所以我想就从我熟悉的谢天明入手，教育感化他，也算熟悉、探索监狱教育改造工作吧。"

洪文岭插话说："刚才听了调研组的汇报，我终于明白了，为什么会有职务犯家属投诉。清水监狱每年都有职务犯实施自杀行为，这几年又特别突出，有递增的趋势，仅今年上半年就发生了四起，监狱掌握有自杀倾向的罪犯占10%，监管教育形势

非常严峻，也造成了一些社会影响。"

"是啊，这些数据触目惊心啊！试想想，假如……"文守卫把"假如"两字咬得很重，"假如我们的亲人在监狱里服刑改造，我们能放心吗？这些数据仅仅是监狱狱政科根据经验排查出来的，那么，如果用现在心理学方法分析，究竟有多少呢？我们不得而知，但陈莉同志告诉我，肯定比现在这个数据要高！"

所有人都没想到这么严峻，脸色凝重。

文守卫扫视了一下会场，接着说："我刚才与马旭东同志交谈中，他提出了这样一个疑问，为什么现在监管条件大大改善了，按照罪犯的话说，监狱像花园，像宾馆，而罪犯反而难管了，工作比以往还繁重了，监管问题反而还多了。这个问题提得好啊！

作为监狱人民警察，我们认真思考过这个问题吗？"

李长雄又一次站起来，自我批评说："文局，我没有认真领会你的指示，我检讨……"

文守卫以安慰的语气说："你也别紧张，我们来调研，不仅是要解决清水监狱的问题，更重要的是，在布局调整后，全省所有监狱应该都面临同样的问题。陈莉在这方面是专家，我们请她讲讲。"

陈莉有些不好意思，也显得紧张："局长……专家这个称号不敢当……"

"国家二级心理咨询师啊，在全省也没有多少个吧？当之无愧！"文守卫说，"别紧张，不要太理论化，太理论化了，反正我是听不懂的。"

大家一阵轻笑，都点头表示自己也听不懂。

陈莉清清嗓子说："那好，我简单直白一点，我们国家通过多年的改革开放，国家富裕了，对监狱的投入加大了，监狱的环境条件得到极大的改善，对罪犯人权的保障上升到法律的层面，监狱不再承担为国家减轻负担的任务，主要功能应该回归到改造教育挽救罪犯这个工作上来。另一方面，罪犯在基本权利得到保障之后，其精神需求一下子就凸显出来，而我们还没有做好这方面的准备，于是，问题就出来了。这个问题其实很好解释，大家去看看马斯洛的需要层次理论，就明白了。"

马旭东笑着说："我大概明白了，就是这些罪犯吃饱了喝足了，有精力东想西想的，对吧，陈莉？"

会场一阵哄笑。

"可以这么通俗地理解。"陈莉忍住笑说。

文守卫说："我们一定要解决罪犯这个东想西想的问题，要弄清楚他们是怎么想的，才好对症下药，因材施教。所以，教育感化谢天明是一个探索性工作，必须做，而且要做好。这个工作就落实到马旭东、陈莉头上，监狱要提供保障，要人给人，要钱给钱，要车派车。"

（13）

"你们看，那里就是谢天明的老家。"乡司法所所长指指山下说。

陈莉从沉思中醒过来，顺着所长指的方向朝山下望去，半山腰一个山坳里，有一处房屋隐约在竹林中。

太阳西沉，已近黄昏，几朵白云被夕阳镶上了血红色的缀边，凸现几分苍劲而凄凉的美。山风猎猎，掀动着一山的嫩绿，鸟儿们在绿波中起起落落，高亢地鸣叫，似乎在呼唤伴侣或者儿女回家……

交 锋

第十一章　柳暗花明

（1）

文守卫下午接到陈莉打来的电话，谢天明的父亲已经去世，监狱还不知道这个情况，初步分析是在他被羁押期间或者判决后去世的。他有些心神不宁，感觉有点儿对不起这位老同学，自己虽然曾经派人去过他家，但没有掌握这个情况。他父亲是个退休教师，如果那么早过世，家里能支付谢小婉完成大学学业吗？

他打电话给顾洪城，询问当年没收谢天明财产的情况，并说了自己的担忧。顾洪城说，不存在这个问题，谢天明涉案房产有九套，其中在省城有三处，法院虽然判处没收全部财产，省纪委考虑到他家的具体情况，跟法院沟通，只是没收了他八处房产，我们当时考虑到他女儿在省城读书，就把省城最小的那一套留给了他，在没收的现金中还返回了1万元作为谢小婉的大学学费，返还清单上还有他妻子李文君的签字呢。

自从谢天明出事之后，李文君就没去过他老家，难道……

"不会吧？"他摇摇头，否定了这个想法。但过了一会儿，他又想，万一李文君对谢天明的母亲和谢小婉真的不闻不问呢？

这时候，平溪监狱监狱长徐昌黎在门外喊报告。

文守卫忙站起来，招呼他坐，给他泡了一杯茶："罪犯全部转移到其他监狱了吗？"

徐昌黎将一个袋子放在地上，把本来挺直的坐姿又往上直了一下说："全部转移完了，民警们也开始分流了，预计在两个月之内，全部完成撤并工作。"

"嗯，不错，民警，特别是老干部有什么反应没有？"

"有一部分老干部留念故土，不愿意走，我们充分尊重他们的意见，把最好的房子腾出来，集中安置。还有少数在职民警也不愿意走，我们按照你的指示，就近给他们联系监狱。总体上来看，绝大多数民警很振奋，感谢省局彻底解决平溪监狱的问题，改变了他们的后半生，这不，一些民警托我给你带土特产呢，太多了，我没拿，只是把王寿贵同志种的花生给你拿了一些来。"徐昌黎说完，把放在地上的袋子又提起来，"你看，有一斤吧，这可是纯绿色的花生。"

文守卫乐呵呵地接过袋子："这个我收下，呵呵……"说完，剥了一颗花生吃："嗯，不错，这味道……跟我老家的一样。对了，王寿贵同志去了哪里？"

"他到了清水监狱，昨天报到了。"

"好好，改天我去看看他。"文守卫兴致盎然。

"局长……"徐昌黎欲言又止。

文守卫看看他："说吧，还有什么困难？"

"现在处于资产处置的关键阶段，与当地政府谈判已经达成意向性意见，县委研究后正式签约。但是，稀土价格一路看涨，许多人颇有微词……"徐昌黎小心谨慎地表达意见。

"看涨好啊，正好与当地政府谈判，不要怕，只要我们没有陷入利益格局，清清白白的，走到哪里都不怕。何况处置监狱资源类资产，也是符合司法部有关精神的。"

文守卫坚定地说，"这样吧，我从局里抽几个人，与平溪监狱组成资产处置小组。"

"有局长这句话，我就放心了！"徐昌黎眉开眼笑地说。

这时，清水监狱监狱长李长雄在外边喊报告。

文守卫笑道："你来得正好，我正想给你打电话呢。"

"局长有什么指示？"李长雄跟徐昌黎打过招呼，坐下来问。

"先说说你的事吧。"文守卫也给他泡了一杯茶。

"我来汇报关于罪犯潘佳杰的事……"

徐昌黎有些疑惑地看看文守卫，寻思这位局长还管某个罪犯的事儿？

顾洪城突然走了进来，文守卫很意外："什么风把你吹来了呢？刚才给你通电

话，也没见你说要来。”

顾洪城表情严肃地说："我找你谈点事情。"

李长雄连忙拉起徐昌黎，对文守卫说："局长，我们一会儿再来。"

两人走出门，徐昌黎低声问："他谁呀？"

"省纪委信访室顾洪城顾主任，八成又出啥事儿了，这年月……"李长雄叹气说。

"你贪污了？"徐昌黎笑道。

"你呀，乌鸦嘴！"

"那你叹息啥？又不关你的事。"

"你看看这两个月，监狱就像经历了一场涅槃，搞得风声鹤唳的，人人自危，这不刚刚稳定了一点，我都还有一种劫后余生的感觉，又不知道出啥事儿了……"李长雄苦笑，继续说，"老兄，纪委找你谈话可不好受，我算是经历了两次，想起来还后怕。"

顾洪城到清水监狱处理集体行贿事件，李长雄在场，目睹了上至县委书记下至村主任退钱的过程；后来在省纪委对监狱系统信访件的梳理中，他被定性为有违纪行为，被叫到省厅局纪委集体谈话。

"有那么可怕？"

"老实说，现在县处级领导哪能没有一点问题啊，要是揪住你不放，你说你怕不怕？"李长雄侧头看着他说。

"不怕，我问心无愧！"徐昌黎理直气壮地说，"现在纪委这么强势，那是因为我们领导干部有尾巴的多，要是都没问题，他们自然就没那么强势。"

李长雄默然，良久才说："我以后要向你学习，还是清清白白的好，吃得好睡得好。

"对了，你打算到哪里？要不，我俩搭班子？"不过，随即他好像又否定了，"我们监狱在省城，遍地婆婆妈妈，上至省委机关的，下至区委的，稍微不慎，就开罪他们。唉……"

"我都五十好几了，也不想干了，干了一辈子监狱工作，回头想想，真累啊！还是找个地儿休息吧，等待退休养老。不过，老李呀，我的人都是山里来的，或许短时间还融入不了你们监狱，人虽然进了城，但是观念没有进城，对城市生活也有一个适应过程，工作方式方法上呢，可能与你们监狱要求有差距，多担待点，啊！"徐昌黎诚恳地说。

李长雄打了他一拳："说啥呢？什么你的我的，来了我这里，就是清水监狱的人，放心吧，我们不也是从大山里出来的吗？"

随即，他自言自语地说："究竟又出啥事儿呢？"

其实，他今天来，不仅仅只是汇报潘佳杰照片事件的善后处理，他公文包里还有刚刚签订的一份外劳合同。现在局里要求撤外劳，他却还在签订外劳合同，他也深知跟上级机关叫板的后果，但是他也没法子，副局长何凯华介绍的。何凯华说，厅里、局里，包括基层监狱对撤回外劳都有不同意见，撤外劳，也就是做做样子，喊喊口号。

尽管有何凯华给他打气，但是李长雄心里还是没底，所以，他今天特意将合同带上，他估摸着，瞅准时机，把合同给文守卫看看。

（2）

一大早，监狱医院医生和狱政科带谢天明到省精神病院心理咨询科做了检查，开了一个疗程的药。一路上，谢天明内心五味杂陈，脑子里一会儿是文守卫，一会儿是马旭东，在不经意之间家里所有人都浮现出来，如同放幻灯片一样，纷纷扰扰，搅扰得他心神不宁。

自己被解除禁闭，明摆着就是监狱看在文守卫的面子上，否则，根据前天晚上自己的行为，估计不在禁闭室待上五天是出不来的。一个省监狱管理局局长，尽管比不上地方上一个县委书记含金量重，但毕竟管辖范围大了，比县委书记站得高了，就算他看重他俩的同学情谊，也不可能那么耐心地倾听一个囚犯喋喋不休的唠叨和牢骚。

如果换作他，他是做不到的。而更令他百思不得其解的是，自己最后说了一些反党反社会的言论，他居然也没有批驳，难道真的是自己把他说得哑口无言了吗？难道他真的是理屈词穷了吗？不是，绝对不是，但他的这种态度实在是很反常，就打踏进这个监狱大门那一刻，只要讲一些反改造言论，哪怕是一句，都会被民警制止或者批驳，这个文守卫，怎么说呢？他真的纳闷了，越想越说不清文守卫究竟是怎么样一个人。他心里油然滋生出一种不安，他知道这种不安还包含更多的东西，歉意？悔意？

但在他的意念中似乎有一种力量天生排斥这种感觉，他也有意识地压制这种感觉，努力地排挤出去或者直接消灭掉，挣扎了一会儿，他意识到这种努力是徒劳的。脑袋开始嗡嗡作响，很沉重，脖子上似乎不是脑袋，而是硕大的铁球，压迫得他不得不佝偻着身子，看到前面远处的车子，他感觉一定会撞到自己坐的这辆车。他悲痛地哼哼，从喉结发出的呻吟似乎从地狱中来，很远很远，无论他多么歇斯底里，无论他多么的鬼哭狼嚎，那音声还是那么微弱，连自己都无法听到。脑袋开始疼痛，他似乎

能看到这种疼痛移动的速度，向周身蔓延，一点点蚕食着他那些健康的细胞。他无力地闭上眼睛，紧紧关闭眼睑，陡然间，他看见这车怎么没有了车顶，目光掠过车子上方的空间，一下子变得锐利起来，像一把利剑，直插云霄，而自己随着视线的无限延展，龟缩在一个很低小很狭窄的空间里，四周涌动着淡黑色的雾，无边无垠……父亲突然在他面前慢慢走过，他想拥抱父亲，却抬不起手臂，他想叫父亲，却无法发出一丁点儿声音。

而父亲微笑着，还是那张慈祥的脸，也好像没有看见他，只顾走，消失在某个方位的雾气中……

他大汗淋漓，浑身不停地抖……

"谢天明，谢天明，醒醒，醒醒，你怎么了？醒醒……"一个声音在呼喊。

他睁开眼睛，发现自己倒在座位上真的是大汗淋漓，浑身不停地抖，民警则在大声呼叫他的名字。

他喘息，使劲地喘息，两眼无神。

"你怎么了？哪里不舒服？"随行医生一边给他量血压，一边焦急地问。

"我……我没事……"谢天明有气无力地说。

"你别东想西想的啦，你知道吗？老实告诉你吧，文局长很关心你，这不，今天一大早，马旭东监区长、陈莉，还有杨阳去你家家访了，你以后肯定能早点出去。"医生安慰他说。

"一个贪官，比老子们还精贵，哪个家访我来着？要不是文局长关照你，你谢天明能今天就解除禁闭？还不知足？要是在那几年，你这样的，早就……"狱政科的民警一边骂一边抱怨，觉得自己说漏了嘴，便打住不说了。

谢天明又恢复了惯有的漠然的表情，一下子变得跟木头一样，仿佛失去了思维。

"唉，你少说两句，你看那他样子，真可怜……"警官医生叹息，连连摇头。

（3）

谢小婉在一家房屋中介翻看着租房信息。

谢小婉指着一个单间问老板："太贵了，有没有便宜一点儿的？"

老板说："姑娘，我这个店的报价已经很低的啦。要是价格再便宜点的话，只有合租。你运气真好，今天下午刚刚空出一间房来。"

谢小婉说："噢，说说看。"

老板指指方位说："就在这后面的小区内，财政局的住宅小区，政府房屋，有门卫，二十四小时巡逻，全方位摄像头监控。清洁、安静。还有停车位。"

"多少钱？"

"一个月780元。"

"另外一个房客是什么人？"

"是个年轻小伙子……"

谢小婉猛地摇头。

老板看出了她的顾虑，说："我给你推荐的，绝对安全。我看你也不是那种不三不四的姑娘，所以才介绍给你的呢。"

谢小婉愕然看着老板："啥意思？"

"小伙子是个警察，好像是哪个监狱……清水监狱的警察，人可忠厚着呢。"

谢小婉吃了一惊："清水监狱？"

"别一提监狱就怕成那样，人家又不是犯人，是警察。"老板笑笑。

"好，不过，你这房价再便宜一点。"

"哎呀，这个价，你到哪里去找呀？这是省城，现在像地级市也没这个价啦。"

谢小婉央求说："老板，我看你也是好心人，我一个人孤零零的，现在连工作都还没有找到，就再优惠点嘛。这样，等我找到工作了，我给你涨上去。"

老板摇摇头，笑道："你这姑娘还真有意思。这样，一口价，770。"

谢小婉摇摇头："730？"

老板摇头，不理她了，做别的事情。

谢小婉说："老板，我涨了20元，你降20元，这才叫诚意嘛。"

老板不语，低头做账。

谢小婉以乞求的口吻说："我真是有意租这个房子，你看这样行不行？"

老板抬起头看着她。

"头三个月，我找工作阶段，730，从第四个月开始，就依你，760。"

老板寻思了一下："好，就这么办。来，签合同。"老板似乎想起了什么，"嘿！不对，我说的是770，怎么变成760元了？"

谢小婉笑道："七百七，妻子成了别人的妻子，难听呀！七百六多好，妻子一百个顺，对吧？"

老板哈哈大笑。

（4）

李文君花枝招展，走进张副总办公室。一个部门经理正在跟副总说话，那人一见李文君进来，连忙起身告辞。

张副总屁颠颠走过去把门关上，也不看她，愁眉苦脸地说："我的姑奶奶，我不是跟你说过吗？上班时间尽量不要到我这里来，你……"

李文君把脸一沉。

张副总瞟了她一眼，心里发怵，连忙改口说："好好好，随时欢迎。"

李文君笑吟吟搂着他的脖子，在他脸上亲一口："这还差不多。"

副总被她弄得神魂颠倒，动手动脚。李文君推开他，坐在他的大班椅子上，摸摸肚子："这可不行，为了你儿子，你就忍忍吧。"

副总哭笑不得。

李文君翻翻白眼："咋了，你还不信？走走，我们去做亲子鉴定。"

副总哭丧着脸："我信，我信，还不行吗？"

"对了，你什么时候跟你家里那个黄脸婆离婚？"

副总眼珠一转说："只要你离了，我马上离。"

李文君站起来："这可是你说的啊。"

说完，李文君哼着小调，走了出去。

副总望着她的背影，咬牙切齿地嘀咕："我赌咒你下楼梯，流产，摔死。"

（5）

陡峭的山势突然在这里打住，好像是谁把这座山拦腰砍了一刀，缓缓地延伸到下面的河谷，在这片带状的缓坡上，山坳一个接着一个，向东边延展，连成一片，宛如一条在风中飘飞的绸带。每一个山坳都居住着人家，一片竹林，几间青瓦房，竹林后边的山坡上一丛丛野蔷薇正呼啦啦地怒放，一大团的白，一大丛的红，错落有致镶嵌在嫩绿的底色中，在夕阳中显得有些恍惚。

谢天明的家是一个单家独户，与其他村民房子没有多大的区别，只是瓦楞沟里铺满了枯黄的竹叶，枯死而发白的苔藓还没返绿，不规则地铺在瓦上。斑驳的墙体外层已经部分脱落，上面隐约可见一幅标语，"宁可血流成河，不可多生一个"。只不过不知是谁把"多"字打了一个叉，在下面歪歪斜斜地写了一个"少"字，显得特别刺眼，透出几分破败，几分凄凉，与房屋后面山坡上美如画的景致格格不入。

屋檐下，一位老人一动不动地坐在椅子上，头发花白，挽了一个发髻，凌乱得有些夸张，一缕缕头发四散开来，一阵风过处，摇摆乱舞，随即无力地垂下。她低着头，几缕头发垂下来，像珠帘一样遮挡了她的脸，夕阳的余晖洒在她身上，映射在墙上的影子被墙脚折叠，一下子变得很渺小，孤零零的，仿佛在诉说过去的某种苦与痛……

几只鸡从屋后的林子里跑回来，在厨房的门口高声喧哗着。陈莉正要走过去，突然那几只鸡"扑棱棱"地散开逃跑，"咕咕唧唧"地乱叫，原来一个中年妇女从屋子里出来，拿着一把扫帚，一阵乱打，边打边骂："你个老不死的，一天到晚只咯咯哒，只知道叫，只晓得要吃的，吃吃吃……有本事自己刨弄去？！原指望跟着享几天清福，福没享受到，反落得个家破人亡，这日子……真没法过了。滚，滚，滚得远远地……"

老人抬起头看了看，又无力地垂下。

陈莉一下子愣住了，这中年妇女想必就是谢天明的弟媳，这明摆着指桑骂槐，针对老人来的，看样子这一家子的日子还真不好过。这时候，一个人从另一边走了过来，看了看他们，然后对老人说："婶，又有汇款啦。"

他衣袋里摸出一张汇款单送到老人面前："给。"

老人接过去，仰起头。

老人黑黄黑黄的，很瘦，脸上的皱纹像刀砍斧削过一般，密密麻麻，千沟万壑，而又很粗糙，像不负责任的雕刻家心不在焉的作品，还能表示她是活体的仅仅只剩下那双眼睛，也没见她眨一下眼……

那是一张怎样的脸啊，陈莉说不清，但一下就镌刻在她心里，以至于在后来的若干个月，她常常想起来。

那媳妇从屋子里跑出来，一把抢过老人手中的汇款单，对那人说："我说支书，你怎么老交给她呀？我给你说了多少次了，别给她。"

支书看看她，以责备的口吻说："我说你也别过分了，谢天明没进监狱的时候，没少帮衬你们，你还是沾了不少的光。"

"我哪里亏待她了嘛，你看她都快要死的人啦，哪有本事去取嘛。"那女人看了看汇款单，不满地说，"还是200元，就不能多点？"

"人家有那份心就不错了，你别不知足。"支书说完，转身就走，走了几步，回头看看陈莉他们。

这时司法所所长去卫生间回来。

"哟，这不是支书吗？"所长朝那边喊。

支书也认出了他，大步走过来。

陈莉径直朝老人走去，一股难闻的气味迎面而来，她想呕吐，不由得掩面握住鼻子。

"姑娘，你这边来。"支书说，"老人有病，大小便失禁。"紧接着他摇头叹

息，"好好的一家子，就成这样了……"

杨阳闻言，也走到老人那边。他发现老人坐的椅子下面湿了一片，裤子也湿了一大片，散发出难闻的气味。杨阳对陈莉说："我去烧点儿热水，一会儿你帮老人洗洗。"

支书吃惊地看看他们，问所长："他们是？"

"他们是省城监狱来的，专门来看望谢天明他母亲和女儿。"所长说，他似乎也被陈莉他们的话所感动，也忍着难闻的气味，走了过来，"她就是谢天明的母亲。"

"老人家，我们是清水监狱的民警，你儿子谢天明就在我们那。"陈莉说。

老人突然仰起头，含混不清地问："你们……劳改队的？天明……天明……"

她哭了起来，开始声音很小，继而大哭起来，伤心欲绝。

陈莉看看所长和支书，不知所措。

儿媳妇走了过来，冲着她直吼："你号个啥？你儿子在劳改队，是光彩的事？生怕人家不知道啊？！"

老人胆怯地看看她，突然打住不哭了，只是在喉结处发出沉闷的声响。

她心里犹在哭泣。

陈莉走了过来，打量着这个女人。

那女人被她看得心慌，流露出几分怯意，不敢与她对视。

陈莉拿出500元钱，对她说："我们是监狱人民警察，依法来探视谢天明的母亲，当然也是你的婆婆。"她把最后一句话每一个字咬得很重，让人听起来很不舒服，"这是500元钱，就算是我们几个人今晚的伙食费和住宿费，请你配合我们的工作。"

那女人显然被陈莉的语气和表情唬住了，连忙说："我们这里没啥好吃的，值不了500，值不了500……"

"拿着吧，你也不容易。"陈莉话锋一转，语气中充满了同情。

这句话说到那女人心坎上，她眼圈立即红了，喃喃地说："不是我不孝顺，实在是……"

"别说了，拿着吧。走，我们去看看水热了没有，一会儿还得麻烦你帮我一起给老人洗洗。"陈莉把钱塞给她。

她激动又不好意思地收下说："你说哪里话，这……本来就是我做媳妇的事，我给她洗洗就是了，你坐，坐……"

她一溜烟跑进灶房，把杨阳也推了出来。

（6）

文守卫看看顾洪城那副严肃的模样，笑道："你老兄也是，在我这里也一副办案的样子？"

"你别说，我今天来虽然不是办案，但性质差不多。"

文守卫一惊："出啥事儿了？"

"我受王炳松副书记的委托，找你进行警示谈话，本来我想把你叫到纪委来……

好了，闲话少说，我问你，你在跟谢天明谈话过程中，承认在任县委书记期间收受过红包？"

文守卫瞠目结舌地看着他。

"看着我干什么？有还是没有？"

"有。"文守卫回过神来，淡然地说。

"谢天明是罪犯，在他面前这么说，你知道影响和后果吗？"

"这个……目前尚无法评估。"

"怎么说？"顾洪城追问。

文守卫很纳闷："你不问我金额多少，反而问这个是什么意思？"

顾洪城从公文包里拿出几页纸递给他。

文守卫一看，原来是他在小固县收受的红包清单，便笑道："你们动作还真快。"

"正是因为这个清单，我们才坐在你办公室这么轻松地交换意见。"顾洪城笑道，"不过，王炳松书记说这恐怕是省纪委迄今为止收到的独一无二的收受红包礼金的清单。"

"也不能这么说，中国老百姓哪个没有这样的清单？婚丧嫁娶，送一百两百的，都记在本本上，等对方有啥喜事丧事，再加一十、二十的，还礼。就这么个传统，礼尚往来嘛。"文守卫说。

"你小子连老百姓都不如，人家还礼还加一十、二十，你呢，别人送你两百，你也就还两百，一毛不拔。"顾洪城笑起来。

文守卫也开怀大笑。

"不过，话又说回来，你在位四年，一共收取6万多礼金红包，现在你尚有33000多没有还礼，要不是你叫办公室给你专门设了户头，要不是这钱你自己没有保管，你还真说不清，所以，还是不收为好。"顾洪城说。

"是啊，我一个县委书记，在位四年，过年过节我从送来礼金红包中拿一两百，

算是人情往来吧，可累计下来也不得了。但是，不收也不太好，显得不近人情。"文守卫笑着反问，"要是你家有个啥大的事儿，你说我来不？来了不送点礼像话吗？"

顾洪城说："也是，我的原则是，只收同事同学，连亲戚都不收。"

"你这方法好，我以后也这样。但是……"文守卫犹豫道，"也不成，同事面太广了，就拿我来说吧，局机关一个办事员送你一两百，你收还是不收？"

"哈哈……"顾洪城笑起来，"谁让你当局长，我是部门领导，一个部门就那么几个人。"

文守卫感慨地说："所以，在我们国家做官，由于文化传统的影响，这个职业具有很高的风险，也许，这也是中国特色，也是我们文化传统的一种无奈啊。"

"老文啊，我不是忧心这个，成魔还是成佛，那是他们自己的事，不能怨天尤人。我担心的是，你昨天与谢天明谈话，当晚就有人举报到省纪委，看来，你们监狱系统也很复杂。"顾洪城关心地说。

"不怕，不怕，你们纪委就是我的坚强后盾，我怕什么？你们查了，不就还我清白了么？你刚才表情那么严肃，不可能只是这事儿吧？说吧，还有什么事儿？"文守卫问。

"还有人向省纪委实名举报你在处置平溪监狱资产过程中涉嫌违纪，我也受组织委托，来了解情况。"

文守卫点点头，给他一份司法部关于全国监狱系统资源处置指导性意见的文件，说："我也听到一些反应，主要是说现在稀土市场价格一路攀升，不应该处置变现。为什么要处置我不说，我只是说两点：一是我没有什么利益格局；二是作为国家矿产资源，在监狱手中和在地方政府手中，难道不是一回事吗？"

顾洪城边看文件边点头："嗯……我建议你把相关情况形成个报告，专题给省纪委、省委相关领导都送一份。"

（7）

晚饭后，二皮赵海东刚刚回到监舍，谢天明跟在他后面，吉牛马二跟在谢天明的身后，悄无声息地也走进来。二皮转身发现他，吓了一跳，下意识地退了几步，以异样的目光打量着他，那表情好像谢天明随时都可能发疯一般。

吉牛马二取笑道："二皮，你不是号称'黑老大'么，怎么看见老谢就躲猫猫？"

"嗨，我不怕拿刀的，但怕疯子哟。"二皮说。

谢天明绷起脸问："哪个是疯子？"

二皮连忙低三下四地说："谢老大、谢书记，我是疯子，我是疯子，你别生气，来来，你老坐。"

鲁本川推推眼镜，阴阳怪气地说："天生贱骨头。"

"你懂个球，不怕你当过县长，就是真疯了，也没谢书记这么神武。"二皮不屑地斜睨他一眼说。

"懒得跟你这白痴费口舌。"鲁本川也鄙夷地瞅了他一眼，倒在床上看书。

二皮来劲了："我白痴，究竟哪个白痴？不要以为你琴棋书画什么样样都懂，号称博古通今，其实猪头一个。"

说着，他拿出一份报纸，指给其他罪犯看："你们看，这里有报道呢，省检察院集中拍卖一批贪官的赃物，其中专门有鲁本川的。"

几个罪犯一下子围了过来，潘佳杰和吉牛马二也凑过来。二皮收起报纸，看着几个罪犯。一个罪犯摸摸身上，摇头表示没烟，指指鲁本川，其他几个罪犯也忙不迭指指鲁本川。二皮拿着报纸，走到鲁本川面前："鲁本，有烟吗？"

鲁本川戴着眼镜，恨了他一眼，不语。

"问你呢？有还是没有，放个屁嘛。"

鲁本川冷笑："你咋那么不知羞耻？把我整得那么惨，还好意思找我要烟？哼！"

二皮双手叉腰，教训说："嘿！嘿！鲁本，这就是你不懂江湖规矩了啊。我们是什么人，犯人。犯人尽管都是他妈的坏人，但聚在一起了，就得有个集体观念，是吧？你不认真做，连累严管集训队不说，还得连累我们208室。不整你，警官那里怎么交差？交不了差，我们都得被扣分。"

几个罪犯连声附和，鲁本川扫了一眼其他罪犯，不再说话。

另外一个罪犯媚笑道："二皮老大，看看，看看嘛。"

二皮伸出手来。

"有烟，李浩健还没回来，也没火呀？"

二皮说："有烟就有火。"

潘佳杰提醒说："你娃别私藏打火机，刚才你还说了，还是要有一点集体观念。"

"老鬼，这你不用操心，我绝对！绝对不会违法监管守则任何一条。"二皮扬扬得意地说。

一个罪犯甲拿出一支烟，递给他："我倒要看看，你怎么点烟？"

二皮走到鲁本川面前，扬扬那支烟："鲁本川，你不是说我白痴么？你聪明，教

教我，怎么取火？"

鲁本川也颇觉奇怪，放下书，看着他说："钻木取火？"

二皮白了他一眼："切，你娃是原始人。"

二皮转身，蹲下，罪犯们都走过去看。

二皮转身摇手，示意他们离远点："别偷看！退后，退后。"他趴在地上，扭头又往后看："退，再退。"

二皮钻到床底下，几秒钟时间，再钻出来，烟已经点燃。他美滋滋吸了一口，吐个烟圈，春风满面地说："怎么样？"

潘佳杰说："你身上一定有猫腻。"

二皮走过去，挺着肚子："搜，搜。"

几个罪犯搜他身，没搜出打火机和火柴。

罪犯们都把眼睛瞪得铜铃大，面面相觑："神了，神了！"

鲁本川也探出头来看。

二皮指着鲁本川说："看什么看，现在来说说你，嘿嘿……"他清清嗓子："列位看官，且听我说说鲁本……"

大家都竖起耳朵，瞧着他。

二皮念报纸："贪官鲁本川涉案字画一百九十五件，包括齐白石、张大千、潘天寿、吴昌硕、任伯年、谢稚柳、弘一、李可染等众多书画家作品；古瓷器二十三件，包括清雍正霁红小杯、青花缠枝莲小罐、青花灵芝纹瓜麦小罐、清粉彩花卉过枝碗、清乾隆青花八宝纹香壶等；其他各种文物三百五十二件，古陶器二十件……"

"哇，鲁县长，你可以开个博物馆了。"一个罪犯惊叫。

"开个铲铲！"二皮说，"你们听这一段：以行家在预展中的眼光看，至少九成以上是……这个念啥？鹰品。"

潘佳杰凑近一看："赝品的'赝'。"

"赝品是啥玩意儿？"二皮问。

其中一个犯人说："假货呗。"

"难怪，难怪……"他接着念，"起拍价只在50—200元之间，其中一幅李可染的《万山红遍》仿得拙劣至极，一看便知是初入门者的练习之作，标价50元，却无人问津；有人向鲁本川进贡号称价值为三四十万元张大千青绿山水画，经鉴定为一般仿制品。"

"我说鲁县长，你不是平常自吹能鉴别古董么？怎么尽收些假玩意儿？你大爷的，坐这牢房比我还冤。"一个罪犯说。

"哈哈……"二皮张扬地大笑，乐不可支的样子，"活该，早知道我也去弄几件假货糊弄你一下，给老子点儿工程。"

二皮夸张的嘲笑声引来了其他监舍的罪犯，也激怒了鲁本川。

一个罪犯说："二皮，我是卖古玩的，这中间门道多着呢……"

"管他娘的门道多，反正是假货，你们说这样的贪官可悲不？真没品位，像潘佳杰那样，多日几个婆娘，还划算，尽收些破玩意儿，擦屁股都没法，嘿嘿，各位老大，不知道他龟儿子的老婆是不是假货，哈哈……"二皮依然手舞足蹈，像捡到了大块金子。

其他罪犯众人都附和，也跟着哄笑。

鲁本川倏然坐起来："你懂个屁，说你是白痴，还真是白痴！"

二皮发飙了："你想挨揍？"

鲁本川恼怒地说："你说话文明点儿。"

"老子天生就不文明，你要怎的？怎么着？"二皮摩拳擦掌，叫嚣道。

"你……"鲁本川气得浑身发抖，但又不敢动手。

"算了，算了，都少说一句，啊！"潘佳杰两面都劝。

"哎呀，我说老潘，你别掺和这事儿，老子就是看不惯他阴阳怪气的，好像天底下就他一个有德国牧羊犬血统……"二皮依旧不依不饶的。

犯人们又是一阵哄笑。

鲁本川感觉自己受到莫大的羞辱，古人云："是可忍孰不可忍。"他从床上跳起来，精精瘦瘦的身子站立不稳，一个趔趄，差点跌倒。

犯人们见他那狼狈样，又是一阵讥笑。

鲁本川稳住身体，随手拿起一个塑料凳子。二皮继续挑衅，上前一步，站在他面前，指指自己的脑袋："你有本事就朝这里砸，砸呀！"

谢天明站起来，走到二皮面前。

二皮吓了一跳，有些害怕地看着他："谢书记，我可……可是为你出气哟……"

谢天明朝他深深鞠躬，诚恳地说："小赵，对不起……我那天……请原谅。"

二皮又惊又喜，连忙搀扶着他："同改们，这个……这个……书记就是比县长觉悟高啊。"

这时，值班民警在走廊尽头呵斥："都聚在一起干吗？想造反？"

犯人们一哄而散。

民警走过来，敏锐的目光在谢天明他们身上扫来扫去："怎么回事？"

潘佳杰忙立正报告："报告警官，刚才谢天明向二皮道歉，大家在围观。"

"潘佳杰！"值班民警突然提高声音。

"监管守则第十三条。"

"说话文明，不称呼外号。"潘佳杰响亮地回答，然后低声说，"我错了。"

"知错就好，希望你以后不要再犯这样低级的错误。"值班民警说。

"是！"潘佳杰大声回答。

值班民警又对谢天明说："你能主动向赵海东道歉，值得表扬。马监这时候应该到你家了吧？继续努力，啊！"

谢天明规规矩矩地回答："是！"

值班民警走了出去。

二皮朝门外吐吐舌头，说："真羡慕你啊，谢书记，马监亲自到你家里去，我看这次嫂子八成要来看望你。"

潘佳杰轻轻打了他一下，示意他不要提这档子事。

二皮看看谢天明，果然，这话似乎触及他的痛处，他坐在床上皱着眉头发呆。

在潘佳杰的记忆中，谢天明与他可以说是同病相怜，甚至比自己还惨，虽然自己的父母亲在他入狱之后，先后病倒，父亲离开人世，妻子与他离婚，一个好好的家就这么破败了。但吴双双却不离不弃，义无反顾地照顾着年迈的母亲。可以说，吴双双是他改造的动力，也是他全部的希望，如果她再离开他，他不知自己还有没有勇气活下去。

而谢天明呢，在入狱的五年来，没人来探视。尽管他女儿谢小婉每一两个月就给他写信来，却始终也没有来看过他。没有断念想的思念，才是最残忍的。

罪犯图什么？就图减刑，但是这是最高的要求。在这个最高要求下，日子总还得一天一天地过，除了劳动、学习，还有大量的时间需要打发，所以总是希望收到家人的来信，总是希望家人来监狱看看他们。虽然现代社会中，信件的作用日渐降低，甚至早已淡出了某些人的视线，但是对于监狱来讲，信件却是与外界沟通最重要的手段，至少目前是这样的。人就是这么一种奇怪的动物，拥有的时候不当一回事，在失去的时候才后悔没有珍惜。

谢天明十多年没有写过信了，写信这个概念早已在他的脑子里灰飞烟灭。然而，来到监狱，他不得不重新拾起这个在他看来很原始很落后的手段，连续不断地给妻子李文君写信，给女儿及父母写信。然而让他百思不得其解的是，除了女儿在一年之后每个月给他写一封信外，再没有收到其他亲人的来信。在以后煎熬的岁月里，女儿每月给他来一封信，说自己大学毕业找到了工作，过得很好，爷爷奶奶身体都很健康；

还说自己的工作在野外，驻扎一段时间就换地方，叫他不要回信，要写信就寄给老家，她会不定时回去拿。信上也没有确切地址，只能从邮戳上判断女儿写这封信的时候大体在哪个城市、哪个地区，他只好把写给女儿的信寄给老家。

对于妻子李文君，打进看守所那天起，理智告诉他，迟早这位如花似玉的老婆会离开他。官场上不是流行一个段子吗？"老婆被别人耍，孩子被别人打，票子被别人花。"这就是贪官的下场，当时自己不当一回事儿，还经常拿出来当作笑料调侃，现在呢，自己就是这个笑料的主角，想起来就悲哀。但是，令他万万没有想到的是，妻子居然连信都不给他写一封。古人说"一日夫妻百日恩"，就算没有恩爱，作为一个人最起码的同情心总应该有吧？可是这个女人就是那么绝情，连同情心都没有。在他入狱的第三个月，她就委托律师提出了离婚。他当然不会同意，就算你跟别的男人睡觉，我也要让你睡不安稳。他是知道法律规定的，两年之后如果她起诉至法院，他们的婚姻就会解除法律关系。她的律师临走时也是这么告诉他的。可是，两年之后，李文君并没有起诉，这让他很不解，同时心里还滋生一些侥幸，说不定妻子对自己还是有感情的。于是又提笔给她写信，一封、两封……二十封三十封，犹如石沉大海，他渐渐失去了信心，从希望又跌落到绝望。

在监狱里的日子，他唯一的希望和全部的精神寄托就是每月那一封女儿的来信，其余时间除了发呆还是发呆。逢年过节是他最难熬最痛苦的时候，尽管能收到女儿的来信，但是对父亲母亲和女儿的思念在节日的欢天喜地气氛中愈加浓烈，像火山喷发，燃烧着他的每一根神经，燃烧着他的灵魂。

去年春节，他没有收到女儿的来信，直到现在，女儿依然杳无音讯。压抑在心头很久的担心、忧郁、失望在大年三十的晚上爆发出来。他彻夜未眠，低声哭泣，有家不能归，有亲人而不能团聚，有父母而不能尽孝，有女儿而不能享天伦之乐，而他们一丁点儿讯息都没有，他强烈地意识到一定是出事了。他彻底绝望了，为了减轻痛苦，他使劲抓扯自己的大腿，试图让肉体上的疼痛替代心理上的悲痛，然而，一旦停止抓扯，烦恼、失落、悲伤和浑身莫名其妙的痛又暴风骤雨般袭来，把他折磨得生不如死。

他想到了死，只有死亡才能得到解脱。在举国欢度佳节的日子里，他每天疯狂地寻找死的机会，要不是民警每间隔半个小时巡查，要不是有监控，要不是没有找到工具，他不知道死了几遍了。

而今，他依然没有关于亲人一丁点儿消息，而此刻，马旭东监区长可能正坐在他家院坝里。

也许父母亲正张罗着做饭，张罗着给他捎点东西……

也许父母亲重病在身……

也许他们或者其中一个就在春节前辞世……

也许女儿出了车祸……

也许……

头开始疼起来，他不敢再想下去，努力压制内心的念头，眯着眼睛，就像老僧入定一般。

二皮等人见大家都沉默着，颇为无趣，招呼几个罪犯到操场上去溜达溜达。罪犯们应和着走了出去，屋子里只剩下谢天明、潘佳杰和吉牛马二。

第十二章　饭局之局

（1）

文守卫见已经是下班时间，便请顾洪城一起去吃饭，就他二人，找个清静的小餐馆小酌几杯。走到楼梯口，清水监狱监狱长李长雄、平溪监狱监狱长还在等着。

顾洪城笑道："我看还是改天吧。"

李长雄明白他二人要去吃饭，便说："两位领导，我找个地儿，清静，便宜，而且还古色古香，就像回到自家院子一样，请领导批示。"

文守卫不置可否，指着徐昌黎说："老同学，这位就是平溪监狱监狱长徐昌黎同志……"

还没等他说完，顾洪城说："徐昌黎同志？嗯，我陪他吃顿饭吧。"

文守卫颇感意外："你们认识？"

"不认识，但我对徐昌黎这三个字很熟悉。"顾洪城笑笑，"可以说久闻大名，呵呵……"

纪委领导对一个基层官员，特别又是在官场传统观念中不入流的监狱县处级干部的名字这么熟悉只能说明一点，那就是举报他的信件太多，让纪委领导们记住了这个名字。

李长雄心里暗忖，这个徐昌黎刚才还信誓旦旦呢……

文守卫心里也打鼓，于是沉默地走，上了车，也不说话，一副心事重重的样子。

顾洪城似乎感觉到气氛不对劲，笑道："怎么不说话？哦，我倒是明白你们此刻的顾虑，那徐监狱长你说说此刻的顾虑或者想法？"

"我没有顾虑，也没有想法。"徐昌黎淡淡地说。

"对，我就欣赏徐监狱长这种自信。你们肯定在想，我一信访室主任为什么对一个那么偏远的监狱长的名字那么熟悉，倒不是你们顾虑的有很多人举报他，相反，他没有举报件，全省监狱长就他一个人没有举报件。加之这次地方纪委去他那里梳理问题，基本没有什么问题。所以我对徐昌黎三个字很熟悉。"顾洪城说完，大笑。

李长雄听了，很是汗颜。

顾洪城接着说："我们纪委不是魔鬼，是天使。天使有什么好怕的，只有魔鬼才怕嘛。"

"是啊，不敢说现在魔鬼多，但是改革开放以来，有魔气的确多了起来。"文守卫感触地说。

在李长雄的引导下，车子出了东门，又绕了很久，才在一家偏僻的度假村停下。

果然是院落重重，厚重的木门、高高的门槛、小天井，一株海棠或者梅花和几盆兰草，整个院落一下子宁静起来，仿佛来到了古代每个大户家里。

只是，偌大的院落每间屋子都被改造成雅间，客人如织，喧闹嘈杂，与这里的景致和陈设很不协调。

李长雄对这里很熟，一进来就叫来漂亮性感的客户经理。好像是早有准备，客户经理扭动水蛇腰亲自在前面带路，穿过东厢房，从一扇小门而入，眼前出现一个园子，樱花烂漫，曲径通幽，给人一种峰回路转之感。这里很安静，刚才的市井之声一下子消失了，恍若来到另外一个世界。

顾洪城看见屋子里还有三个人，在门口停下脚步，打量了一下，都不认识，于是进去对李长雄低声说："别介绍我。"

李长雄愣愣，下意识地点头。

先前等候的三人连忙站起来迎接，一行人落座，李长雄开始介绍，原来那三人都是李长雄老家来的，一个是县公安局政委，一个是县委书记，一个则是当地建筑老板。

由于顾洪城打了招呼，李长雄只好含混地说他是老板。

县委书记首先发话："文书记……哦，对了，现在应该称文局长，我认识你，你是今年全省表彰的七个优秀县委书记之一，我就没有搞明白，你怎么会看中这个监狱管理局局长的位置呢？"

言语之中，有点不解，也有点看不起的意味。

"不是我看中看不中的问题，是上级组织的安排。"文守卫淡淡地说，"无论干什么，都是为党工作，对吧？"

"那是那是，我只是为老兄你惋惜。"

"县委书记真就是个香饽饽？"顾洪城对他的话很不满，沉声说。

县委书记看了看他，面带不屑："老兄你没在政界，当然不知其中原委。"不过，他好像有些疑惑，抑或觉察到什么，又看看他："老兄在省城从商，难道与省委省府没有接触？"

"我合法经营，按章纳税，为什么要同他们接触？"顾洪城冷冷地说。

县委书记脸上流露出不解，转头问李长雄："这位仁兄真是从商的？"

李长雄犹豫了一下，点点头。

文守卫深知顾洪城的脾气，按照这个话题说下去，说不准要冲着这位父母官发一通脾气，于是转移话题："老李，你不是说有事情给我说吗？"

"文局，现在？"李长雄觉得这时候汇报工作，把家乡父母官晾在一边，很不礼貌。

"嗯，说吧。"文守卫淡淡地说。

李长雄无奈，看看县委书记和公安局政委，说："两位领导，不好意思，请稍后。"

然后才拿出一份文件递给文守卫："照片确实被狱政科当作违禁品处理了，找不到了，我找潘佳杰谈了谈，实事求是地讲明了情况，也给他道了歉。他表示理解，现在情绪稳定。

我们还召开了专题会议研究决定，在罪犯中推行亲情卡，给每个罪犯定制一本10张左右的相册，用以放置亲人的照片，规定了摆放的位置，更具体内容都在这份文件上。"

李长雄手机叫起来，他看是陈莉打来的，就没接。

文守卫认真地看了看，微笑说："这就对了嘛，只要法律许可的，或者没有禁止的，你们都可以大胆探索，然后总结经验，向全省推广。"

李长雄见文守卫很高兴，马上把那份合同拿出来，双手恭恭敬敬递给他，看着文守卫的表情，小心翼翼地说："文局，这个事情嘛……时间也不长，估摸着就几十天……我也是没法子……不过，算算，效益还真不错……"

这时，文守卫的手机响起来，他看看，接通后没等对方说话便问："陈莉，到

了？嗯……嗯嗯……我知道了。"

李长雄心里七上八下的，他刚才没接陈莉的电话，而这位局长却这么关心这件事，一个囚犯，就算是他同学，就这么值得他如此关注？他越来越看不懂了。

文守卫把合同扔给他，面色凝重，对顾洪城低声说："谢天明的父亲在他宣判的当天就去世了，现在她母亲糖尿病，丧失生活自理能力，谢小婉不知去向，李文君从来没去他老家尽一个做儿媳和母亲的责任……"

"啊？"顾洪城很意外，也很气愤，"难道这个李文君想独吞那份财产？"

"老顾，李文君在谢天明入狱第三个月就提出了离婚，谢天明没有同意。按理，他们这种情况在两年后，法院是要判决离婚的，但是李文君一直没有提起诉讼，难道就是为了这份财产？"

顾洪城点点头，沉吟说："有道理……可是，李文君所掌握的财产是合法的，我们不好介入……"

"这个不是问题，我们监狱可以帮助谢天明母亲提起诉讼，要求李文君履行赡养义务。"文守卫说。

文守卫和顾洪成低声嘀咕，公安局政委脸上挂不住了，把自己晾在一边倒没什么，可把县委书记晾在一边，不太合适吧？他不就是个小小的监狱局局长吗？于是冷言冷语地对李长雄说："我说李监狱长，你就把我们的父母官晾在一边？对了，监狱嘛，按照马克思的说法，也是国家机器哈，难怪你们文局放着好好的县委书记不做，来做这个可以专政的局长。"

"你怎么说话的？你这水平能做公安局政委？我很怀疑。"顾洪城斜睨了他一眼，反唇相讥。

还从来没有人敢这么对他说话，他一下子按捺不住了："你算老几？我不够格，有本事你来做？你小心点，最好不要踏入我们县半步。"

"怎么着？还想抓我？"

李长雄如热锅上的蚂蚁，豆点大的汗珠涔涔而出，连忙推推政委："你就少说两句，给兄弟我一个薄面。"

那政委哪里肯听，自己的面子丢尽了不说，把自己的县委书记面子丢了，那可不是个事儿，何况对方不就是一奸商吗？敢在太岁头上动土？于是蛮横地叫嚣："你试试！"

"嗨！"李长雄真的急了，踢了他一下。

那县委书记看李长雄这样子，心里明白了八九分，眼前这位无论从气质还是言谈举止，都不像商人。中国的商人嘛，哪怕是很有背景的商人，都唯利是图，在政府官员面前都是唯唯诺诺，一副奴才相，这位怎么看都不像。于是他小心谨慎地问："这位仁兄面熟得很，我这个政委呀，军人出身，脾气不好，请不要介意。"

接着，他扭头对李长雄说："今晚我埋单，你的朋友就是我的朋友嘛。"

顾洪城把客户经理叫过来："你们这里最低消费多少？"

客户经理说："4888元。"

顾洪城指指桌子上的茅台："酒水在内？"

"先生，这一瓶茅台就4000多呢。"客户经理笑着说。

李长雄暗暗叫苦，知道这顿饭搞砸了。

顾洪城站起来："老文，你吃不吃我管不着，我吃不起！"

顾洪城拂袖而去。

文守卫虎着脸，瞪了一眼李长雄，也跟着走了出去。

徐昌黎见状，也追局长去了。

李长雄瘫坐在椅子上："完了完了……"

县委书记也意识到问题严重性，便急急地问："他是什么人？"

"他是省纪委信访室主任顾洪城，顾主任。"李长雄有气无力地说。

县委书记感觉浑身乏力，咬牙指了指公安局政委，想说什么，却没有说出来。

（2）

尽管是四月，山里的夜晚很冷，吃过晚饭，支书就张罗着安排马旭东一行人的住宿。

马旭东说："那谢谢书记了，不过我们还要与老人谈谈。"

支书便叫那女人烧一堆火，自己找住宿去了。

谢天明的母亲洗了澡，换了干净衣物，吃了饭，精神好了很多，满脸堆笑，叫媳妇把家里的花生、核桃什么的，全部都拿了出来，颤巍巍地帮他们剥壳。

陈莉把拍摄谢天明的一些视频资料和照片放给老人看，老人边看边抹泪，喃喃地念叨着："感谢共产党，感谢毛主席，谢谢……他犯了法，你们对他还这么好……"

马旭东等三人听她这么说，心里都沉甸甸的。

陈莉问："谢老师（谢天明的父亲是乡村教师）是怎么过世的？"

老人一听，泪水"哗哗"地流下来……

交　锋

第十三章　天堂地狱

(1)

春节刚过，谢小婉返校的当天，谢天明被通知去省城开会。儿媳李文君第二天就把自己关在屋子里，也不吃饭，问她也不说究竟出了啥事儿。做婆婆的有些着急，以为他们两口子吵架了，就给儿子打电话，手机关机，到了第四天，手机还是关着，两个老人再也坐不住了，就催促儿媳李文君去县委问问。

李文君说："不用问了，县里都传开了，说他被'双规'了。"

谢天明的父亲一听，立即瘫坐在地上。

她把老伴搀扶起来，她虽然不懂啥叫"双规"，但意识到肯定出事了。老头子坐了一会儿，就朝外面走，说他去县委确认一下。

她问李文君："天明是不是出事了？啥叫'双规'？"

李文君说："就是被关起来了。"

她急了："他犯啥事儿了？"

"你问我，我问谁去？"

不久，县委来了个电话，说老头子晕倒了，正往人民医院送，叫他们赶快到医院。

谢天明的母亲和李文君赶到医院，老头还在昏迷中，正在急救室抢救。

医生说是脑溢血。

谢天明的父亲命保住了，但是右腿失去了知觉，依靠拐杖走路都困难。

沉默。

"最可怜的，还是我那孙女呀……"谢母脸上那深深的皱纹像干裂的橘皮，怔怔地望着火堆，自言自语。

陈莉问："你说的是谢小婉吧？她怎么了？"

"婶，你家又来客人了！"支书的声音从屋外传来。

大家都诧异扭头望外瞧，谢天明弟媳妇拿出手电筒走了出去。谢母颤颤抖抖地站起来，陈莉连忙扶住她。

支书领着文子平走了进来，文子平浑身湿漉漉的、脏兮兮的，脸上也有两道被荆棘划破的血痕。

谢母打量着他。

文子平看看屋里的人，目光落在谢母脸上。

谢母问："孩子，你是……"

支书指着谢母说："她就是谢小婉的奶奶。"

文子平愣怔了几秒，带着哭腔说："奶奶，我是子平啊。"

谢母像是很迟钝："子平？子平……"

文子平拉着她的手："文子平，我是文子平，小时候我经常到你这里来玩，你还记得吗？"

谢母依然疑惑地看着他，摇摇头。

文子平又说："我爸爸是文守卫，你记得吧？"

陈莉和杨阳大吃一惊，对视一眼，马上又把目光投向文子平。

谢母恍然大悟，喜滋滋地说："原来是你呀？坐坐，坐。"她颤巍巍转身，对谢天明弟媳妇说："给孩子弄些热水，先洗洗，再找几件衣服出来。"

文子平急切地问："奶奶，小婉回来了吗？在哪里呢？"

"没有啊。孩子，你见过小婉？"

文子平点头，焦急地说："没回来？怎么可能呢？"

陈莉指着马旭东、杨阳说："文子平，我和他是清水监狱民警，来了解谢天明家的情况。"

文子平伸出手与陈莉握手，又与马旭东、杨阳握手。

文子平坐在火堆边，表情颓然。

"究竟怎么一回事，能说说吗？"陈莉问。

杨阳扶着谢母也坐下来："孩子，小婉她怎么了？"

文子平低沉地说："奶奶，前些天我偶然遇到小婉，生病了……"

谢母万分焦急的样子："病了？什么病？好了么？"

文子平说："奶奶你别着急，她已经好了。她身份证掉了，又没有当地公安机关的证明，没法去探视谢叔叔。爸爸就叫我陪她去找她的户籍，然后开证明。可是刚刚要出门的时候，我妈回来了。我妈不知道给小婉说了什么，小婉就走了。我以为她回来了，所以就赶过来了。"

陈莉疑惑地问："找户籍？小婉不知道自己的户籍在哪里？"

"小婉说她被学校开除了，可能在学校吧？"文子平说。

陈莉转头看着谢母："奶奶，你继续给我们讲讲小婉吧。"

谢母点点头，神情一下子忧伤起来。

"造孽啊，小婉是多好的孩子啊，以前爱说话，那次回来像变了一个人似的，只晓得不停地帮我干活，一天到晚说不上两句话，问她呢，就是嗯嗯啊啊的，看着揪心……"

老人望着火堆，喃喃自语。

谢小婉跑回来了，她爷爷出院后，他们叫她回学校，她说请了假，等爷爷身体再好一些就回去。后来她对爷爷奶奶说，爸爸的事没个结果，她哪里有心思上学。

过了大约一个月，听县委人说谢天明涉嫌贪污，已被检察院逮捕。谢天明的父亲越发着急了，就同老伴商量，把房子卖了，把钱给他填上一部分，这样可以少判几年。

"可我那儿媳不干啊，就吵啊闹啊，让我们不得安宁。"老人边抹眼泪边说，呼吸也变得急促起来，"为这，小婉还跟她打了一架。"

陈莉给她抚抚背，轻声说："婆婆，你慢慢说，别急。"

老人喘息了一阵，继续说："这房子名字是老头的，老头坚决要卖房子，连同家里值钱的东西全卖了，加上老二（谢天明的弟弟）把家里的猪呀鸡呀粮食呀卖了些，一共是42万，全部交给了县委。我想，这下就好了，虽然啥也没有了，但是儿子可以出来了吧。我们三人就找了一家10块一晚上的旅馆住下，靠着老头子的工资生活，等消息。小婉让我们睡床，她没地方睡，就打了个地铺，二三月份啊，还下雪来着……

那日子，真比三年自然灾害还难熬……"

"那李文君呢？"杨阳问。

(2)

此刻，李文君正坐在客厅沙发上打电话。

"喂喂，我是房东。房子下月三号到期，你还租不租？租的话，每月租金涨200元……那不行，就这么定了，要继续租，最迟就把房租在这月底钱打在我银行卡上。"

李文君打开一个盒子，把一张房产证拿出来，翻开盯着户主一栏的名字——谢天明和李文君。谢天明三个字深深刺痛她的神经，她恨恨地说："这个老不死的……"

她阴着脸坐了一会儿，收起房产证，拿起手机拨打副总的手机，通了但被挂断。

李文君又打，又被挂断，她把手机狠狠摔在沙发上。不一会儿，手机叫起来，李文君拿起来看看号码，是副总拨过来的。

李文君生气地叫："你死哪去了？"

"姑奶奶，这么晚，你打什么电话，我在家里呢。"

李文君以命令的口气说："你马上过来陪我。"

"你这不是为难我吗？我现在还躲在厕所里呢。"

李文君威胁说："你过不过来？！"

"你不是怀上了吗？又不能干那事，我过来做啥子嘛？"

李文君发怒说："过来陪你儿子！"

"好好好，马上马上……"

李文君挂断电话，阴沉地笑，她摸着肚子，温柔地哼哼："儿啊，好好待着啊，你待住了待好了，我们娘儿俩就有钱赚。"

(3)

当杨阳问到李文君的时候，老人很气愤，语气也提高了一些："别提了，不知道跑到哪里去了……"

等待的日子很漫长。

老人心里琢磨，反正平常也没事，与其坐在屋子里等，还不如去捡些破烂，还可以卖几个零花钱。跟老头一商量，老头早有这个想法，说能捡就捡些吧，多给国家交一分钱，多减轻他一分罪孽。于是两个老人四处拾荒，小婉则待在屋子，帮他们做饭。

然而，似乎县城所有人都在议论谢天明的事儿，他们走到哪儿，哪儿都议论纷纷，大都一副义愤填膺的样子，不是大骂贪官，就是拍手称快。在外边遇到认识的人或者正在议论谢天明的人，他们都像老鼠遇见猫一样，赶紧逃离，一天到晚都东躲西

藏的。

"那过的是什么日子啊，走到哪里都听见人们在议论，天明真的有那么坏吗？真的有那么坏吗？"老人又喃喃自语，被柴火映红的脸上，镌刻着一直困扰着她的疑惑。

两个月后，谢天明的父亲和母亲把卖破烂的钱又送到纪委。钱不多，就53元3角钱，纪委同志问明情况后，都唏嘘连连。当时刚好省纪委主办谢天明案子的顾洪城也在，当时顾洪城还是第四检察室副主任，收了老人那53块多钱，但自己掏出200元硬是塞到谢天明母亲手中，说你们年纪也大了，身体要紧，他会向领导和检察院反映，争取在量刑上予以考虑。纪委的其他同志本来大多都是谢天明提拔的，都纷纷拿出一百两百的，一会儿就是1000多元。

谢天明的父亲一下子跪在地上，他们拉都拉不起来，老人倔强地向他们叩了三个头，起来把1000多元钱又交到顾洪城的手上，转身边抹泪边走了。

半年后，法院终于判决了，谢天明因受贿、贪污公款、挪用公款，被法院判处有期徒刑十五年。报纸上登出消息的当天，两个老人从外面拾荒回来，旅店老板正兴高采烈地提着一大卷火炮，大声喊："放火炮喽，放火炮喽。"

谢天明的父亲问："老板，今天啥喜事儿？"

"嗨，你不知道哇？大贪官谢天明终于被判，十五年，虽然有点儿轻，该枪毙，但也要老死在监狱里，活该，哈哈……"

城里大街小巷都陆陆续续响起了鞭炮。

旅店老板点燃了鞭炮，很多人都跑出来，像过年一样，脸上都洋溢着欢笑。

谢天明的父亲在鞭炮声中倒下去，再也没有醒过来。

婆孙俩趴在谢天明的父亲身上，一个劲儿地哭。

"小固县县城离老家有150多公里，怎么办啊？"老人说着说着就哭了起来。

第三天，谢天明的弟弟从老家赶了过来，说他在乡邻那里东借西借，凑了700多元，可连火葬费都不够。

儿媳妇也抹泪插话说："那时候不好借钱啊，你家都这样了，哪个还放心借给你嘛？我和老二跑了整整两天啊。"

旅店老板终于知道他们是谢天明的家人，也许是摆个尸体在他那里晦气，没客人来，也许联想到这大半年来他们的凄苦，引起他的同情心，便把他们的房钱退给他们，说赶紧烧了吧，这大热天的，再不烧都臭了。紧接着，老家的村支书也赶来了，协助把谢天明的父亲火化了，一家人抱着骨灰回到了老家。

"小婉呢？上学去了吗？"陈莉问。

"可怜这孩子，在老头下葬的那晚，她死活要守夜，我就陪着她，实在熬不住了，我就睡着了。第二天醒来，她头发白了一大片，唉……"老人深深地叹息。

叹息声似乎从一个很深很深的地方传来，若有若无地穿透每个人的心脏，搅扰得马旭东他们心神不宁。

文子平抱着头，身子微微起伏。

沉默。

"那后来呢？"陈莉问。

"她都这样了，也就没强迫她去上学，也没得钱。过了几个月，她留下一封信，说打工去了。这些年都没回来过，只是每一两个月给我寄点钱，天明写给她的信，都放在那里，都不知道怎么交给她。"老人说到这里，神情流露出担忧，"这几个月没有了消息，不会出啥事儿吧？"

"哦？"杨阳问，"怎么回事？"

"春节那个月开始，她没有给家里寄钱，也没有托人拿他爸爸的信，婆婆就担心了。"二媳妇解释说。

"汇款单上不是有地址吗？"陈莉问。

"汇款单上不是很详细，大概在省城、上海、广州，对了，又有次还是从内蒙古寄回的呢。"二媳妇说。

"你老公呢？"杨阳对她本来就没有好印象，于是带着责备口气问。

"我那口子，出去打工，工资没拿到不说，还受了伤，小腿断了，老板支付了几千块医疗费，跑了，没法子呀，只好回来，这不还躺在屋里呢，婆婆身体不好，这家里家外就我一个人，唉唉……这日子，真没法过了……"儿媳妇呜呜地哭起来。

"我也不怨二媳妇。"老人也听出了杨阳的责怪之意，"她也难，家里两个病人，孙娃子还在上高中。要不是天明有两个同事时不时寄些钱来，这家怕是，唉……"

末了，她感激地说："这世上还是好人多……"

文子平拉着谢母的手："奶奶，我明天一早就回去，我一定找到小婉，带她回来看你。"

谢母咧嘴笑："那……那感情好，好好……"

一行人心里更加沉重了。

"李文君呢？就没来过？"司法所长忍不住问。

"别提了，那是天明瞎了眼！"老人无奈而愤怒，"从来没有来过。"

"小婉没去找她亲生母亲吗？"陈莉问。

"其实，大媳妇人好，可好人命不长，车祸死了，天明才找的李文君。"老人幽幽地说，接着她似乎又在自言自语，"好好的怎么就出了车祸了呢？天明也是，那么好的工作，不愁吃不愁穿，生不带来死不带去，还要那么多钱干什么啊？好端端一个家，就这么给毁了，可怜我那孙女啊……"

（4）

谢小婉租了房子，简单打扫了一下，感觉特别累，躺在床上休息一会儿，百无聊赖，拿起手机胡乱看。

她喃喃地说："子平哥，怎么不给我打电话了？真不理我了吗？"

她坐起来，看看反锁的门。她下床，把门打开一个缝隙，朝外看，确信另外一个房客还没有回来后，走了出去。

走到另外那个房客的门口，停下脚步，侧耳听，没有任何动静。迟疑了一会儿，轻轻敲门，没有任何动静，她大着胆子使劲敲门，还是没有动静。

谢小婉失望地在房子里转悠了几圈，大吼了几声，失望地走回自己的房间。

（5）

文守卫追上顾洪城，见李长雄和徐昌黎一前一后急急忙忙追赶过来，便说："老徐，我陪顾主任走走，你们俩自便吧。"

李长雄和徐昌黎对视一眼，望着顾洪城和文守卫慢慢走远。

李长雄深深叹气，自嘲地说："老徐，还是你原来单位好，山高皇帝远啊！"

徐昌黎笑笑，不语。

李长雄又说："他们不吃，我们哥俩还得吃饭，是不？走，我们喝两杯去。"

徐昌黎摇摇头说："老李，我看算了吧，现在也没那心情，是吧？我先走了啊。"

李长雄目送徐昌黎招了个的士走了，心情低落到了极点，也没有了食欲，打电话叫司机开车过来，直奔监狱。这些年他养成了习惯，只要心里有事，就在监狱里转悠转悠，心情也就变好了。

就在这时候，杨天胜来电话，客客气气地报告说，何凯华局长把电话打到他那里，问他知不知道什么时候上工，还委托他帮打听一下。李长雄心头一咯噔，领导辗转向杨天胜打听，说明他已经很不高兴。他心里寻思，今天把合同也拿给文守卫看了，他也没有表示什么意见，看来何凯华说的是实情，文守卫不了解系统现状，贸然下令撤回外劳点，遭到各方面的阻力了。想到这里，他马上给何凯华打了个电话，表态说明天就上工。何凯华的语气还是以前那种领导兼哥们调子，还说，今年狱政设施改造经费会向清水监狱倾斜。

文守卫追上气鼓鼓的顾洪城，顾洪城阴沉的脸一下子满面春风，文守卫开玩笑道："有个谚语怎么说来着？早晨的天，婆婆的脸——说变就变。"

顾洪城反问："做个没心没肺的人，不好么？"

"嗯，有点意思。不过，再没心没肺的人，总要对付肚子吧，我们找个地方也没心没肺一下？"文守卫笑。

顾洪城环顾了一下，指着一家路边小食店："好，就那家。"

两人刚刚坐在一张小桌子边，文守卫的手机响了，刚接通，电话里传来刘蕊的责骂声："文守卫，儿子到现在没有消息，你咋就不关心呢？你像个当爸爸的吗？财政厅明天面试，你知不知道？"

文守卫说："我打了电话，打不通嘛……"

"打不通，打不通就……"

文守卫打断她说："我说刘蕊，子平不是孩子了，我们不要过多干预，好不好？"

"他多久能赶回来？"

文守卫有些郁闷："我咋知道？"

刘蕊蛮横地说："那就去找！"

文守卫看了一眼顾洪城说："咋找？再说我工作这么忙，我说刘蕊，你……"

"咋找？你手下不是有几万警察么？"刘蕊带着讥讽的口气嚷嚷。

文守卫来气了，直接挂断电话。

顾洪城问："嫂子？"

文守卫苦笑："不管她，我也做一回没心没肺的老公。"

两人对视，哈哈大笑。

文守卫的电话又响起来，是纪委书记洪文岭打来的，文守卫听着听着，脸色严肃起来。

（6）

二皮他们都出去了，连鲁本川也不知去向，吉牛马二也颇觉无趣。

谢天明从市医院回来后，马旭东安排吉牛马二看着他。一整天，不管他走到那里，监舍、楼梯、走道还是监区操场，他一会儿便愣愣地发呆。

他看看潘佳杰，又看看谢天明，关切地问："老谢，今天感觉怎么样？"

谢天明似乎没有听见，依然发呆。

吉牛马二也没再打搅他，爬上床，第一眼就看那把吉他。他把吉他放在枕头边，一会儿又把吉捧起来，左看右看，靠墙放在床中间，躺在床上望着天花板，也许是受到谢天明的影响，他也发起呆来，往事像陈年的电影一样，一个片段一个片段在眼前晃过……

秋天，满山红叶，吉牛马二坐在山岩上，抱着吉他弹唱。

春天，繁花似锦，公路上，吉牛马二边走边弹，偶尔一辆车呼啸而过。

夏夜，繁华的城市华灯初上，吉牛马二在街边弹唱，一些行人驻足聆听，不时有人把五元十元放在他面前的地上。

十几个警察突然出现，四面八方将吉牛马二包围起来。把他按倒在地，警察从吉他中搜出一包毒品。

一道闪电，紧接着一声巨雷，突然下起了瓢泼大雨。吉他被扔在地上，雨点打在吉他上，发出叮叮咚咚的声音。吉牛马二挣扎着伸出手，想抓那把吉他，但他被几个警察死死摁住，拖上警车，警车远去。

恍惚中，他似乎听见那把吉他的哭泣声，悠远、忧伤，如诉如泣。

……

吉牛马二坐起来，甩甩头，望着陈莉和杨阳给他的那把吉他。吉牛马二伸手去抚摸琴弦，迟疑，抚摸，下意识拨了一下琴弦。

吉他发出悦耳的声响。

吉牛马二忍不住将吉他抱在怀里，深呼吸，拨动琴弦。

悠扬的吉他在死气沉沉的屋子里弥散开来，谢天明和潘佳杰几乎同时站起来，抬头注视着吉牛马二。

吉牛马二情不自禁地低声弹唱，音声沧桑，低沉而忧伤。

谢天明凝视着窗外，痴痴呆呆的样子。潘佳杰则闭着眼睛，一只手打着节拍，身子左摇右晃，一副陶醉的样子。

李浩健、二皮和鲁本川等人走了进来。

二皮叫道："哟，开演唱会呢？"

吉牛马二一惊，吉他声戛然而止。他把吉他放在枕头边，躺下。二皮麻利地爬上去，一把拿过吉他，跳下来，胡乱使劲地拨打琴弦。

吉牛马二坐起来大声说："还给我！"

二皮把吉他扬了扬，问李浩健："老大，这玩意儿多少钱？"

李浩健说："少说也得几百块吧。"

二皮看着吉牛马二说："我说蛮子，你吃饱了撑着是不是？几百块，多贵呀，买方便面火腿肠，一个月都吃不完……"

吉牛马二直接从上铺跳下来，瞪着眼："还给我！"

二皮嘻嘻笑："哎呀，我玩会儿嘛。"

二皮使劲拍打琴弦，边走边乱唱："哥呀，妹妹呀……"

"还给我！"吉牛马二跟过来大声吼叫。

二皮挥舞拳头："老子偏要要要，咋的？"

二皮抱着吉他跑出去，边跑边胡乱拨动琴弦，还扯起公鸭嗓子胡乱唱："妹妹呀……哥呀今晚……"

吉牛马二从后面冲上来，挥拳砸在二皮的头上，二皮"哎哟"一声，倒在地上。吉牛马二抢过吉他，上上下下仔仔细细打量。二皮从地上爬起来，一把抓住吉他狠命抢夺。

吉牛马二紧紧抓着不放，双方都死死抓住吉他两端。

几个罪犯从监室走出来，远远瞧着，一个罪犯拍手喊加油。

刀疤脸走过来嘲笑道："二皮，你娃连一个老人都拉不过，废了废了。"

二皮咬牙，突然发力，吉牛马二被拉过来，但就是不放手。琴弦把吉牛马二的手掌勒破，鲜血流在吉他上。

二皮一惊，连忙松手。

吉牛马二仰面倒在地上，吉他飞了出去，从二楼掉在一楼操场上，碎成几块。吉牛马二从地上爬起来，趴在二楼栏墙上望。

吉牛马二愤怒地吼叫一声，"砰"地倒在地上，四肢抽搐，口吐白沫，昏了过去。

李长雄正好走进监管区前，看见里面的情况，勃然大怒，使劲拍打铁栅门。值班民警从值班室探出头来，看见是监狱长来了，连忙拿着钥匙板来开门。

李长雄虎着脸走进去，站在监管区操场上大叫："马旭东，马旭东！"

二楼上传来李浩健惊慌的报告声："报告警官，吉牛马二晕倒了！"

值班民警看了一眼李长雄，朝二楼喊："快，抬下来。"

马旭东等人从办公楼跑来，李长雄狠狠瞪了马旭东一眼，扭头就走。

李浩健和鲁本川等将吉牛马二从二楼抬下来，放在地上。

马旭东吼道："都他妈的吃饱了没事干？还愣着干啥，送医院！李浩健，集合。"

李浩健本来已经把吉牛马二背在背上，只好又把吉牛马二放在地上，跑到操场中央。

李浩健大叫："集合，紧急集合，紧急集合！"

马旭东似乎意识到什么，转身跑出去追李长雄去了。全监区罪犯排好队，可马旭东走了，现场只有三个民警，他们也不知道马旭东为什么叫罪犯紧急集合，你看看我，我看看你，又看看躺在地上的吉牛马二。

一个民警说："我带他去医院。"说着，叫了一个罪犯过来背着吉牛马二，朝医院跑去。

过了好一阵子，马旭东才回来，虎着脸，八成是被李长雄狠狠教训了一顿。他抬头看见罪犯们整整齐齐地站在监区操场上，诧异地问："咋回事？"

值班民警低声提示他："老大，你不是叫紧急集合吗？都等你呢。"

马旭东晃晃脑袋，恍然大悟，长长叹了一口去，挥挥手："散了，散了吧。"

他扭头朝办公楼走去。

值班民警跑过来，关切地问："老大，你是不是有病？"

马旭东瞪了他一眼："你小子才有病！"

值班民警一愣，吐吐舌头，转身跑回去，大叫："散了，散了！"

马旭东回到办公室坐着，沉着脸。刚才他追上李长雄，李长雄劈头盖脸就是一通训斥。末了说："其他监区都还保留着外劳工地，你可倒好，稳稳当当吃起皇粮来了。皇粮就那么好吃？我李长雄还没有吃皇粮呢。"

马旭东咕哝道："局里要求撤出所有外劳点，监狱也发了文件，你还在大会上讲了嘛。"李长雄瞪了他一眼："我怎么说的，我是怎么说的？尽快撤出外劳点，啥叫尽快？你不明白？其他监区都还保留着外劳点，就你马旭东精贵？你也是监狱的老人了，不要一天到晚跟陈莉他们瞎混。"马旭东来气了说："监狱长，你这话从何说起？我一大把年纪，跟陈莉他们混？"李长雄停下脚步："看着他说，老马，你我都是知根知底的人，你想想，监狱这么大个摊子，每年开支那么大，真没钱了，你叫我咋办？跟他文守卫要？我就给你一句明白话，只要局里不再追问，我们就要保留外劳点，狱内加工嘛，也做，做做样子嘛。"

这下马旭东犯愁了，当时撤出外劳点的时候，他把那些老板都开罪完了，现在又要搞外劳，这可怎么办？寻思了好一阵子，抓起座机，一个一个打电话，果不其然，都拒绝了。终于，一个外劳工地的老板数落了他好一阵后，才勉强答应，叫他明天就上工。

交锋

第十四章　机关算尽

（1）

　　陈莉第二天一早就给监狱长李长雄做了汇报，按照文守卫的指示，也给他直接做了汇报，并告诉他，文子平也赶来了。

　　李长雄什么也没说，只是叫他们尽快赶回来。

　　而文守卫把谢天明财产没收情况讲了一下，要他们做两件事：一件是找到李文君，说服她履行赡养义务，如果她不同意，监狱就代谢天明向法院提起诉讼；第二件事是尽快找到谢小婉；第三，到谢小婉所就读的大学了解当时她休学的情况，学籍还在不在，想办法让她继续读完大学。最后他还说，没有找到李文君了解情况之前，要谨慎一些，暂时不要告知谢天明的母亲。

　　陈莉把文守卫的指示又给李长雄做了汇报，李长雄说那就按照局长指示办。陈莉想了想，最好两个领导都不得罪，于是给李长雄提出，他们先回监狱，把了解到的情况给谢天明说说，做做他的思想工作，减轻他的心理压力，再想办法寻找谢小婉，请监狱教育改造科到谢小婉就读的大学了解她休学的情况，几头并进，都不耽误。

　　谢小婉从来不给奶奶和二爸写信，村子里只有支书家里安装了一部电话，她偶尔会给支书打个电话，问问家里的情况。但是春节前她就与家里中断了联系，以前的手机号码已停机，而现在的手机一直处于关机状态。

　　陈莉找奶奶要了一张谢小婉大学时代的照片，决定马上启程返回。

他们翻山越岭，从原路返回乡上，除了司法所长外，三人小腿僵直，每迈出一步，都牵引着整个腿部腰部的肌肉剧烈地疼痛，陈莉、杨阳，还有文子平的双脚打起了血泡，没多久就磨破了，每走一步都钻心地疼，但他们都没吱声，咬牙坚持着，一路上走走停停，速度明显比昨天慢了许多。可天公又不作美，飘起了小雨，在野草树林间穿行，不一会儿浑身都湿漉漉的，山路湿滑，更加难行，有几次陈莉差点跌下山崖。他们只好再放慢速度，猫着腰小心翼翼地试探前进。折腾了将近七个多小时，到达乡上已经将近下午五点。

这时，支书汗流浃背地出现在他们面前，边喘息边说："还好，终于追上你们了。"

"出了什么事情吗？"陈莉问。

"谢小婉打电话回来了……"

所有人都惊喜万分，异口同声地问："真的？！"

杨阳连忙在路边小商店给他买了一瓶水，说："支书，真谢谢你了！你怎么不打个电话，我给你留了手机号码的，看你跑得……"

支书大口喝水，然后说："我们那儿只有山顶有信号，山腰还要看地方，我打不通，估摸着你们已经到了河下，怕耽误你们赶路，就追过来了。对了，这是电话号码，是个座机号。"

文子平立即拨这个号码，没人接听，接连拨打了十多次，都无人接听。

陈莉说："很有可能是公用电话号码。"

"也好，至少知道她在省城。"杨阳建议说，"我都腰酸背痛的，特别是这双腿，已经不听使唤了，估摸着你们比我还严重些，就住一晚上，明天返程，怎么样？"

文子平说："我想连夜赶回去，我租了的士的，你们要不要一起？"

陈莉两眼放光："好，我们回吧。"

出租车在蜿蜒的乡村道上蜗牛一般地爬行，细雨绵绵，暮色袭来，原野又笼罩在一片雾霭中，车窗外的景致变得单调，偶尔一片油菜花一闪而过，在脑海里留下一片金黄的遗憾。

三人都累了，恹恹欲睡，坐在副驾驶位置上的文子平突然惊叫："小婉发来了短信！"

"啊？！"陈莉和杨阳异口同声，都从坐起身子来。

"说什么？"两人又是异口同声。

文子平说："她说她已经找好了住处，正在找工作，叫我不要挂念。"

"快打个电话。"杨阳说。

文子平拨谢小婉的电话，可是信号时有时无，文子平有些着急，对的士师傅说："师傅，能不能再快点？"

"小哥，在下雨呢。"

文子平不停地拨号，自言自语："没离开就好，没离开就好……"

司机问："女朋友？"

文子平迟疑了一下，点点头。

司机笑道："单相思吧？"

文子平扭头望着窗外，不语。

司机劝道："小哥，女人的事儿，还是别当真好。这年头，啥事都当不得真。"

陈莉和杨阳相视一笑，文子平苦笑。

（2）

第二天是礼拜一，陈莉和杨阳一早就来到监区。马旭东看见他们，老远对着他们笑。

马旭东快步迎上来说："杨阳，你回来得真是时候，我正愁着呢，你今天去带外劳。"

陈莉诧异地看着他，叫起来："老大，你没病吧？"

马旭东苦笑："没法子，昨晚被李长雄狠狠批判了一通，还说下个月我们自己挣一半的口粮。"

马旭东说着，转身就要离开。

"啊？！"陈莉拦住他，"老大，这可是顶风作案呀。还有，你看杨阳，都成瘸子了！"

马旭东看看杨阳："哟，唉……杨阳，这样，你先带出去，我处理完工作上的事情就来换你，好吗？"

杨阳不声不响地朝监管区走去。

陈莉叫嚷道："我反对……"

"他李长雄不反对，你反对，我也反对，有用吗？"马旭东愁眉苦脸，"这室内加工刚刚上线，又把人撤一半下来，我愿意呀？对了，陈莉，你今天顶在监控室。"

陈莉气恼地问："那谢天明的事儿不管了？"

"先放一放。"马旭东说完，匆匆走了。

杨阳带着几十个罪犯刚刚走出一大门。

一辆警车开过来，在他面前急刹停下来，洪文岭从车上下来。

洪文岭喊："杨阳，你过来一下！"

杨阳认识洪文岭，连忙跑过去，立正，报告，敬礼："报告首长，清水监狱一监区民警杨阳带罪犯出工，请指示。"

洪文岭还礼，命令道："带回去。"

"啊？！"

洪文岭严肃地说："啊什么啊，我命令你，把罪犯带回去！"

杨阳立刻眉开眼笑，向洪文岭敬礼，转身向罪犯高声下达命令："立正，向后转，便步走，回监！"

洪文岭目送杨阳带着罪犯走进二大门，转身朝监狱机关走去。这时候，李长雄带着班子成员，快步走出来，向洪文岭敬礼。

在监狱长办公室，洪文岭拉着脸坐着，李长雄不时忐忑不安地看看他。杨天胜和几个班子成员有说有笑进来，看看洪文岭和李长雄的表情，连忙找靠远一点儿的座位坐着。

杨天胜偷偷看了一眼洪文岭，又看了一眼李长雄，脸上掠过一丝阴笑，随即表情严肃，做出一副正襟危坐的样子，看着笔记本出神。

李长雄小心地说："洪书记，到齐了。"

洪文岭抬头看看每一个人，突然笑起来："你们都坐那么远？怕我？"

李长雄站起来招呼大家靠拢一些。

大家起身。

洪文岭脸色一沉："算了算了，心里没鬼，坐哪里都一样。"

李长雄一愣，尴尬地点点头表示附和，坐下来。

洪文岭单刀直入："李监狱长，外劳点撤回了吗？"

李长雄忙不迭地说："正在撤，正在撤……"

这时，局纪委干部走进来，把一份复印件递给洪文岭。洪文岭没有接，而是指指李长雄。

李长雄接过复印件一看，立即傻了眼，原来是那份外劳合同。他瞄了一眼，额头上沁出汗来，边擦汗边结结巴巴地说："洪书记，我我……"

洪文岭严肃地说："我今天来，受文局长的委托，代表局党委宣布对李长雄等干部的处分决定。罪犯鲁本川住单间，严重违反有关监管法规，局纪委按照党员领导干部违纪处理的有关规定，上报局党委和省纪委批准，给予李长雄行政记过一次，诫勉

谈话一次；一监区监区长马旭东，行政记大过一次。长雄同志，你有没有异议？"

李长雄站起来，嗫嚅地说："没……没有，没有异议，没有异议。"

洪文岭把处分决定给他："那你签字。"

李长雄站着在处分决定上签字。

洪文岭接着说："对马旭东同志的处分，由监狱纪委代表局纪委对本人宣布。文局和我希望你对这份合同做出书面解释，明天一早送到局里来。"

李长雄又擦擦汗："是是……"

洪文岭看着他说："坐吧。"

李长雄坐下来。

"长雄同志，我提醒你，必须无条件执行省局关于撤回外劳点的决定，否则，下一次我来，恐怕就不是宣读处分决定这么简单了。"

局纪委干部走进来，向洪文岭点点头。

洪文岭吩咐道："马上问问，我在这里等。"

局纪委干部走了出去，李长雄和其他人面面相觑。

杨天胜嘴角露出一丝轻笑。

（3）

今天是礼拜一，是一监区安排家属接见的日子。李文君一大早就驱车直奔清水监狱，她就住在谢天明那套未被没收的房子里，距离这里也就不到一个小时的车程。

想起从一个初中还未毕业的宾馆服务员，到现在省通讯公司人力资源部经理；想到第一个男朋友黄小伟到县委书记谢天明，再到现在这个省通讯公司副总经理的男朋友，还有最近交往的那个县委书记。跌宕起伏，硝烟弥漫，恍若经历了一场战争的洗礼。

谢天明被检察院收审后，家里的存款没了，她不得不回到县通讯公司上班。在这些与她名义上是同事的心目中，她是勾引县委书记的小妖精，看她的那种眼神总是怪怪的，很异样，有时候还很夸张；业务上她什么都不会，遭他们白眼，先后几个部门都向经理打报告要求换人。经理没法，含蓄地提醒她可以提前离职或者解除劳动合同，公司将补偿她一笔钱。正当她走投无路的时候，文守卫回来当了县委书记。她就去找他，在文守卫的关照下，她被安排在办公室搞接待外协，这倒是她的长项，把上级部门领导、兄弟单位、大客户伺候得妥妥帖帖的，渐渐的，全省通讯系统都知道小固县有个李文君。半年后，在接待省公司一个副总时，那副总喝醉了，把面若桃花的她按在床上。从此，要风得风，要雨得雨，不久，她就当上了办公室副主任。当年年底，她调往省公司，再后来，当上了人力资源部经理。

当然，这一切还与一个人有关，这个人就是张大新。在她最无助的时候，这个曾经的老板，总会拉她一把。也许是出于对她的歉疚，也许是出于对谢天明的感恩。

她又回到"谢天明时代"，只不过，以前的她就只是一个花瓶，花瓶再妩媚，也就是一个盛满空虚和哀怨的摆设，而现在呢，她尽管依然是花瓶，却是一个会奔跑的花瓶。跑遍全国，畅游天下，不管走到哪里，这个副经理的光环和那些令人肉麻的媚词，总令她陶醉和满足。

她越发坚信，女人在这个世界上就是男人的附庸，只要你长着一副姣好的身段，一张沉鱼落雁的脸蛋，再高贵的男人都会像狗一样舔着你的屁股。然而，红颜不可能永葆青春，一晃又是五年，原来青涩的苹果，已经熟透了，开始氧化了，再过几年，会惨不忍睹，干瘪无味，到那时，怎么办？总不可能当一辈子小老婆吧？每每想起这个，她就没有归属感，心烦意乱。她试图怀上副总的种，那副总从来不主动采取措施，但是就是怀不上。

有一次她问他，他"嘿嘿"一阵奸笑："我精子成活率只有20%，医生说典型的不育症，你也别妄想，我也不想惹麻烦，就这么着，不是很好吗？什么叫不羡鸳鸯不羡仙？就是我们这样的，想怎么搞就怎么搞，没有拖累。"

她几乎绝望了。

曾经也想找个正儿八经的男人结婚，于是便委托律师向谢天明提出离婚，谢天明不干，她要向法院起诉，律师提醒说，谢天明的女儿还在读大学，财产分割会有利于谢天明，建议她等一等。这一等不打紧，谢小婉不读书打工去了，谢天明的母亲患了糖尿病，而他弟弟又发生了意外，瘫痪在床，这个时候起诉离婚，财产分割将更有利于谢天明，加之这几年省城房价马拉松式的，"噌噌"往上蹿，这套八十多平方米的房子价值达到150多万。以前价值没这么大的时候没在意，现在可不是个小数目了。她暗中打听到谢天明在监狱里身体每况愈下，心里便打了小九九，这样下去，迟早死在监狱里，这套房产可能连谢天明都不知道，到那时候，不就是自己一个人的了吗？

春节后一个月没来月经，到医院一查，她大喜过望，竟然怀孕了。她翻手为云，覆手为雨，暗暗计划把副总、已经提拔为县处级的前男友和那个新交往的县委书记牢牢攥在手心里。你就是不跟我结婚，也得给我买一套大房子，甩给我几百万。而自己呢，有个孩子，人老珠黄了，心灵也有所寄托。这么一寻思，也就不在乎这套房子了，加之谢天明真不知道有这套房子的话，自己不就还白捡了一套房产么？抑或者再刺激他一下，突发个脑溢血什么的，岂不更好？

一个女子已坐在会见楼外椅子上，李文君有意无意间看了她一眼，有些诧异。这女子衣着虽然很朴素，浅灰色的夹克，浅灰色的牛仔裤，紧紧包裹着匀称腰肢，特别是那一对大奶子，挺拔有力，似乎要冲出乳罩衣服。中短头发，没有染色，像瀑布一般，在肩部戛然而止，尤其显得清纯。脸色有些黑，裸露在衣服外的身体部分略显粗糙，看得出来没打什么胭脂水粉，但是皮肤很润泽，鲜嫩如带着露珠的青草，给人一种返璞归真的冲动，典型属于"浓妆淡抹总相宜"那种的胚子。

李文君很自信自己是美女，但与眼前这位想比，她多少产生了自惭形秽的感觉。

李文君不住地打量她，引起了她的注意，她朝李文君笑了一下，恢复了先前的表情。

李文君这才发现，这位女子有一种淡淡的幽怨，也许来这里探视的人，都这样吧，自己不也是这样吗？就是想笑，也很勉强。

"你也是来探视的？"李文君忍不住问。

她点点头。

"唉……"李文君叹息，"你那位还有多久？"

"十一年……"那女子低声说。

"不知道猴年马月……等他们出来，我们都老了。唉，这么耗着，有啥意思？这日子……"李文君自言自语，有感而发。

也许是李文君的话触动了她，她动了动嘴唇，似乎想说什么，但还是忍住了。

李文君继续幽幽地说："其他且不说，背着个劳改犯、贪官的骂名，做啥事儿都不顺当，可一家人还得生活呀。如果有孩子，孩子怎么办？怎么抬头做人？"

这一次，她礼貌地朝李文君笑笑。

"离婚吧，然后搬个地方，要好一点。"李文君同情地说。

她还是笑笑，怔怔地望着湛蓝的天空。

这时，一位老民警来上班了，看见她俩，不由得怔了怔，喃喃地说："这些贪官的老婆怎么一个比一个年轻，一个比一个漂亮？"

这时，另外一个年轻民警上班来了，也看看她们，在他耳边低声说："社会上不是流传一句话么，极品美女都被……。"

声音虽然很低，但她们还是能听见，吴双双脸色一阵红一阵白，很尴尬的样子；而李文君却不依不饶了："怎么说话的呢？你们还像不像警察？你们投诉电话是多少？我要找你们领导。"

老民警连忙道歉："对不起对不起，我们不是针对你们，我马上给你们办理接见手续。"他接过李文君的证件，看了看，给她办了手续，"谢天明在住院，监区还要同医院协商，而且医院距离这里也要远一点，请你耐心等待一会儿。"

"谢天明住院了？啥病？"李文君问。

"这个我不清楚……下一位？"老民警忙着办理接见手续。

吴双双怯生生站在窗口，朝里面望。

老民警说："请把你的证件拿给我看看。"

吴双双连忙把身份证双手递给他。

"还有呢？结婚证或者户口本，当地村委会、公安机关的证明。"

吴双双低声说："我……我只有身份证……"

"啊？那你要探视谁？"

"潘佳杰，一监区。"

老民警抬头看看她："你是潘佳杰什么人？"

吴双双嗫嚅地说："我我……"她哀求道："警官大哥，帮帮我吧，这大老远的，我……"

"你不说实话，我们咋帮你？"

吴双双低头："我是他女朋友……"

老民警摇摇头："这……这可不好办了。"

吴双双一听，马上啼哭起来。

老民警于心不忍，说："要不，你去狱政科，找找领导试试看？"

吴双双破涕为笑，朝他深深鞠躬，朝外面走去。

（4）

杨阳刚刚将罪犯带回监区，马旭东正好急匆匆跑出来，老远就大声叫他。杨阳一拐一拐走过去，刚要解释，陈莉也跟着马旭东快步走过来。

马旭东说："走，到监狱一号会议室。"

杨阳问："这些人怎么办？"

马旭东指着那几十号罪犯对值班民警说："该上课的上课去，该休息的休息。"

杨阳走进监狱一号会议室里，三个局纪委干部都仰起头直视着他。

局纪委干部问："姓名。"

"杨阳。"

"性别。"

"男。"

杨阳一头雾水，待问道实质性问题，他才明白，原来是调查他搜出鲁本川3000元钱的事情，于是他实事求是地回答他们的提问。最后，他在询问记录上签字。

杨阳走出去，陈莉又被叫了进去，最后一个才叫马旭东进来。当他们要马旭东签字确认时，马旭东拿起询问笔录看，抬头看看纪委干部："会怎么处理我？"

"这个……我现在不能回答你。"

"大体说说嘛。"

一个干部说："纪律处分、降职、撤职、开除，都有可能。"

马旭东迟疑了一下，在笔录上签字。

在监狱长办公室里，洪文岭拿出一本书专心致志地翻阅，一言不发。

李长雄如坐针毡，不时偷偷瞟一眼洪文岭的脸；杨天胜拿出一支烟，看看洪文岭，把烟放在鼻子下闻闻，又放回烟盒；其他几个都一副事不关己、高高挂起的神态。

李长雄实在坐不住了，站起来："洪书记？"

洪文岭抬起头看着他。

"我……我出去一下……"

洪文岭冷冷地说："这才多大一会儿，就坐不住了？"

李长雄只好又怏怏地坐下。

洪文岭停顿了一下："有人举报，清水监狱清监，查出3000元钱，没有上交，你知不知道这个事儿？"

在座的都吃惊地望着李长雄。

李长雄浑身一颤，语无伦次："我我……"

这时，局纪委干部走了进来，将询问笔录放在洪文岭面前。

洪文岭说："说结果。"

局纪委干部迟疑地看着他："书记……"

"他们都是清水监狱党委成员，不要顾虑，说。"

局纪委干部说："基本可以确定，一监区民警杨阳搜出罪犯鲁本川匿藏的现金3000元，交给监区长马旭东。马旭东将现金放在办公室抽屉里，据马旭东本人交代……"

李长雄一阵哆嗦。

洪文岭看了看他："你怎么了？病了？"

李长雄连忙说："没没，没有……"

"继续。"洪文岭挥挥手。

局纪委干部接着说："根据马旭东本人交代，过几天归还给鲁本川。"

洪文岭脸色一沉："归还了吗？"

"没有，我们在马旭东的抽屉里，找到了3000元现金。"

洪文岭一拍桌子："简直无法无天！立案！马上给检察院协调，对马旭东采取强制措施。"

李长雄站起来："洪书记，是我……"

洪文岭盯着他："你有异议？"

李长雄犹豫了一下，深呼吸，望着洪文岭。

洪文岭站起来，逼视着他。

李长雄努力平抑了一下呼吸，低头说："是我给马旭东下达的指令，要他不要按照违禁物品处理，等过一段时间给鲁本川上在账上。"

洪文岭指着他，震怒："你！"

洪文岭走来走去，停下，又指着他："你！你呀！"

杨天胜脸上露出一丝得意的笑。

(5)

教育中心上课的女警走进教室，吓了一跳，能容纳两百人的阶梯教室，往日也就稀稀拉拉三四十个人，监区对罪犯上课都持应付态度，一般派十几个代表来做做样子；

而今天，黑压压一片，座无虚席。两个监区四个值班民警全副武装，分别站在教室四角。

女警刚刚走进来，所有罪犯瞪着滚瓜溜圆的眼睛，齐刷刷地盯着她。她有些迟疑，内心掠过一丝慌乱，但看见四个全副武装的民警，心里略微安定了一些。

她走上讲台，扫了一眼，迅速埋头照着教案给罪犯们读。

罪犯无心听讲，窃窃私语，教室里一片"嗡嗡"声。

二皮瞪着眼睛，色迷迷地在女警身上扫来扫去，小声对左右罪犯说："美女啊！好久都没见到美女了！"

刀疤脸正目不转睛地盯着女民警。

二皮凑过去，附耳低语："咋样？"

刀疤脸舔舔嘴唇："你看腰身！你看胸脯！啧啧……"

二皮假装呻吟："我受不了啦……"

周围罪犯一阵哄笑。

值班民警吼叫起来："干什么干什么，坐好，都坐好，不准讲话。"

教室里顿时鸦雀无声。

女民警抬头看了一眼下面的罪犯，大部分罪犯色迷迷地盯着她，她感觉那些眼睛像无数把剪刀，正在剪她的衣服。心里这么一想象，她越发害怕，余光中似乎有罪犯朝她舔舌头，她神经质大叫："流氓！全是流氓！"

女民警跑出了活动室。

众罪犯哄然大笑。

（6）

马旭东走进监狱长办公室，只有洪文岭和局纪委一个干部。洪文岭看着他，马旭东也看看洪文岭，立正，敬礼，然后隔着桌子坐在他对面，笑笑。

洪文岭还是看着他。

马旭东被他看得不好意思："洪书记，你这样看着我干吗？我又不是大闺女。"

洪文岭指指他，扭头，摇头，狠狠指点着他。

马旭东叹息一声，低沉地说："我知道，我违纪违法……我愿意接受组织的任何处分。"

洪文岭转头对纪委干部说："你也出去。"

局纪委干部走出去，关上门。

"为什么，这是为什么？"洪文岭看着马旭东。

马旭东低头，沉默。

洪文岭加重语气："我问你，为什么？！"

马旭东抬头，看着洪文岭："洪书记，李监狱长说了实话？"

洪文岭点点头。

马旭东感叹，眼圈红了："书记呀，李长雄也是迫于上面压力，才叫我给鲁本川搞单间，同样也是迫于压力，要我把钱上在鲁本川账上。"

"上面？谁的压力？"

马旭东犹豫了一下："我只知道何凯华。"

洪文岭沉默。

马旭东接着说："也许在你们眼里，李长雄有这样那样的问题，但是，我负责任地说，他还是清正廉洁。就在鲁本川来我们监狱改造之前，他还交给我300元，说是上面给的，让我请兄弟们吃顿饭。我问他，就300元？他说，很多，我没要，不收吧，情面上过不去。"

洪文岭沉吟，抬头问："你有烟吗？"

"有有。"马旭东拿出香烟，递给他一支，又给他点燃。

洪文岭抽了一口，捂住胸口咳嗽。

马旭东诚恳地说："洪书记，清水监狱现在还离不开李长雄。我就一个监区长，撤职了，监区长好找，但是一个监狱长不好找。"

洪文岭站起来，走到他面前，动情地拍拍他的肩膀："好，我知道了。"

马旭东起身告辞走了出去。

李长雄就站在门外的走道里，见马旭东出来，看了他一眼，马旭东正要跟他打招呼，他沮丧地摆摆手，推门走了进去。

洪文岭正在收拾文件。

李长雄说："洪书记，你还是指定一个临时负责人吧。"

洪文岭抬头瞪了他一眼："咋了？你要辞职？"

李长雄疑惑地望着他，结结巴巴地说："这……不是……我不是犯错误了……"

洪文岭提高声音，严肃地喊了一声："李长雄。"

李长雄立正："到！"

"我命令你，一个礼拜内将外劳点全部撤回！"

李长雄："是！"

杨天胜站在办公室窗边，望着洪文岭的车子远去，脸上充满疑惑。昨晚大约10点，副局长何凯华给他电话，说局里刚刚召开了紧急会议，今天洪文岭要来，而且要暂时停止李长雄的职务。可怎么临时就变卦了呢？究竟哪个环节出了问题？他左思右想，还是理不出个头绪来。

（7）

李长雄走了进来，后面跟着办公室主任，他看见马旭东还在他办公室，朝他点点头，李长雄转身，对办公室主任说："你马上通知各监区，明天起，全部撤回外劳，让他们自己与工程方协商撤出善后事宜。"

办公室主任转身小跑出去。

李长雄招呼马旭东坐，拿出一包中华，说："老伙计，我这次怕是……"

马旭东接过烟，自个儿点上，狠狠吸了一口，吐出，长长吁了一口气，才说："我把一切都给洪书记讲了，包括……包括你收那300元钱的事情。"

李长雄眼圈红了，正要说什么，马旭东的步话机叫起来，是陈莉的声音。陈莉要他到会见中心来一趟，说李文君要跟谢天明离婚。

马旭东立即站起来。

李长雄拍拍脑袋："哎呀，文局长对谢天明的改造工作有指示，你看我这记性，这样吧，你去跟陈莉、杨阳他们商议一个方案，啊！"

马旭东点头，跑了出去，但马上又跑了进来说："老大，你看潘佳杰的事……"

李长雄指指他，笑道："你呀！好吧，解除禁闭。"

马旭东立正，敬礼，大声说："是！"

他走出监狱长办公室，边走边用步话机安排民警立即让潘佳杰到狱政科办理解除潘佳杰的禁闭手续。

杨天胜坐在办公室在发呆，教改科长敲门进来。

杨天胜不悦地问："啥事？"

教改科长焦急地说："杨监，几个女民警都不敢给罪犯上课……"

杨天胜劈头就是怒批："这点小事来找我？"

教改科长愣了愣，转身往外走。

"等等……咋回事？"杨天胜眼光一闪，叫住他。

教改科长转身回来，说："现在各监区是外劳和室内加工的转换期，罪犯收监后，室内加工任务不饱和，所以各监区就把罪犯带去上课学习，这本来是好事，可是我们教育中心女警一时之间不太适应。今天有个女警哭着从课堂上跑了出来，受她的影响，其他女警有情绪，纷纷要求调离教育中心……"

杨天胜脸上闪过一丝诡笑，点上一支烟。

教改科长建议说："要不，还是换成男民警？"

"让女警给男犯上课，这可是文局长提议的！"杨天胜在房间里踱着步，"对了，一监区不是有一个现成的专家级人物吗？为什么不让她试试？"

教改科长一时没有反应过来："专家？谁是专家？"

杨天胜指点着他："你这脑袋怎么就不开窍呢？不就是我们监狱的陈大美女吗？"

教改科长有些担忧，质疑道："这能行吗？去给犯人上课的女警们可都是已婚女人了，她们都受不了那种气氛，陈莉会受得了？还有，马旭东……"

杨天胜打断他："你给马旭东说，就说是我说的。"

第十五章　沦落风尘

（1）

李文君焦急地等待着，不时张望，接见室那边突然传来"砰砰"的声音，所有接见的人都"唰唰"站起来，追寻着响声。她也跟着跑过去，原来是一个罪犯使劲地用头撞击玻璃，双手也同时拍打着玻璃，面目狰狞地哭着，嘴巴不停地一张一合，虽然听不见他的哭喊，但可以想象他此刻必定是在鬼哭狼嚎。

几个看守的民警冲进去，七手八脚地把他拉开，按在椅子上，其中一个民警边说边比画着，但是他依旧还是一副要死要活的样子，于是一个民警拿出铐子给他拷上，架了出去。

罪犯的家属也是一个年轻的女子，静静地坐在原地，默默流泪，像一支带雨的梨花，人见人怜。

李文君走过去，扶她到大厅椅子上坐下。

一个民警走了过来说："鉴于你丈夫情绪失控，监狱决定中止接见。"

女子抽泣着说："警官，我和他能……面对面谈谈么？隔着玻璃说……说不清楚……"

"这个要根据他的表现来定，如果他下个季度表现很好的话，可以申请亲情会见。"

民警说完离开了。

李文君心里掠过一团阴影，不知道谢天明一会儿是不是这样？

然而，让她没有想到的是，谢天明很平静，很通情达理，跟第一次律师讲的简直就是两个概念。他木讷，说话含混不清，一副老态龙钟的样子，让李文君多多少少有些内疚。

在李文君的请求下，民警又再一次确认谢天明同意离婚的意见后，他俩在亲情会见室一张小圆桌子相向而坐。李文君把早已拟好的协议离婚书拿出来，放在他面前。

谢天明手很抖，几乎握不住笔，他用左手握住右手的手腕，想使右手稳定一些，但却更抖了，他只好整个身子伏在桌子上，吃力地画着自己的名字，好不容易画了个"谢"字的言旁，额头上的汗水一滴一滴地掉在桌子上，整个身子抖动更厉害，根本无法继续写下去。

"我……我我……按手指印……指印……"他喘息说。

民警打开印泥盒，就在谢天明即将按上去的那一刻，马旭东和陈莉急匆匆地走了进来。

马旭东说："谢天明，等等！"

（2）

一夜的小雨，谢小婉迷迷糊糊的，不知自己什么时候才真正睡着了，一觉醒来，拉开窗帘，已经是日上三竿，看看时间，都将近中午一点了。她伸了个懒腰，依旧是哈欠连连，一副无精打采的样子。

"咦？"她有些诧异。

隔壁的院落里，一棵巨大的樱花树正争奇斗艳，摇曳生姿，花瓣铺了一地。她油然而生怜惜和悲凉的情绪，花瓣像冤魂，抑或如同缥缈的仙子零落在残砖断瓦上，楚楚可怜。原来，这是一个即将要被拆掉的院落，小巷的围墙上写满了带圆圈的"拆"字，不时有人在"拆"前加了一个歪歪斜斜的"不"字，或者后面加了两个字"你妈"，更显得这里凌乱不堪。

"樱花，美丽而圣洁的樱花……地狱……仙子……天使……"

她重重地叹息……

去年春节前夕，在外漂泊了五个年头的她，终于决定回老家去看看奶奶和瘫痪在床的二爸，春节后再去看看爸爸，然后继续她飘摇不定的打工生涯。大年二十九晚上，她终于辗转来到家乡的省城，心想老家只有镇上才可以取钱，于是决定把银行卡上的几千块钱取出来带回去交给奶奶。为了少花钱，她找了一家最便宜的小旅馆，20元一晚，一个房间八个地铺。她太疲劳了，沉沉地睡到第二天，醒来时发现所有的钱都不见了，她发疯似的求同室的旅客，大家都摇头，纷纷打点行装，像躲避瘟疫一样，风一样消失了。

她找到旅店老板，老板指指墙上的提示——"贵重物品妥善保管，遗失本店概不负责"，冷漠地看着她。她泪水流干了，在大街小巷漫无目的地走，走累了，就坐在凛冽的雪风中发呆。夜深了，她瑟瑟发抖，又饥又饿，这时，一个中年女人走过来，看了看她，又用手电筒照了照她的脸，问："妹子，找不找工作？包吃住，800元保底工资，春节期间保底工资翻倍，外加提成。"

"真的？"她热切地问。

那妇人把她领到金帝大酒店夜总会，她明白了，所谓的工作就是陪喝酒。她不干，扭头便走。

经理叫住她说："你饿了吧，也没住的地方，这样，你呢，先吃点东西，就在我这里沙发上将就住一晚上，明天你愿意留下来就留，不愿意你走就是了。"

她犹豫了，但最终还是点点头。

在她狼吞虎咽吃方便面和面包的时候，经理凑了过来说："小妹子，我一看你就是个好姑娘，你一定是遇到了变故才落得这个样子，但是，做我们这一行的不一定就不是好姑娘。这几年我们这个行业管理很规范，明码实价，不欺骗顾客，也绝不为难和欺骗小妹，防疫工作做得都很好，在我这里工作的小妹，还没有一个患病的。说实话吧，我这里有大学生、城市白领，都是些有知识有修养的丽人儿，晚上来上班，没人知道，也无从知晓，白天她们回归自己本来的角色，既赚钱又不承担什么风险，何乐而不为呢？春节期间人手紧，要不然我真不会收留你。好了，不打扰你了，早点休息吧，啊！"

第二天，看到窗外飞雪连天，她屈服了，对经理低声说："我愿意留下来……"

经理说："那好，保底工资800，春节这七天加倍，每次客人小费200，不能多收，就是客人多给了，也要立即交到柜台，由柜台返还给客人。违反规定从保底工资中扣，扣完就走人。"

当晚，她接待了第一个男人。那男人一身光鲜的衣服，言谈举止文质彬彬的样子，没有多余的话，进去就脱得赤条条的，把她也剥得一丝不挂。她咬牙强忍着剧痛，过了好久他才完事。

临走的时候，他把皮夹子里所有的钱都翻出来，全部甩给她。等客人走后，她一拐一拐地走到柜台，把钱如数交了。

她还是在刚才那张床上睡着，一闭上眼睛脑子里就浮现刚才那一幕，呕心、羞

辱、悔恨、彷徨……好不容易挨到深夜，她来到大厅沙发上睡，迷迷糊糊间，爷爷去世时那一幕不断地在脑海里闪现……

爷爷倒下去，脸色发紫，抽搐了几下，就没动了。

她趴在爷爷身上，撕心裂肺地哭喊。

爷爷突然醒过来，睁开眼睛，抓住她。

她把爷爷抱在怀里，哭泣地说："爷爷，你别吓我啊……"

爷爷断断续续地说："婉儿……记……记住，你别……别学你……爸爸，就是捡垃圾，回老家……种地，都比他……幸福……"

她使出全身力气点头，随后，泪眼蒙眬间，她看到爷爷笑了，脑袋一歪，再也没有醒过来。

爷爷死了，眼睛还是半睁着。

奶奶后来说："那是他在这个世界还有未了的心事……"

谁都知道爷爷的未了心事，那就是放心不下爸爸。

现在，她将变成一个不顾廉耻的女人，她觉得辜负了爷爷临死的叮嘱，怎么面对爷爷的坟茔？面对家人？又怎么面对同学朋友？

"睡不着？"一个姐妹走过来，坐在她对面问。

她也坐起来，低头不语。

她给她一支烟，见她摇头，自己便点燃一支："我大学毕业后，找了个工作，一月也有2000多元，除去房租水电吃饭，也剩不了几个，典型的月光族。"

她深深地吸了一口，大口吐出烟雾："老公是我大学同学，我俩都不是省城的，没有房子，就租了一套结婚。现在房价真疯了，好不容易凑够了首付，一犹豫，一个月房价就上长了1000多。国家不停地在宣传抑制房价，我们想就等等吧，连政府都讲话了，房价一定会跌，到时候再买。半年后，房价不仅没跌，反而继续在上涨，从五千多一下子上扬到一万左右。"

谢小婉默默地听着，没有表情。

"没房子就不敢要孩子。老公一咬牙就去海南淘金去了，我留守。白天我上班，晚上我就来这里兼职，不为别的，就为能早日买套房子，也为老公减轻一点压力。"

"他知道吗？"谢小婉问。

"不知道。"她幽幽地说，"我开始也觉得自己贱，但是，看到老公辛苦奔波的样子，我心痛啊……再干半年，等我凑够了钱，我就不干了，生孩子，养孩子，跟老公好好过……"

"我也像她一样，干半年就不干了……不仅可以治好奶奶和二爸的病，说不定……还可以继续把大学读完……"她这样想。

(3)

她浑身乏力，差点倒在地上，她摇摇晃晃回到床上，靠着床头坐着。阳光从破旧的窗户投射进来，被撕裂成不规则的光柱，映照在墙体上，明晃晃地刺激着她的神经，墙面的斑驳格外清晰，像一个人残破的心绪被晾晒在阳光下，迷离而彷徨。

一转头，又望着那棵花枝招展的樱花树的顶端。

"我要是有钱了，把她买下来，移栽到爷爷身边……"她这么想，继而又摇摇头，觉得是天方夜谭，神马浮云，"那就栽一棵梧桐树吧？传说中的凤凰只是吃梧桐叶子……"

她又想起爷爷给她讲浴火凤凰的故事：

从前，在鸟儿里面唱歌最好听的是百灵鸟，有一天百灵鸟生病了，森林里失去了优美的歌声，鸟儿们想尽了各种办法，都没能让它好起来。百灵鸟奄奄一息，吃力地说："人世间最漂亮的是烟花，如果我能看一次烟花，也许我的病就会好起来。"

鸟儿们谁都没有见过烟花，也不知道去哪里找。有一只其貌不扬的小灰鸟，飞到了神仙那儿，求神仙为山林里放一次烟花。神仙说："只有用地狱之火做引，才能放出美丽的烟花。我送你到地府，去求求阎罗王吧。"小灰鸟到了地府找到阎罗王，求他为山林里放一次烟花。阎罗王说："可以，不过要用一样东西来交换。"小灰鸟问："用什么东西换呢？"阎罗王说："你的生命。"小鸟想了想，它觉得百灵鸟的歌声太美了，森林如果失去歌声，就会失去快乐，而自己不过是一只不起眼的小灰鸟而已。于是点头同意，阎罗王说："如果你看到一团火球飞进森林，你就扑过去，这样森林里面所有的鸟儿都会看到烟花了。"这天晚上鸟儿们果然看见了一团火球冲进森林，火光照亮了天空。接着，鸟儿们又看见一个灰色的身影，冲进了火球，瞬间就被火球吞噬。

接着，它们看到了这辈子看到的最美丽的景象：五颜六色的烟花！鸟儿们欢呼起来，百灵鸟的病也一下子好了，森林里又响起了悠扬而欢快的歌声。就在这个时候，从火光中飞出一只金色的大鸟，她就是那只小灰鸟，她重生了，变成了火凤凰。

"我不正是在炼狱中被烈火焚烧着吗？我会是那只小灰鸟吗？有一天，我也会变成火凤凰吗？"她想到这里，痴痴地笑了。

她下床，搬了一把椅子，坐在窗户边，定定地望着樱花树出神。一阵风吹过，片片樱花纷纷离开了养育她的枝丫，在风中翩跹起舞，旋即跌落在地上。一片花瓣随

风而来，摇摇摆摆地飞过窗户，跌落在她面前。她小心翼翼地拾起来，花瓣还带着昨夜的雨露，粉红的色彩，娇艳欲滴。她站起来，把花瓣丢在窗外的风中，自言自语地说："去吧，等到明年，你重生的时候，将更加美丽。"

"我的重生之日是哪年哪月呢？"她想到自己，落寞的情绪又在心里渲染起来，惶惶不可终日的感觉又充斥着她的每一条神经。她实在不想陷落在这种悲伤中，于是想出去走走，转移一下注意力。

"还是去找找工作吧。"她自言自语。

（4）

谢天明愣怔地看看马旭东，把手指缩了回来。

"警官，结婚自由，离婚也自愿，你们是执法者哟。"李文君很不满意地斜睨着他。

马旭东在谢天明身旁坐下来，打量着她："喔，珠光宝气的，你日子过得不错嘛。"

李文君脸色愈加难看，强压住火气说："我是来找谢天明离婚的，没工夫跟你闲扯。"

"好，我们言归正传。我们无权干涉你跟谢天明离婚，但是他现在是我们监狱监管对象，也就是说我们是他的监护人，必须对他负责。"马旭东说着，把那份离婚协议书拿起来认真地看，看完后，扭头对谢天明说，"你不能在这上面按手印。"

李文君心里一凛，一种不祥之兆油然而生，但她依旧装出一副若无其事的样子，语气强硬地说："怎么？难道你们监狱真要干涉婚姻自由？"

"谢天明，我昨天才从你老家返回来……"陈莉说。

李文君立即打断她："警官，我的时间很宝贵的，我再次提醒你。如果你再闲聊与我们无关的事，我保留投诉的权利。"

"李文君女士！"马旭东严肃地看着她，"你愿意听，就坐在这里，不愿意听，你可以出去逛逛，半个小时后再回来。至于你和他离婚还是不离婚，我们不会干涉一丝一毫。"

"马监……谢谢……我妈她好吗？小婉在家吗？二弟他们……"谢天明急切地问。

马旭东很犹豫，如实告之谢天明家里情况是有风险的，但这个风险究竟有多大，他心里没底，他求助地看着陈莉。

李文君站起来，犹豫了一下，又坐下。

谢天明似乎意识到什么，脸上流露出忧郁的神情："马监，你放心，其实我早有所预料……只是……"

陈莉朝马旭东点点头。

"你父亲已经过世了……"马旭东咬咬牙，终于下决心实事求是地告知他。

谢天明仰起头，望着天花板。

"你母亲患有严重的糖尿病……"陈莉也很小心，试探着一点一点告诉他。

谢天明依然望着天花板，只是双手手指绞缠在一起，用力相互又捏又抓。

陈莉观察他的表情："你二弟外出打工受伤，瘫痪在床……"

李文君感觉背心发热，脸上发烫，打断陈莉："你们说这些有什么用？难道就是不让谢天明与我离婚的理由？哼！谢天明，你换个角度想想，我才多少岁？28岁啊，你出来时候又是多少岁？我守活寡也没啥，难道我李文君连孩子都不要一个？话又说回来，我凭什么替你守活寡？我一个如花似玉的小姑娘，伺候你这老头这么多年，也够意思了吧？"

虽然她说得振振有词，但还是可以感觉到她说这话底气明显不足，有点歇斯底里。

"你住嘴！"谢天明突然对着她吼。

李文君显然被他狰狞的表情吓了一跳，把头扭向其他地方。

马旭东拍拍他的后背："还有小婉……"

他突然打住不说。

谢天明看着她，像一只被赶出家门的狗，乞求地望着主人。

"春节前与家人失去联系，不知道发生了什么事情。不过，我们可以肯定，她就在省城，李监狱长指示我们，尽快找到谢小婉的下落。"马旭东说。

谢天明摇摇晃晃地站起来，向马旭东和陈莉深深鞠躬，嘴唇剧烈地翕动着，却说不出话来。

马旭东扶着他坐下，拿出烟，递给他一支。

谢天明沉默，只顾狠狠地吸烟，把一支烟抽完，毫无表情地对李文君说："我同意离婚。"

李文君大喜，忙把协议书扶正，并指指他要按手印的地方。

"我还没有说完呢。"马旭东把谢天明的手按住，"你妻子从来没有回去看望过婆婆……"

"马监，别说了，我明白的，所以我还有啥想头？"

"你知道法院没收你财产的具体情况吗？"

李文君额头冒出了汗珠，而谢天明的脸色则阴晴不定地看着她。

"当年主办你案子的顾洪城顾主任，鉴于你家庭具体情况，请示省纪委领导后，与法院沟通，把省城那套房产留给了你，还从没收的现金中返还了一万元作为小婉大学的学费和生活费，可这些东西在离婚协议书上都没有。"马旭东盯着李文君说。

李文君目光闪烁，神色慌张，吞吞吐吐地说："我……我还有点事，谢天明，我……找律师来跟你谈。"

李文君说罢，起身欲走。

"等等，我把我们监狱的意见转达给你，我们要求你立即履行赡养婆婆的义务，否则，我们监狱将代谢天明向法院起诉。当然，你也可以与谢天明协议离婚，协议分割财产。"陈莉严肃地说。

李文君垂头丧气地地走了。

"谢谢，谢谢……"谢天明激动得语无伦次，"小婉……小婉……"

"你放心，我们一定找到她。"陈莉本来想把谢小婉辍学打工的事情告诉他，但转念一想，就这些事儿都够他受的了，还是缓一缓，别让他产生过大心理压力。

马旭东、陈莉还有值班民警带着谢天明回去，陈莉想到监控室没人值班，匆匆回去了。

（5）

潘佳杰已经被带回了监区，正在值班室附近张望。他知道这是马旭东努力的结果，要不然自己至少在禁闭室待上七天，他寻思着看见马旭东，当面表示一下感谢。

马旭东刚刚进监管区，潘佳杰就迎上来，向他鞠躬。

马旭东朝他招手，潘佳杰走过去。

"你看着他点。"马旭东朝谢天明努努嘴。

潘佳杰连连点头，快步跟上谢天明，扶住他，慢慢朝楼上走。突然，他听见二大门外有人在叫喊他的名字。

潘佳杰停下来，转身朝四处张望，侧耳听听，声音从二大门外传来。他睁大眼睛，大叫："有人叫我的名字！"

马旭东左脚刚刚迈过监管区大门，也觉察到异样，便停下来，朝二大门方向张望。

潘佳杰突然大叫起来："是双双，双双，双双！"

他看见监管区大门还没来得及关，亡命地冲出监管区大门，朝二大门跑去。

哨楼的武警立即拉响了警报，警告声响起来："不准动，再动我开枪了！"

马旭东愣怔了一下，大声喝止潘佳杰，跟着追了过去。

吴双双找到狱政科，无论怎么解释，怎么哀求，狱政科民警就一句话："对不起，法律有规定，你不符合探视条件，我们也爱莫能助。"

吴双双绝望地背着旅行袋，从监狱办公楼走出来。她回头望望二大门，眼泪"唰唰"地流淌。

吴双双突然朝二大门奔去，使劲锤击二大门，扯开嗓门哭喊道："潘佳杰，潘佳杰，我来看你了，你听见了吗？潘佳杰，潘佳杰……"

值班民警跑出来拉住她："监狱重地，不准喧哗！"

吴双双继续拼命地喊叫，几个民警跑来，连拉带劝。吴双双倒在地上，就是不起来，号啕大哭，大声叫着潘佳杰。

一些会见的家属都停下来，有的朝这边走来，有的在办公楼前观望，还有的站在一大门外张望，还有监狱外的行人也驻足看热闹。不一会儿，监狱外大门就集结了几十号人。

李长雄和办公楼的民警闻讯跑出来。

武警防暴队实枪荷弹迅速集结，在外围和二大门外形成包围圈；监狱特警队手持盾牌和防暴警棒，在二大门外形成一道防线。

李长雄跑过来大声问："发生什么事情了？"

武警中队中队长跑过来，立正，敬礼："报告，我们接到哨楼报警，有人企图越狱。"

吴双双被吓坏了，也不喊了。这时候，二大门内传来隐约的号叫声："双双，双双……"

吴双双听见了，又歇斯底里地叫喊："潘佳杰，潘哥，我是双双呀……"

李长雄果断下令："立即采取强制措施，送她到会议室休息！"

两个特警跑过来，将吴双双强行拉起来架住，向监狱办公楼走去。

潘佳杰边叫边拼命捶打二大门铁门，铁门发出"咚咚咚"的响声。哨楼武警移动枪口，瞄准潘佳杰。

马旭东跑过来抓住潘佳杰，吼道："你不要命了？"

潘佳杰发疯一般，推开马旭东，继续边喊叫边敲打铁门。马旭东冲过去，抓住他的后领口，使劲一拖，将潘佳杰拖倒在地。其他几个民警跑过来，牢牢将潘佳杰按在地上。

潘佳杰挣扎着号叫："几年没来一个亲人，双双来了，你们还不让见，天啊，还有没有公理，你们还有没有人道……"

（6）

求职现场人山人海，如蚂蚁群搬家一般，高举着简历，四处乱窜。有的像发小广告一般，只顾把简历一一投给招聘单位，招聘单位的桌子上堆得像小山一样。

谢小婉被人流推来推去，费尽力气，终于挤到一家招聘公司台前。一个身材像大水桶一样的、胖脸却浓妆艳抹的女职员正忙不迭地收简历。一个帅气的大学生将简历递上去，女职员看也不看一眼，将简历随手放在"小山"上。

大学生稳住身形，朝女职员抛个媚眼："美女，我可是双料本科生哟，你看看，看看嘛。"

女职员不理睬他，只是说回去等通知。

大学生不甘心，献媚地说："美女，我是学人力资源管理的，管理学学士，英语七级，最好能在管理岗位；不能干管理，做个打字、收发信件的文书也行；不能当文书，打杂，给您打杂也行，扫地、端水，给您抹桌子……美女，行不？"

女职员抬头看看他，嫣然一笑："这个嘛……"

大学生满眼热切地望着她。

哪知她脸色一沉，换成一副冷冰冰的样子："我不能违反公司纪律！"

大学生沮丧地抱怨："妈呀，还是古代好，割了就能当公务员。"

周围一阵哄笑，有人高叫去医院割了。

女职员笑道："割了更没人要。"

周围又是一阵哄笑。

谢小婉心里凉了半截，随着人流挤出来，晃眼间看见金帝大酒店酒吧经理也在招聘，于是狠命挤进去，朝他拼命招手："经理，经理……"

经理在打瞌睡，睁开眼睛，看见是她，立即眉开眼笑。

谢小婉嘲笑道："经理，都找到人才市场上来了哈。"

经理恨了她一眼，指着招聘信息牌子。

谢小婉低头看，念道："客房部招聘服务人员，待遇面议。"她抬头看着他，试探地问："你看我行吗？"

经理打了一个哈欠，一副恹恹欲睡的样子："填表，填表。"

旁边一个工作人员马上递给她一张表。

谢小婉看看表格，抬头看着他："我身份证掉了，怎么办？"

"哎呀，都是熟人啦，知道啦，知道啦。算了算了，拿回家填好，明天来上班的时候交给我。喂，你可不许不来，我这一个钉子一个眼的。"经理站起来，伸了个懒腰。

旁边一个漂亮女子不满地嚷嚷："嘿！你们讲关系啊，我大学文凭，学酒店管理专业的呢！"

经理无奈地瞧瞧她说："好好好，她的资料，拿上。"

谢小婉挤出来，高兴得直跳。经理踮起脚，看着她消失在人群中，说："收摊，收摊，这鬼地方……"

女子莫名其妙地看着他："老板，咋的了，你看看我的简历嘛。"

谢小婉一走出人才招聘市场，手机就叫起来。

谢小婉看看号码，是文子平打来的，脸上的兴奋消失了，她坐在街边的花台上，看看手机屏幕，耳边又响起刘蕊不阴不阳的声音："这孩子真不让人省心，财政厅多好啊，离家近，工作轻松，待遇又好。这人一生就三件事重要，一是考个好大学，二是找个好工作，三是找个好伴侣。工作不找好，那以后怎么谈女朋友呀？小婉呀，你和子平是娃儿朋友，多劝劝他啊！"

谢小婉望着车流、人流，任凭手机嗷嗷叫。她有些恍惚，匆匆走过的行人都放慢脚步，奇怪地看看她。一个清洁工阿姨走过来，关切地问她，谢小婉这才回过神来，干脆把手机关掉。她站起来，看到街边就有一家移动公司营业部，大步走过去，买了一张手机卡，把原来那张卡，扔进了垃圾桶。

（7）

李长雄下令："开A门！"

二大门A门徐徐开启。

李长雄大步走了进去，特警紧随其后。当一行人进入A门后。"关A门，开B门！"李长雄大声说。

A门关闭，B门徐徐开启。特警一拥而上，将潘佳杰团团围住。

李长雄看见了马旭东，大声喝问："马旭东，咋回事？"

马旭东立正说："没事，没事……"

"什么？！没事？！"

马旭东认真地说："真没事，是哨楼武警误会了。"

李长雄看看潘佳杰："先把罪犯带到禁闭室，解除警报。"

（8）

陈莉和一监区另外一个女警陪着吴双双，陈莉见她脸上有些脏，便去找一条新毛巾，用水浸湿，拧干后递给她。吴双双充满敌意地看了她一眼，低头盯着地板。

陈莉拿出手机，打开自拍功能，在她面前晃悠，笑着说："你就这副模样去见他？"

吴双双看到自己脸上确实很脏，拿过毛巾，使劲擦脸。

陈莉倒了一杯水，走到吴双双面前："姐，来喝点儿水，领导们正在研究你的事情呢。"

吴双双抬头问："你们能同意我见见他吗？"接着，她质问："第一次我来，你们同意见他，这次为什么不能？"

陈莉想想说："我不清楚你第一次会见的情况，但我猜测，第一次来，一定不是你一个人来的，对吧？"

吴双双点点头："我跟他妈妈一起来的。"

"这就对了，《监狱法》第四十八条规定：'罪犯在监狱服刑期间，按照规定，可以会见亲属、监护人。'也就是说，服刑罪犯可以会见亲属，但不包括朋友。在换句话说，你单独会见是不允许的，如果你和他妈妈一起来则符合规定。"陈莉解释说，又把杯子递给她，"来，喝口水，我们慢慢聊。"

吴双双看着她，陈莉冲她笑笑。吴双双点点头，接过水杯，"咕噜咕噜"一口气喝完，抹抹嘴巴。

陈莉接着说："姐，你得理解我们，我们要是通融了，那就是违法，你想想啊，要是上面或者检察院追究我们的责任，那我们找谁去呀？"

吴双双点点头，歉意地说："对不起……可是……"

陈莉试探地问："你真的是潘佳杰的女朋友？"

站在旁边的女警笑道："妹子，那潘佳杰多少岁？你多少岁？谁信呀？"

吴双双脸色一红，然后昂起头，认真地说："真的！"

陈莉接着问："你们有通信么？就是写信。"

吴双双连连点头，打开旅行袋，拿出一个塑料袋，从塑料袋里拿出一叠用报纸包着的东西，一层又一层打开报纸，里面是厚厚的一叠信封。

陈莉随手拿起一封信，吴双双一把抢过去："私人信件呢。"

陈莉和另外一个女警都笑起来。

吴双双疑惑地问："你们笑什么？"

陈莉笑着说："这些信呀，投递的时候都被监狱检查过了。"

"啊？！"吴双双惊叫一声，双手捂脸，"羞死人哪。"

陈莉说："这些可以证明你是潘佳杰的女朋友。"

吴双双立即精神起来："那我可以见潘佳杰了？"

"我刚才说了，按照规定……"

吴双双还是不甘心，央求说："要不你跟领导们说说。"

陈莉沉吟道："好吧，但是你别抱太大希望。"

吴双双连连点头。

（9）

李长雄、几个副监狱长、管教线科室领导和马旭东坐在会议室。

李长雄问："杨天胜呢？杨副监狱长呢？"

狱政科科长说："杨监到局里开会去了。"

"开什么会？我怎么不知道？"李长雄一下子火了。

大家你看看我，我看看你，都不说话。

李长雄说："说说，都说说。"

沉默。

李长雄敲桌子："都哑巴了？！马旭东，你先说。"

"哎呀，老大，多大的事儿呀？"马旭东满不在乎地看着他。

李长雄以批评的口吻说："多大的事儿？还不大？连武警都出动了，还不大？"

他把桌子敲得"咚咚"响："洪书记刚刚才走，就发生这样的事情，你们说，事儿大不大？

传到局里，我们清水监狱又出名了！"

马旭东说："严肃点就严肃点，那我也严肃地说，让他们会见。"

狱政科长立即反驳道："啥？就一个身份证，就凭口说是潘佳杰的女朋友就是女朋友了？那潘佳杰是哪种人？其他人可能不清楚，你还不清楚？判决书上说潘佳杰的女人不下100个，都来，都说是他的女朋友？准还是不准接见？"

"你以为囚犯是香饽饽，还都来？这几年除了潘佳杰的老婆为离婚来过一次，其他的来了吗？搞外劳那阵子，哪个监区没有临时接见？具体问题具体分析嘛。"马旭东把科长的话顶回去。

狱政科长也不示弱："你不说还好，既然你说了，那我也给李监和在座领导报告，就你马旭东胆子大，私自会见……"

李长雄打断他，说："好了好了，不要扯远了。"

狱政科长振振有词："李监，从狱政管理角度，从法律法规角度，不能允许吴双双会见潘佳杰，潘佳杰的行为已经严重扰乱监管改造秩序，建议给予潘佳杰禁闭七天的处罚。"

刚刚才同意解除潘佳杰的禁闭，这会儿又要关进去，李长雄瞄瞄马旭东，一时间左右为难。其实，他尽管刚才批评了马旭东，但从心底里，他希望按照马旭东的做法处理，大事化小，小时化了，特别是在当前这个节骨眼儿上。

正寻思着，陈莉拿着一叠信推门走了进来，径直走到马旭东面前，交给他，并低声说了几句，然后退了出去。

李长雄和其他几个人都看着马旭东。

马旭东扬扬手中的信说："这些信件，足以代表吴双双是潘佳杰的女朋友……"

狱政科长毫不客气地打断他："根据《监狱长》的规定，就算吴双双是潘佳杰的女朋友，也不能会见。"

李长雄有些不悦，拉长脸说："你让马旭东把话讲完好不好？"

"算了，我也不为潘佳杰求情了，不准会见就不准吧。老大，吴双双和潘佳杰的工作我们来做，保证不出什么乱子。但是今天潘佳杰的行为可以理解，我建议进监区严管集训队，关禁闭就算了，你看这样行不行。"马旭东说。

李长雄马上拍板："好，就这么办。"

（10）

一辆出租车在监狱大门不远处停下来，文子平下车，径直朝会见中心走去，来到值班室外，敲敲窗户问："警察同志，我想咨询一下，关于里面的人的女儿的男朋友可不可以会见？"

老民警抬起头，一脸茫然地问："什么？你再说一遍好么？"

"关在里面的人的女儿的男朋友可不可以会见？"

老民警掰着手指："关在里面的人……罪犯，罪犯的女儿，女儿的男朋友，是吧？"

文子平点点头。

老民警笑起来："今儿个怎么了，不是女朋友就是男朋友的……小伙子，原则上是不能会见的。"

"你说的原则上，是什么意思？"

老民警说："除非你跟他女儿一起来。"

文子平闻言，神色黯然。

老民警又说："不过，还有一种情况……"

文子平眼睛一亮："还有哪种情况可以会见？"

"你和他女儿构成事实婚姻，不过要当地派出所的证明。"

文子平立刻又满脸沮丧。

陈莉陪着吴双双走出监狱大门，她见吴双双垂头丧气的样子，有些不忍，说："姐，你还有什么话，我可以帮你传给他。"

吴双双回头望望二大门，良久才说："谢谢你，请你告诉他，家里有我……都好。"

陈莉安慰说："你也别伤心了，不就是多跑一趟路吗？下次，你跟她妈妈一起来，不就得啦。"她拿出手机："来来，我给你拍张照片吧。"

吴双双连连摆手，扭头就走。

陈莉拉住她，低声说："我可以拿给他看看。"

吴双双恍然大悟，拍拍自己的脑袋，笑起来："好好，来，就拍那个大门，你告诉他，要不是那道门，我就冲进去了。"

"这可不行。"陈莉把她拉到一边，帮她理理头发，"不能对着监狱拍。"

吴双双无奈地说："行，也行，来，你看我这样行不行？"

她左摆右摆，总觉得姿势不好。

陈莉笑道："你就随意站在那里就行了，啊！"

陈莉拍了几张，与她道别，吴双双挥挥手，一阵风似的走了。她怔怔地望着吴双双的背影，想起了谢小婉，心头不由得一阵莫名其妙的悸动。刚刚转身往回走，不料与一个人撞在了一起。两人一看对方，都脱口叫出对方的名字。

原来是文子平。

"你怎么在这里？"陈莉问。

文子平说："我来咨询，可不可以见小婉的爸爸……"

陈莉说："得了，你还是走吧。你现在这个情况，只有找到小婉才有希望会见她爸爸。对了，小婉有消息了么？"

文子平落寞地摇摇头，自顾走了。

（11）

张大新坐在帝大酒店酒吧他个人的专用包间里抽烟。一个服务员推开门，引导何凯华走进来。

张大新连忙站起来，满脸堆笑："请坐，请坐。"

两人坐定。

张大新问："何局，这么急找我有什么事？"

何凯华说："当然是好事喽。我们开门见山。我有一个亲戚，想在清水监狱搞点室内加工，借一借你公司的牌子。"

"好事嘛，好说好说。"

何凯华问："这个管理费嘛……"

"管理费还是要收的……"张大新故意打住不说，看着何凯华的脸。

何凯华一愣，看着他。

张大新意味深长地说："何局，我是个商人，在商言商，就像你们官场一样，面子上还是要过得去的，对吧？"

何凯华脸色有些不好看，问："那你收多少呢？"

张大新笑笑："每月10元。"

何凯华又是一怔，看着张大新，随即指着他，哈哈大笑起来。

张大新话锋一转："不过，我们鲁总在里面日子可不好过呀……"

"单间是不可能了……"何凯华无奈地摇头，"这事儿已经闹得沸沸扬扬……"他凑过去，压低声音："今天洪文岭代表局里去宣布相关当事人的处理决定。"

"但是总不能像其他罪犯那样，没完没了地给你们创造产值吧？"

何凯华说："我想办法把他调整到特岗上去，生产大组长、监改大组长、积委会理事、监改员、文化教员、夜巡员等等，由你选。"

张大新从包里拿出一个胀鼓鼓的信封，递给他。

何凯华瞟了一眼信封说："这点小事，又收你的钱，不好意思，算了算了。"

"我希望何局尽快落实鲁老板的事情。"张大新把信封放在他面前。

何凯华的手机响了，他看看号码，笑道："哟，给你办事的人来了。"他接通电话："天胜呀，你马上来金帝酒店，老地方……"

不大一会儿，杨天胜夹着公文包走了进来。

杨天胜恭敬打招呼："何局好，张总好。"

何凯华指指自己身边的座位："坐坐，有个事儿，你马上办一下，把鲁本川调整到特岗上去。"

"好好，我回去就落实。"

"张总又不是外人，你就在这里落实。"何凯华故意听错了他的意思，看着他说。

杨天胜连声说好，摸出手机，拨号："你把鲁本川调整到特岗上去……"他转头问："什么岗位？"

张大新说："我又不懂你们那些事儿，你看着办就是了，反正要好点儿。"

杨天胜媚笑道："那监改大组长？"对着手机说："监改大组长，你给他做个耳目档案。"

杨天胜挂断手机。

张大新看着他俩笑道："什么耳目？多难听。"

杨天胜解释说："张总，这你就不懂了吧？耳目可以特别减刑。对于鲁总来讲，那就是个摆设。"

何凯华拍拍张大新："满意了吧？"

张大新忙不迭点头："满意，满意。"

何凯华站起来："好，既然你满意，那我就告辞了。天胜，好好陪张大新聊聊啊！"

第十六章　心灵之殇

（1）

处理好吴双双的事情，马旭东准备赶回监区，还有一个更为重要的事儿，那就是潘佳杰，他必须要把他的心结解开，要不然说不定今晚又要闹出什么乱子来。刚刚走进电梯，教改科长匆匆赶来，把他拉出来，传达杨天胜的指示，要陈莉去给罪犯上课。马旭东立刻顶了回去，说我一监区的人怎么成了你教改处的人了？想呼来唤去就呼来唤去？我那里还是一个钉子一个眼呢，要不，你拿政治处的调令来，把陈莉直接调到你们那里去。教改科长把他拉到走廊尽头的窗户下，把上午发生的事情大体讲了讲，最后愁眉苦脸地央求："老哥，你看在我俩这么多年交情的份儿上，帮我这个忙，你放心，我就是想让陈莉给教育中心的女警做个示范，指导指导。"马旭东见他这么说，也就不再说什么。

午饭的时候，马旭东把上课的事儿给陈莉讲了，没想到陈莉没有拒绝，只是提了一个要求，上课可以，但用什么方式上课，教改科不得干涉她。

陈莉说着，拿出手机，翻出吴双双几张照片给他看。马旭东瞄了一眼，面露喜色，向她伸出大拇指。

"另外，把杨阳派给我。"陈莉突然想起什么，最后强调。

马旭东打量她："真耍朋友了？"

"耍你个头，这啥年代了，耍朋友领导也要过问？"

马旭东笑道："所谓嫁狗随狗，不对，应该是……"他摇头晃脑："娶狗随狗……呀，也不对，哎呀，反正你俩好了，你就不会跑了嘛。"

杨阳端着午饭走过来，坐在马旭东身边："谁跑了？"

马旭东大笑，杨阳被笑得莫名其妙，挠挠头。陈莉脸一下子红了，看了杨阳一眼，低头吃饭。

马旭东说："杨阳，你今天和明天的工作听陈莉安排。"

马旭东说完，端起空盘子走了。

杨阳趴在桌子上，看着陈莉："神神秘秘的，啥事？"

"下午你把吉他带上，跟我去一趟医院。"

（2）

吃过午饭，马旭东来到禁闭室。潘佳杰正在面壁，旁边水泥床上摆放着午饭。潘佳杰也发现了马旭东，虎着脸，闭上眼睛，假装没有看见他。

马旭东心想："这家伙还真跟我较上劲了。"

马旭东叫："潘佳杰。"

潘佳杰这才抬眼看看他，四十五度角转体，面向他："到！"

马旭东"嘿嘿"笑："你女朋友真他妈的漂亮。"

潘佳杰一怔，随后憨笑。

"你们这些贪官的婆娘咋都如花似玉的呢？"马旭东有感而发。

潘佳杰像被劈头盖脸浇了一桶冰水，笑容凝滞了。

马旭东自嘲地笑笑："我是个大老粗，你别往心里去啊。"

潘佳杰又露出笑脸。

马旭东叹息说："我看，很多漂亮女人都是看重你们当时的权势，结果呢？有个成语怎么说来着，树倒那个什么猴子散。"

潘佳杰脸色一变，忧伤迅速代替笑意，写在脸上。

马旭东看着他："我看吴双双不是，你可不要辜负了这么一个好姑娘啊！"

潘佳杰眼圈又红了，立正："报告，我要到车间学习做假发。"

马旭东说："好！不过，你这次也太鲁莽了，不处罚……"

"我理解，怎么处罚，我都认了。"

"进集训队严管一周。"

"是！"潘佳杰响亮地回答。

马旭东朝放在床上的午饭努努嘴："吃完饭，我再给你一个惊喜。"

潘佳杰转身，端起碗狼吞虎咽。

马旭东笑着数落道："看看，看看你那副吃相，以前还什么副市长呢。"

潘佳杰嘴里塞满米饭，不好意思地笑笑。

（3）

马旭东在车间巡视，犯人们正跟着加工方派来的技术员学习做假发。

二皮边学做假发边发牢骚："我的妈妈呀，这啥活儿？都是女人干的。"

刀疤脸坏笑："你变成女人更好。"

"咋不来几个女技术员呢？这活儿，磨死人，连打飞机都没工夫。"二皮继续抱怨。

工方派来的技术员笑起来，李浩健走过来，踢了二皮一脚："干活，干活，想严管是不是？"

二皮瞪眼，烦躁地说："你别说，老子就想进严管。"

李浩健在他头上敲了一下："啥？反改造是不是？"

二皮吃痛，把假发扔在桌子上，站起来："老子就不干了，你要怎的？"

李浩健摩拳擦掌："嘿！你娃吃豹子胆了。"

二皮指着鲁本川："你咋老盯着我，鲁贪官比我做的还少，你咋不管？官官相护？"

鲁本川白了二皮一眼，继续慢条斯理摆弄头发。

二皮继续发飙："老子看着你，李浩健，老子进了严管组，他不进，老子可不认黄！"

"进不进，警官说了算，又不是老子说了算。"李浩健把他往座位上按，喝道。

二皮反手就是一拳，打在李浩健的肚子上。

罪犯们立即站起来，看着他俩，一些罪犯鼓掌大呼小叫："打起来了，打起来了。"

马旭东和值班民警跑过来。

马旭东大吼："干什么？！"

二皮耷拉着脑袋："报告监区长，这活儿不是男人干的，我要去挖泥巴。"

这时，狱政科长带着特警走进来，罪犯们都吓了一跳，像老鼠见到猫一样，纷纷坐下，继续做假发。

马旭东暗暗叫苦，上午才跟他吵了一架，这下一监区又要挨通报了。哪知狱政科长好像没看见眼前发生的事情，亲热地招呼马旭东，叫他出来一下。

马旭东纳闷地看看他，转身对二皮下令："先到那边勾起。"

李浩健一把揪住二皮的耳朵，拉到墙边。

（4）

一夜之间，吉牛马二似乎苍老了许多，像死人一般躺在医院病床上，医生、护士和同室的其他病犯，他一概不理。从昨晚到今天中午，都不吃饭，医院定性为绝食，要求一监区派人来做做工作。

陈莉和杨阳走进来。

吉牛马二像有预感一样，突然睁开眼睛，他看见杨阳手中的吉他，眼睛一亮，一下子坐起来。

陈莉和杨阳对视一眼，点点头。

陈莉说："我已经给马监区长请示了，他会在大会上宣布，不允许任何人动你的吉他。"

吉牛马二自责而沮丧地说："我没有保管好那把吉他……"

杨阳把吉他递给他，吉牛马二伸出手，又缩回去。

吉牛马二喃喃地说："我没钱……"

陈莉轻声说："拿着吧。等你以后出狱了，挣了钱，再还给我。"

吉牛马二眼睛一亮："真的？"

杨阳再一次把吉他递到他面前："给。"

吉牛马二接过吉他，把吉他紧紧抱在怀里，就像抱着自己失而复失的孩子，眼泪扑簌簌而下。

陈莉说："有件事，我需要你的帮助。"

"陈警官，我是囚犯，你尽管说，只要我能做到。"吉牛马二受宠若惊地说。

陈莉拿出一张纸，递给他："你先看看。"

吉牛马二接过去看，是一首诗，他轻声念："从明天起/做个幸福的人/喂马劈柴周游世界/从明天起/关心粮食和蔬菜/我有一所房子/面朝大海春暖花开……"

吉牛马二变成了朗诵："从明天起和每一个亲人通信/告诉他们我的幸福/那幸福的闪电告诉我的/我将告诉每一个人/给每一条河每一座山取个温暖的名字/陌生人我也为你祝福……"

吉牛马二声调变成了吟诵："愿你有一个灿烂前程/愿你有情人终成眷属/愿你在尘世获得幸福/我只愿面朝大海春暖花开。"

吉牛马二犹沉浸在自己营造的意境中，喃喃地叨唠："海子的诗歌……面朝大

海，春暖花开……面朝大海……"

陈莉问："能用彝族民歌调唱出来吗？"

吉牛马二想了想，点头："能。"

（5）

文守卫回到家，刘蕊坐在沙发上看电视。他环顾了一下，看看她问："还没做饭？"

刘蕊摆弄着遥控器，不停地换台："我是你保姆么？"

文守卫坐在沙发上，看着她："又怎么了？"

"怎么了怎么了？儿子两天不见人影，今天面试也错过了，你关心过没有？"刘蕊把电视机遥控板一扔。

"儿子要是不愿意去，面试也面试不上嘛，错过了就错过了吧。算了，我也累了，走，出去随便吃一点。"

刘蕊越发生气："你怎么知道面试不上？我前前后后都打点好了，就是走走过场。

现在倒好，好好的机会就这么没了。你说你跟那个谢天明搅和个啥？"

文守卫笑道："嘿！我不贪不占，我啥时候跟谢天明搅和了？"

"那你说，让儿子陪着谢小婉回老家是不是你的主意？"

"是呀，有什么问题吗？"

刘蕊抱怨说："当初就不该把谢小婉接到家里来，没有谢小婉，儿子能耽误面试吗？啊？"

文守卫摇摇头，站起来。

"我还没说完呢。"

"我上厕所可以吗？"

文子平把门打开，探出头来吼："你们一见面就吵，吵，吵，还有完没完？"

刘蕊惊喜地跳起来，说："子平，你在家呀？"

文子平把门"砰"的一声关上，刘蕊冲过去。推门，推不开，她边敲门边关切地问："儿子，好久回来的？回来怎么不给妈妈说一声。你想吃什么，妈妈马上给你做。儿子，儿子……"

文子平打开门，冲出了家门。

刘蕊愣怔在那里，等回过神来，冲着文守卫叫嚷："你还不去追呀？"

文守卫劝道："儿子大了，让他冷静一下也好。"

（6）

文子平漫无目的地在大街上走，不知不觉来到金帝酒店外，抬头看看，迟疑了一下，走了进去。他坐在那天与谢小婉见面那间卡座，点了几瓶酒，独自一杯一杯地喝起来。

一个陪酒女子走进来："小帅哥，我来陪你喝。"

文子平说："我自个儿喝。"

女子抢酒瓶："自个儿喝多没意思？所谓佳人美酒嘛。"

文子平瞪着眼吼："出去，出去呀！"

女子哼了一声，走了出去。

几杯酒下去，文子平就有些醉意，趴在桌子上，端着酒杯，语无伦次地嘟囔："小婉，小婉……拿酒来，拿酒来呀……"

不远处，一个男服务员和一个小妹正看着他。

男服务员看着他直摇头："不是还有酒吗？还给他拿不拿？"

小妹撇嘴说："拿，怎么不拿？拿来我喝。"

男服务员笑道："你每天都喝得呕吐，还喝？"

"干这行也有瘾，一天不喝，好像少了什么东西。今天真晦气，遇到他。去拿，去拿，要是我喝多了，你扶我回去啊！"小妹叹息说。

男服务员两眼立刻发光，乐颠颠拿酒去了。

文子平的手机响起来，他醉醺醺地接电话。

电话音传来文守卫的声音："儿子，喝多了吧？"

文子平眼泪"唰"地流下来，哽咽着："爸爸……"

"儿子，我知道你在找小婉，找不着，心里闷。我告诉一个好消息……"

文子平猛地坐直身体，酒醒了一半："找着了？"

"还没有……"

文子平一下又趴在桌子上。

"清水监狱已经派出专人寻找小婉，相信要不了几天，我们就能找到小婉。儿子，少喝点，要是喝多了呢，就给爸爸打电话，爸爸来接你，啊！"

文子平说："谢谢爸爸，我没事，就是……就是……心里堵得慌……"

文子平挂断电话，大叫结账。

（7）

谢小婉今天心情不错，开门进屋，开灯，朝自己的屋里走去。

路过杨阳的屋子时，把耳朵贴在门上听听，没有动静，敲了几下，还是没有动静。

谢小婉朝门"呸"了一声："我靠，监狱警察真好耍。"

她走进自己的房间，拿上洗浴用品，去洗澡。

杨阳打开门，一拐一瘸地进来，径直走到自己的房间，关上门。

谢小婉洗完澡，只戴着乳罩穿着内裤，回自己的房间，刚刚走到杨阳门口，杨阳突然开门出来，正好拦住她的去路。谢小婉本能地双手抱住胸口，吓得尖叫。杨阳也吓了一跳，愣怔地看着她。谢小婉转身就跑，跑到洗浴间躲起来。

杨阳惊醒过来，朝她跑的方向喊："喂，喂……"

没有一点动静，杨阳奇怪地张望，慢慢朝前走去："喂，喂……"

谢小婉在洗浴间惊慌地大叫："喂什么喂，你是谁？流氓还是小偷？"

杨阳慢慢走近洗浴间，敲敲门问："你又是谁？小偷？"

"我问你，你再不说，我报警了。"谢小婉的声音有些发抖。

杨阳说："我是这里的租房客，你究竟是什么人？"

谢小婉长长吁了一口气，眼珠一转，暗笑说："我是小偷……"

"啊？"

谢小婉说："你要抓我吗？"

她假装哀求，"求求你，别抓我，我上有八十老母，下有……"她低声咕哝，捂住自己的嘴巴偷笑，"不对呀，我还没结婚呢……"

杨阳转身朝自己房间跑，杨阳到房间检查了一下，没发现掉什么东西，又跑回来。

杨阳说："你走吧。"

"我没穿衣服，怎么走？"

杨阳说："那我回我房间，你赶快穿上衣服，走！"

谢小婉忍住笑："好哪。"

杨阳又跑回自己的房间，把门关上。过了一会儿，谢小婉把浴室门打开一个小缝隙，朝外望了望，蹑手蹑脚地走过来。

谢小婉边走边大声问："你回房间了吗？"

杨阳冲着门高喊："回了，你快点。"

谢小婉回到房间，穿上衣服，拿出吹风，来到客厅，慢条斯理吹头发："你出来吧。"

杨阳没听清楚，大声问："你说什么？"

谢小婉关掉吹风，大声说："你出来吧。"

杨阳走出来，看见她在客厅吹头发，奇怪地问："你怎么还不走？"

谢小婉看了他一眼："我头发没干，怎么走？要不你来帮我吹吧？"

杨阳说："你自己吹。"他上下打量她，半信半疑，"小偷还随身带着吹风？"

谢小婉"嘿嘿"笑："我是女飞贼嘛。咦，你是个瘸子？"

杨阳白了她一眼，没好气地说："你才是瘸子。"

谢小婉盯着他的脚："受伤了？"

杨阳有些不耐烦："关你什么事，赶快吹，吹干了快走。"

谢小婉嫣然一笑，昂起头以挑衅的口吻说："要是我不走呢？"

"你？！"

杨阳在身上摸，没摸着什么，转身一拐一拐往回走。

谢小婉说："找手机是不？来来，我这里有。想报警是吧？报，报。"

杨阳转身打量她，谢小婉把手机拿起来，朝他晃晃。

杨阳突然明白了什么，但还是疑惑地问："你究竟是什么人？新来的房客？"

谢小婉笑道："虽然是个瘸子，但还不傻。"

杨阳转身，往自己房间走。

谢小婉冲着他喊："喂，喂喂……"

杨阳没有搭理她，转身走进房间，关上门，把门反锁上。

（8）

谢天明耷拉着脑袋，脸色灰暗地走进监室，坐在床上发呆。紧接着，潘佳杰和二皮有说有笑走进来，二皮看看谢天明："咦，咋啦？老婆来了还不高兴？"

潘佳杰"嘘"了一声，二皮正要问怎么回事，楼下传来喊声叫潘佳杰和二皮下去严管集训。

二皮骂道："这是哪个瘟丧？"

潘佳杰邹眉："鲁本川？"

二皮跳起来："他？不会，不会。"

李浩健走进来，一脸沮丧，说："不是他是谁？"

二皮问："那你呢？"

"被撤了。"

二皮愤愤道："他当监改大组长了？凭啥？"

二皮和潘佳杰从楼上跑下来，到后排站好。

鲁本川盯着二皮，"嘿嘿"几声奸笑："二皮，你已经超过二十秒了，今天是你一人迟到。到前排来站好。"

二皮看了一眼潘佳杰，走到前排，斜睨着鲁本川："鲁本，你报复我啊？"

鲁本川得意说："山不转水转嘛。"

二皮轻蔑地白了他一眼："瞧瞧你那熊样，小肚鸡肠，难怪要进来。"

鲁本川喝道："少废话，两片回锅肉！"他指着前排两个罪犯："你，还有你，执行！"

两名罪犯对视一眼，看着他不动手。

二皮冷笑几声，转身说："同改们，同志们，今天他鲁本川完成任务最少，本来该进严管组，嘿！还当上了大组长，我们服不服？"

众罪犯叫道："不服！"

一个罪犯质问鲁本川："鲁本，老实交代，怎么行贿干部的？"

二皮上去对说这话的罪犯就是一耳光。

罪犯叫嚷道："你瞎眼了？我又没说你。"

二皮低声呵斥："你不要命了？！"

罪犯甲一愣，立即醒悟过来，变着话儿说："我不服，鲁本川完成任务最差，凭啥管我们？"

鲁本川急了，跑到值班室外救援："报告警官，他们不服管教。"

值班民警慢悠悠出来，看看二皮他们，然后看着鲁本川讥讽说："鲁本川，你在外头呼风唤雨的，在这里这几个人都管不了？你这个县长是咋混上去的？去，自己想办法。"

鲁本川只好怏怏回去，二皮他们看见警官出来了，随着鲁本川的口令，懒洋洋地四面转。

二皮给旁边两个罪犯使眼色，两人朝二皮点点头。

鲁本川喊口令："向左转。"

二皮和罪犯甲、罪犯乙向右转。

鲁本川大呼小叫："错了，错了……"

其他罪犯见状，偷偷都转成同二皮一个方向。

二皮问："谁错了？"

鲁本川指着二皮和那两个罪犯："你，还有你你，都错了！"

二皮暗笑，问："哪里错了？"

鲁本川看看队列，马上傻眼了，愣怔在那里。他拍拍脑袋嘀咕："难道我错了？"

马旭东站在办公室窗口，隔着玻璃看着这一切，咬牙冷笑。他转身下楼，把二皮叫到监管区大门口，隔着铁门低语几句。二皮眉开眼笑，连连点头。

（9）

在金帝大酒店包间，张大新给杨天胜倒酒："兄弟，喝素酒还是花酒？"

杨天胜又摆手又摇头："我不好那一口。"

"我知道了，杨兄爱银子。"

"你又说错了，我这个人也不爱银子。"

张大新沉吟道："不爱美人，不爱银子，那……呵呵，看来杨兄是官道上的人。"

杨天胜举杯一饮而尽，叹息道："哎呀，算是吧。都黄土埋了半截了，还是个副处级……"他抬头看着张大新："张老弟，今天差点就把李长雄给那个了，这小子运气咋那么好呢？不瞒你说，我想走走厅里……"

"司法厅？"

"对对，张老弟人脉广，有没有路子？"

张大新拍拍他的肩膀说："老鲁不是说，这世上本没有路，走的人多了，就成了路。"

"高见，高见。只是，我得向张兄你借点银子……"

"要多少？"

杨天胜迟疑了一下："二十万吧。"

张大新惊愕地盯着他，就像打量一个外星来的怪物。

杨天胜急了："要不，十万，如何？"

张大新把头摇得像拨浪鼓一样："不是钱的问题，我在想，你们监狱系统一个正县级就这么便宜？"

"摊子小，当然没法跟地方上比喽。"

张大新说："我给你三十万。"

杨天胜摇摇头说："不要那么多，再说我也还不起。还有，不用拿给我，你路子是现成的，你就直接帮我疏通疏通。十万，我认账就是了。"

张大新笑道："这个可不行，路，还是你自己走，走得通走不通，那是你的事

情。不过，这十万我是要连本带利收回来的。"

杨天胜举起杯："好，一言为定。"

（10）

文子平连续几天拼命寻找谢小婉，精力交瘁，加之昨晚喝得醉醺醺的，摇摇摆摆回到家里，进屋就反锁上门，倒在床上呼呼大睡。黎明时分，口渴得厉害，起来找水喝。文守卫和刘蕊正在吃早饭，刘蕊连忙去厨房把他那一份端出来，殷勤地招呼他吃早饭。文子平看也没看她一眼，拿了一瓶矿泉水，"咕咚咕咚"一饮而尽，回到自己的屋子，又倒在床上。

刘蕊又气又无奈，抱怨说："养儿子真没劲，高兴一两天，操心一辈子。"

文守卫道："那养女儿就不操心？"

"不，是痛苦，痛苦一辈子。养女儿多好，郁闷一两天，幸福一辈子。"刘蕊拿起一个馒头，连声叹气，又放回盘子里。

"什么奇谈怪论。"文守卫笑道，"你的心情我明白，不过我还是那句老话……"

刘蕊学着他的腔调："儿子大了，我们不要过多干预，青春是什么，就是一个接着一个的自我否定。不经历痛苦和彷徨，就永远长不大。"

文守卫笑笑，拿起公文包。

文子平迷迷糊糊又睡着了，梦里尽是谢小婉的影像片段，谢小婉的样子不是沮丧，就是哭泣，还有就是对他大吼大叫，神经质地，像一个发疯的泼妇。他意识中清楚这是梦境，他不想陷在这样的梦境中，试图努力睁开眼睛，努力摇摆头，甚至想举起拳头打自己的脑袋，可是，无论他怎么抗争，这样的画面还是纠缠着他。

他痛苦地闷哼。

就在这时，手机叫起来，他终于从噩梦中跑出来，坐起来，大口大口地喘息。稍稍安定了一些，才拿起手机看，原来是杨阳打来的。他心头一喜，难道他们有小婉的消息了？连忙回拨过去，听了几句，尽管不是他所预料得那样，但也满心欢喜，他跳下床，迅速穿好衣服，跑到餐厅抓了两个馒头。刘蕊正想跟他说话，哪知他转身跑了出去。

刘蕊无奈地摇头。

（11）

杨阳早早赶到监区，罪犯们正在出晨操，报数声此起彼伏。

谢天明心不在焉地朝办公楼张望。

潘佳杰报数37，该谢天明报数，但他好像没听见，一副麻木的样子。潘佳杰踢了他一下，低声提醒他报数。

谢天明扭头，愕然看着他。

潘佳杰低声再次提醒："报数呀。"

谢天明这才明白："哦……"他转头问后边的李浩健："报到几了？"

李浩健坏笑说："3。"

谢天明立正，响亮地报数："4！"

罪犯们哄堂大笑。

鲁本川叫道："谢天明！"

谢天明跑步出列："到！"

鲁本川问："谁让你出列的？回去！"

谢天明又跑回队列。

鲁本川开始数落谢天明："你看看你，哪像个县委书记？党培养你这么多年，100以内加减法都不会？我看你呀……"

杨阳眉头一拧，快步向办公楼走去。经过马旭东办公室时候，看见他站在窗户边，朝监管区操场看。杨阳走到他身边，也朝监管区操场看。

杨阳诧异地问："鲁本川怎么当了大组长？老大……"

马旭东头也没回，边看边笑："先看看，嘿嘿……"

二皮反常地大声嚷嚷："鲁本川说反动话喽！"

鲁本川大声喝止："二皮，你……"

二皮又嚷嚷："鲁本川违反监管守则喽。"

众犯人大笑，值班民警和几个带班民警走出值班室。

值班民警吼道："要造反了是不是？"

鲁本川立正，转身："报告警官，赵海东捣乱！"

二皮高高举手。

值班民警说："赵海东，出列！"

"是！"二皮响亮地回答，跑过去，立正。

"咋回事儿？"

二皮说："报告警官，鲁本川说反动话，还违反监管守则。"

鲁本川急忙辩解："我没有，二皮……"

二皮抓住鲁本川的把柄："报告警官，鲁本川又违反监管守则。"

罪犯们又是一阵哄笑。

一个民警严厉喝道："都给我严肃点！"

罪犯们立即立正。

值班民警指着二皮说："赵海东，你说。"

二皮再一次立正："报告警官，鲁本川批判谢天明说，党培养你这么多年，100以内加减法都不会？这是反动话，我们伟大的共产党怎么能培养一个贪官呢？就算不是反动话，也是给我们伟大的党抹黑。"

鲁本川气得发抖，指着他："你你……"

值班民警看着鲁本川训斥："没规矩了？"

鲁本川条件反射地立正。

二皮接着振振有词地报告："鲁本川叫我二皮，违反监管守则第十三条。"

"鲁本川，监管守则第十三条是什么？"

鲁本川愣住了，背不出来，罪犯们一片嘘声。

"赵海东，你知道吗？"

二皮洪亮地回答："第十三条，说话文明，不称呼外号。"

值班民警下令："鲁本川，面壁，背监管守则。李浩健，整队。"

二皮偷笑，意味深长地瞟了一眼鲁本川。

马旭东看到这一幕，哈哈大笑，走回来坐下："这个二皮……"

马旭东又忍不住又笑。

杨阳奇怪地直视他："老大，你笑啥呀？鲁本川能当大组长？"

马旭东低声说："上头下的命令，我不敢明着顶。"

杨阳恍然大悟，大笑，指着他夸张地恭维说："让鲁本川知难而退，高，高！"

马旭东又是一阵笑："你跟陈莉怎么样了？哎呀，我一看你那表情，就知道还没戏，嘿嘿，我有八字秘诀，想听不？"

杨阳使劲点点头。

马旭东凑过来，一字一顿地说："听好，死皮赖脸加胆子。"

杨阳数数笑道："只有七个字嘛。"

"标点不算字？"

杨阳将信将疑："这就是绝招啊？"

"这还是潘佳杰教我的，不过我没试过，你试试？"

"切！"

陈莉一拐一拐走了进来："说啥呢？"

马旭东哈哈大笑。

陈莉瞪眼看着马旭东说："笑，笑，老顽童，严肃点，这可是局长亲自交代的任务，说说吧，我们下一步怎么办？"

马旭东说："别急，等等李监狱长。对了，你这个小丫头片子，命令起我来，哼！我是监区长还是你是监区长？"

陈莉很意外："他要来？"

马旭东打着官腔，绷着脸说："别戴变色眼睛看人嘛，李长雄同志尽管有这样那样的问题，但还是个好同志的。"

李长雄带着几个人走了进来："又在说我坏话呢？"

马旭东连忙站起来，请李长雄他们几个坐，吩咐陈莉杨阳泡茶。

李长雄摆摆手说："茶就不喝了，陈莉、杨阳，你们都坐，现在有线索吗？"

李长雄站着，其他人也不敢坐。

陈莉说："就在我们回来的那天下午，谢小婉给她老家村支书打过一个电话，是个固定电话。我们可以确定是，谢小婉现在还待在省城。如果我们不抓紧时间寻找，也不排除她离开的可能，一旦离开这里，恐怕……"

李长雄打断陈莉的话说："这样，马监区长，你派陈莉就以这个固定电话入手，找找吧。"

马旭东疑惑地问："就我们监区派人？陈莉还有伤呢，李监，教改科是不是……"

他说到这里，抬头看看杨天胜。

杨天胜说："目前教改科要准备迎接省局检查，抽不出人，再者，教育中心……"

他看了看陈莉，"对了，陈莉，我要你给罪犯上一堂示范课，准备得怎么样了？今天能上么？"

陈莉很不满意杨天胜那种官位十足的语调，心里哼了一声，冷眼盯着地面不说话。

马旭东见状，赶紧打圆场说："没问题，陈莉已经准备好了，随时可以上课。"

李长雄说："那这样，陈莉就先给罪犯上示范课，就不要往外跑了，派其他女警，先查一查线索再说。老马，你的警力还是要放在生产上。"

"我同意李监的意见，现在刚刚从外劳转为内劳，一切从头做起，千头万绪啊。

收了外劳，监狱的钱一下子就紧张了，李监这个监狱长怕是不好当喽，我们都要

站在大局上为监狱的整体发展多想想，啊！"杨天胜面无任何表情，但言语之间却振振有词。

"杨监说得对，目前的主要工作还是尽快建立内劳体系。就么着吧。"李长雄说完，掉头就走。

陈莉和杨阳惊愕地看着马旭东，马旭东有些尴尬，把目光投向窗外。

马旭东颓然地坐在椅子上，抓着额头发呆，杨阳摸出一包烟来，陈莉瞪了他一眼，杨阳满脸堆笑："我贿赂老大。"

杨阳把那包烟放在马旭东面前的桌子上，马旭东拿起烟看了看，一扫刚才的颓废，笑起来："嘿！每天拿一包来啊。不是，我保管，保管，你要抽，就来找我要。"

陈莉急道："老大，都啥时候了，还开玩笑？"她学着马旭东的口气："李长雄同志尽管有这样那样的问题，但还是个好同志的。"

马旭东不好意思地拍拍头："这也不能全怪李监狱长，毕竟他站的高度不一样。"

杨阳问："那现在怎么办？"

马旭东说："没啥大不了的，这一监区我还是老大，所谓将在外，命令可以不听，这样，你们两个，一会儿去给罪犯上一堂课，然后就去落实两件事情：一是固定电话的位置，二是去谢小婉大学查查学籍户口什么的，等有确定线索了，我加派人手。"

这时，座机响起来，马旭东接电话，是找杨阳的。

杨阳听了几句就说："你稍等，我们马上出来。"他放下电话，眉开眼笑，"救星来了，老大，我建议上课的事情，你先推一推，先找到谢小婉再说。陈莉说得对，要是谢小婉离开省城，那就更加麻烦了。"

马旭东愕然地问："谁呀？"

第十七章　狱中魅影

(1)

吉牛马二在扫地，慢慢扫到鲁本川面壁的位置。鲁本川拿着监管守则的小册子，时不时看一眼，念念有词。吉牛马二扭头看看值班室，用扫把扫他的脚。鲁本川瞪了他一眼，吉牛马二吓了一跳，退了几步。

吉牛马二轻声说："动一动，我扫地。"

鲁本川不满地说："连你都想要我挨整？"

"我不扫你这里，我也要挨整。"吉牛马二央求说。

"那你去请示。"

吉牛马二看了看他，无奈地扫其他地方去了。

吉牛马二把其他地方扫完，走到鲁本川身边，把扫把放在地上，坐在扫把上，值班民警走过来。

值班民警看看他问："吉牛马二，你这是干啥？"

吉牛马二慌忙站起来，没有站稳，跌倒，又慌忙往起爬。

值班民警笑笑："算了算了，你坐着吧。"

吉牛马二还是爬起来，立正："报告警官，我扫地，就他这一块还没扫，他不敢移动，我就在这里等。我要是不扫完，我怕挨批评，又扣我考核分，我考核分不够，就……"

值班民警又笑笑："这儿冷，你回去等吧。"

吉牛马二固执地说："报告警官，我能不能就在这里等，万一哪个警官来了，我好解释，就不会扣我考核分，我就不会挨批评……"

值班民警又气又好笑："好，好，你等吧，等吧。"

值班民警快步走回值班室。

鲁本川说："你真啰唆。"

"我？我啰唆吗？"

"比唐僧还啰唆。"

"唐僧啰唆吗？"

鲁本川气恼地呸了一口："我懒得给你说。"

吉牛马二不说话了，抄着手发呆。过了一会儿，鲁本川扭头看看他："你咋不说话呢？"

"你嫌我啰唆。"

鲁本川连忙说："不啰唆，不罗嗦……"

吉牛马二笑笑："咋了，怕了？老弟呀，不是我啰唆，你的想法有问题。"

鲁本川扭头问："啥意思？"

"你在外面可以呼风唤雨，可以雄霸一方，但到了这里，不管你是红顶子的，还是黑刀子的，你都得规规矩矩的。"

"你什么意思你，你意思是说我不规矩？"

"是你的心思不规矩。"

鲁本川沉默。

吉牛马二也不说话，发呆。过了一会儿，鲁本川又忍不住了："你咋又不说话了？"

吉牛马二叹气道："我说的你又不爱听，老话儿说得好，酒逢知己千杯少，话不投机半句多。遥知江湖（湖上）一樽酒，能忆天涯家（万）里人。我懒得惹你心烦……"

"遥知湖上一樽酒，能忆天涯万里人。"这是欧阳修非常有名的一首诗《春日西湖寄谢法曹韵》，吉牛马二故意改了几个字词。

鲁本川似懂非懂，也似乎有所感悟，喃喃地重复："遥知江湖……一樽酒，能忆……天涯……家里人……家里……人……"他好一会儿才回过神来："哎呀，你真啰唆，我心思咋就不规矩了？说吧，说吧。"

吉牛马二说："你当过县长，后来又到市里当局长，后来又掌管一家国企，到了这里呢，还是迷信钱是万能的，还是想做人上人。你哪里知道，这里是监狱，与外边世界是两码事。你摆平了监狱长，还有副监狱长，你摆平了科长，还有监区长，你摆平了所有警官，还有罪犯。你能摆平所有犯人么？"

鲁本川眉头紧锁起来："我理睬他们做什么？"

吉牛马二仰头瞭望天空，认真地说："一个犯人，在你眼里很卑微，但有时候可以让一个监狱警察焦头烂额，甚至身败名裂。你不信是吧？我打个比方，要是马旭东折磨了我，把我整伤心了。君子报仇十年不晚，对吧？我出去，无休止，甚至没道理地上访，你当过县长，你说会怎么样？"

鲁本川惊愕地审视他。

吉牛马二抚摸着扫把，就像抚摸一个婴儿。

"你究竟想说什么？"

吉牛马二笑而不语，鲁本川急了，连声催促他快点说。

"比如说钱吧。你有钱，对吧？但是钱真的是身外之物，人哪，特别是犯人，饿不死就得了，大不了他李浩健多吃几片回锅肉，我吃咸菜，管饱就行；他穿好的，我穿差的，照样暖和。"

鲁本川若有所思，自语道："那我该怎么办？"

吉牛马二轻轻拍拍扫把，继续说："这扫把好哇……不争，安静，规矩，谁都可以用，谁也瞧不起它，但是至少，每个人不讨厌它，还离不开它。"

"你要我扫地？扫厕所？"鲁本川使劲摇头，再摇头。

吉牛马二指指不远处发呆的谢天明，不再说话，打盹，就像一尊泥塑。

（2）

陈莉来到监狱大门口，原来是文子平。有文子平加入寻找，那再好不过了。她很想把李长雄的态度给文子平说说，让文子平在他老爸那里奏他一本，但还是忍住了。

三人分工，杨阳和文子平去谢小婉就读的大学了解情况，她则去查那个固定电话号码的具体位置。

杨阳和文子平找到谢小婉当年的班主任，说明情况后，班主任很是感动，马上带他们去见校长。校长还记得谢小婉，感触地说："我知道这孩子的，大三托福就考了满分，本来很有希望到美国攻读硕士的，唉……"

校长叫班主任带他们一起去学工部查，如果没有开除学籍，学校欢迎她回来，并承诺减免学杂费，适当给予生活补贴。

他们来到学工部，学工部部长连连摇头："不用查了，按照规定，休学最多两年，现在都五年了，早就开除学籍了。"

在杨阳和文子平一再坚持下，部长同意查阅，令人惊喜的是，谢小婉的学籍竟然还保留着。可学工部部长犯难了，这明摆着是他们工作上的疏漏，忘记将谢小婉的材料上报教委开除学籍。班主任求情说："这部长都换了几任了，就算工作上疏忽，也没你啥事儿，你就行行好，帮帮这孩子吧。"

杨阳和文子平马上缠着部长去见校长，校长说："也许是上天在呵护着这个可怜的女孩吧，她还真有福气，那就将错就错吧。"

今天收获不小，杨阳立即给陈莉通电话说了这里的情况。陈莉要他们马上赶到杨阳租房子的地方，说她在他租房对面的一个茶楼等。

两人连忙赶去与陈莉会合。

（3）

在一监区劳动车间，厂方技术员边走边看，心不在焉地瞄着一个个罪犯，最后将目光落在大组长李浩健身上。

他拿出一包烟，递给他一支："李哥，借个火。"

李浩健接过烟，迅速装进裤兜里："兄弟，这里不准抽烟呢，这规矩还是你们定的。"

"这里不准抽，我们出去抽。"

李浩健连连摇头："哎哟，政府发现了可不得了。"

技术员指指值班室说："你看，你的政府都在屋子里聊天呢，走走走，就一两口烟嘛，一会儿有事，我给你打掩护。"

技术员推着他走出车间，躲在墙角点烟。

李浩健巴了一口烟，一副很受用的样子："啥事，说吧。"

"兄弟，我咋没看见鲁总……鲁本川呢？"

李浩健警觉地盯着他："他呀，没事，享福着呢，监改大组长，比我好啊，在积委会画画呢。"

技术员半信半疑："不对呀，鲁总不画画，只是偶尔写几个字儿。"

"哎呀，写字儿的就会画画，字画字画，不分家嘛。这不要庆五一了么？政府要他画几幅画，拿去参展，你说，我们这些人敢不画么？"李浩健眼角观察技术员的表情，迈开脚步做出故意要走的样子，"没别的事儿，那我走了哈。"

"哎哎，兄弟，能不能给鲁总带点东西？"

李浩健斜睨着他："啥呀？"

技术员说："就一条烟，少不了你的好处。"

这时候，李浩健看见二皮从厕所出来，随手扔了一个烟头在草丛里。李浩健飞奔过去，蹲在草丛里寻找，趁机把自己的烟头扔在草丛里，把二皮的烟头捡起来，一把揪住二皮，扯着他来到值班室门口。

李浩健呼报告，几个民警看着他俩，一个民警叫他俩进来。

李浩健把二皮扯进来："报告警官，二皮——不不，是赵海东私藏打火机，私自抽烟。"

"证据呢？"

李浩健拿出烟头："这就是，他从厕所出来，扔进草丛里，被我逮住了。"

民警说："赵海东，人赃俱获，收了工再找你。"

二皮叫嚷起来："警官，他是犯人，我也是犯人，你不能只听他这个犯人说。"

民警看着他笑道："那你这个犯人说说看。"

二皮赌咒发誓说："他打击报复我。随便捡个烟锅巴，就说是我抽的。你说，我私藏打火机，你搜呀，搜出来，随便警官怎么处罚，十棒二十棒，你说了算。"

马旭东走了进来："赵海东，别胡说，现在不准打人了。"

二皮立刻满脸媚笑："像老子打儿子那样还是可以的。"

马旭东和几个民警笑起来。

马旭东说："那也不行。李浩健，搜他身。"

李浩健连忙搜二皮身，里里外外翻了个遍，也没有搜出打火机或者火柴。他挠挠头咕嘟道："龟儿子咋回事？"他突然立正："报告警官，我知道他藏哪里了？"

马旭东问："哪里？"

"他一定是把打火机藏在裤裆里。"

几个民警对视，看着二皮。

二皮把肚子一挺，指着裤裆说："亏你说得出来，好，搜，你搜。"

马旭东说："脱裤子。"

二皮听话地脱裤子。

马旭东说："转过去。"

二皮转身，把裤子脱下来。李浩健低头看了看，然后蹲下来又看。

马旭东问："有没有？"

李浩健站起来，满脸沮丧和不解："没有。"

马旭东挥挥手："都去干活。"

二皮得意地瞧瞧李浩健，屁颠屁颠跑回到自己的操作台。马旭东走到厕所外，蹲在草丛里仔细查看，找到李浩健刚才扔掉的那只烟头。一个值班民警带着李浩健走过来，马旭东叫他也蹲下来，扬扬手里的烟头。李浩健心里一惊，背脊一阵冷风扫过。"难道他看见我也抽烟了？不对，他一定猜测是二皮抽的……但是，万一……"李浩健心里七上八下，他极力保持镇静，看着烟头不说话。在这种时候，不说话是最好的保全自己的方式，就像乌龟缩进龟壳一样。对于"祸从口出"这个词语的理解，莫过于在监狱这个环境里。果然不出所料，马旭东认为这是二皮抽的烟。

马旭东低声说："继续监视，一定要找出二皮是怎么点烟的。"

李浩健用力点点头，左顾右盼，就像地下工作者接受重大任务一般。

（4）

杨阳和文子平钻出出租车，抬头望望，陈莉在一家茶楼的二楼招手。

杨阳四处瞧瞧，看见不远处一个公用电话亭，又看看自己租住的那间房子，这个电话亭居然正好就在楼下的对面，站在房子的窗户边，一目了然。

他和文子平来到茶楼坐下，

陈莉指着窗外说："在那里，就是昨天谢小婉打过的公用电话。对了，你们扫描她学籍档案上的照片没有？"

杨阳说："子平说不用扫描，他手机里有谢小婉最近的照片。"

文子平拿出手机，翻出谢小婉的照片给他们看。

杨阳看了一眼，大吃一惊，心里道："这不是跟他合租的那个女子吗？"

他和谢小婉初次见面的情景立刻在他脑子里闪现，他自言自语："不会吧？但是怎么这么相像呢？"

陈莉发现杨阳有些异样，关切地问："怎么了？"

杨阳好像没有听见，一副呆若木鸡的样子。

陈莉奇怪地又问："喂，你怎么了？你见过她？"

杨阳猛然惊醒，慌忙摇头："啊？什么？哦，没有，没有……脚痛，痛……"

陈莉"哦"了一声，说："这样吧，先吃饭，我们还是分头行动，哎呀，你们的脚都有伤……这样，你们俩就在这个茶楼，监视这个电话亭，跟她的同学一个一个地联系；我呢，把照片冲洗出来，然后拿着照片到附近问问。"

文子平说："陈姐，你还不是有伤，你和杨阳留在这里，我出去打听。"

文子平说完站起来就往外走。

陈莉说："嗨，你还没吃饭呢。"

文子平说："时间不等人，各自吃饭。"

陈莉和杨阳匆匆吃过午饭，按照学校提供的谢小婉大学同学的通讯录一个一个打电话，谢小婉大部分同学已经换了号码，就少数几个能拨通，但他们早就和谢小婉没有联系了。他们很失望，不时瞧瞧公用电话亭。杨阳见陈莉有些疲倦，再三劝说她回去，他在这里守着，一有消息马上通知她。陈莉其实很想待在这里，可是这个榆木疙瘩一再坚持要她回去，他只好不情愿地走了。

临近下班时候，小雨淅淅沥沥而来，就像天外飞仙，一点预兆都没有。

马旭东刚刚走出大门口，李长雄的车就开了出来，李长雄叫他上车。马旭东拉开车门，钻了进去。

杨天胜也坐在里面。

杨天胜问："老马，今天生产情况如何？"

马旭东愁眉苦脸："唉，这做假发，还真不是男人干的，只有十一个人完成了定额。

这十一个人，有五个是二进宫，在原来监狱做过假发；有三个是裁缝，还有三个以前在假发工厂干过。"

李长雄鼓励说："慢慢来，既然有人能完成定额，就可以做嘛。"

马旭东说："那是那是，我成天盯着呢。"

"必要时，可以加加班嘛。但是不要打击面过大，比如，没有完成任务的后二十人。"杨天胜说。

李长雄马上肯定："杨监这个意见很好，你要落实。"

马旭东只好说："好好，我明天就落实。对了，老大，我听说假发这个项目是张大新的？"

杨天胜脸色一变。

"怎么了？"李长雄问。

"这不太好吧，要不，把鲁本川换个监区？"

李长雄扭头问杨天胜："这个嘛，杨监，你看呢？"

杨天胜不得不表态："好，我尽快落实。"但他心里把马旭东一通乱骂。车子到了马旭东住的地方，他下车，欲言又止。他望着离去的小车，很想问问李长雄，前一天还在说要落实局长的指示，尽快找到谢小婉，怎么突然之间就变卦了呢？

把鲁本川调离一监区，这是他所能想到的最好方法，但是这肯定会开罪杨天胜。

"得罪就得罪吧，妈的，鲁本川就是一颗定时炸弹……"他咕嘟一句，转身朝家里走去。

（5）

鲁本川在看书，二皮躺在床上，两个一胖一瘦的罪犯围着二皮，央求他说说他是怎么点烟的。二皮坐在小凳子上装大，不管他们怎么恭维、献媚和拍马屁，就是不说。

两个罪犯跪在地上要拜他为师父，二皮依旧不为所动。

胖子低三下四地磕头，嘴里念念有词："师父在上，受徒儿一拜！"

瘦子使劲敲了一下他的脑袋："咋拜的呢？什么徒儿，你我也配当什么徒儿？是徒孙，徒孙，明白不？"

胖子唯唯诺诺："是是是，老大，是徒孙，徒孙……"

瘦子又敲了一下他的脑袋。

胖子摸着头，迷茫地问："又咋啦？"

瘦子说："咋了？在他老人家面前，谁敢称老大？老大不认识呀？"

胖子一脸媚笑，朝二皮点头哈腰："老大，老大。"

"来来，给老大捶捶。"瘦子指挥着胖子，一起给二皮捶腿的捶腿，捶背的捶背。

二皮受用够了，才斜睨着眼说："想知道？"

两人忙不迭点头。

二皮又问："想学？"

两人眼睛发亮，越加殷勤，卖力地又捶又捏。

二皮摆摆手。

两人赶忙凑过去。

二皮瞟了一眼鲁本川，悄悄说："只要你们为我办一件事，我保证你们随时随地可以点烟。"

瘦子和胖子抱拳，同声道："谢老大，请老大吩咐，在下赴汤蹈火，在所不惜（死）！"

瘦子又使劲打了一下胖子的脑袋。

胖子有些不满了，抱怨说："咋又打我？"

瘦子冷不防又敲了他一下，教训道："在所不惜，知道不？不是在所不死。老大叫你死，你就得死，还不死，想早饭（造反）呀？"

吉牛马二正好走进来。

胖子正没找到出气筒，站起来对着吉牛马二脑袋就是一巴掌："找死呢？没看见我们在商量国家大事，走开！"

吉牛马二连忙认错，点头哈腰爬上自己的铺位。

胖子满足地"嘿嘿"笑，蹲下来。

二皮低声说："你们找个碴儿子把那小子收拾一顿。"

瘦子道："那还不简单？"他站起来，踢了胖子一下。

胖子蹦起来，跳到鲁本川面前，把自己的脸凑近鲁本川的脸。

鲁本川吓了一跳："你你……你要干啥？"

胖子蛮横地说："嘿！你瞎眼了？还问我干啥？你他妈的挡着我的眼睛了，知道不？！"

鲁本川忍气吞声，连连躲闪。

胖子叫嚷："你瞎眼了，还挡着老子。"

鲁本川又气又急，推了他一下，胖子故意朝后倒，"扑通"一声响。鲁本川吓了一跳，不知所措地看着他。

胖子迅速爬起来，大声嚷嚷："大家都看在眼里，是鲁本川先动手啊。"

胖子说着就是一拳，打在鲁本川的鼻子上。瘦子冲上去，假装劝解，抱住鲁本川："老鲁啊，别冲动，冲动是魔鬼，魔鬼知道不？"

胖子趁机一通乱拳，打在鲁本川的肩膀、大腿等不要害的部位。鲁本川似乎被突如其来的状况搞懵了，只顾哼哼。

李浩健突然出现在门口，见状大喝："干啥，干啥？"

瘦子放开鲁本川："报告大组长，鲁本川先动手打他，我劝架呢。"

鲁本川这才回过神来，摸了一下鼻子，满手是血，立刻"哎呀哎呀"尖叫起来。

李浩健看看胖子和瘦子，又看看二皮，对鲁本川说："走，我陪你去大厕所洗洗。"

鲁本川乖乖跟着李浩健出去了，胖子和瘦子连蹦带跳跑到二皮面前。

二皮朝李浩健和鲁本川努努嘴："去看看。"

胖子和瘦子立正，敬礼："得令！保证完成任务！"

两人屁颠屁颠跑出去。

李浩健和鲁本川走进厕所，里面有个罪犯拉屎。李浩健指着他，挥挥手，那意思叫他赶快滚。

罪犯苦笑说："哎呀，大组长，我刚刚蹲上……"

李浩健说："夹断。"

罪犯连忙拉起裤子，跑出去。

李浩健向后看看，掏出一个信封："有人给你带东西。"

鲁本川面露喜色，伸手就去拿。李浩健却不交给他，看着他不说话。

鲁本川朝门口看看，着急地说："给我呀。"

"你小子夺了我的监改大组长，总有个说法吧。"

"不就是一个大组长吗？你说，你要多少？"

李浩健哼了一声："上次你说给我3000元，还没兑现呢。"

"上次？不是说好了的嘛，是你帮我要回来多少，你就拿多少。"

李浩健阴阴一笑："记性还不错啊。现在呢，我变卦了，不要了。"

鲁本川错愕打量他："那你要啥？"

"我啥他妈的都不要。"李浩健拍拍他的脸，拿起信封用力一撕，信封一下子被撕成两半，百元券洒了一地。鲁本川连忙趴在地上捡。

这时，胖子和瘦子探头探脑地在外面看。胖子看见那么多钱，"啊呀"一声惊叫起来，瘦子连忙将他的嘴捂住。李浩健听见外边有动静，喝问是哪个。胖子和瘦子一溜烟跑了回去。

李浩健跑出来，贼眉鼠眼地四处张望，值班民警正好回到走廊另一头的值班室，看见他举止异常，便大声问："李浩健，干什么呢？"

"报告警官，罪犯李浩健想拉屎……"

民警挥挥手，李浩健钻进厕所，瞄了一眼鲁本川，眼珠一转，解开裤子，提着裤子跑出厕所，大呼小叫地报告："报告警官，有情况！鲁本川在地上捡钱，好多钱！"

（6）

杨阳守在茶楼，盯着公用电话亭，整整一个下午，没有一个人来打电话。文子平马不停蹄地奔波了几个小时，附近几条街的每一个商店、行人都问过了，没有任何令人惊喜的消息。他冲洗了十几张谢小婉的照片交给杨阳。杨阳见天色已晚，也叫他回去了。

傍晚时分，雨不期而至，洋洋洒洒，漫天飞舞，不一会儿，整个城市便笼罩在一片烟雨之中。尽管是四月天气，但是雨夜还是格外清冷，一下子仿佛又回到了冬季。

杨阳一直守到晚上八九点的样子，在昏暗的路灯下，街道上行人愈加稀少起来，偶尔有一两个人影，就像被什么追赶一样，凌乱而匆忙。一只狗夹着尾巴，一路东张西望地跑过来，跑几步又停下来嗅嗅，接着又跑，仿佛也在寻找什么……

他寻思在自己租的那间屋子客厅的窗户边正好能看见这个电话亭，便回去了。他走到门口，掏出钥匙，迟疑了一下，打开门，探头往里看。

谢小婉正好洗浴完毕，走出来，看见他那副模样，"咯咯"地笑个不停："偷偷摸摸的，想做贼还是又想干什么坏事？"

杨阳走进来一阵风跑回自己的房间。

谢小婉叫嚷起来："嗨，你还没有关门呢。"她走过去关门，抱怨道："还警察呢，一点安全防范意识都没有。"

谢小婉在客厅吹头发，杨阳一拐一拐地走过来，推开窗户，拿起望远镜朝外看。

谢小婉瞄了瞄他："干什么呢？"

杨阳不理睬他。

谢小婉接着问："偷窥？"

杨阳还是不理睬她，依然拿着望远镜朝外看。谢小婉慢慢走过去，站在他旁边，盯着他。

杨阳放下望远镜，看了她一眼："干吗？"

谢小婉一把抢过他的望远镜，朝外看。看了一阵，自语道："没什么呀？"

谢小婉把望远镜递给他，杨阳盯着她看。

谢小婉被她看得有些不自在，瞧瞧自己的衣服，没发现什么异样，眉头微皱："看什么看？"

杨阳说："别动。"

他跑到客厅另一头，转身瞄着她看。然后把所有灯打开，盯着她。

谢小婉被他盯得莫名其妙，大声叫道："喂？"

杨阳拿出一张照片，看看照片，又看看她。

谢小婉跑过来，伸出手："拿来！"

（7）

值班民警立即用步话机呼叫备勤的民警，几个人把钱捡起来，清点后封存，然后把鲁本川带到值班室。

李浩健趾高气扬地在寝室走了十几个来回，停在二皮面前，俯身看着他："二皮，是不是有点失落？"

二皮一骨碌爬起来，媚笑："老大，都是为政府办事嘛，都一样，都一样。"

李浩健拍拍他的脑袋："嗯，这才乖嘛。"

胖子问："那……那小子呢？"

李浩健斜睨着他："你说呢？"

胖子脸咕嘟道："那么多钱，可惜，真他妈的可惜，您老咋不叫那小子给我们买几条烟呢？"

二皮跳起来敲了一下他的头："你脑子进尿了？把监改大组长保住，还没有烟抽？"

"是你说的，我什么都不知道啊。"李浩健敲了一下二皮的头。

谢天明和潘佳杰走进来，二皮慌忙让道。

潘佳杰问："鲁本川咋了？"

谢天明走到吉牛马二的床前："老哥，来一曲？"

吉牛马二爬起来，看看二皮他们。

谢天明见状，转身走到二皮面前。

二皮连连后退几步，慌忙叫道："唱，唱唱……"

谢天明又走到李浩健面前。

李浩健一脸媚笑："谢书记，您老以后想听曲儿，就叫老牛唱，啊！"

吉牛马二拨动琴弦，208室响起了低沉、忧伤的吉他声，罪犯们安静下来，各自坐在床上，如痴如醉。

值班民警走到门口："熄灯，睡觉。"

吉他声戛然而止。

谢天明脸上肌肉抽搐了几下，愤怒地瞪着值班民警。

潘佳杰见状连忙轻轻拉拉他，低声劝导道："为了你女儿，忍，忍着点，深呼吸，深呼吸，对，就这样……"

谢天明的神色从愤怒渐渐变得平和起来，不一会儿，无奈、沮丧和绝望萦绕在苍老的脸上。

（8）

杨阳把照片递给她，盯着她的表情。

果然，谢小婉一看，大吃一惊，目瞪口呆地看着杨阳。

杨阳问："你就是谢小婉？"

谢小婉惊醒过来，把照片还给他，简单地说："认识。"

杨阳大喜，一把抓住她的胳膊："她在哪里？"

谢小婉胳膊吃痛，"哎哟"地叫起来，杨阳连忙放开她。

谢小婉揉着胳膊，不满嚷嚷："干吗？干吗？想弄断我胳膊是不？"

杨阳连声道歉。

谢小婉哼了一声："去，给本小妹倒杯水来。"

杨阳应了一声，拿起她的杯子一拐一拐地、乐颠颠跑去给她倒水。

谢小婉看着杨阳的背影，目光流转，若有所思。

杨阳屁颠屁颠跑回来，双手把杯子递给她："请喝水。"

谢小婉端着水杯，看着他的脚问："你的脚咋了？"

"没事，说说照片上这个人。"

谢小婉说："这不是谢小婉嘛。"

杨阳睁大眼睛："对，对，她在哪里？"

谢小婉盯着他："你什么人，找她干什么？"

"这……"因为涉及工作，杨阳有些犹豫。

谢小婉不怀好意地笑："你不是又在打什么坏主意吧？"

"我打坏主意？我像坏人吗？"杨阳急忙辩解说。

"哼，难说。"

杨阳沉吟了一下："好吧好吧，我告诉你，我是清水监狱民警，叫杨阳……"他拿出警官证，递给她："你看，上面有警号，就像身份证一样。"

谢小婉认真看过警官证，随后才点点头："我姑且信你，那你说，为什么找谢小婉？"

杨阳说："谢小婉的父亲在我们监区服刑，最近情绪不稳定，我们想找到谢小婉，劝说她去看看她父亲。"他指指窗外："就在昨天，谢小婉还在公用电话亭打过电话，你现在明白了，我为什么拿着望远镜了吧？"

谢小婉有些惊讶："连在哪里打电话你们都能查到？不是吧？"

杨阳笑道："我们哪有那本事，是这样的，我和另外一个民警去了谢天明老家，是村支书告诉我们的。"

谢小婉再一次瞧瞧他的脚："你的脚也是在那里受伤的？"

杨阳笑笑："受伤算不上，几个血泡，过几天就好了。你现在相信我了吧？"

"还有一个问题，谢小婉的老爸在哪个监区服刑？"

杨阳警觉起来："问这个干吗？"

谢小婉说："我要是联系上谢小婉，她问我，我答不上来，她能不怀疑吗？前几

天网上还说呢，有几个犯人从监狱里出来，冒充诈骗其他犯人家属呢。"

　　杨阳听她说得也有道理，便告诉了她，请求说："请你现在就联系，好吗？"

　　谢小婉沉思了一会儿，抬起头看看他："我知道她QQ号，你记一下。"

　　杨阳连忙拿出手机，加了谢小婉的QQ号："哎呀，没上线。"

　　谢小婉站起来，走进了厨房，不一会儿，给杨阳端来一大盆洗脚水。

　　杨阳有些意外，连连摆手。

　　谢小婉把开水盆放在地上，大大方方地说："不就一盆热水吗？有个啥呀？脚打了血泡，泡脚比用药管用。"

　　杨阳还是又摇头又摆手，脸上有些不自在。

　　谢小婉瞪了他一眼，赌气说："要泡，至少要一个小时，水瓶和茶壶里都是开水。不泡自己倒掉，本小妹要休息了。"

　　谢小婉说完，"噜噜噜"走回自己的房间。杨阳愣怔了一下，脱了袜子，把脚伸进热水里。

　　（9）

　　杨天胜走下警车，恭敬地跟李长雄道别，目送警车走远，掏出电话拨号："张总，我是杨天胜。东西我已经收到了，谢谢啊。对了，还有一个事儿，今天马旭东知道了他们监区的假发项目是你的，建议李长雄把鲁本川……对对，鲁总换一个监区，我想啊，换就换一个吧，你看？"

　　张大新马上拒绝，口气不容置疑："那不行，我就是冲着鲁总才搞的这个项目的。"

　　杨天胜心有不甘："我把他换到我心腹那里，还好办事一些呢……"

　　张大新干脆挂掉电话，把手机往桌子上一扔："换监区？早不说？现在换了，我的技术人员咋给鲁总带东西进去？"

　　杨天胜听着挂断电话的"嘟嘟"声，有些气愤，半天没有回过神来，心里骂道："妈的，跟这些奸商打交道，真他妈的没人格！"但一想到那些一摞一摞的票子，嘀咕说："咋就看上马旭东了呢？"

　　（10）

　　杨阳被一阵闹铃惊醒，从床上跃起来，边穿衣边拿起手机，打开网络。谢小婉还是没有加他QQ，他又申请加好友。他匆匆洗漱完毕，抓起外衣，边穿边走。走到客厅，又折回来，走到谢小婉的房间外，迟疑地敲门。

　　杨阳问："喂，你叫什么名字？"

屋里传来谢小婉懒洋洋的声音："黄君君。"

"我怎么联系你？告诉我手机号码，可以吗？"

"我有谢小婉的消息，会打给你的。"

杨阳转身又走。

"你的脚怎么样了？"

杨阳低头在地面上踩踩："嘿！还真不疼了……"他扭头大声说："不疼了，谢谢啊！"

（11）

马旭东、陈莉和杨阳早早等候在李长雄办公室外。

李长雄夹着公文包走了过来："有消息了？"

马旭东点点头

李长雄打开门："噢，进来说。"

一行人走进办公室。

马旭东说："老大，陈莉他们找到了谢小婉的QQ号，但是她没有上线。可是我们监区没有电脑连接互联网，手机又不准带进去。"

李长雄反问："你说怎么办？"

"要么准许陈莉和杨阳带手机进去，但是手机带进去恐怕不好，违背监管条例，要么给我们批一台电脑可以上网。"

李长雄眉头一拧："这个……涉及保密问题……"

陈莉眼珠一转，扯谎道："对了，李监，昨天为了谢小婉再度入学的事情，省纪委顾主任还亲自给校长打了电话呢。"

果然，李长雄一怔，看着她："顾主任也那么关心？"

陈莉说："顾主任就是负责谢天明案子的，一直在关心他的家人。哎呀，李监，前几天我有个保密局的同学问我，你咋只在晚上上QQ呢，我说我们单位不准电脑上网。她说，我们保密局每个人可以在单位网吧的电脑上网呢，你们监狱就那么精贵？"

李长雄笑起来："那好吧，但是，只能是马旭东办公室那台电脑上网。马旭东，你给我写个军令状，出了问题，我拿你是问。"

"陈莉，杨阳，你们快找办公室主任去办，我还有事。"马旭东连忙给他俩递眼色。

马旭东看着陈莉和杨阳出去了后，才转过头低声说："文局长的儿子文子平跟谢

— 244 —

小婉是恋人，这几天也在寻找谢小婉。"

李长雄很意外："哦？"

"这个文子平呢，想见见谢天明，你看？"马旭东试探说。

李长雄不假思索地说："见吧……"他好像意识到什么："不对，罪犯的女朋友是不可以单独会见的。"

马旭东沉吟说："就是嘛。你说，不让见吧，说不过去。这咋办呢？"

李长雄笑起来，指点着他："说。"

马旭东笑笑："我有个办法，文子平帮着我们找谢小婉，他可以进入我办公室，然后我叫谢天明到我那里写心得体会，如何？"

李长雄也跟着笑："这倒是个好办法，但是这事儿不能牵扯到文局长。"

有了李长雄的表态，马旭东就把文子平直接带到自己的办公室。

几个女警看着文子平指指点点议论。

马旭东脸一沉："没事做？"

一个女警低声问："他真是文局长的公子？"

马旭东一惊："谁说的？"

女警说："是秦欢说的呀，秦欢还说她和他都耍了几年的朋友……"

女警扭头寻找秦欢，朝她招手："哎呀，秦欢，你过来呀！怎么着都还是朋友吧？"

另外一个女警把秦欢推出来，秦欢很不自在，扭捏着跟文子平打招呼，文子平慌乱地朝秦欢点点头，脸一阵红一阵白。

马旭东严肃地说："你们听着，他是厂方派来的谈判代表，要是谁乱说，我扣他考核分。走走，该干吗干吗去。"

女警们一哄而散。

不一会儿，杨阳把谢天明带来，谢天明站在门口，规规矩矩地立正，报告。马旭东叫他进来，谢天明走进来。

马旭东指着沙发说："坐。"

谢天明站着没有动，低头看着地板。文子平看着谢天明，就像打量一个怪物。

马旭东对文子平说："他就是谢天明，你们聊吧。记住，最多三十分钟。"

马旭东走出去，关上门。

文子平叫了一声谢叔叔，谢天明看着他，眼睛里满是疑惑。

文子平上去抱住他："我是子平呀。"

谢天明吓了一跳，推开他，退了几步，打量他："子平？"他低头，又抬头看他，像是自语："子平，子平是谁呀？"

　　文子平再也控制不住自己的伤感，落泪道："谢叔叔，我是文子平，文子平，文守卫是我爸爸，我小时候经常在你家跟小婉一起玩呀。"

　　谢天明眼睛一亮，怔怔地看着他，过了好一会儿，才咧嘴笑，但谢天明的笑容随即又消失了，失魂落魄地站在那里，把目光投向窗外。

　　"谢叔叔，你坐，坐，来嘛，我扶着你。"

　　谢天明推开他的手，冷漠地说："我站着就行，说吧，什么事。"

　　文子平一愣，不知道说什么好。谢天明见他不说话，转身走了出去。

　　马旭东走进来："咋回事？"

　　文子平很沮丧："他不想跟我说话。"

　　马旭东拍拍文子平，安慰说："只要我们找到谢小婉，一切都会好起来的。"

　　文子平眼圈红了："马叔叔，谢谢你，我现在就出去继续找。"

第十八章　良心未泯

(1)

在一监区劳动车间，潘佳杰几乎趴在操作台上，认认真真地做假发。

二皮转身笑道："老鬼，真悔过自新了？"

"老弟，别跟我说话，我干活呢。"

二皮说："这活儿，就你那视力，能完成定额？你呀，还是写一封信回去叫你婆娘买一副老花镜来吧。"

潘佳杰头也不抬："家里也具体……"

二皮以怀疑的目光看着他："你、谢天明、鲁本川都差不多一样大的官，那鲁本川家境还是那么土豪，你跟谢天明真的就被洗白了？"他张望，找鲁本川："你看人家，昨晚被关了禁闭，今儿一早，又出来了。这钱，真他妈的是个好东西，有钱还真能使鬼推磨。"

潘佳杰停下手中的活儿，看着他："老弟呀，我这几天在思考，是，有钱能使鬼推磨，可鬼要是不这么想呢？"

二皮很意外："哦？这倒有点意思，说说，你要是鬼，咋想？"

"如果我是鬼，我会想，难道推磨不该给钱吗？"

二皮笑道："该给，该给。"

潘佳杰也笑了笑："也许钱也有想法，钱想呀，把我给鬼不会祸害人，给人就不一定了。"

二皮挠挠头，愣怔地看着他："你绕来绕去，把我绕糊涂了。"

他看见马旭东不知什么时候站在潘佳杰和谢天明身后，吓了一跳，连忙埋头干活。

谢天明感慨地说："是呀，还是穷点好。"

"知我者，谢书记也。"潘佳杰笑起来。

马旭东说："潘佳杰有进步，谢天明也不赖，赵海东，跟他们多学学文化。"

二皮站起来，苦笑说："我还是不学文化好，要不然跟他们一样，说话听不懂。"

马旭东笑骂道："你个棒槌！"

马旭东掏出一副眼镜，递给潘佳杰，潘佳杰马上站起来，双手恭恭敬敬接过去。

接下来的一个礼拜，谢小婉一点消息也没有，她的QQ也一直显示不在线，也没有加杨阳为好友，就像人间消失了一般。李长雄问了问情况后，决定暂时不找了。

陈莉和杨阳来到马旭东的办公室，陈莉问："老大，真不找了？"

马旭东为难地说："李监狱长说警力不够，暂时不找了。我想，你们反正找到了谢小婉的QQ，陈莉就搬到我这办公，没事的时候盯一下电脑。但是，不准其他人来上网啊。"

陈莉对这个QQ持怀疑态度，问杨阳那个谢小婉的同学靠不靠谱。杨阳说，黄君君，学校提供的通讯录上有这个人，应该没问题吧。还有，昨天晚上她还说她与谢小婉在QQ上说了话的。

陈莉正想说什么，秦欢走了进来："再找找呗，我也参加。"

马旭东有些意外，看着秦欢。

陈莉笑道："她呀，是想陪某个人。"

秦欢扭捏地说："陈姐……"

马旭东摆摆手说："杨阳留下，你们去忙吧。"

等陈莉和秦欢走了出去，马旭东才说："最近二皮有些得意，一会儿你去敲敲警钟。"

"听说这小子可以变火点烟？"

马旭东笑道："可能吗？但确实没搜出打火机或者火柴，这段时间我安排人一直盯着他，这小子不知道用什么方法，真能点烟。以前搞外劳看不出来，这些天我观察了一下，二皮这小子机灵，学技术快，我倒是想把他提拔一下，当个生产大组长。"

他叹息，摇摇头："我还是不放心哪。"

杨阳说："我去查查。"

这时，教改科科长打来电话，催问陈莉上课的事情。马旭东又把陈莉叫过来，陈莉说，那今天就上呗。她点了杨阳和秦欢协助，吩咐杨阳叫罪犯吉牛马二把吉他带上，三人朝教育中心走去。马旭东看着他们三人，心里嘀咕道："这小丫头，教课怎么没有拿教案？"

（2）

陈莉他们走进教育中心教室，一监区和九监区两百多号罪犯整整齐齐地坐着，眼睛齐刷刷落在秦欢和陈莉身上。后排临时摆放了一排独凳子，坐着教改科科长和教育中心的女警们。

陈莉径直走到讲台上，而杨阳和秦欢则站在讲台的一侧。陈莉环视了一下，问："想劳动？"

没人回答，寂静。

陈莉笑笑："赵海东，你声音最大，你说说，心里怎么想的就怎么讲，我不会责怪你的。"

二皮站起来说："陈警官，我五大三粗，干坐在这里，不如去干点活嘛。"

二皮话还没有说完，周围罪犯就是一阵笑。

二皮不满地辩解："我瘦是瘦了一点儿，但我有得是力气！想当年，几个人也别想靠近我。"

陈莉笑笑，点点头，叫他坐下，又环视了一下教室："与赵海东有同样想法的，请举手。"

二皮带头举手，有的罪犯犹豫了一下，纷纷举手。

陈莉说："这么多人？看来，大部分人不想上课，想干活。换句话说，举手的人差不多都跟赵海东一样，有力气，满刑出去后，靠一身力气，也能挣钱，对吧？"

很多罪犯点点头。

陈莉说："这里坐两百多人，真有点挤。今天我和杨阳警官来给你们讲课，这样吧，我们到外边去上课，怎么样？"

众犯人感觉很新鲜，齐声叫好！

杨阳和执勤民警将罪犯带到教育中心外操场上，操场上已经摆放了两个软垫子，杨阳指挥罪犯们围着垫子坐下。罪犯们都狐疑地看着垫子，交头接耳。

二皮站起来："报告……"

杨阳看着他："说！"

二皮左右看看："杨警官，要上体育课？"

陈莉大声说："打架课！"

众犯人回头看，陈莉一身作训服，英姿飒爽，从从容容走到软垫子中央。

二皮问："报告陈警官，打架课？跟谁？跟你？"

陈莉指指赵海东，又指指所有罪犯说："你不是有得是力气吗？今天你们中任何人都可以上来和我打，尽管把你们的力气拿出来，打赢我，就有资格跟杨警官过招。"

众犯人一阵喧闹。

教改科长和教育中心的女警们都面面相觑，科长的眉头紧锁起来。

陈莉又指着赵海东："赵海东，你先来？"

二皮面露喜色："把你打伤了怎么办？不关禁闭？"

二皮虽然这么说，已经走到垫子前，摩拳擦掌。

杨阳一脸坏坏地笑："不会，赵海东，你尽管把你的看家本领拿出来。"

众罪犯正想喝彩，但看见杨阳那表情，都似乎意识到什么，狐疑地看着陈莉和二皮。

二皮脱鞋，但又马上穿上。

杨阳讥笑道："咋？狗熊了？"

二皮立正，报告："陈警官，请允许我不脱鞋，我……我脚太臭。"

犯人们一阵大笑。

陈莉说："好。"

二皮走过去，学着电影里的气功大师的模样，扎马步，运气，"嗨嗨"了两声。陈莉径直走过去，锁住他的左手，一扭，抓住右手，同时出脚，踢在二皮的腿弯处。二皮"哎哟"一声，便被陈莉用膝死死钉跪在地上。

二皮痛得嘴巴变形，大叫："哎哟，哎呀呀呀……不算不算，陈警官偷袭。"

陈莉放开他，二皮一个狗啃屎。犯人们一阵哄笑。二皮爬起来，做好姿势。陈莉又径直走过去，一个背摔，将二皮重重摔在地上。二皮半天爬不起来。

教育中心的女警们使劲鼓掌。

二皮灰溜溜地跑回去。

陈莉问："还有没有觉得自己劲儿用不完的？"

罪犯们你看看我，我瞧瞧你，大都摇摇头，但还是有几个脸上流露出不屑。

杨阳瞧见刀疤脸不服气的样子，走到他面前："不服气是吧？好男不跟女斗是吧？好，我陪你过过？"

刀疤脸一下子愣在那里，二皮带头高喊给刀疤脸加油。

刀疤脸瞪了二皮一眼，黑着脸站起来，壮实得像一头黑野牛。二皮等人使劲鼓掌。

刀疤脸望着杨阳勉强地笑笑，点头哈腰，恭恭敬敬地说："杨……杨警官，我我……哪敢跟你打……"

杨阳轻蔑地笑笑说："你们呀，就别去挨打了。陈警官可是跆拳道五段高手。"

犯人们一阵惊呼，打量陈莉，又打量杨阳。

陈莉挥挥手说："你们闹着要出去劳动，恐怕不是在车间劳动，而是想搞外劳。谁不知道你们那点小九九？不就是想看美女么？赵海东，你说，是不是？"

二皮被陈莉识破心思，低头嗫嚅说："是是……"

陈莉看着他说："赵海东还有一点点羞耻之心，说明良心未泯。"

很多罪犯低下头。

陈莉摇手招呼秦欢："秦警官，你过来。"

秦欢局促不安，止步不前，杨阳把她推上去。

犯人的眼睛"唰唰"直奔秦欢。

秦欢慌张地站到陈莉身后，可四周都是犯人，她惊慌地望着陈莉。

陈莉把秦欢拉到自己面前："你们说，秦警官漂亮不漂亮？"

没人敢应答。

陈莉说："赵海东，你看看秦警官，你说。"

二皮把头压得更低，语无伦次地咕嘟："漂亮，漂亮，地球人都知道……"

周围罪犯一阵窃笑。

陈莉目光环视一周，让每一个犯人都感受到她此时无与伦比的气场，她的气势、权威现在就掌控着眼前的一切："是的，凡人都有欲望，饿了要吃饭、渴了要喝水、冷了要穿衣服等等这些都叫欲望。这类欲望都是合理，而且符合道德规范，是属于在法律允许范畴内的欲望。我们每一个人都有一颗爱美之心，可你们知道吗？美好的东西是应该以一颗虔诚的心去欣赏，而不是像你们这样用一颗丑陋甚至邪恶的心去意淫！"

陈莉的声音铿锵有力，所有的罪犯都低下了头。

陈莉接着说："你们这样放任自己，只会在人生的歧途上走得更远！赵海东！"

二皮站起来："到！"

"我问你，你有姐妹、母亲吗？"

"我有一个姐姐，我我……又不是野种，当然有母亲，哎呀，野种也有母亲呀。"

二皮一本正经地说。

罪犯们不敢笑，低着头相互看看。

陈莉却笑起来："好的，你坐下。"

罪犯们见陈莉笑，也跟着傻笑。

陈莉话锋一转："在座的各位大概都有姐、有妹，更有生你们养你们的母亲吧。如果你们的姐妹或者是母亲也这样被无数的人围着，被每一个人都臆想着剥得赤条条的，在他们的思想上尽情地意淫，你们在感情上能容忍、能接受吗？"

所有狱犯大声说："不能！"

二皮大声地接着叫道："老子……不不是……看我不扭断他的脖子，抠出他的眼珠子！"

陈莉脸色放晴，说："好了，今天说了一些题外话，但是我知道你们已经明白应该怎样对待我们的女教师了，是吧？"

众犯响亮地回答："是！"

陈莉说："好，我们重新上课。赵海东，你今天来当值日生。"

她向前一步，立正。

二皮站起来："是！"中气十足地大声喊道："起立！"

全体罪犯迅速笔直站起："老师好！"

陈莉说："学员们好！请坐！现在，跟我大声念。"

陈莉定定心神："从今天起做个幸福的人……"

"从今天起做个幸福的人……"

陈莉领背："喂马劈柴孝敬父母……"

"喂马劈柴孝敬父母……"

"我要修建一所房子……"

罪犯们的表情开始凝重起来："我要修建一所房子……"

"面朝大海，春暖花开……"

很多罪犯眼睛潮湿了："面朝大海，春暖花开……"

陈莉委婉动听的声音像音乐一样在流淌，众犯人的齐声朗读回荡在操场上。教改

科长和教育中心的女警们都受到感染，眉目之间交流着难以用语言表达的情怀。教改科长突然发现在他身后不远处，马旭东站在那里，定定地朝这边望，他朝马旭东伸出大拇指，可马旭东就像没有看见一般。就在这时，一声吉他传来，高亢，敲击着每一个人的心灵。众犯人循声追寻，吉牛马二抱着吉他，边弹边吟唱。苍凉而忧伤的歌声中，很多犯人们情不自禁地留下了热泪。不过，有一个人，表情像哭泣，但却流不出眼泪，他就是谢天明；还有一个人，认定周围这些人都是一群疯子，尽管把头压得很低，心里却连连冷笑，他就是鲁本川。

（3）

午饭后，罪犯们到车间劳动，不过，二皮有些彷徨，本来上午听了陈莉警官的课，心头一直不能平静，暗暗发誓要认认真真地改造，早点回家，踏踏实实做人，靠自己的力气挣钱，然后修建一所房子，安安静静地孝敬父母，做一个春暖花开的人。可是下午却被留下来，看着同伴们排着整齐的队伍走向车间，心里顿时空落落的。他感觉这些人就像专门跟他作对一般，脚步豪迈，雄起起气昂昂的，往日那种没落的江湖气哪里去了？往日那种破罐子破摔的死猪不怕开水烫的气质哪儿去了？

"奶奶的个……"他嘟囔着。

鲁本川和吉牛马二在扫地。鲁本川像画画一样，东扫一下，西扫一下，懒洋洋的。

吉牛马二认认真真地扫，把鲁本川扫过的地方重新扫了一遍。

二皮正郁闷，看见鲁本川那个样子，气不打一处来，走过来，笑道："哟嗬，监改大组长，怎么扫起地来了？"

鲁本川恨得咬牙切齿，假装没听见。

二皮上去用身子顶了他一下："你给老子装聋呢？"

鲁本川退了几步。

吉牛马二连忙走过来，劝道："赵海东，他一个老人，算了，算了。"

二皮恨了他一眼，吉牛马二吓得后退了几步。

二皮说："他老，你不老？歌唱家，你他妈的比他还老，你看看，他扫了多少，你扫了多少？"

吉牛马二赔笑说："哎呀，没事，没关系的，没事儿做那才叫无聊呢。"

二皮拿眼盯了又盯："喂，你老是有文化的人，怎么也成贱皮子？"

"贱皮子，贱皮子，我自打一进这里，就成了这样……"吉牛马二一脸谦恭。

"算了算了，我懒得理你。"二皮转身对鲁本川挥挥拳头，喝道，"鲁本川，你再欺负我们的歌唱家，老子给你好看！"

这时候，杨阳在监管区铁门外叫他，二皮转身就走，马旭东突然走了过来，二皮撞到他身上。二皮吓了一跳，连忙退到一边，点头哈腰地说："哟，是老大，对不起，对不起，你请。"

马旭东命令："立正。"

二皮立正。

马旭东笑道："这才像个人样嘛。"

二皮马上又点头哈腰："是是是。"

马旭东哭笑不得："滚。"

二皮一溜烟跑到值班室外打报告："报告警官，罪犯二皮……不，赵海东出监到车间，请指示。"

马旭东看着杨阳把二皮带出去，才转向鲁本川："鲁本川。"

鲁本川立正："到！"

"你扫地呢，还是在画画呢？"

"我……"

"以后一楼厕所归你打扫。"

"我……"

马旭东拉着脸："怎么，有意见？"

鲁本川沮丧地说："没有……"

马旭东转身对吉牛马二吩咐："扫完操场后，你带他去扫厕所，教教他。"

吉牛马二立正："是！"

（4）

大组长李浩健在车间里来回巡视，几个技术员相互递眼色，一个技术员走进民警值班室，拿出中华烟给他们发。

一个技术员走到李浩健面前："兄弟，过来一下，帮忙捎点东西。"

李浩健看看值班室，跟着走了过去。

李浩健刚刚走进厕所，几个技术员扑上去就是一通拳打脚踢。李浩健蜷缩在地上，双手抱着头，一声不吭。

领头的技术员摆手示意大家停手，一个人一把将李浩健拉起来，领头的拿出一条烟，塞给李浩健。

李浩健冷眼问："各位大哥，啥意思？"

"你别装傻啊，你懂啥意思。"

尽管李浩健被打得浑身痛得不行，但气质一点儿也没变化，他哼了一声："不就鲁本川那点事儿吗？告诉你们，老子也不是在糖水里泡大的，哼！在外头我可能怕你们，这是监狱，老子还是老子，儿子还是儿子，翻不了身的。"

"所以，我们老大想交你这个朋友，我们鲁总就拜托你了。"领头的看着他，认真地说。

李浩健说："好说，好说。从今往后，谁他妈的敢动他一根毛，我李浩健就动他的皮。"

领头的抱拳说："有你这句话，我们放心了。不过还有另外一桩事，还请李大组长帮帮忙。"

"说。"

"修理修理二皮。"

李浩健摇头："他？我不敢惹。"

李浩健说完，趁机跑了出去。

领头的技术员一脸无奈，说："走吧，走吧，一会儿特警就来了。"

几个技术员刚刚走出厕所，几个特警果然朝这边走了过来。

（5）

杨阳慢腾腾走在监管区花园小道上，二皮眼珠子滴溜溜地转，不时偷偷从后面瞧一眼杨阳，又迅速低头，装出一副恭顺可怜的样子，生怕杨阳突然转身看到他一般。

杨阳拿出烟，二皮连忙拿出一包烟："来来，抽这个，这个，哪能抽你的呢？"

杨阳接过他的烟，诧异地问："你娃抽中华？"

二皮一脸媚笑："我哪里抽得起哟，是鲁本川的。我都舍不得抽。"

二皮把中华放进腰包，又拿出一包国宝牌香烟。

杨阳在身上到处摸打火机："哎呀……咋办？"

二皮狐疑地看了他一眼，心里立刻明白了几分，低头不语。杨阳蹲下来，示意他也蹲下来。二皮很不情愿地蹲下。

杨阳扬扬手中的香烟："点上？"

二皮皮笑肉不笑地说："杨警官……"

"你不是会变火么？"

二皮诣笑道："杨警官……"

杨阳严肃地命令："把口袋的东西全部掏出来。"

二皮慢慢掏东西，两包烟、一对五号电池。

"就这些？"

二皮愁眉苦脸，有点心虚地说："啊……"

"把口袋全部翻过来。"

二皮慢腾腾地翻过来，杨阳拿起几个条状的东西，仔细看："这是什么？"

二皮老老实实地说："锡箔纸。"

杨阳睨笑道："嘿！你还挺聪明啊。"

二皮有点儿不相信："你知道？"

杨阳白了他一眼："我不知道。"

二皮赔笑脸："你老就别逗我了，我这点儿小板眼……"

杨阳认真地说："真不知道，我只知道锡箔纸可以让电池短路。给我演示一下？"

"这……要关禁闭的……"

杨阳阴笑道："你不演示给我也行，我回去慢慢研究，这些道具就没收了啊。"

二皮连忙说："好好，演示，演示……"

二皮嘴上叼一支烟，用锡箔纸条把两节五号电池连接起来，锡箔纸突然燃烧起来，二皮眼疾手快，一下就把烟点着了。

杨阳站起来就走。

二皮跟在后边，可怜巴巴地说："杨警官，我我……"

"二皮，我给你个建议。今天你千万不要再用这些玩意儿，等晚上，你给马老大演示一下，说不定你娃要飞黄腾达。"

二皮半信半疑，挠挠脑袋："啊？杨警官，这这……咋回事？"

杨阳笑而不语，这时，他的步话机叫起来，是陈莉要他马上回办公室。

（6）

一监区一楼厕所里，吉牛马二跪在地上刷便池，鲁本川捂着鼻子在一旁看。

鲁本川问："老牛，你来这里几年了？"

"九年一个月二十二天，喔，十五个小时。"

鲁本川很诧异，想不到他连几小时都时时刻刻装在心里。不过想想，自己何尝不是呢？他又问："每天就这么过？"

吉牛马二手头不停，使劲擦洗便池："挺好的。"

"还有几年？"

"八年多吧。"

"等你满了,到我公司去。"

吉牛马二扭过身子,抬头看着他笑:"那感情好……"不过,他马上摇头自语:"恐怕到那时……我这把老骨头还在不在……"

鲁本川一怔,呆呆地看着他。

这时,值班民警在外边喊:"都窝在里面干啥呢?出来,都出来,晒晒太阳。吉牛马二,去把203号的背出来。"

吉牛马二高声应了一声是,小跑出去,鲁本川也跟着走到厕所门口往外瞅。

几个老年犯人慢腾腾走出来,吉牛马二背出来一个目光呆滞的老年犯,把他放在一把椅子上。

鲁本川走过去,看了老年犯几眼,头一偏,皱眉说:"都这个样子了,还劳改?怎么不保外呢?"

吉牛马二说:"他家没人了,保外,谁接?"

"民政局不管吗?"

"民政局要管,但是他是罪犯呢。"

鲁本川待了一会儿,又问:"就这么一辈子待在监狱里?"

吉牛马二给老犯人搬了个小凳子,把他的脚放在凳子上,才说:"其实待在监狱里是他的福气,至少还有专人伺候着。就这样子,出去,八成活不过一个礼拜。"

鲁本川神色黯然,跟着吉牛马二向厕所走去。他拿起刷子,蹲在另一个便池,愣怔了一下,刷起便池来。

(7)

杨阳一走进监区长办公室,陈莉对着他兴奋得大叫:"谢小婉加你好友了,要你拍几张谢天明的照片,五点以前到你租房楼下的茶楼——就是那个公用电话亭旁边那个茶楼——会面。"

杨阳也高兴得跳起来,与陈莉击掌。

秦欢正在检查罪犯家属来信,她拿起最后一封,是潘佳杰的,这时,一个女警走进来说:"听说谢小婉找到了。"

秦欢问:"啊?在哪里?"

"好像在杨阳租房下面那个茶楼……"

秦欢把几十封信件交给女警:"姐,帮我送到监管区值班室,回头我请客啊!"

女警问:"检查完了没有?"

"查了查了。"秦欢一溜烟跑了。

陈莉和杨阳以最快的速度赶到约定地点，还差十分钟就五点了，两人松了一口气，走进茶楼四处看。

杨阳看见谢小婉，跑过去："黄君君，谢小婉呢？"

谢小婉站起来。

陈莉看了一眼谢小婉，连忙掏出照片对照看，惊愕地望着杨阳。

杨阳给陈莉介绍："她就是谢小婉的同学，叫黄君君。"

陈莉一下子明白了，这个黄君君就是谢小婉，她白了一眼杨阳，心里暗骂："真是个白痴，只有你这样老实的人才会上当受骗。"

谢小婉充满敌意地看了一眼陈莉，冷冷地问："她是谁？"

杨阳忙说："哦，她叫陈莉，是我们一监区的警官，国家二级心理咨询师哟。"

谢小婉站起来就走。

杨阳拦住她，焦急地问："谢小婉呢？"

谢小婉面无表情："谢小婉只想见你一个人。"

她抬脚又走，杨阳急得直跺脚，看着陈莉。

陈莉问："小婉，你不想看看你爸爸吗？"

谢小婉身体一哆嗦，停下脚步，但没有转身。

陈莉走过去，攀着她，把手机晃了晃："小婉，我们这里还有你奶奶的照片，来来，坐下，我们慢慢聊，啊。"

谢小婉转身走回座位上，坐下。

杨阳睁大眼睛，错愕万分："你咋是谢小婉呢？"

谢小婉苦笑了一下，不语。

陈莉笑笑："杨阳，说正事。"

突然，谢小婉仰起头，怔怔地盯茶楼的门口。原来，秦欢挽着文子平的手走了进来。

陈莉和杨阳对视，满脸惊愕。

文子平看见了谢小婉，飞奔过来，惊喜地喊："小婉？"

秦欢走过来，又挽着文子平的胳膊。

文子平推她，可她死死抓着不放，两人推推搡搡的。

陈莉实在看不下去了，低声喝道："秦欢！"

秦欢放开文子平，噘嘴问："怎么了嘛？"

谢小婉站起来，淡然一笑："杨阳，谢谢你！"

"小婉，我们回家，啊！"文子平哀求说。

谢小婉平静地微笑："子平哥，也谢谢你，我很好，代我向文叔叔问好。"

谢小婉转身就走，杨阳愣怔在那里，陈莉拉了他一下，他猛然醒悟，跟着陈莉追谢小婉。

文子平也追上来，陈莉拦住文子平："子平，我希望你今天不要跟着我们。"

（8）

一个带班民警带着潘佳杰走进监管区："潘佳杰，去积委会拿两个本子，两只圆珠笔。一会儿就在这里等我。"

带班民警说完，朝办公楼走去。

潘佳杰说了一声"是"，转身对值班民警谦卑地笑笑："警官，请问有我的信不？"

值班民警说："好像有，等等，我给你找找。"

值班民警翻翻那叠信件，找出潘佳杰的，递给他。

潘佳杰朝值班民警点头哈腰表示谢意，边走边拆信。

带班民警从办公楼走过来，四处看看："咦，潘佳杰呢？潘佳杰，潘佳杰……"

楼道传来叫喊声："不好了，潘佳杰撞墙了，潘佳杰撞墙了……"

带班民警和值班民警一听，冲向楼道。

（9）

文子平发疯似的在大街上跑，秦欢在后面紧追不放。他跑累了，停下来喘气，才发现秦欢紧紧追着他。他神经质地冲着她大吼大叫："滚，滚！"

秦欢蹲在地上，边喘息边委屈地大哭。

行人都驻足，看着他俩。

一个老人指责文子平说："小伙子，有啥好好商量嘛，怎么欺负一个姑娘呢？"

另外一个中年妇女也跟着说："就是，哪像个爷们。"

文子平厌恶地看着秦欢，走过去扶起她。

（10）

陈莉和杨阳追上谢小婉，陈莉拉着谢小婉走到自己的车子旁说："上车吧，就在那边，我们找个清静的地方。"

谢小婉顺从地上了车。

陈莉让杨阳开车，自己则陪谢小婉坐在后排，本来陈莉想跟她随便聊聊，但看见她紧闭着眼睛，一副恹恹欲睡的样子，寻思还是让她自我调节一下吧，任何人遇到这样的事，心里多多少少总有点疙瘩。她便沉默不语。

"我们到了。"陈莉轻轻地推推她。

谢小婉睁开眼睛，一条笔直的大道，直通向前面大楼，大楼前矗立着一个铜塑群，她再清楚不过了，那是孔子和他的学生们。大道两旁是古老的塔柏，依旧还是那么苍劲，像慈祥的老师，迎接着她这位漂泊的游子……

她再也忍不住，泪水"哗哗"直流，这就是她魂牵梦绕的母校啊。好多次，她想来这里看看，看看教室，看看宿舍楼，看看饭堂，看看那片茂密的梧桐树林，还有在梧桐林边的紫藤架……可是，每每走近母校时，她总是徘徊，不敢迈进去，最后总是慌张地逃离。

车缓缓地行驶在校园的路上，图书馆、实验楼、医院，荷塘、杏园、廊桥、晚霞亭……

——映入眼帘，勾起了被她埋葬的大学时光……

她"呜呜"地哭起来。

陈莉搂着她，什么也没说，只是轻轻地拍打着她的后背。

在那片梧桐树林间停下来，校园很静，昨夜的雨滴还挂在叶子上，一阵风吹过，滴滴答答地响成一片，而树叶翩跹，嫩绿的叶面与灰绿的叶背相互交替，宛如蝴蝶在飞舞。紫藤已经发芽，如虬龙般的藤蔓搅缠着一片朦朦胧胧的绿意，宛如枯木逢春，给人留下无限的遐想空间……

谢小婉贪婪地呼吸，随后她的表情回归到原来的状态，忧伤中带有一点冷漠，沉稳中带着一丝桀骜，她问："我爸爸他好吗？"

"不好。"陈莉很简练地回答。

谢小婉定定地看着她："我看新闻上说，监狱的条件不是大为改善了么？像花园，像学校，人权也得到了保障，怎么会呢？难道宣传是假的？"

陈莉说："你说得没错，宣传也不是假的，我们清水监狱正如你说得那样。但是，你父亲过得很不好，五年来，他的亲人只来探视过一次。小婉，你知道吗？你爸爸牵挂的人很多，但唯一的精神寄托就是你，就在两个月之前，他采取了自杀行为……"

"啊？我……他……"谢小婉急了，下意识地紧紧抓住陈莉的手。

"幸亏发现及时，抢救了过来。到现在他都没说为什么自杀，我分析，春节前夕，他没有收到你的来信，估摸着你出啥事儿了，春节后依然没有你的信息，他绝

望了。

现在他身体康复得很好，但是心理的结没解开，情绪时好时坏，很不稳定，还患有比较严重的抑郁症，不排除他继续采取极端方式的可能性。家里的情况他还不清楚，如果知道你因为他的犯罪而辍学、爷爷因他而过世、奶奶患有严重的糖尿病、二弟打工受伤而瘫痪，我们实在不敢想象会发生什么事。"陈莉说。

"我……"谢小婉一下子显得很颓废。

"小婉，我们虽然不清楚这么些年来你为什么不去看爸爸，但是我们相信你有你的理由，也理解你。这是我们去你老家看到的你爸爸给你的信件，其中一封有这么几句话，我念给你听听……"

陈莉拿出一叠信，从中找出一封，展开，念道："当我们的心灵染上了尘埃，会期盼一场风暴的洗礼。然而，有些人，有些事，不是你想忘记，就能忘记的。最痛苦的是，有些东西，失去了，永远都不会再回来，却偏还要留下一根细而尖的针，一直插在你心头，一直拔不掉，它想让你什么时候疼，你的心便开始痛，没完没了，像魔咒一般，如影随形。"

谢小婉泪眼蒙眬，低声啜泣。

陈莉把信交给她，她小心翼翼地捧着，就像捧着一个新生的婴儿，泪珠滴滴答答地掉在信笺上。她知道，爸爸的这段话，是他的内心独白，可爸爸哪里知道，女儿现在不也是这样一种心态吗？

"爸爸……"她喃喃地呼喊。

"你爸爸就是这样一种心理，扎在他心上的针很多，失去的尊严和自由，作为儿子的却不能尽孝，作为父亲却不能呵护女儿，他能过得好吗？但是，我认为你爸爸只说对了一半。我承认，有些痛苦的事会像魔咒一样折磨着我们，但是并不是无法解脱。"

陈莉若有所思地说。

谢小婉抬起头，楚楚可怜地看着她。

"我们来想象一下，如果你回到这里继续完成大学学业，扎在你爸爸心头的那些针会不会慢慢地就不见了呢？"

谢小婉号啕大哭："不可能，绝对不可能了……"

"世上无难事，更没有什么是绝对的！"远处传来一个洪亮而坚定的声音，给人一种安慰的力量。

杨阳正陪着一个老人走过来。

"老师！"谢小婉愣了愣，扑了过去，紧紧拥抱着老人，哭得更厉害了。

（11）

马旭东赶回监区，罪犯潘佳杰已被送往医院。

办公室一个民警从窗户上探出头来喊："马监，你的电话。"

监狱规定，严禁带移动通信工具或者设备进入监管区，所以在通过二大门时，所有人都要把手机交门卫保管。与外界联系只有用座机，而监狱内部联系就是步话机。

马旭东问："哪个打来的？"

"是陈莉。"

"你告诉她，我一会儿给她打过去。"马旭东说。

监舍楼虽然与办公区相连，但出于安全方面的考虑，一般不允许直接从监舍进入办公区，而是要从监管区出大门再转到办公区大门，平常通过办公楼到监舍的铁门都是锁着的，只有值班民警才有钥匙。要接电话，还有一段距离。

他迈出监管区大门，回头叫值班民警呼叫车间，把谢天明带回来。

他回到办公室，拨通陈莉的电话，陈莉兴奋地说："马监，我们找到谢小婉了，现在我们在她就读的大学，杨阳把她以前的辅导员老师也请了过来，谈得还好。"

"你看有没有必要让她跟谢天明通通电话？"马旭东说。

陈莉想了想说："我看今天就算了，据我观察，谢小婉虽然很爱她爸爸，也想见到她爸爸，但是毕竟谢天明给家人，特别给她造成的伤害极大，辍学、外出打工，尝尽人世间的辛酸苦辣，在心里烙下了深深地印痕，要是我，也受不了。还是让她有个心理过渡期吧。"

"那好吧……小陈，你们辛苦了，回来我请你们吃饭啊，要是真把谢天明感化并在今年转化过来，我给你请功。"

"马监，我不在乎那些，就在乎工作氛围，在你手下工作，愉快舒心，这比啥都强。"陈莉"嘻嘻"直笑。

马旭东也是一阵爽心的笑："你就放心吧，我虽然是老疙瘩了，但我曾经说过，我与某些领导不同之处在于，我一辈子在基层干，了解基层。潘佳杰撞墙了，具体原因还不知道，我想叫谢天明去护理他，你看有没有风险？"

"谢天明目前应该不会采取过激行为，倒是这个潘佳杰……"

"有什么问题？说说看。"

"按照潘佳杰现在的情况，不太可能采取自杀行为，要自杀，那也是吴双双……难道吴双双出事了？嗨，我都糊涂了。对了，你查查他今天收到吴双双的信没有。"

陈莉沉吟着说。

马旭东挂了电话，心情有些沉重，下楼来到监管区，对谢天明说："我想派你去护理潘佳杰，你有没有意见？"

自从上次叫他去喂猪他采取割腕自杀行为的事件之后，马旭东对谢天明说话的方式一下子变了，这着实令他沾沾自喜了一段时间，但是兴奋期一过，他总是感到什么地方不对劲，不自在？还是愧疚？抑或是连基本的是非观念都丧失了？自己可曾是县委书记，正"七品"，素质、操行、学识，理应比其他人要高一些。连老家祖祖辈辈都是农民的老乡们都深谙知恩图报的道理，而他呢？

他以前是看不起这位监区长，也看不起很多监狱民警，他们文化普遍很低，一辈子待在山沟沟里，子承父业，思维僵化，十足土包子，与当今信息飞速传播的社会相比，他们就像原始社会来的一般。很难想象，让这么一群人担负对罪犯的改造任务，怎么能把罪犯改造好？

但是认真想一下，我们国家建国初期，很多老革命老功臣不也是没有多少文化吗？

他们是有很多不足之处，比如管理科学化，又比如创新思维和意识，等等，但是他们务实，对工作充满激情，淡泊名利，顾大局，不讲条件讲奉献。

就拿自己来说吧，一个被社会唾弃的贪官，你自杀，死了就死了，那是活该，就像一粒小石子投进大海里，可能荡不起一点涟漪，跟死了一条流浪狗有啥区别？天作孽犹可恕，自作孽不可活啊。而他们呢？几乎动用了他们全部资源来帮助他渡过心理上的难关……

"怎么？有想法？说说？"马旭东见他不语，便问。

"不是不是……我没意见。"谢天明忙说。

"那走吧，我带你去。"

马旭东不像往常那样走得很快，他步伐很慢，脚步也很沉重，好像在思考什么，即将到达医院时候，他突然转身看着谢天明："我想请你帮我一个忙……"

谢天明很是惶恐："马监，你别这么说话，我……其实，老实说吧，我前次自杀不是因为你安排我去喂猪……春节前，女儿没来信，我估摸着出啥事了，春节后一个月了，依然没有任何信息，我更加确信是她出事了。做儿子而不能尽孝，做父亲的不能保护自己的亲骨肉，你说我活着还有啥意思？与其行尸走肉，还不如一了百了。"

"那玻璃碎片从哪里来的？现在你可以告诉我了吗？"马旭东微笑，看着他。

"是……"谢天明还在犹豫。

"是喂猪的时候捡到的吧？"

"你知道？"谢天明很诧异。

马旭东哈哈地笑："连这点都分析不出来，还做什么狱警哟？我只是不敢确定你是在饲料中捡到的呢，还是在排水沟里捡到的。"

"是在饲料里捡到的……我之所以没说，那是因为不想让你的上级为难你。"谢天明低声说。

"但是，你想过没有，如果我们不确定玻璃碎片的来源，我们要花多大的精力来排查？那事儿之后，监狱几乎掘地三尺，你没看见？"马旭东带着责备的口吻，"就算上级要处理我，只要能堵住违禁品流入源头，我也没啥意见。"

谢天明认真地打量他，仿佛才认识他一般，随后低下头，沉默。

马旭东又笑起来："你看，我俩东拉西扯的，差点忘记说正事儿。是这样的，我们认为潘佳杰在现阶段不可能采取自杀行为，这其中莫不是有其他一些原因？所以，你从侧面问问，能问出来最好，打探不出来也没关系。"

"嗯……我知道了。"谢天明说。

马旭东与医院办了交接手续，然后去看潘佳杰。潘佳杰正输着液，头上缠满了绷带，衣服上血迹斑斑，就像刚从战场上下来的。

"看来这家伙用了力，真是想死？"马旭东忖道。

潘佳杰知道马旭东来了，假装睡觉。

"我走了，你留神一点。对了，告诉你一个好消息，陈莉他们找到谢小婉了，她很好，你不要挂心。"马旭东说完，快步走了。

谢天明不相信自己的耳朵，好半天才缓过神来，连忙推潘佳杰："他说什么？他说什么？"

潘佳杰说："他说，陈警官找到你女儿了。"

谢天明脸上流露出痴痴的笑，虽然只在他消瘦的脸上洋溢着，却似乎荡漾开来，无边无际地扩散着……

第十九章　重返校园

(1)

谢小婉面对昔日的师长，百感交集，只是一个劲儿地痛哭。

老师轻轻地拍着她的后背，像母亲哄女儿睡觉一般，说："孩子，哭吧，把心里的委屈哭出来，你就好受一些。"

谢小婉哭得更厉害了，往日的辛酸、无助、屈辱一下子涌上心头……

谢小婉春节后返回学校就参加了托福考试，只要托福一通过，她就可以申请美国的学校，去攻读硕士、博士。一个礼拜之后，成绩下来了，她考了满分。

班主任对她说："到目前为止，我们大学只有两人考了满分，一个已经成为美国麻省理工学院的终身教授，一个就是你。继续努力啊，我希望你明年能到美国去继续深造。"

同学们都向她投来羡慕的目光，按照她现在的成绩和其他方面的素质，申请全额奖学金的可能性非常大，不仅可以为家里减轻负担，而且除了生活费用外，还可以买一辆七八成新的福特之类的二手车，毕业后留在那里工作，说不定将来还可以申请到绿卡。已经在美国攻读博士的男朋友更是异常兴奋，两人在越洋电话上聊了很久，憧憬着即将在美国的生活，读硕士，然后读博士，暑假期间去旅行，工作几年后买一栋乡村别墅，然后结婚，生子，带着小美国人回中国探亲，然后一家人在休假期间去欧洲、澳洲、非洲旅行……

她开着车在美国的黄石公园，在峡谷、瀑布、湖泊、温泉和间歇喷泉之间慢慢穿行。

这可是世界上最原始、最古老的国家公园，是美国人引以为自豪的、被称之为"地球上最独一无二的神奇乐园"。刀砍斧削一般的峡谷延绵起伏、气势磅礴，与一泻千里的大瀑布交相辉映；激浪奔腾的河流拍打着岩石，怪石嶙峋的山峰下，温泉汩汩涌冒，翻腾不息；波光粼粼的湖泊和五光十色的地热水潭，星罗棋布地坐落在漫山遍野的森林和一望无际的野花之中；大群大群的野生动物在林间徜徉……

她感到自己恍若来到了仙境，身心飘逸，她兴奋地大叫，来这里旅行，可是她梦寐以求的，如今梦想成真，夫复何求？突然，两只巨大的黑熊狂暴地冲过来。她惊恐地躲进车里，慌乱间怎么也发动不了车子。

黑熊把车子推下悬崖……

她悚然醒来，原来是做了个噩梦。

她隐隐感觉到内心有一丝不祥之兆在萦绕盘横，说不清道不明的，一夜无眠，天色微明，她给父亲打电话，关机。父亲可是从来不关机的呀，难道家里出事了？她给家里打，无人接听，给爷爷打，也是关机。奶奶不会用手机，只有给阿姨打了，李文君说："你爸爸被抓起来了，你爷爷在住院。"

谢小婉至今都难以忘记李文君当时的语气，硬邦邦的，在爸爸和爷爷的前面加了个"你"字，好像这个家与她毫无关系。李文君当时也就22岁的样子，仅仅比她大一岁，给她做姐姐还差不多，现在要做她后妈，别人不笑话吗？父亲死活跟妈妈离婚的时候，她就想不通，这个李文君有啥好来着？除了脸蛋好看一点儿外，没文化、没修养、没气质，说话粗俗，哪一点可以跟妈妈比？她威胁说，要是他跟这个女人结婚，她就和他断绝父女关系。爸爸低三下四地跟她说："我也不想跟她结婚，可是爸爸犯了错，她天天来闹，要是这么下去，爸爸的官就保不住了；你要是跟我断绝父女关系，这影响一样大，爸爸的官依然保不住……我给你妈一笔钱，够她下半辈子生活了，你就原谅我这一次吧。"她看着他可怜巴巴的样子，心软了。第二年，妈妈出了车祸，弥留之际，断断续续对她说："孩子，千万……不要找当官的……"现在细细回想，确实如此，是爸爸的官位害得他们家破人亡的，是他的贪欲把他们母女俩分隔在两个世界里。

谢小婉连假都没请，就往车站跑。

爷爷和奶奶住在潮湿的小旅馆里，看着他们遮遮掩掩地拾荒，看着他们的身体一天不如一天，而后妈李文君就像人间蒸发了一般。她怎么能丢下年迈的爷爷奶奶呢？

又怎么有心思安心读书呢？于是跟班主任请了长假，就陪着爷爷奶奶。

那段日子，她一下子体会到了人世间所有的酸甜苦辣，亲人的分离、生活的窘迫、歧视、鄙夷，从天堂一下子坠入地狱，她想起不知是谁说的一句话："你我原本是天堂里的两棵树，你只在天上耽搁一日，我已在世间苍老千年！"是啊，人生就是这样，像时钟，可以回到起点，但已经不是昨天了。往日随手捡来的幸福、欢笑、无忧无虑一下子变得像奢侈品一般，一切的一切，已物是人非，恍若一场梦。她成天恍恍惚惚，浑浑噩噩，不知道黎明，也不知道黄昏。

爷爷在全城百姓欢呼、奔走相告的声音中倒下，再也没能起来，她欲哭无泪。

没钱收敛爷爷的遗体，也没钱运回老家，她找啊找，找了一整天，终于找到了李文君。

李文君说："你爷爷把值钱的东西全卖了，我哪里还有钱？"她第一次央求她说："阿姨，看在你和爸爸夫妻一场的份上，就帮忙借点吧。"她说："我借了，谁来还？你还是你奶奶？"她愤怒了，打了她一耳光。

她回到旅馆，奶奶说刚才有一个叔叔，可能是爸爸的同事，留下了1000元钱。旅馆的老板也把他们大半年的房费退给了他们，第二天二爸又带来了一点，才草草给爷爷制了两套衣服，到火葬场火化了。

如果没有那个没有留下名字的叔叔帮助，如果没有旅馆老板退的房费，她不敢想象爷爷怎么才能回到老家，入土为安？

爷爷下葬的那晚，星光灿烂。

她在爷爷的坟头席地而坐，不知道过了多久，她睡着了，她梦见爷爷牵着她的手，在云端上走，到处是一模一样的景致，他们迷路了，找不到回家的路。突然来了一群妖怪，青面獠牙的，举起狼牙棒、砍刀劈他们，爷爷护着她，被砍得浑身鲜血，接着，她也中了一棒，眼前一黑，什么都不知道了，醒来的时候，爷爷死了，还紧紧地搂着她……她凄厉地呼喊着爷爷，不一会儿，爷爷居然活了过来。爷孙俩喜极而泣，爷爷说："婉儿，别怕，有爷爷在，就算游荡一千年，我们一定会找到回家的路！"一阵风袭来，爷爷的身体破裂了，尽管脸上还是那样慈祥地笑着，但像玻璃一样碎了，一片片裂开，随风飘进了茫茫的混沌中。她恐惧万状，等回过神来时，爷爷已经烟消云散。她哭喊、叫骂、诅咒，可这个世界空旷、无垠、死寂一片，只留下她一个人孤零零的，不知何从，不知何往……

就这样迷迷糊糊了一夜，第二天，她发现奶奶的目光很异样，随后心痛地哭泣，抚摸着她的头发。她回家照镜子，发现一夜之间，丝丝缕缕的白发竟然混杂在她那头乌黑的长发里……

她不敢回学校，也无心再回学校，不是去陪爷爷，就是睡觉。乡亲们都说这孩子疯了。

可家里没钱给她治病，疯就疯吧，好在她不像其他疯子那样，喜怒无常，像畜生一般。

其实她自己心里清楚，自己没有疯，只是不想说话，不想思维，什么都不想干，做个疯子多好，快乐无忧。

然而，过了一段时间，她发现这样依然没能减轻痛苦，毕竟自己不是真正的疯子，反而使自己愈加萎靡，形如枯槁，反倒人不人，鬼不鬼的，越发令她心如死灰。

第二年，奶奶得了糖尿病，大小便失禁，二爸不得不出去打工，挣钱给奶奶做些简单的治疗，可不到半年，他从三楼上跌落下来。命是保住了，在广东治疗了三个月，瘫痪了，老板跑了，再也没人支付后续治疗费用，于是二娘背着他辗转回到家里。堂弟正读高中，死活不读了，要出去打工赚钱，给二爸和奶奶治病。

她眼看这个已经破碎的家又要再破碎一次，于是悄悄地留下一封信，踏上了打工的路途。尽管已经读到大三，但没有文凭，找工作异常艰难，那段日子，她什么都干，洗碗、拾荒、当保姆、做苦力，甚至乞讨；火车站、地铁经常是她晚上睡觉的地方，为了防止流氓的骚扰，她不得不在黄昏时候把自己弄得脏兮兮的，装扮成流浪者……

可挣的钱除了自己简单维持生活外，所剩无几。她想回家看奶奶，想去看看爸爸，但是总是有心无力。一个如花似玉的姑娘，看上去像三十来岁。直到两年后，她在一个养兔场找到一份工作，心想以后自己也回去办个养兔场，于是卖力地干，加之她本来就有知识有文化，很快就掌握了技术，老板很赏识她，才安定下来。

要不是那位不知名的叔叔资助了爷爷的火化费。

要不是那位不知名的叔叔每月给她们寄200元钱。

要不是监狱家访。

要不是陈莉她们日夜守候找到了她。

要不是……

太多了，她要感恩的人，如果没有他们，她不敢想象以后的路通向何方。

……

"老师，我真的能再回来上学吗？"谢小婉擦擦眼泪问。

班主任说："按规定，休学最多只能两年，前几天我和小陈去查你的档案，学

工部居然忘记了上报开除你的学籍的材料，你的学籍还在，也许是上天有眼，在呵护你这个优秀的人才。现在你就可以去办理入学手续，校长说了，学校将减免你的学杂费，还给予一定的生活补贴。其实，当初你就不该休学，有困难来找我，找学校嘛。在你休学即将满两年时，我也曾找过你，就是找不着。"

陈莉征求她的意见："小婉，你看这个礼拜还是下个礼拜返回学校？"

谢小婉低着头，沉默，脸上写满犹豫。

"我们知道，你这几年吃了不少苦，也许这种苦是我们无法想象的。但是，小婉，昨天已经过去，无论结果怎样我们不能改变；明天的事情尚未发生，我们无法预见；但是今天的事情，怎么做，则由我们自己在决定，我们能够控制。所以呀，我认为，我们不要奢望明天，平静接受昨天，准确把握今天。而且我坚信，今天的事情如果做得好，对明天就会有积极的影响。"陈莉娓娓启发她，试图打开她心里的某个结，"换句话说，只有把握今天，才能把你的生命装饰得无比美丽。"

谢小婉若有所思地点点头。

陈莉语调一转，接着说："然而，就是把这个问题想清楚了，可能某些事，就像你爸爸说得那样，会留下一根细而尖的针，一直插在你心头，对吧？时间，时间是治愈一切的良方，一切问题，最终都是时间问题。"

说到这里，她停顿了一下，看着谢小婉诚恳地说："小婉，记住姐姐的话：一切烦恼，其实都是自寻烦恼。"

"下个礼拜吧，我想回去看看奶奶、二爸他们。"谢小婉轻声说，"陈警官，谢谢你们。"

"其实，我和你同年，今年也是28岁，但我比你大几月，要不你叫我姐姐吧。"陈莉冲着她微笑，向她伸出手。

谢小婉紧紧拥抱着她，泣不成声。

"你安心回来读书，一切都会好起来的。你哪天返校，告诉姐一声，姐送你返校。"陈莉拍打着她的后背，安慰说。

谢小婉使劲地点头。

"要是你爸爸知道你返校的消息，他该有多高兴啊。"

"我能去看看爸爸吗？"谢小婉脸上掠过一丝忧郁。

"你先返校，反正都在同一个城市，也不远，我回去请示领导，安排你们父女见见面，怎么样？"陈莉说，"对了，你再和老师聊聊，我和杨阳在那边等你。"

谢小婉感激地点点头。

（2）

"你与李文君怎么样？"潘佳杰看看他，心里有些嫉妒。

谢天明依然痴痴地笑，百脉畅通，忘乎所以，就像拥有了这个世界上所有美好的东西，抑或获得了所有的真善美。

"喂，问你呢？"潘佳杰声音提高了八度。

谢天明清醒过来，疑惑地看着他："什么？"

"我问你同意离婚了没有？"

"同意了，但没离成。"

"老谢，我真羡慕你找了个好老婆。我那口子，我刚刚进来就拿着离婚协议书来了。"潘佳杰颓然地说。

谢天明摇摇头："我没离成，那是马监区长不同意。"

"啊？你真同意离婚？"

"我这几年算是想通了，像你我这类人，能不离不弃的，就是原配都很少，何况二婚呢？"

"谢书记，不能离，你我出去都老了，咋办？你还有家人，我呢？啥亲人都没了……可怜我那老爸老妈啊……我进来没多久，就……要不是我，他们说不准都长命百岁，唉……我真浑啊，怎么就喜欢搞女人呢？要搞女人，就得花些钱吧？我就搞钱，然后看黄片、看黄书、玩女人，钱都花在这些女人身上了，结果呢，老爸老妈因我而去了，官没了，钱没了，自由没了，尊严也没了。女人呢，也没了，一个个都躲瘟神一般躲着我，亏我以前对她们那么好，他妈的就像人间蒸发了一般，没一个来看过我……"潘佳杰语调低沉，充满忧伤、无奈、愤怒。

谢天明想说什么，脑子里却混沌一片，也许是潘佳杰发自内心的感慨，触动了他某些不愿意去思考的东西。

"真是老天在惩罚我，我跟那么多女人睡过觉，播了那么多种子，就没一个成活的，报应呀……"潘佳杰眼圈红了，声音呜咽。

谢天明本想劝他想开一些，有些东西，要失去你永远也无法挽回，离了，也许一了百了，少些烦恼，但想到他特殊情况，家里也确实没一个人了，也就不好开口。

"你真幸运……上至局长，下至带我们的警官，都一个劲儿在帮你，我呢？"潘佳杰泄气地说。

谢天明说："你也不要这么认为，你觉得以前你的一个下级现在成了你的上级领导，而且在监狱这种特定的环境里，你心里就不纠结？也许，文守卫是看在以前同学

的份上给监狱打过招呼，但是他的为人我是清楚的，绝对不会超出法律许可的范围，所以我也不抱什么希望他能让我早点出去。"

"也是啊……想当初，我要是像他这样做官，哪会走到这一步啊。"

"话也不能这么说，在现有体制下，不贪不腐，哪才叫不正常！你看看现在哪个官员没有一点问题？只要讲游戏规则，一般不会出事。你我只是运气不好而已，顶多也就是方式方法上出了问题。就算是文守卫，他真没问题？上次他找我谈话，我追问他，难道你真没收过红包礼金？他说他收过。他还算是个光明磊落之人，哪有没收过红包礼金的官哟，只是多与少的问题。"谢天明振振有词地说。

潘佳杰默然，良久才说："谢书记，我来这里这几年，也思考过这个问题。其实当初大家心里都明白，所谓法不责众，大家都腐了，看你怎么办！但是，不反腐又不行，执政基石就不稳定了；反腐反凶了，反彻底了也不行，行政系统总不能瘫痪了吧？所以，只要腐之有度，就不会出事……"

"你这个认识有深度。"

潘佳杰接着说："但是……我在监狱里看到的，却是另外一回事。前几年，没搬迁之前，监狱是何等困难？他们不仅是公务员，还是代表国家机器的警察，待遇？工作环境？子女就学就业？社会上有'富二代'，这里却是'监二代'，甚至'监三代'，就像愚公移山，'子子孙孙无穷尽也'，不悲哀吗？就是现在搬到省城，那又如何呢？能与我们那些系统的公务员相比吗？占有的社会资源有多少？可利用手中权力利用的社会资源又有多少？"

"是啊，是他们的悲哀，也是我们这个国家的悲哀。"

潘佳杰话锋一转，感叹说："可是我就没发现，他们却没有多大的奢求，马旭东、监区长、计分减刑什么的，他有绝对的权力吧？要是像当年我们那样，那还不是他说给谁减刑那就给谁减刑？"

"这倒不假。"谢天明说。

"但是，他没有。前年，我托人硬送了他一个红包，也不多，就1000元，你说这个在我们那时候，算啥？还打不上贿呢！过了几天没见动静，我心里想，只要收了就好办，至少计分减刑我有希望了。有一天我写了一封信叫母亲给我寄200元钱，杨阳警官拿着信来找我，说你账上还有那么多钱，还向家里要钱？叫我把信收回去。我说哪里有钱了嘛？我的账上多少钱我不清楚？杨警官说还有1030元，还少？我立即就明白了。"

"马旭东是不错……"谢天明似乎在沉思什么。

"你说，我要是请他去做做双双的工作，叫她不要嫁人，他会同意吗？"潘佳杰热切地问。

谢天明毫不犹豫地说："他会的！"他突然想起马旭东给他交办的任务，便问："怎么就这么想不开？真想死？"

"喔……"潘佳杰目光一闪，转移话题，"你说马旭东不同意你们离婚，究竟咋回事？"

"哦……"谢天明知道他有意回避，"当初省纪委顾主任考虑到我女儿还在读大学，父母把自己的房子也卖了帮我还挪用的公款，就把省城那套最小的房子留给父母，还从没收的现金中返还了一万元作为女儿还有一年大学的费用，可这些都没到他们手上，而是被我那个老婆独吞了，所以马监区长说先要进行财产分割。"

"哈哈……"潘佳杰突然手舞足蹈地大笑起来。

"咦？"谢天明迷惑地看着他。

"我怎么就忘记这一遭了呢？省纪委办案还是很人性化的，不会赶尽杀绝。说不定他们也给我留了一些财产，只是我不知道而已。要是真有一套小房产，说不定双双就不会嫁人了呢……"但他马上沉吟起来，他知道，吴双双可不是这号人。

谢天明沉默。

"谢书记，你怎么不说话？"

"老弟，我读过一首诗，是和　在狱中临刑前写的，我还记得。"谢天明沉声吟诵，"夜色明如许，嗟余困不伸。百年原是梦，廿载枉劳神。室暗难挨晓，墙高不见春。星辰环冷月，缧绁泣孤臣。对景伤前事，怀才误此身。馀生料无几，空负九重仁。今夕是何夕，元宵又一春。可怜此夜月，分外照愁人。思与更俱永，恩随节共新。圣明幽隐烛，缧绁有孤臣。"

"百年原是梦，廿载枉劳神……对景伤前事，怀才误此身……怀才误此身……"

潘佳杰嘟嘟囔囔地重复着："写得太好了，就像写的我一样，老实说，现在我最后悔的一件事就是从学校出来做官！"

谢天明觉得他理解错了自己想表达的意思，淡然地说："你要知道，和　写了这首诗，几天后就被斩首，他解脱了，可我们呢？还要继续受煎熬，就算熬到头了，那又怎么样？依然还要背着一个贪官的名声，连死都不让你安息。如果不是惦记着父母亲大人，牵挂着女儿，我怕是真没勇气活下去，也没有活下去的理由。"

"是啊……"

"既然如此，你何必执着于她呢？要知道人生有几个十年？何况她仅仅只是女朋

友而已。想开一些吧。"

"你至少还有父母兄弟、女儿，我呢？就她一个亲人，再失去她的话，我还有活下去的理由吗？"潘佳杰从内心发出痛苦而挣狞的号叫。

谢天明想想也是，便回到先前的沉默状态。

（3）

趁着谢小婉和老师聊的时候，杨阳想把与谢小婉合租房子的事情给陈莉解释一下。

杨阳小心翼翼地说："她与我合租的……就前几天，我和你去她老家时候搬进来的……"

陈莉笑道："你心虚啥呀？不就合租吗？"

杨阳憨笑，这时，他的手机叫起来，他看看号码："是文子平的，他要是问谢小婉的手机号码怎么办？"

"你咋啥都问我呀？"

杨阳嬉笑："你是我师傅嘛。"

陈莉"嘿嘿"笑："告诉他。"

"那谢小婉找我算账咋办？"杨阳有些犹豫。

陈莉看了他一眼："你看着办呗。"

"哎呀，我还是搬出来算了。"

陈莉正色说："你现在不能搬。谢小婉不是马上要入学了么？到时候她住在学校里，不就结了。"

"哈，我咋没想到这一层呢？"杨阳拍拍头，接电话，"喂，子平呀……我们现在把谢小婉送到金帝酒店，她就下了。哦，她的电话呀，那你记一下……"

（4）

陈莉和杨阳第二天返回监狱，把谢小婉的情况详详细细给马旭东做了汇报，陈莉最后说："我建议监区倡议民警给谢小婉捐点钱，她家的情况你也是知道的，虽然学校答应免除她的学杂费，还给予一定的生活补贴，所以，不在多，主要在于要让谢天明体会到我们的一片苦心，有利于他的转化，下个礼拜，我送她去上学时代表监区拿给她。"

马旭东问："你看这事儿能不能宣传一下，比如请几个记者跟着我们一起送她去上学？"

"不行，谢小婉本来顾虑就多，如果那样的话，对她的心理将产生负面的影响，不利于她学习生活。我还跟学校沟通了一下，尽量低调，不要在社会上扩散。"陈莉说。

马旭东愁容满面："那……这事儿……"

"怎么，又有阻力了？"

马旭东点点头，情绪有点低落："我昨天下午在生产调度会上才挨了批评，我们这个月生产任务只完成了80%，资金回笼也才73%，上至监狱长，下到生产科长，都拿我们监区说事儿。"

"这哪儿跟哪儿呀？这个月不是调整押犯吗？完成80%已经不错了，何况监狱下达生产任务科学吗？随意性很大。一月份，要我们完成80万产值，而这个月要我们完成150万，就按社会上私企来对比，同样多的人，也差不多一样了吧？我们的人员构成、劳动技能、熟练度、主动性等等，能跟社会上企业比吗？"杨阳愤愤不平地说。

马旭东沉默。

陈莉说："要完成他们下达的这个任务，不正是逼着监区强迫罪犯加班加点，又搞超时超体力那一套吗？"

"是啊，除此之外，基层别无选择。"杨阳说，"然而，他们却在大会小会上强调，严禁罪犯超时超体力劳动，把风险和责任全部推到基层，不出问题，他们坐享其成，出了问题呢，有基层垫背，受罚的还是我们基层。就拿我这个分队来说吧，要是谢天明完不成当天的生产任务，让他加班，依然完不成，按照老规矩，他将受到勾起或者面壁一个到两个小时的处罚。像他现在这样的身体状况，能吃得消吗？要是突发个脑溢血什么的，谁承担责任？还不是我承担？！"

"问题是……"陈莉沉思着说，"他们这种老一套经济第一位的搞法，与文局长的指示背道而驰，难道监狱长就没想过后果？"

马旭东依然沉默，昨天会上的情形不断闪现在脑海里：

生产科把各监区上月的完成情况通报后，矛头就直指一监区。绝大部分领导都认为，教育改造是建立在劳动改造基础上的，没经济效益，谈何教育改造？说穿了，没钱，你能去家访吗？兴师动众地跑那么远，不花钱？钱从哪里来？从天上掉下来？一个谢天明就把监狱这般折腾，耗费那么多人力物力，那么监狱还有没有第二个谢天明？

第三个？虽然监狱也是学校，但是法律上不是明确说了吗？我们这是特殊的学校，啥叫特殊？就是强迫性，就是专政。你马旭东不要把精力全部放在什么家访上，还是要抓生产，抓效益，要不，我们监狱民警的奖金怎么办？这个月奖金发不出来，

就是你们那里拖了全监狱的后腿。

马旭东额头冒汗了，说什么都无所谓，但是这些人把全监狱民警的奖金与一监区挂起钩来，这可不得了，无形之中他成为众矢之的，这个罪他背不起。他知道此刻不能辩解，如果辩解，只会越描越黑。他乞求地看着监狱长李长雄，那意思再明白不过了。

最后，监狱长李长雄讲话了，每句话都离不开生产和效益，末了，只是轻描淡写地说："教育与生产是相辅相成的，两手都要抓嘛，不能厚此薄彼，监狱有监狱运行的法则，不是说想创新就能创新的，何况任何创新都得有强有力的经济基础做支撑。"

结果，监狱长自己否定了自己，还是回到了经济第一。

这时候，他手机叫起来，他旁若无人地拿起来看看说："大家安静，文局长打来的……局长，我是李长雄，哦……马旭东他们已经找到了谢天明的女儿，目前校方表示她随时可以入学，还减免了她的学杂费……嗯嗯……你放心，谢天明的事儿，我们一定做好……哦，嗯……我们正在落实……"

在场的人大概也听出了局长的意思，马旭东也寄希望于他改变一下态度，可是他接完电话后，只字未提，依然老调重弹。散会的时候，他把马旭东叫住："老马，你那里那个陈莉，先借调到教育科，帮助筹建心理干预中心。"

"喂，你怎么啦？你啥大风大浪没见过呀？这点小事能把你折腾死？"陈莉奇怪地看着他，提高了声音。

马旭东回过神来，看看她，半晌才说："你今天去教育科报到。"

"干吗呢你？"陈莉显然很惊讶，也不情愿。

"监狱决定的，借调你去教育科，帮助筹建罪犯心理干预中心。"马旭东面色如水地说。

"我不去。"陈莉说，"监狱领导就这种思路，去了也白搭，就是勉强建立起来了，也是白搭。"

马旭东盯着她："这可是监狱长亲自点的，你能不去吗？"

这时，分管改造的副监区长走了进来，递给马旭东一份报告说："潘佳杰打报告，请马监你去他家家访一下，说服他女朋友不要嫁人。老大，你看这……"

马旭东又气又好笑："真来事儿了……"

（5）

文守卫刚到办公室门口，原平溪监狱监狱长徐昌黎就在那里等候了。

"老徐，这么早？"文守卫打招呼。

徐昌黎连忙立正敬礼。

"别那么客套了，又不是在公共场所。"文守卫笑道。

"局长，这就是在公共场所。"

文守卫无奈地笑笑，打开门，招呼他坐："关于平溪监狱资产处置问题，局里规划处、财务处等部门已经给我汇报了，很成功，不错不错，辛苦了。关于你的工作嘛，我已经跟文岭同志沟通了一下，你去清水监狱任政委，今天就上会，你有什么想法？"

"局长……"徐昌黎犹豫地说，"我打小就待在山里，这一下子到省会城市，还担任政委，怕是……说实话，你要是把我扔在这市中心，我真还辨不清方向，找不着路……你看，我还是退下来算了，再待几年，回老家种地去。"

"有情绪？"文守卫问。

"绝对没有，局长，真心话，掏心窝子的话。"

文守卫笑起来："那就好，你心里有个怕字，说明你能胜任新的工作岗位。我们的同志，就是要有畏难意识，才能做到兢兢业业，如履薄冰。你呢，就在这里等，一会儿党委会要是通过了，文岭同志还要找你谈话。"

说完，他走了出去，径直来到洪文岭办公室。

洪文岭正拿笔记本，准备去会议室，见他走了进来，有些意外，这位局长上任几个月以来，可是第一次来他办公室，估计有重大事情跟他商议，他便放下手中的材料问："书记，莫不是有啥新想法？"

文守卫指指他，坐下，笑道："知我者，文岭也。"

"让我猜猜……"

"噢？"文守卫意外的看看他。

"喔……喔，是关于清水监狱的？"洪文岭笑着说。

文守卫显然更加意外，但又很高兴："说说你的理由。"

"你来这几个月呢，整顿各监狱班子、净化队伍、重新规划布局调整方案、规范建设项目立项审批程序、争取财政支持等等，监狱系统工作逐步走上正常化轨道，厘清了省委省府以及有关部门对监狱认识上存在的误判，监狱系统的形象也有所提升。

但是，唯一一块心病就是如何科学、文明、依法管理教育罪犯，这三者怎么才能有机地结合起来，创新教育改造的方式方法，而清水监狱就是一个试金石，对吧？"

"知我者，文岭也。"文守卫又重复这一句，不过加重了语气，"但是，清水监

狱的班子……能不能领会局里的精神，我很怀疑，就是徐昌黎同志去了，也不一定能左右李长雄他们的意见。前几天，我和你在狱情分析会上吹风，建议狱政处拿出个方案，把清水监狱刑事犯转移到其他监狱，以后清水监狱就是一个专门关押职务犯的监狱。这个李长雄，到处游说，说什么监狱目前能够正常运转，就是靠那些刑事犯搞点劳务加工，要是全部关押职务犯，这些人以前哪里劳动过？体力又跟不上，监狱以后就难运转了。这不，厅里还有省里有些部门领导给我打电话过问这事儿呢。"

"嗯……我也接过这样的电话。"洪文岭说。

文守卫继续说："还有，在半个月前，我就给他们说，局里拟在他那里建立一个心理干预中心作为试点，该考察的去考察，讨论一个方案来。我问教改处，教改处说他们也催了，李长雄满口答应，就是不见行动。我刚才亲自打给李长雄，他说正在落实。他那里有人才，就是派几个人到其他省考察一下，就可以形成方案嘛。"

"那……你考虑……"洪文岭试探地问。

"这个班子不调整不行，局里试点工作就推动不走，我的意见是让局办公室主任马星宇下去锻炼锻炼，担任监狱长、党委副书记，徐昌黎同志原则性强，担任书记。"文守卫说。

"你考虑很周到，特别是徐昌黎同志任书记这事儿，我还担心平溪到那里的那部分民警，能不能尽快适应大城市，能不能适应清水监狱管理方式，能不能融入清水监狱民警队伍，这些都是问题。徐昌黎同志担任书记，在一定程度上有利于解决这些矛盾。下个月就是主任科员晋升了，我真怕出事。"洪文岭话锋一转，"不过，这事儿今天就讨论？"

文守卫点点头："这不来征求你的意见吗？我毕竟刚来，情况没你熟悉，你就从稳定这个角度充分发表意见。"

尽管政治处下了借调令，监区也通知了陈莉，但是她把调令扔在一旁，依然在一监区上班。

几天后，局办公室主任马星宇给李长雄打来电话，说下午文守卫局长和政治部主任要到监狱来，宣布徐昌黎的任命。

徐昌黎要来任政委，在局党委会后他第一时间就知道了，不过，局长一般不会亲自出马宣布班子调整，这一次他亲自来，太反常了，这中间有什么问题吗？李长雄有些担忧，要说徐昌黎很重要吗？一个政委而已，行政上虽然说与监狱长平起平坐，但在党内他是书记，徐昌黎是副书记，含金量和话语权还在他那边，就算他有天大的能量，强龙还压不过地头蛇呢，更何况徐昌黎仅仅是一个被撤销的监狱的监狱长，落难至此而已。

他跟几个要好的副局长打电话，都说不知道文守卫葫芦里卖的是什么药，其中一个副局长说，也许他那个什么同学关在你那里，随便来看看也不无可能。

一语惊醒梦中人，李长雄想想还真有这个可能，他曾经不是说过吗？他对监狱工作不熟悉，就从他熟悉的谢天明入手，探索教育感化罪犯的新路子。对于局长这个指示，他有他的看法，一则仅仅只是口头指示，没有任何文件，也许是这位新来的局长心血来潮，过段时间说不定就忘记了；二则班子成员对探索试点工作大都持抵触情绪，本来基层工作都很繁重了，何必自己找事儿呢，依法管理罪犯，能做到监狱场所稳定，就是为社会做出了很大的贡献；三则任何探索试点工作，都要有强有力的经济支撑，他承认，对谢天明的家访，有助于感化谢天明，也有利于制定针对性的教育方案，但是一两个，甚至上百个，监狱可以承担这部分费用，但是监狱关押的罪犯可有几千人，要是都这样或者大面积这样做，他这个家长就不好当了。所以，在没有文件和经费保障之前，他心想只要把谢天明的事儿做好就行了。至于建立罪犯心理干预中心等事儿，能拖一天就拖一天。

想到这里，他豁然开朗，但另外一个担忧又冒出来了，要是局长问起心理干预中心的事儿，怎么交差？拖归拖，总得做做样子吧？于是打电话问教育改造科。教育科科长说，陈莉都还没有来，我们又不懂什么心理咨询，这工作还没有开始呢。

他一下子火了，搞了半天，连人员班子都没有搭建起来，要是局长问起来，他瞎编都编不出来，于是打电话给政治处主任，开口就训。主任说我马上问问。过了一会儿，政治处主任跑到他办公室解释说，早就发了借调令，监区也通知了陈莉，她不愿意来。

他一听火气更大了："她不愿意来，你就放任她？如果开了这个口子，以后政治处的调令连狗屁都不如，你这个政治处主任是怎么当的？可以保留意见，但必须马上到教改科报到！还有，她在中午下班前给我拿一份筹建心理咨询中心的总结报告来，筹建方案也可以。"

政治处主任急了，亲自跑到一监区，找到陈莉，转达了监狱长的意思，叫她马上去报到。

陈莉冷笑："工作都没有搞，我怎么写？乱编？"

"写也好，编也好，总之中午下班之前必须交到监狱长那里。"主任说。

"我干不了！"陈莉倔强地说。

"陈莉同志，你是警察，要服从命令，你知道不服从命令的后果吗？"主任严肃

地说。

"这啥命令？叫我造假的命令？"陈莉反唇相讥，"早干什么去了？哦，事情来了，急了，就叫我造假？"

主任拿她没办法，只好说："那，你现在到教改科报到总可以吧？"

"好，我可以去。"陈莉说完，扭头就走出了。

陈莉来到教改科报到，不一会儿，杨天胜打来电话，严厉重申教改科必须在中午下班之前拿出一个汇报材料来。教改科科长急了，只好求陈莉。陈莉还是那个态度。

教改科长急得走来走去，问陈莉："你叫我怎么和领导说？"

陈莉说："实说呗。"

其他同志也劝她："管他假不假的，应付一下呗，跟领导对着干，还不处处给你穿小鞋，往后的日子怎么过？"

陈莉说："我还不想干了呢。"

教改科长无奈，只好如实向李长雄汇报。

李长雄说："你写，去查查资料，随便写！"

打发了教改科长，李长雄越想越生气，给政治处主任打电话："简直无法无天了，其他啥都不说，就以她不服从组织安排工作为由，尽快拿出处分意见。"

下午刚上班，马星宇又打电话来说，局长临时要到省里参加一个紧急会议，明天一早来。李长雄接到这个电话，暗暗松了一口气，至少还有一下午时间，那就到社会上去请一个心理咨询师来，连夜做个什么筹建方案应付一下即可，于是给副监狱长杨天胜表达了这个意思。杨天胜说："我上午就联系了一下，省城就两家心理咨询机构，都问了，设计兼培训人员，对方要价10万，好说歹说，其中一家最低价8万，你看？"

"这么贵？"李长雄眉头紧锁起来。

"而且对方还说，他们也只能按照针对正常人群心理矫治的设计和人员培训，无法提供针对罪犯这个特殊人群的设计方案。"杨天胜语气中明显流露出担忧，"对方都说，我们监狱有一个二级心理咨询师，她就可以设计呀。"

"那就先缓缓……"

"还是做做陈莉的工作，如果她还是不服从安排，不完成临时交办的工作，那就不得不对她严肃处理了，要不以后这支队伍还怎么带？"

李长雄听杨天胜的口气怎么着都像是上级对下级的发号施令，本来窝了一肚子的火正没处发："要你说？难道我不知道？"

李长雄说完，"啪"的一声就挂了电话。

不到十秒，杨天胜电话又来了，他说："好了好了，我也不是冲着你来的……"

政治处主任拿着对陈莉的处分意见正要到监狱长那里去，组干科科长几乎是冲了进来："主任，处分文件你签了没有？"

"签了，正准备报监狱长呢，怎么了？"他问。

"还好……你不能签，你看看这个。"组干科科长递给他一份传真。

是局政治部发的一份文件，调陈莉到局里教育改造处。

他呆了几秒才说："你重新给我打印一份处理文件，马上！"

组干科长火速去了。

这时，李长雄打来电话，催问对陈莉的处分文件拟好了没有。

主任想了想说："我马上到你办公室。"

局政治部文件说："陈莉暂时依然在清水监狱工作，主要是协助并督促清水监狱尽快建立罪犯心理干预中心。"

李长雄看着这份文件，额头上的汗水涔涔而出，幸亏局里这份文件来得及时，要不然真就被动了。如何向省局交代，又如何面对其他监狱的同行，更无法面对全监狱的民警。不过，陈莉从一个办事员，一下变身为省局的特派员角色，连自己都成了她督促的对象，心里怎么着也觉得很别扭，他权衡又权衡，说："这事儿还没有上会，就你我二人知道，你给组干科相关人员打个招呼，严格保密，销毁文件的原稿和电子文本。"

（6）

陈莉一上班，教改科的同事神神秘秘地在议论什么，她一进来，都打住不说了，用一种异样的眼神看着她。她被弄得莫名其妙，笑嘻嘻地问："怎么？说我坏话呢？"

科长说，你还是去给监狱长认个错吧。

其他同事也七嘴八舌地说，不就是瞎编个公文吗？哪个公文不带有瞎编的成分？

何必那么较真呢？李长雄都当了七八年监狱长了，这里就是他说了算，错的也是对的，还是别对着干了，我们都听说了，正在给你拟处分文件呢。

陈莉说："这么大一个工程，都不知道房子有多大？有几间？怎么设计？何况我又不是专门搞设计的，我只能把那些必需的要素跟装饰设计公司说，是吧？至于总结，啥都没搞，你说怎么总结？你跟局里说，我们做了哪些哪些工作，人家领导是三岁小孩？就那么好哄？这个工程是个新东西，必定要到现场看看，到时候恐怕更

被动。"

大家这才明白，都说陈莉说得有道理。

陈莉苦笑："我一个小百姓，跟他监狱长较真？敢吗？不是我较真，而是真拿不出来。科长，我建议你真要跟领导们沟通沟通，你乱写一通，到时候真出了问题，恐怕也只有你一个人背着。"

大家都沉默起来，心里都沉甸甸的。

这时，杨天胜走了进来。教改科科长连忙站起来，叫苦连天，述说利害关系。

杨天胜笑笑："不用瞎编了，还是陈莉坚持得对，心理咨询是一门科学，科学的东西来不得半点儿虚假，所以上午我没有逼你嘛。"

科长连声诺诺，连声感激。

"陈莉，你现在是我们上级了，以前有做得不对的地方，多批评指正，我们马上整改，啊！"杨天胜又说。

大家都莫名其妙地看着他。

陈莉说："杨监，拿我开涮呢？"

"真的，刚刚接到文件，你调到局里教育改造处，走吧，我们去监狱长那里，他在办公室等着你呢。"

陈莉随杨天胜走进李长雄的办公室。

李长雄破天荒地站起来，尽管脸上有些尴尬，还是亲自给她倒了一杯水，说："小陈，刚刚接到局里文件，哦，就是这个，你先看看。"

陈莉飞快地扫了一遍文件，她心里明白李长雄的尴尬，无风不起浪嘛，说不定就在准备给她处分时候，这份文件就来了，虽说解铃还须系铃人，但他毕竟是监狱长，必须给他找个台阶下，自己以后还得在这里工作一段时间呢，如果有他全力配合的话，建立心理干预中心就会事半功倍，她于是诚恳地说："李监，上午的事，我真不是跟你对着干，我一个监区内勤，敢跟监狱长对着干呀？我是确实拿不出来，就是真正的设计师，也不可能在那么短时间内拿出一套方案来，何况我又不是搞设计的。你想想，我要是瞎编一气，你在领导面前也瞎编。局长很重视这个项目，必定要到现场去看看，不就露馅儿了吗？那我不是害苦了监狱长你吗？"

李长雄听她这么一说，心理释然了不少，于是笑着说："我呢，确实不太了解什么心理咨询，你也别在意啊。你到了局里，毕竟是我们监狱出去的人才嘛，我们脸上也有光，是不？搞这个中心的事，你说咋办，我全听你的，一句话，要人给人，要钱给钱。"

这时候，局教改处来电话，叫他、陈莉和分管改造的副监狱长杨天胜马上到局里去一趟，一起研究干预中心的事宜。

李长雄忙安排车子，同陈莉、杨天胜直奔省局。

在教改处开完会，陈莉去找文守卫，见他办公室有人，便在外边等，哪知文守卫发现了她，便叫她进来："我正说要找你呢，快进来，进来……"

原来坐在文守卫办公室的那个人是马星宇，他站起来，给她倒了一杯水，就要出去。

文守卫说："你别走，听听。"

"文局，这咋回事儿呀？都把我弄糊涂了。"陈莉问。

"正常的人事调动嘛。"文守卫看起来兴致很高，"工作明白了？"

"刚刚研究了一下，我先给你汇报一下吧。"

"不用，这方面你们才是专家，回头他们也会把工作安排拿给我的，你呢，抓紧时间落实，在保证质量的前提下，不刻意追求速度，但要讲进度。有啥困难，可以找教改处，也可以直接找我。"文守卫说。

"你放心，我明天下午就带两个人出去考察，大约一周时间就能回来，这个月拿出设计方案，如果利用现有的房子不重新修建的话，下个月就可以进入装饰施工。"陈莉满怀信心地说。

"嗯，这个进度倒是不错，不过，明天你不能走，我想找谢天明谈谈，你得给我当参谋。"

"明天去？"陈莉问。

"嗯？"文守卫看着她沉吟的样子，有点儿疑惑。

"文局，谢小婉明天上午返回学校，我和她约好了，我送她去，这……"陈莉为难地说。

文守卫立即说："那你去送她，这可是大事儿。陈莉，你想得很周到，这孩子，真够苦的，重返学校，年龄也不小了，心理上还有个适应期，多开导开导啊！"

"你放心吧，我这几天每天要么给她打电话聊几句，要么发个短信什么的，她心理上是还有些障碍，但情绪稳定，我有信心。"

"嗯。"文守卫赞许地点头，"谢天明最近情况怎么样？"

"比以前好多了，经过药物治疗，失眠状况有很大的改善，沮丧、烦躁和过分敏感等情绪性障碍基本消失，抑郁也减轻了，加之女儿即将返校，他看到了希望，认知也比以前好了很多。"陈莉说到这里，流露出担忧，"但这些只能说他正在向好的方

面转化，要彻底挽救转化他，让他既认罪又悔罪，可能还有一个相当长的过程。"

"看来，我也得学学这个了，要不然真要成为新一代文盲了。"马星宇笑着说。

文守卫也笑起来："这话我爱听，陈莉，帮马主任报一个三级咨询师培训班。"

陈莉惊讶地问："真报？"

"报，这事儿，我帮他拿主意了。你现在就联系，马上报。"文守卫转头对马星宇说，

"陈莉从报名到考过，也就六个月，你呢，给你八个月，到年底前，你必须考过，怎么样？"

"这……这，我努力吧。"马星宇面带难色地说。

"不仅你要报，等陈莉这个中心搞起来了，试点工作取得初步成效后，要在全省各个监狱都要建立罪犯心理咨询中心，到时候局里拿出一些政策，激励有资格报考的民警分期分批去学习，拿到三级心理咨询师证书。"文守卫说。

"真的？"陈莉惊喜地叫起来，她由衷地说，"文局，真的很感谢你，把我调整到自己真正想干的岗位上。"

"这个……你一定要说感谢的话，就对洪文岭书记说吧，是他提议的。"文守卫说。

原来，文守卫打算要马星宇去清水监狱任副书记、监狱长，徐昌黎任书记、政委。

而洪文岭则担忧，如果一下子动两个主要领导，是不是会产生一些不稳定因素？至于李长雄，这个人还是不错的，只是观念上的问题，找他谈谈，先把陈莉调到局里来，也算是给他提个醒。过一年半载的，如果他依然不转变思想，到那时徐昌黎已经熟悉情况了，再下派马星宇去也不迟。

文守卫想了想，觉得他说得有道理，于是就同意了，两人又讨论了陈莉的工作安排，达成一致意见。

第二十章　良心发现

谢小婉明天就要去学校了，今天晚上她本来不该她上班，她特意来到金帝大酒店跟经理说一声，经理没有在办公室，便来到酒吧前台。

经理正好从外边走进来。

谢小婉迎上去，经理也看见了她："嘿！你咋来了呢？"

谢小婉说："经理，能到这边说几句话吗？"

经理和谢小婉走到大厅一角，谢小婉有些迟疑。

经理看看她："有难处？说吧，有事尽管说，只要我能解决的。"

谢小婉低声说："我明天可能不能来上班了？"

经理有些为难："啊？你知道的，客房部的人都是相对固定的，你这么一走，这……"

谢小婉说："我我……要继续读完大学……你看能不能给我安排个夜班……"

经理笑笑："哎哟，好事，好事……你等等啊，坐那边等我。"

经理一阵小跑上楼去了，谢小婉狐疑地看着他，在大厅卡座找了一个位置坐下来。

张大新正要出门，经理急急火火地赶过来："张总，谢小婉下周要继续读什么大学，她找我能不能给她调个夜班，我不敢做主，你看……"

张大新问："有什么夜班适合她的？"

"只有歌厅……"

张大新打断说："不合适。"

经理想想说："要不，给她资助点钱算了。"

张大新沉思："问题是……她会接受吗？"

"也是，前次拿了1000块给她，她就没要。哎呀，这女人，太成熟了也不好，难缠。"

张大新说："你随便给她安排个岗位，我跟人事部打个招呼。"

经理退了出去。

张大新手机响了，他看看号码："说，喔……什么，把马旭东约不出来？明天，你直接去他办公室，先礼后兵，实在不行，找几个人泄泄他的锐气。"

谢小婉刚刚走出酒店，文子平恰好赶到了。

谢小婉看了他一眼，带着责备的口气说："你怎么又来了？"

文子平拉住谢小婉："小婉，我们谈谈，好吗？"

谢小婉挣脱他的手，劝道："子平哥，我真的很好，明天我就上学去了，没事的，我都跟经理协调好了，每天空余时间来这里……"

文子平指着金帝酒店："还在这里上班，你还说没事？走，跟我回家……"

文子平一把拉住她就走，谢小婉用力挣脱开。

谢小婉生气了，质问："这里上班怎么了？难道我不能在这里上班？"

文子平急忙解释："我不是那个意思，我是说……小婉，我马上就毕业了，我合约都签了，我能养活你……"

谢小婉默然："谢谢你的好意。不过，子平，我不需要怜悯。"

谢小婉说完，扭头就走。

文子平追上来，一把又拉住她。

谢小婉再次用力想甩开他的手，可文子平紧紧抓住不放。

谢小婉沉声说："请你放开。"

"小婉……"

谢小婉厉声说："放开！"

文子平吓了一跳，本能地放手，谢小婉立刻快步走，文子平跟上去说："小婉，你咋就像变了一个人呢？"

谢小婉停下来看着他："这才是现在的、真正的我。"

文子平看见她冷漠的眼神，不寒而栗，怔怔地望着她的背影消失在人流中。

（2）

文守卫下班回家，看见满桌子菜，呵呵笑："过年了？"

秦欢立即站起来，刘蕊虎着脸坐在沙发上。

文守卫看看秦欢，又看看刘蕊。

秦欢低声叫了一声文叔叔。

文守卫朝她点点头："你是秦欢？坐坐。"

刘蕊站起来看着文守卫："你赶快给子平打个电话，叫他马上回来，秦欢第一次来我们家，你看……这像话吗这……"

文守卫连声说好，他拨电话："这孩子，怎么不接电话呢？谢小婉不是找到了吗？"

刘蕊嚷起来："什么？谢小婉找到了？这小子，八成又去找那个……那个小妖精了……"

文守卫有点不悦："你咋说话的，小婉怎么成了小妖精？"

刘蕊连珠炮似的说："不是小妖精是啥？自打文子平一见到她，我们没有过一天顺畅的日子……"

秦欢拿起手包，哭着朝外边跑。

刘蕊急忙喊道："小欢，小欢，吃了饭再走……"

秦欢站在门口，抹泪说："阿姨，我改天来看你……"

秦欢走了出去。

刘蕊愣了愣，转身说："我说老文，这孩子真不错，有修养，家境还好，省府广场边那个最大的超市，就是他们家开的。你得劝劝你儿子。"

"儿子长大了，他自己会决定，我们就少掺和，好吗？"

刘蕊抱怨起来："我为儿子后半生着想，还错了？现在这社会压力有多大，你知道吗？财政厅他是去不了，娶个好媳妇，少奋斗几十年，有啥不好？还有，你把秦欢的工作解决一下哈……"

文守卫皱眉打断她："吃饭，吃饭。"

（3）

谢小婉刚刚走出金帝大酒店，李文君恰好也走过来，她发现了谢小婉，连忙躲在一旁，等她和文子平走远了，才慢慢闪身出来，径直来到咖啡厅。李文君坐在临窗的位置，拿着一本书认认真真地看，服务员照例给她上了一杯她喜欢的咖啡。

李文君眼角瞟了一眼冒着热气的咖啡，说："我要白开水。对了，以后，就给我来一杯白开水。"

服务员唯唯诺诺，把咖啡端走，给她倒了一杯白开水。

张大新慢步走过来，微微侧头，看她究竟看的什么书，原来是一本关于孕保健和胎教的书。他微微一愣，见李文君看得很专注，脸上洋溢着温暖、慈爱的笑意，就站在一旁默默等着。过了好一会儿，李文君察觉到了，抬头看见是他，站起来冲着他微笑。

张大新连忙热情地招呼："坐坐，坐。"他在李文君对面坐下来，"怎么，真的想当妈妈了？"

李文君叹息，点头。

张大新顿了顿，迟疑地问："孩子的爸爸是？"

这时候，吴友明走了过来，张大新立即站起来与他寒暄。

吴友明说："我找李小妹有点事，一会儿我来你办公室啊！"

"好，你们谈。"张大新快步走了。

李文君立刻换出一副冷若冰霜的样子。

"文君哪，真的没有商量的余地？你一开口就这么多，这不是逼我去犯罪吗？"

李文君冷冷地说："请不要把我对你的容忍，当成你不要脸的资本。"

吴友明脸色"唰"的白了："你？！好好……"

吴友明拿出一张转账凭证，放在她面前。李文君拿起来看了看，把转账凭证装在坤包里，站起来。

吴友明也站起来。

"我现在就去医院打胎，你跟着我呢，还是我拿医院的证明给你？"

吴友明只好赔个笑脸："看看证明就可以了。"

李文君嫣然一笑："等我堕了胎，养好了身体，再联系你啊。"

吴友明顺口说："是是是……"他马上又醒悟过来，慌忙摇手："不不……"

李文君脸色一沉："你啥意思？"

吴友明苦笑不语。

李文君哼着小调走了。

吴友明一脸沮丧，坐在沙发上发呆。

张大新在办公室正在看监控录像。

监控画面上，吴友明将一张凭证恭恭敬敬放在李文君面前。张大新定格画面，放大。

一张转账凭证，上面的金额是150万元。

张大新关掉监控，沉思。过了一会儿，他拿起手机，拨号。

"文君哪……"

"张哥，有事吗？"

张大新问："走了吗？"

"刚下楼。"

张大新轻声说："文君，哥给你一句忠告，有些事，适可而止。有些人，就是狗，狗急了，会咬人的。有什么困难，你尽管说。"

"张哥，谢谢你关心，我知道了。"

（4）

五月的绿，开始渐渐丰腴起来，厚厚的，黏黏的，在已经有些炽热的阳光下，炫耀着生命的活力。

车子沿着河谷穿行，在凹凸不平的乡间公路上一起一伏：东摇西晃，荡起一片绿波；微风习习，吹皱一河清流。河道弯弯，公路也随之蜿蜒，就在不经意间拐过山嘴，白鹭成群，翠鸟低飞，还有几只燕子掠过视线，留下一串串呢喃……

黄昏时分，车子终于达到了目的地。

司机说，吴双双就住在西头，穿过小镇的街道，再直走500米的样子，就在公路边。

陈莉谢过司机，走下汽车。

她是临时决定要去看看潘佳杰的女友吴双双的。

在出发前，她就萌生了去看吴双双的念头，因为考察归来要途经潘佳杰的家，她便跟同行的教改处长请示。处长说可倒是可以，不过我得赶回去，单位事儿都耽搁下来了，要不返回来时候你和杨阳去？

这时，一群小学生"叽叽喳喳"地走了过来，一个稍大的孩子正追打一个较小的男孩，小男孩边跑边哭，不小心跌倒在地。那个大一点的男孩骑在他身上，边打边骂："扁死你这野种，看你还敢犟嘴不？"

杨阳一把把那个大男孩提起来，放在一边，伸手把小男孩拉起来："不准打架。"

小男孩麻利地躲在杨阳身后，露出脑袋瞅着大男孩。

大男孩看杨阳牛高马大的，便怯怯地躲到一旁。

杨阳走，小男孩紧紧跟在他身后，不时回头朝大男孩看。大男孩挥舞了几下拳头，小男孩惊恐地抓住杨阳的衣服。

杨阳回头一看，明白了什么，蹲下来问小男孩："你叫什么名字呀？"

"我……我叫吴盼盼……"

"盼盼，他为什么打你呀？"

"他们说我没有爸爸，是野种……"小男孩低下头，委屈地说，泪珠儿"唰唰"流下来。

陈莉打量了一下小男孩，插话问："你妈妈是不是叫吴双双呀？"

"是呀。"

陈莉和杨阳对视一眼，满脸喜色。

"谁说你没有爸爸，我认识你爸爸。"杨阳脱口而出。

陈莉干咳几声，提醒杨阳不要说漏了嘴。

"真的？那我爸爸在哪里？多久回来看我呀？"吴盼盼停止了啼哭，仰头可怜巴巴地望着他，泪珠儿还挂在眼睑上。

杨阳爱怜地抱起他："你爸爸在外边挣钱，过段时间就回来看你。对了，你爸爸还给你买了东西呢，在阿姨那里。"

陈莉没想到吴双双有个孩子，没买什么东西，瞪了杨阳一眼，急中生智地说："糟糕，我忘记还有一个旅行包……东西还在那包里呢，你们先走，我去拿。"

陈莉小跑到一家小商店买了一大包东西，又跑回来。

"瞧，这就是你爸爸给你的。"陈莉提着那袋零食在他面前晃晃。

"耶！我爸爸给我买东西了，我爸爸给我买东西了……"吴盼盼抢过袋子，并不打开看，而是来回奔跑，兴奋地大叫。

其他孩子都盯着他，不时看看陈莉他们。

跟着盼盼走出场镇，又在乡间小道上走了大约一公里左右，前面出现一个农家小院。

吴盼盼一头扎进院子："妈妈，爸爸给我买东西了……"

从屋子里快步走出一个女人，三十岁左右的样子，尽管头发有些凌乱，衣服有些旧，但身姿绰约，一看就是一个美人坯子。

女人说："盼盼，你胡说啥？"

"真的，妈妈，你看。"吴盼盼把袋子交给她。

她翻看了一下，厉声问："谁给你的？"

孩子吓了一跳，怯生生地说："是那位叔叔和阿姨说的……"

吴双双打量着陈莉和杨阳，一眼就认出了陈莉，可能万万没有料想到，一时之间她愣怔在那里。

陈莉笑笑，介绍说："他是我同事。"

吴双双回过神来，俯身抚摸着孩子柔声说："盼盼，我说你爸爸在外面挣钱吧，你还不信，现在该相信了吧？去吧，去玩，去吃零食，随便吃，啊！"

盼盼乐颠颠地跑开了，吴双双才热情地招呼他们进屋坐。

这时，吴双双父母亲回来了，看起来年龄也不大，不到五十岁，跟潘佳杰差不多。

吴双双说："爸，妈，潘佳杰那儿来人了，你们去镇上餐馆定几个菜，一会儿拿回家来。"

陈莉忙说："别那么客气了，我们一会儿自己到镇上解决。"

两个老人异口同声地说："那哪儿成呢？"

说完一起出去了。

杨阳说："盼盼呢？"

"没事，乡里的孩子哪像你们城里的那么精贵。"吴双双看出了他的担心，感激地说，"谢谢你们……"

"这孩子，挺懂事的，是你和潘佳杰的吧？"陈莉问。

吴双双咬咬牙："不是！"

陈莉看着她的表情，心里明白了几分，便转移话题："这次我们来……"

"我知道你们来的目的，不过我告诉你们，我要嫁人，没有商量的余地，你们也不要劝我。"吴双双低着头说，然后把目光丢向门外的院子里。

陈莉和杨阳对视一眼，沉默。

屋子里气氛一下充满压迫感。

"刚才我们来的时候，恰好遇到盼盼被大孩子欺负，一个人拉扯孩子不容易吧？"陈莉有意将这个压迫感维持了几十秒，才说话。

吴双双咬着下嘴唇，胸口深深起伏了一下，还是没有说话。

陈莉知道，她在内心深处叹息。

"你和潘佳杰仅仅只是朋友关系，你谈婚论嫁，我们无权干涉，就算你们是夫妻关系，你提出离婚，我们也不能干涉。"陈莉真诚地说。

吴双双把目光收回来，认真的看看她，脸上写满疑问。

"也许你心里在想，既然如此，那我们为什么还要到你家来呢？对吧？"陈莉马上直指她的疑问说。

吴双双点点头。

"我们得搞清原因，好针对性地做他的工作，使他放下思想上的包袱，好生在那里学习，表现好点，争取早点出来。"陈莉解释说。

连陈莉自己都觉得这个解释有点牵强，吴双双似懂非懂地点点头。

她接着说："你是知道的，在他心里，现在唯一的亲人就是你了，如果你离开他，他会怎么样？就是上一次，你前脚刚走，他就撞墙了……"

陈莉有意打住，盯着她的脸。

果然，吴双双焦急地问："后来怎么样了？"

这时，杨阳手机响了起来，他接完电话后说："潘佳杰又出事了……"

"又出啥事儿了？"吴双双一下子站起来，焦急地问。

那天，文守卫来监狱宣布班子调整之后，便来到一监区找谢天明谈话。马旭东说谢天明在医院里护理另外一个罪犯，他马上去带回来。文守卫看看时间，已经将近1点30分，于是就说那就到医院去吧。

谢天明被叫出去不久，潘佳杰拔掉输液针，冲到隔离的铁门前大叫要见局长。值班民警连忙和几个罪犯监改员七手八脚连拖带拉地把他抓回病房，死死按在床上，把门关上。潘佳杰不知哪里来的力气，几个人都按不住他，在地上滚来滚去，最后躲在床下面，干号干叫，冷不防又冲向门口，把门擂得震天响。

也许是潘佳杰的行为影响了文守卫，谈话勉强维持十来分钟，文守卫就出来了，沉着脸看着李长雄一行人："你们怎么搞的，谈个话都不清净！"

"报……报告……是潘佳杰。"谢天明突然在后边报告。

文守卫回头一看，他背有点驼，双手和身体有些微微抖动，但却规规矩矩地站在那里，看样子是费了好大的劲儿才保持这样的姿势。

马旭东急了，文守卫一转身，他刚好站在文守卫后边，连忙给谢天明比画，那意思叫他不要再添乱了。

让所有人想不到的是，文守卫喜笑颜开，走过去扶着他，问："潘佳杰？是不是我第一次来他就叫嚷的那个？"

文守卫扶着他，他有些拘谨，想挣脱，可挣脱不了，也就不动了，说："就是他……"

"呵，我来一次，他叫一次，看来我是不敢陪部委省委领导来你们监狱了。"文守卫打趣地说。

这话在文守卫看来是句玩笑话，但落在清水监狱一行人心里，却异常沉重。

"老谢，这个潘佳杰为什么非要找我，你知道原因不？"文守卫问。

谢天明说："他女朋友要另嫁他人，他想请马监区长和陈警官去做做工作。"

"哦……"文守卫扶着谢天明坐到椅子上，对李长雄和徐昌黎说，"这个要求不过分吧？你们马上落实。"接着他又对谢天明说："你安心改造学习，小婉的事儿我会关注的，别操心。"

文守卫说完，转身就走了。

谢天明返回病房，把局长指示给他说了，他还是不放心，叫嚷着要见马旭东，在马旭东那里再次得到证实后，他才老实下来，第二天就吵着要出院。马旭东知道他的心思，在监区可能随时能打听到陈莉他们的消息，于是征询医生同意后，就让他回来了。头两天还算安静，可第三天就不对劲了，扭着值班民警要求找这个找那个领导来给他谈话。马旭东让谢天明去给他做做工作，还真安静下来，可谢天明离开监管区去劳动改造，他又闹。今天下午收工时分，值班民警被他闹烦了，就劈头盖脸一顿训斥，他晚上就不吃晚饭了，另外一个罪犯开玩笑说："老鬼，就算你女朋友等着你，你娃不看看你这身板，再不吃饭，你出去还能干啥呢？"

其他罪犯一听，都哄笑。

潘佳杰恼羞成怒，将热腾腾的稀饭一下泼洒在那个犯人头上，那名罪犯痛得哇哇乱叫，脸上、脖子上多处被轻度烫伤。

潘佳杰又一次被关了禁闭。

（5）

这些天，文守卫一旦稍微闲下来，谢天明就从脑海里冒出来……

在监狱的努力下，谢小婉返校了，他原本认为时机已经成熟，两人可以好好谈谈，借此引导他树立信心，鼓起生活的勇气，好生改造，争取早点出来。

可他始料未及的是，那天谈话很不顺利，比第一次还不顺畅。谢天明进来后，除了偶尔喝水以外，就是沉默，不管问他什么都缄口不语，一副恹恹欲睡的样子，或者说一副死猪不怕开水烫的样子，简直是油盐不进。文守卫毫无办法，就连他都感觉到压抑的气氛。

尽管受到潘佳杰叫嚷的影响，但文守卫明白，就是潘佳杰不闹事，谈话照样进行不下去。

最后，他主动终止了谈话。

"这究竟为什么呢？"文守卫时不时追问自己，企图找出缘由来，可是他思考了几天，始终找不到令自己满意的答案。

"看来改造一个人不是一朝一夕的事……"他自言自语。

"报告！"

他抬头见是陈莉，连连招手，叫她进来。

"局长，我汇报一下这次出去考察情况吧。"

"教改处大体给我说了一下，反正你们拿出设计方案后还要给局党委作说明，就不说这个了。"接着，他把与谢天明谈话的情形讲了，然后说，"陈莉，我这几天很困惑，这个谢天明，为什么会这样呢？"

陈莉笑道："文局，你应该高兴，说明谢天明心理已经发生了很大的变化，朝好的方面在转化。"

"哦？"

"你想想，我们去找他谈，都很顺畅，没有障碍，说明他认知能力已经恢复，而且呀，几天不去找他谈，他会找机会主动跟我们谈。而唯独对你，保持沉默。与第一次你找他谈话，大相径庭。"

"是呀，这说明什么呢？"文守卫饶有兴趣地问。

陈莉接着说："其实，他心里明白，如果没有你的关怀，谢小婉不可能返校，离婚也就稀里糊涂地离了，家里的经济负担也解决不了，他心中充满感激，看到了生活的希望。但是，面对你，他心里又充满矛盾，同学？同事？上下级关系？这些交织在一起，就算你我正常人，一时半会都难以厘清，做到从容淡定，何况他呢？"

"嗯，有道理。"

她进一步解释说："尽管他心里像沐浴了一场春雨，正在转化，但是对谢天明感化、引导和心理干预不能放松，他们这些人心理已经变得很脆弱，一个在我们看来很小很小的挫折，也可能会引发他们内心消极的东西，他们会有意识地把这些消极因素放大，致使我们前功尽弃。所以呀，我完全同意你刚才讲的，改造一个人不是一朝一夕的事。"

文守卫听她这么一分析，心情大好："是啊，一个谢天明，就把我们折腾得够呛，我们全省还有很多很多的谢天明呢，小陈，你担子不轻啊。"

"对了，文局，我这次回来时候，按照你的指示，去了一趟潘佳杰的家……"

文守卫打断她说："这个嘛……其他具体的个案你就不用和我说了，你根据实际情况，大胆开展工作就行了。"

陈莉从局长办公室出来，直奔清水监狱，刚下车，监狱大门外传来一个女人的声音："陈警官，陈警官……"

在监狱里，也只有罪犯和罪犯家属才这么叫，她好奇地朝监狱外张望，隔着栅栏围墙的缝隙，她找到了那个叫她的人。

她仔细一瞧，大吃一惊，原来是吴双双。

（6）

鲁本川和五六个行动不便的老犯人在晒太阳，或坐或卧在椅子上。有的眯着眼睛打盹；有的睡着了，哈喇子掉在嘴上，像咬住了鱼钩一般；有的痴痴傻傻地望着蔚蓝的天空，一动不动，像一尊灰白色的雕塑。

鲁本川左右看看，心头突然涌动莫名的悲哀，千方百计托关系找路子，换来的是与这些人为伍。物以类聚，人以群分，要是长期这么下去，不变傻子也会变成疯子。

他伸长脖子寻找吉牛马二，目光搜索了一遍，没有找到，他有些着急，站起来四处张望，原来，吉牛马二就在他左边坐着发呆。

鲁本川有点气恼："喂，你咋老发呆？说说话呀。"

吉牛马二还是那副呆样："哦？说啥？"

"随便，总比发呆好。"鲁本川闷声闷气地说。

吉牛马二幽幽地说："发呆好，你看那些和尚修行，不也是在发呆么？"

鲁本川诧异地看着他："难道……你把坐牢当作修行？"

吉牛马二点点头。

鲁本川似乎有所感悟："也是啊，和尚在寺院里，有的和尚一辈子就在那么狭小的范围内……"但他马上摇头："但是，和尚修行也要说话吧，这人，是群居动物，不说话，那还不疯掉？"

"那我讲个故事吧。"

鲁本川拍手道："好好好。"

"一只狐狸发现一鸡窝，却因为太胖穿不进栅栏。于是饿了三天，终于进入。可饱餐后又出不去了，只好重新饿了三天才出去。最终它哀叹自己在这个过程中除了过了个嘴瘾，基本上是白忙活了。"

鲁本川大笑，笑过之后，发现吉牛马二没有笑，还在发呆。

鲁本川狐疑地问："你含沙射影说我？"

吉牛马二叹息："我说我自己。我本来可以成为一个音乐家的……一无所有，贩毒，享受，进了监狱，到头来呀，还是什么都归零，一无所有……"他长吁短叹：

"其实，你比较一下，我们还算幸运的，比如谢天明，又比如潘佳杰……"

鲁本川低头，沉思，过了一会儿，也开始发呆。

（7）

吴双双跑了过来。

陈莉很意外："你咋来了？"

吴双双言不由衷地说："我昨晚就赶到了，我……我不放心潘哥，想看看他。"

陈莉看着她不说话，吴双双被她盯得有些慌乱，低头喃喃地说："我……我想……跟他谈谈……我嫁人的事……"

陈莉这才说："见着了吗？"

吴双双摇摇头："他们说，我不能探视。"

"除了身份证，你有其他证明吗？比如，孩子的出生证明。"

吴双双犹豫了一下："我叫他妈妈给我写了个证明，在她所在的派出所盖了个章。"

陈莉说："把证明交给我，你在会见中心外休息处等我。"

吴双双忙不迭把证明交给她。

（8）

在一监区劳动车间，二皮趾高气扬，到处巡视。

二皮走到胖子罪犯后面，俯身看，敲了一下他的头："你娃咋这么笨呢？拿来，看着，这样做……"

二皮拿过头套，麻利地穿针引线："看清楚没有？"

胖子点头，媚笑。

瘦子拍马屁："老大，高！这才像我们的生产大组长嘛。"他瞧着李浩健："不像有的人，只会说，不会做。"

二皮有些得意，指指胖子和几个手脚慢的："你，还有你，给老子麻利点，做个榜样出来。老子是不会亏待你们的。"

胖子低声抱怨："以前说的都没兑现呢。"

二皮反问："说啥呢？我二皮说的话，那就是泼出去的水，哪样没兑现？"

胖子有些害怕地说："你说我们帮你修理鲁本川……"

二皮瞪着他："嘿！嘿！嘿！"

"修理马桶、马桶。你就教我们变火。"胖子拍了一下自己的嘴巴，马上改口。

二皮耍赖："我说过吗？"

瘦子作证说："说过的。"

二皮敲他的头，瘦子立即躲开。

二皮说："记性叫狗吃了？老子当时怎么说的？听好，老子当时是这么说的：只要你们为我办一件事，我保证你们随时随地可以点烟。是不是，是不是？"

瘦子摸摸头，犹豫地说："好像是这么说的。"

二皮拍拍胸口："我做到了没有？"

胖子做出努力回想的样子："好像做到了。"

"那还不得麻烦你老人家嘛，你教会我们，我们就不打扰你老人家清修，多好？"瘦子媚笑。

二皮指点着他俩，"嘿嘿"奸笑："要关禁闭的，你们这些人，别毁了我做好人的机会啊。"

刀疤脸插话道："二皮，我都要满刑，又减不了刑，做那么多干吗？"

二皮贼眉鼠眼四处乱瞧，凑到他耳边："你娃咋那么笨呢？换几包烟也好嘛。"

刀疤脸一脸惊喜："咋换？"

二皮拍拍他的脸："你把任务拿给那些想减刑又完不成任务的，私下商量呗。"

刀疤脸伸出大拇指："嘿！嘿！高，高！老大，等事儿成了，分你一半。"

"不要，不要，我还差你那几包烟。干活，多换点。"二皮笑笑，拍拍他的肩膀。

刀疤脸连声说好嘞好嘞，手上的动作明显加快了。

二皮的建议立即在车间疯传，罪犯们交头接耳。值班民警发现了异样，走了出来。

车间立即安静下来，罪犯们明显加快了进度，连最偷懒的短刑犯都拼命干活。值班民警诧异地走了一圈，纳闷地摇摇头，走进值班室去了。马旭东走进来，看见这状况，也是一脸惊讶，巡视了一圈，看着二皮。

二皮咧嘴"嘿嘿"笑。

马旭东看着他："咋了？"

二皮满脸堆笑："他们积极改造呗。"

"屁，说实话。"

二皮信誓旦旦地说："老大，你既然信任我，就让我管理呗，我绝对不会违反监管守则。再说，这儿不好说，晚上给你详细汇报。"

马旭东说："那好吧，你娃要是给老子乱来，我把你打入十八层去。"

二皮"嘻嘻"笑："你是阎王爷，我就是一个小鬼，哪敢呢。"

马旭东刚刚离开，领头的技术员走到二皮身边，恭恭敬敬叫了一声赵组长。

二皮看看他，笑道："赵组长？我咋听着像国民党特务？"

周围几个犯人哄笑。

刀疤脸学着技术员的口气叫："赵组长。"

几个犯人又笑。

二皮咋呼呼地说："叫春呢？去去去。"

几个人翻白眼，连忙干活。

二皮扭头问："啥事儿？"

"这边请。"

两人朝外面走去，刀疤脸抬头看看二皮，又低头认认真真地干活，李浩健也偷偷盯着他们俩走出车间。

二皮大咧咧地问："想贿赂我呀？"

技术员说："给我们鲁总带点儿东西，这个，是你的好处。"

技术员摸出三包烟，塞给他。二皮一看是中华烟，一下子拿过去，揣在裤兜里。

二皮问："带啥东西呀？"

"就一些吃的，用的，放在成品十三号箱子里面。"

"走，我看看。"

技术员说："哎哟，现在咋能看呢？我保证没有你们规定的违禁品。"

二皮摇头："那不行，我得看看。"

"你拿到手了，自己看不行呀？如果是违禁品，你扔了就是。我们绝不怪你。"

二皮将信将疑看他："那好吧。但话儿先说明白，我可不能保证今天就能带回去，这要瞅准机会。"

(9)

在禁闭室，陈莉见到了潘佳杰。

按照监狱规定，女警跟男性罪犯谈话，必须要有男性民警陪同。但是，从心理干预的角度，要达到最大的效果，最好不要有第三人在现场。碍于她现在的身份，狱政科陪同的人不好说什么，算是默许吧。禁闭室值班民警原是平溪监狱民警王寿贵，他不干了："那可不行！陈莉，不是我不给你面子，不怕一万就怕万一，要是潘佳杰哪根神经短路，发起疯来，把你挟持了，我可是第一责任人呀，要坐牢的！"

陈莉好说歹说，王寿贵就是不同意，说："不为别的，就为我自己不犯错误，就是文局长来了也不行。"

陈莉很无奈，也很理解他，心想就当成一次普通的谈话吧，何况在禁闭室这样的环境再怎么着也不可能达到最佳效果。

不一会儿，潘佳杰戴着脚镣手铐走了进来，神态萎靡，但一见是陈莉，两眼冒光，就像吃了什么兴奋剂一样。

陈莉把王寿贵拉到一旁说："把他的脚镣手铐打开总可以吧？嗨，有你在呢，怕什么呀？我们两人对付不了他？"

王寿贵想了想，才勉强同意。

"陈警官……双双她……"潘佳杰迫不及待地发问。

"吴双双今年二十六岁，潘佳杰你多少岁了？"陈莉问。

"我……"

"问你话呢！"王寿贵训斥道。

潘佳杰脸上掠过一丝恐慌，连忙站起来立正："报告陈警官，我今年五十岁。"

"狗东西，一朵鲜花真他妈的插在了牛粪上了。"王寿贵骂道。

陈莉苦笑一下，低声对他说："王老革命，王叔叔，是我找他谈话呢。"

"好的好的……我是从山里来的，习惯了，别见怪啊，我不说话了。"王寿贵不好意思地笑笑。

"你坐下吧。"陈莉说，"别紧张，我们就随便聊聊。"

潘佳杰看看王寿贵，迟疑了一下，还是坐下来。

"你爱她？"

潘佳杰马上使劲地点点头。

"你想过没有，如果按照你现在的表现，肯定是减不了刑，坐满牢出去就六十一岁了，她呢？三十七岁。"

潘佳杰低下头，沉默。

"一个人，特别是一个女人，就那么十来年的青春就这样消耗殆尽了，换作是你，你怎么想？"

"……"潘佳杰嘴唇动了动，但似乎感觉要说的话理由很不充分，连自己都说服不了，犹豫了一下，打住了。

"我这次去了她家，见到她，我大吃一惊，一个才二十六岁的女人，按照古代大诗人李白的说法，那应当是'清水出芙蓉，天然去雕饰'，可是她呢？黝黑，眼角都起皱纹了，还有丝丝白发，满脸忧郁，看上去三十好几，要不是她有一副姣好的身

材，甚至说她像四十多岁的女人也不为过。"

"是我……对不起她，是我害了她……但是，我是爱她的，真的……"潘佳杰喃喃地说。

陈莉盯着他，好半天不说话。

潘佳杰被她盯得不好意思，目光四散躲闪。

"我相信你是爱她的。"

潘佳杰抬起头，感激地望着她。

"但是，我怀疑你的这份爱含金量很低，因为你对她的爱夹杂着太多的自私。如果这种爱建立在毁掉对方的青春上，这就不是爱，是自私！如果你真的爱她，就应当让她生活得很幸福，可现在呢？你能做什么？"陈莉质问。

潘佳杰又低下头，沉默。

陈莉调整了一下语调："其实，她也是爱你的。她跟我说，当初遇见你是她前世修来的福分，她并不后悔认识你，为你付出的一切。即使现在背上骂名，她也不后悔。可是你呢？进来六年了，减过一次刑没有？"

潘佳杰"呜呜"地哭了起来。

"我是不是可以这么下定义呢？你不仅亲手毁掉了你的家，也毁掉了你父母，现在进来六年了，你依然在一点一点地毁掉你的爱情，最终，你将会毁掉你所有的一切，亲情和爱情，当你回归尘土的时候，没有一点值得保留的记忆，人生的每一页都是灰色的……"

"别说了，我错了……"潘佳杰号啕大哭起来，使劲拍打着胸口。

"你几次自杀，你真的想死吗？不，你并不想死，因为你还有牵挂，你采取过激行为，只是为了让我们和吴双双讲，博得她的同情而已。然而，你错了，这样只会令吴双双愈加反感，越发对你失望，甚至绝望。"

陈莉依然是那种不紧不慢很平静的语调，潘佳杰感觉每一个字像一根刺，深深地扎进他的心脏，他绝望了，絮絮叨叨地说："完了，一切都结束了……我不该……我不该听别人的……不该呀，不该……"

他无力地垂下头。

"你想保留一点儿美好的记忆吗？或许这样还能挽回吴双双的心。"陈莉突然说。

"啊？"潘佳杰神经质地跳起来。

"人与人交往最珍贵的一面是什么？就是站在对方的角度充分地替对方着想。说不定这种欲擒故纵的做法，反而会让她觉得你是个值得托付终身的好男人，说不定她就回心转意了呢？当然，仅仅只是有这种可能，不过，就算你们最后还是分手了，至少，你在她的记忆中不全是灰色的。"陈莉笑着说。

潘佳杰坐下来，沉思了一会儿，终于，他昂起头："陈警官，谢谢你，我知道该怎么做了。"

"这就对了嘛，其实这些道理你不是不懂，只不过，人在特定的环境想法看法难免走到死胡同里。"

潘佳杰点点头，恍然大悟的样子。

"好了，我现在告诉你一个消息……"陈莉故意打住，观察他的表情。

潘佳杰脸上写满疑问，随即摇头："唉！就算你做通了她的工作，不分手了，我也要主动提出分手，我不能在祸害我最亲的人哪。"

"嗯……本来吴双双不让我告诉你的，但是我觉得我还是有义务告诉你，她有个小孩，五岁多了，下半年就上小学了。"陈莉说。

潘佳杰又神经质地跳起来，瞠目结舌地看着她。

交锋

第二十一章　局中有局

（1）

陈莉和杨阳的第一感觉告诉他们，盼盼这孩子是潘佳杰的。潘佳杰被双规的前几天，吴双双就怀孕了，潘佳杰在看守所待了九个月，就在这段时间吴双双把孩子生了下来。

但是无论陈莉她们怎么旁敲侧击地问，吴双双就是不承认孩子与潘佳杰有任何关系。

陈莉问："既然不是潘佳杰的，那孩子的爸爸呢？"

"我们就住了一晚上，我连他姓什么叫什么都不知道，甚至连他长什么样都没看清楚。"吴双双说。

陈莉观察到，吴双双这话很平静，目光也不躲闪，也看不出她有一丝一毫的羞耻感。

"我很怀疑。"杨阳对陈莉说。

陈莉点点头，但是她一口咬定孩子不是潘佳杰的，那也没法子。本来，潘佳杰意外有个儿子，那么他的问题就解决了一大半，而今，事情却愈来愈复杂了。

陈莉决定自己留下来拖住吴双双，杨阳去截住吴双双的爸爸妈妈，或许能打探到什么。

可这时候盼盼回来了，非要缠着他玩。

陈莉说："你陪盼盼玩吧，我去街上买点东西。"

她来到岔路口等，不一会儿，果然遇到提着几样卤菜的两个老人。陈莉请他俩在田埂上坐下，把潘佳杰的情况简单地讲了一下，就故意说："潘佳杰跟我说他很想念儿子，托我们来求求你们二老，什么时候能不能把盼盼带去，让他瞧瞧？"

"这个……得跟双双商量。"吴双双的母亲说。

陈莉心头一下亮堂了，便进一步地问："双双和潘佳杰是怎么走到一起的呢？"

她深深叹息："想当初，老头子就躺在手术室，可没钱做手术呀，双双那个急呀，就在大街上跪着，逢人便叩头……要不是潘佳杰，老头子怕是活不到今天。后来，双双跟了潘佳杰，唉，也没有个名分……其实，我们也不在乎他的名声，盼盼还小，开初依旧和盼盼的婆婆一起住，我俩捡些破烂儿，双双找个工作什么的，照顾着盼盼的婆婆，勉勉强强维持吧。盼盼上幼儿园了，不是要拿户口本？盼盼的婆婆就想办法把盼盼的户口上在她名下。幼儿园那些老师、小娃娃都管他叫贪官的儿子，你说我们咋办？双双为了不让孩子心理受到伤害，就搬回来了。"

吴双双的父亲一直沉默，一支烟接着一支地抽。

"搬回来后怎么样呢？"陈莉问。

"我们就说盼盼不是潘佳杰的，盼盼的爸爸在外面打工，不久就会回来，本乡本土的，尽管有些流言蜚语，但还是比城里要好一点。可是，盼盼的爸爸这几年一直没回来，于是就有人乱说了，说盼盼是个没有爹的野种，唉，真是造孽呀……"她抹着眼泪说。

她唏嘘了一阵，接着说："双双去年开始动了嫁人的念头，我们可不是忘恩负义的人，可实在是没法儿……老头自从手术后做不得重体力活儿，我们这几年还能动，再过几年呢？盼盼还那么小，花钱的日子还在后头呢。双双也难啊，年纪轻轻的，上有老下有小，里里外外没个帮衬的，都靠她一个人啊……我们想啊，潘佳杰出来也就老了，双双找个人家，一起把他的孩子给他拉扯大，也算对得起他了……"

"我有个儿子……我有儿子了……儿子……"潘佳杰遇到什么不顺心的事儿，动不动就狼嗥一般哭叫。这一次他却没有，显得异常冷静，喃喃地说着话，泪如泉涌。

这时，马旭东走进来说："小陈，手续办好了。"

陈莉朝他点点头，继续对潘佳杰说："盼盼的事，吴双双可能不会告诉你的。她说孩子还小，你出狱的时候，她亲自带盼盼来接你。"

"你知道吗？当你儿子盼盼知道杨阳是警察的时候，给杨阳提了一个什么要求吗？"

潘佳杰抬起头，看着她。

"他要求杨警官第二天送他去上学，他说，同学们就不会欺负他了，就不敢说他是野种。"

潘佳杰不停地颤抖，喉结发出一种"咕咕"的沉闷声，脸上的肌肉有些变形，自言自语地说着什么，可认真听，却什么也听不清楚。

"作为监狱管理者，我们算是你的娘家人，当然希望她等着你；但是作为女人，我赞同她的想法。吴双双现在就在会见大楼，你见她还是不见，我们尊重你的意见。我只是希望你明白，同样的瓶子，你为什么要装毒药呢？同样的心里，你为什么全部要装着痛苦呢？"陈莉说完，深深叹息。

第二天一早，陈莉和杨阳都身着警服，杨阳还让盼盼骑在自己的肩膀上，把他送到当地小学办的幼儿园。盼盼激动得满脸通红，依依不舍地偎依在陈莉的怀里，好不容易才把他劝进教室。本来，他们想见见校长，可吴双双死活不让，于是他们便告辞返程。

他们刚走不久，吴双双就收到潘佳杰的信，信上说他不同意她嫁人，如果吴双双坚持嫁人，那么他将向省纪委打报告，没收在县城的房子。为了安抚潘佳杰，也为了盼盼的成长，吴双双和潘母商议，没有告诉他盼盼的事情，也没有告诉他搬回老家的事。

吴双双的心一下跌进了冰窟窿……

潘佳杰出事后，所有的财产都没收了，就剩下那套房子。如果按照他那样说，他母亲住哪里呢？她觉得有必要跟他说清楚，于是也追赶着陈莉她们来到了监狱，昨天没找着陈莉，于是今天一大早便在监狱大门口徘徊。

吴双双如坐针毡，她恳求陈莉不要把盼盼的事告诉潘佳杰，但是陈莉说他们有义务告诉他。一会儿他来了，承认还是不承认？抑或回避这个问题？承认了，如果他要求带孩子来，势必给孩子心灵蒙上阴影；不承认，那就说明这孩子真是野种，也等于承认自己水性杨花……

就在去年，县城里有个做药材生意的老板，不知怎么知道了她的情况，就托一位亲戚三番五次来说。他也来过几次，人还不错，关键也没孩子，他信誓旦旦地保证，盼盼就是他的亲生儿子。

她有些心动了。

虽然陈莉一再强调，潘佳杰有权知道真相，可人心都是肉长的，让他眼睁睁地看着自己带着他的骨肉嫁人，这……是不是太残忍……

还是算了，把孩子拉扯大，条件差点就差点，等他吧……可父母亲身体一天不如一天，要是有个生老病死的，该怎么办呀……

……

"咦？妹子，是你呀？"

一个声音打断了她的胡思乱想，她抬头一看，一个珠光宝气的少妇正看着她，挨着她坐下来。

她很疑惑。

"记不得了？就在两月前，我们都来得很早，坐在外边等这里开门。"

吴双双记起来了，礼节性朝她点点头，目光停留在她肚子上，这个贵妇肚子凸了起来，八成是怀孕了。

"我又找了个人，这不怀上了，可这老家伙，就是跟我耗着，不离婚，哼，我每月来一次，就是让他看看我怀上了别人的种，气死他！"李文君恶狠狠地说。

这时，有民警喊谢天明的家属会见，她连忙站起来走了。

一个小皮球滚了过来，一个虎头虎脑的小男孩屁颠屁颠跑过来捡球，约莫三岁左右的样子，不小心跌了一跤，"哇哇"地哭起来。

吴双双连忙把他抱起来。

一个二十多岁的女子跑过来，对她说声谢谢，接过孩子，不停地安抚："宝宝不哭，宝宝马上就能见到爸爸了……"

她把皮球捡起来，交给小男孩。

"跟阿姨说，谢谢。"

"谢谢……"小男孩破涕为笑。

吴双双想起盼盼，于是问："也是来探监？"

"嗯呢。"

"孩子这么小，会不会……"

那女子爽朗地说："没事，瞒着他，他迟早也会知道。"她看看吴双双："第一次来这里吧？我第一次来，那个心呀，也是七上八下的，担惊受怕，怕遇到熟人，你说多羞人啊。多来几次，就习惯了，不就是劳改吗？只要他对你好，比找个对你不好的富翁强。只要想开了，嗨，生活比你想象得要容易得多。"

"生活比你想象得要容易得多……"吴双双心里重复着这句话。

（2）

陈莉、马旭东陪着潘佳杰走了进来。

她有些惶恐，站了起来。

潘佳杰走到桌子前，看了看她，说："坐吧。"

潘佳杰的平静，让她有些不知所措。

"对不起，是我害了你们……我没有权力干涉你嫁人。"潘佳杰淡淡地说。

吴双双很奇怪地看着他，就像在打量一个陌生人。

"我唯一的希望……哦，是请求，请你好生把儿子养大，拜托了。"他突然站起来，朝她深深鞠躬，泪水"吧嗒吧嗒"地掉在地上。

吴双双咬着嘴唇，无声地啜泣，她把头朝转向窗外，随着啜泣，身子不住地抖动。

本来一肚子的怨恨，顷刻间化为乌有，也就没有提他信上说的关于房子的事。

当她转过脸来时，她的嘴唇上冒出了殷殷的血丝。

"对方没有孩子……我们实在是太难了……"她断断续续地说。

潘佳杰沉默。

"对方说……他会像对待亲生儿子一样对待盼盼……"

潘佳杰猛烈地深呼吸，点点头，他站起来，从马旭东那里接过一个信封："双双，这是监狱这几年给我发的零花钱，不多，就剩下50多块钱，给孩子买点零食什么的……"

他接着说："请你告诉他，爸爸是一个作家，最多再等六七年，爸爸一定拿着写的书去看他。"

马旭东和陈莉对视一眼，都流露出惊喜。

"我这一生是无法弥补你什么了，下辈子吧。我就是做一只狗，我都要报答你和两位老人对我的恩情。我走了，你好好保重……"潘佳杰站起来，又端详了她一阵，扭头径直走了出去。

吴双双哭得像泪人一般。

（3）

文守卫今天去看望了一下谢小婉，他认为她已经渡过了返校适应期，学习生活已经走上了正常轨道，加之谢小婉也恳求礼拜六或者礼拜天能见见父亲，于是他就给清水监狱打电话安排他们父女俩见面的事宜。

李长雄说："局长，就是刚才，他老婆李文君来探视，说了一些很恶毒、很伤他的话，他气得当场晕倒，现在正在医院抢救呢。如果到了礼拜六礼拜天他身体状况允许的话，我们就安排，你看呢？"

"这个李文君，他想干什么？对了，你们代谢天明与她协商赡养婆婆的事情办得怎么样了？"

"这个……我了解一下，马上给你报告。"李长雄说。

文守卫有点生气，"啪"的一下挂了电话。

李长雄一愣，随即抱怨："我一个监狱长，要是每个犯人的事都要过问，那我成什么了？人？还是神？"

他始终觉得这位局长有点小题大做，现在采取这些措施，以前监狱也采取过，没见创出啥新点子来。而令他耿耿于怀的，还是陈莉的问题，尽管他采取了措施封锁处分她的消息，但还是传出去了，各阶层民警纷纷扬扬地议论了好久。要是像这样下去，到年底考评的时候，恐怕新来的政委得票数都要超过他。

他感觉思维有些混乱，于是靠在大班椅子上养神。

更有甚者，他最近听到一些传闻，说文守卫有意无意地表露要调整他，把他撂下来。他也反复考量过这个传闻的真实性和可行性，就算自己对待试点或者对待谢天明的挽救教育工作不上心，不怎么符合他的心意，但自己刚刚从省纪委厘清监狱问题的大风浪中稳过来，他文守卫不可能犯这种低级错误，很可能是他在某些场合流露出对他的工作不满意，一些人胡乱猜疑罢了；何况政委刚来，不熟悉情况，要动他，最早也过了今年再说。监狱工作，凡是都要讲究有法可依，没有法律依据的，谨慎一点，稳妥一点，又有啥错？

这时，政委徐昌黎走了进来："老李，怎么啦？"

"没什么。"他看了看他说，"有事？"

"刚才文局给我打电话，让我转告你，说他最近看了我们监狱志，上面有个记载，说第二任监狱长在指挥罪犯抢险时，一口气叫出了一百多个罪犯的名字。"徐昌黎停顿了一下说，"我也很纳闷，文局这是啥意思？我也不敢问。"

李长雄心里怨气更重了："政委，你也是监狱长出身，你说你能叫出一百多罪犯的名字吗？"

"这个嘛……"徐昌黎沉吟着说，"一百多肯定是叫不出来，但几十个总叫得出来吧。"

"几十个？十个？二十个还是九十个？"

"五六十个吧。老李，我是看出来了，你有情绪？啥事儿？挨批了？"

李长雄直起身子："五六十个？老徐，老实说，现在的监狱长能叫出十个罪犯的名字就不错了啊，真的假的？"

"这有啥好骗你的？不就几十个罪犯的名字吗？下基层多了，自然就叫出来了嘛。"

"看来，我真得多下下基层……"李长雄若有所思。

"究竟啥事儿？神秘兮兮的？连我也保密？"

李长雄苦笑："老哥，啥事儿？丑事儿呢。刚才局长问我，监狱代谢天明与他老婆李文君协商赡养婆婆的事情进展怎么样了，我哪能每件事儿跟进呀？我就说我问问，然后马上给他汇报，他不高兴了。"

"这事儿，我刚才还问过，正打算找你商议呢，这个狱政科好像没怎么放在心上，只是给李文君打了个电话，李文君说她很忙，等忙过这阵子约他们谈。他们呢，也就没再过问了，我也理解，狱政科事儿太多。你说这李文君谈赡养问题没时间，来监狱探监故意来伤害谢天明却有时间。我想啊，以后凡是有关教育感化的工作，是不是归口到教育改造科？"

李长雄说："好，我同意，我马上把杨天胜叫来落实下去。不过，老徐，这个谢天明老婆赡养费的问题，你上上心，督办一下，啊！你看这几个月来，监狱加工没有形成规模，效益提不起来，听局里来的消息，监狱系统可以提前实行公务员津补贴，我不指望局里给我们拿钱，他们钱从哪里来？要是下个季度再没有起色，到时候怎么对得起民警？这队伍恐怕就不稳定了，我那个急呀。"

徐昌黎稍稍迟疑了一下："好，没问题。"

(4)

李文君的肚子渐渐大了，单位的人大体知道些情况，都背地里议论。她呢，照常若无其事地上班，那神情、那举止，理直气壮的。她也不去找那位副总经理，就是偶尔照面了，也昂首挺胸，在他面前展示出一种很飞扬跋扈的气质。副总经理越看越心虚，下午一上班，便瞻前顾后地来到李文君办公室。

"哟？今儿个怎么啦？喝醉了？"李文君看着他冷笑。

"你老实告诉我，你肚子那种究竟是哪个的？"

"废话！"李文君恶狠狠地盯着她。

"你想怎么样？"

"不想怎么样，我呢，想要个孩子，我总不能一辈子孤苦伶仃吧？"李文君怪笑道。

"你究竟想怎么样？"

"你给我买一栋房子，也不要太大的，就150平方吧，然后再给我500万抚养费。"

李文君摊牌了。

"李文君，你别吓唬我，我告诉你，这世上想讹诈我的人，还没有出生呢，哼。"

"那我们走着瞧。"

"真是我的？"副总经理彻底泄气了，要是李文君把孩子生下来，一张诉讼状到法院，再做DNA鉴定，要是真是他的种，那就麻烦了，"这样吧，我给你100万，你把孩子处理掉，好么？"

"副总经理，领导，你如果没别的事，喝茶聊天泡女人，请便，我还有工作要做。"

李文君斜睨了他一眼，连连冷笑。

副总经理怏怏而去。

这时，她手机叫了起来，她扫了一眼号码，脸上掠过一丝阴阴的笑。

她故意问："哪位呀？"

"我的姑奶奶，你究竟想怎么样？打了没有呀？"

李文君"咯咯"笑起来："我说吴书记，皇帝不急，你太监急什么呀？你以为医院是你开的？要排号呢，要不，我到你地界上去打胎？"

"那这样，我礼拜六抽时间过来一趟，我们具体谈谈。"

李文君想了想说："好吧，亲爱的，我等你，啊！"

刚刚放下电话，副总经理带着几个人就走了进来。

李文君一个都不认识，以为副总经理要对她采取什么手段，有些惊慌地叫："你们要干什么？"

副总经理讥讽说："不做亏心事，不怕鬼敲门，你怕什么？"

其中一个人上前一步说："我们是清水监狱的，这位是我们徐政委。"

（5）

文守卫刚刚进屋，刘蕊便迎上来，帮他拿公文包。

文守卫有些不习惯，惊愕地说："咦，太阳从西边升起来了？"

刘蕊笑道："呸！又不是没给你拿过？"

文守卫边脱鞋边问："儿子呢？"

刘蕊朝房间努努嘴说："来来，吃饭，吃饭。这菜还是秦欢做的呢。"

文守卫皱眉："秦欢？"

"这姑娘怕你，走了呗。"刘蕊埋怨。

"怕我？我有那么可怕吗？"文守卫朝文子平房间喊，"儿子，吃饭了。"

文子平懒洋洋应了一声，懒洋洋走了出来，坐在凳子上，端起碗扒饭。

文守卫刚刚坐在餐桌旁，刘蕊问："我问你，你是不是调了一个……就那个陈莉，到局里了？"

"是呀。"

"你们不是成立什么中心么？把秦欢也调去吧。"

文守卫边吃饭边说："她？如果她是三级心理咨询师，我马上调。"

"你咋那么死脑筋呢，先调，然后再考嘛。"

"那不行。"

刘蕊将筷子重重放在桌子上："你？！"

文守卫夹了一口菜："嗯，这菜味道不错。"

刘蕊哼了一声："还是秦欢做的呢。"

"秦欢想跟子平谈朋友，只要儿子同意，我不反对。但是调动这事儿，免谈。"文守卫说。

文子平不满地叫嚷："谁想跟她交朋友？"

文守卫笑："我说如果，如果啊。嘿嘿。"

"这啥菜呀，这么难吃。"文子平放下碗筷，起身就走。

刘蕊气不打一处来，用筷子指着他俩："我要被你们两个气死！"

（6）

谢天明醒过来的时候，已经是晚上。

"醒了醒了……"一个熟悉的声音映入耳鼓。

他睁开眼睛看看，原来是二皮赵海东。

紧接着，潘佳杰也凑到他床前。

"现在……啥时候？"他有气无力地问。

"晚上啦，你昏迷了大半天呢。"二皮说。

"来来来，喝点稀粥。"潘佳杰把他扶起来靠在床头上，端起一碗稀粥喂他吃。

谢天明摇摇头："我不想吃。"

"陈警官可说了，一定要让你吃下去，她要我转告你，本来打算这个礼拜把你老妈和女儿接过来，一家人团聚一下，可你这身体要是这样，只好往后推了。"潘佳杰说。

谢天明浑浊的眼神一下发出光芒来："真的？"

潘佳杰点点头。

"好，我吃我吃……"

他自己接过碗，大口大口地吃起来，不料被噎着了，一阵猛烈咳嗽，脸色一下子变成了猪肝色。

潘佳杰和二皮七手八脚地又是拍打又是抚摸。他总算缓过起来，又端起碗，大口大口地吃饭，不过吞咽的表情很难受的样子，看来他确实没有胃口。

"那嫂子也要来吧？"二皮热心地问。

潘佳杰打了他一下，指指谢天明，朝他努努嘴。

"怎么了？"二皮有些莫名其妙。

果然，谢天明放下碗，木然地耷拉着脑袋，李文君那一席话如隆隆的雷声，犹在耳边响起："谢天明，别给你脸不要脸，我这一生就毁在你手上，自从跟了你，我没落个好名声。你现在想通了跟我离婚是不？老娘我偏偏不离了。我才二十八岁，我就跟你耗着，看你先死还是我先死？现在你仗着监狱给你撑腰，等你死了，你家里那些人残的残、疯的疯，看谁能跟我斗？我一个一个拖死他们。我呢，天天陪野男人睡觉，天天给你戴绿帽子，羞死你先人，哈哈……"

"就是他老婆来探视搞成这样子的……"潘佳杰低声说。

"是不是哟？你以前不是说谢书记的老婆又漂亮又贤惠嘛？"二皮大咧咧地说。

潘佳杰瞪了他一眼，那意思是别在谢天明面前说这事儿。

旁边一个病犯插话说："我听管教议论，说他老婆怀上别人的种，来逼他离婚。不过也正常，有几个贪官没离婚的？年年轻轻的，你让人家守活寡呀？"

另外一个病犯接过话茬："是呀，要不是他们手中有权和钱，能嫁给他们？除非脑子进水了。"

二皮喝道："你们几个皮痒痒了是不？"

谢天明摆摆手对二皮说："小赵，算了，别惹事，马上又要减刑了呢。唉……他们说的也不无道理……"

潘佳杰问："你不是都同意离婚了么？她怎么还……"

"唉！"谢天明深深叹息，"不是还有一套房子么？她要我放弃分割，要不然她要我赔偿她的青春损失费。"

"老大，我明白了，她是想把你气死，既然她无情，你也顾不了那么多了，不是怀上了么？拖她两年，让她把那野种生下来名不正言不顺的，看她有脸不？不是有

句话说过吗？肥的拖瘦，瘦的拖死，拖死她！我们劳改犯，啥都没有，嘿嘿，就是有时间。想跟老子们耗，看谁耗得过谁？哼！"二皮说。

"……"谢天明想起女儿，脸上露出浅浅的笑，转念一想，二皮的话也有几分道理，你不仁，我也不义。

潘佳杰心里一动，沮丧地垂下头。

尽管今天他拿出了一个男人的气度，但一想到吴双双和她说的那个男人在床上干那事，一想到那男的会冲着自己的儿子大吼大叫，一想到盼盼不知要受多少委屈，一想到儿子被同学欺负……他感觉心脏正在被菜刀一刀一刀地切割着，继而被剁碎，刚开始还感觉痛，那痛感，一波接一波的，一波比一波剧烈，没有规律，没有节奏，就像无头的苍蝇，在全身血脉里乱窜……而现在，已经毫无痛感了，神经似乎都麻木了。

而今，他唯一能做的，就是好好表现，争取减刑，利用业余时间以自己的经历为背景写一部小说，出狱的时候带着自己写的书去把儿子接过来。

"老潘，你一下午都在写，写什么呀？"二皮见他拿着本子和笔沉思，便一把抢过本子翻看，"高墙里的千悔……"

潘佳杰笑道："啥千悔哟，那个字读'忏'，忏悔。"

"哇，给人民政府写悔过书呢？你娃终于'投降'了，哈哈。"二皮戏谑地看着他笑。

"不是给人民政府的，是给我儿子的。"潘佳杰含笑说，脸上涌动着难得的幸福。

谢天明很意外："怎么突然钻出来个儿子？"

（7）

李文君开门走了进来，将钥匙一扔，坐在沙发上，拿出银行卡，摸索着肚子："宝贝，你真是我的好宝贝！这只猪四百万，那只猪四百万，你就叫李八百吧！可成了我们李家的老神仙了！"

李文君笑，坦然，慈爱。

李文君接着哼哼："宝贝，你可得是个女孩呀，这世道，当女人难，做个男人更难。"

李文君笑，无奈，怨恨。

"宝贝，这几年哪，生活告诉我，不是每个喜欢你的人都愿意陪你一生。他们只想占有你，追你的时候，像一条发疯的公狗，追上了，就咬你一口，然后又去追别人。"

李文君笑，淡然，幸福。

"宝贝，不管你爸爸是谁，妈妈都不在乎，我在乎的只有你。到时候妈妈带着你找一个没有人认识我们的地方，妈妈陪你哭，陪你笑。"

李文君"呜呜"地哭，哭了一阵，使劲擦眼泪，拨电话："吴书记呀，什么？你忙老娘也忙！"

"你说你说。"

李文君说："我做了，把剩余的部分在三天内给我打过来。"

"我咋知道你究竟打了还是没有打？"

李文君笑起来："亲爱的，你可以来看，我这里有医院的证明，我连病历都复印了。你不信呢，去医院调查嘛。哦，对了，你怎么能去呢？医院就像个动物市场，人杂，嘴多。咯咯……"

"好好，我马上办，就这样。"

李文君冷笑，挂了电话，又拨电话，嗲声嗲气地说："亲，我打了哟，明天下午我到你办公室给你汇报，啊！"

电话里传来张副总的声音："哟哟，你还是在屋里休息吧。"

"亲，那后面还有一个尾巴，你打算什么时候割呀？"

"我割，割割割，明天就割。"

李文君嫣然一笑，挂了电话，又变成冷笑。

（8）

金帝大酒店一间包房前，李长雄和杨天胜站在门口，不时朝走廊看看。

杨天胜眼珠一转，故意问："何局生气了？"

李长雄有些沮丧："我哪里知道？"

今天临近下班的时候，何凯华给李长雄打来电话，说晚上他请李大监狱长吃饭。

李长雄听出了他不满的情绪，连忙说："我李长雄哪敢让您请客，我马上联系个地方。"

放下电话，正在纳闷哪里开罪了这位副局长，杨天胜走了进来，说何局长刚才来电话，今晚请你和我吃饭，这该怎么办。

何凯华出现在走廊上，李长雄和杨天胜连忙迎上去。李长雄伸出手，何凯华假装没看见，径直走进了包房。

李长雄愣了一下，马上跟了进来，殷勤地指着主宾位："何局，这里坐，这

里坐。"

何凯华沿着桌子绕了一圈，在主宾位对面坐下，沉着脸说："那是你的位置，我岂敢坐？"

李长雄尴尬地笑笑："何局，我工作没做好，请批评。"

何凯华突然变得笑容可掬，温和地说："都坐吧。"

李长雄和杨天胜只好挨着何凯华左右两边坐下。

杨天胜招呼服务员上菜。

何凯华摆摆手："慢，先说断，后不乱，你们找我有什么事儿啊？"

明明是他请客，尽管不能让他掏钱，但是怎么一下变成李长雄有事儿求他？李长雄和杨天胜对视一眼，有些不知所措。

杨天胜恭敬地坐直身子说："何局，我们监狱监管设施升级改造的报告……"

李长雄顺势找个台阶下，也连声附和。

何凯华说："哦，就那事儿，放在我那里呢，全省又不是你们一家监狱，统筹安排。"

这可不是一笔小数字，李长雄忙说："何局，你对我有什么意见，请明示，请明示。"

何凯华看着李长雄，责问："你是装糊涂还是真糊涂？"

李长雄愕然地问："何局？"

何凯华脸拉长了："我给你说的事儿，都这么久了，怎么还不办？"

李长雄寻思了一下，恍然大悟："你指的是马旭东的事情，是吧？你看我这……"

"哎呀，何局的指示怎么能忘记呢？不就是把马旭东调整一下吗？又不是撤职，随便与哪个监区对调一下嘛。刚才李监还跟我说这事儿呢。"杨天胜打圆场说。

李长雄连连点头："对对……我明天就办，明天一上班就办。"

何凯华这才露出笑容："天胜哪，那明天你来拿报告吧。"

杨天胜连声诺诺。

李长雄扭头征求何凯华的意见："那？上菜？"

何凯华说："别忙，我呢还有个建议……"

李长雄坐直身体："请指示，指示。"

"这个不是指示，是建议。啊，建议。建议你们党委设立两个副书记，天胜做个副书记。"

"何局这个意见很好，可这个事儿是局党委才能定……"李长雄不好推辞，面露难色。

何凯华盯着他说："你说得对，但是局党委还是要根据你们的意见来决定嘛。你想啊，天胜做副书记，你不就多了一个帮手么？"

杨天胜立即站起来表态："我一定以李监马首是瞻。"

何凯华指着杨天胜，扭头对李长雄笑笑说："听听。"

李长雄也笑笑："那……好吧。"

（9）

二皮正和潘佳杰安慰谢天明，马旭东在外面叫二皮。谢天明第一个冲到铁门口，大声报告，说自己没事了，要回监区。马旭东跟医生交流了一下，将三人带回去。谢天明一路上磨磨蹭蹭，想问却开不了口。马旭东知道他在寻思什么，才告诉他监狱已经安排了谢小婉和他会见的事情，不过，能不能按时会见，要看他的身体状况。谢天明得到确切消息，悬着的心终于放下来了，步履也轻快起来。

马旭东走到监管区门口，把二皮留下来，两人嘀咕了一阵，二皮打报告走进铁门，神清气爽地哼着小调，到厕所拉尿。看见鲁本川跪在地上刷洗便池，心中说不出的畅快。

二皮刚刚走进监室就大叫："爽，爽爽爽！"

刀疤脸问："老大，啥子那么爽？"

二皮说："你看鲁本川今晚刷厕所那熊样，看着就爽。"

胖子"切"了一声："我以为你在打飞机呢。"

二皮举手敲了一下他的头："你个棒槌，一天尽想那事儿，所以一直是个棒槌呢。"

鲁本川低头走了进来。

刀疤脸跳起来，一把拉住鲁本川，把鲁本川推到二皮面前："你说你看着他就爽，来来来，爽一个给我们看看。"

二皮假装打冷战："看见了没有？"

几个人哈哈笑，鲁本川扭头就走。

月光如水，吉牛马二在一监区二楼晾衣处平台弹吉他，谢天明和潘佳杰伫立在他身后。

鲁本川走过来，也站在他们身后。

吉他声时而低沉，时而高亢，像涓涓溪流滋润干涸的原野，又像大海的波涛激荡着心田。

值班民警悄悄走过来，也驻足倾听。

吉牛马二偶尔低声吟唱一句，是彝语，尽管听不懂，那声音就像一声长长的呼唤。

吉牛马二弹完，回头才发现谢天明他们站在身后，谦逊地说："献丑了。"

潘佳杰问："这是什么曲调？"

吉牛马二说："忧伤的母亲。"

谢天明浑身一颤："能不能用中文唱……"

吉牛马二收拾吉他："好像要熄灯了。"

值班民警从暗处走出来说："唱吧，就唱一遍，还来得及。"

谢天明、潘佳杰、鲁本川吓了一跳，机械地转身，立正。

值班民警摆摆手说："坐吧，大家都是听歌的。"

吉牛马二很欣慰，说："好，我就唱一遍。"

吉他声响起。

吉牛马二边弹边吟唱："天黑了我想起了我的妈妈！这个时候你在干什么啊？在家里做着饭？还在喂着猪喂鸡？妈妈你就别再劳累了！妈妈你还记得吗？当我外出求学时，当我需要学费时。你走街串巷地去借钱。忧伤的母亲啊！这个时候你的儿子长大了，有出息的孩子让妈妈心也会微笑，没出息的孩子让妈妈心在哭泣。"

歌声引来了其他罪犯，都站在走廊上倾听，渐渐的，罪犯们似乎都想起了妈妈，眼睛里湿漉漉的。

泪水悄然滑过潘佳杰的面颊，谢天明一副如痴如醉，表情似笑非笑，似哭非哭，还流淌着一种无法言表的痛苦。

（10）

怎么跟一个监区长过不去？这个问题一直萦绕在李长雄的心里。

其实，关于一监区的劳动加工项目，何凯华是给他打过招呼的，在省局规定许可的范围内，他力所能及地给予了优惠，在用水用电方面给予了照顾，尽管前段时间一监区生产完成得不理想，但这段时间产值还是不错的。

一个省局副局长咬住一个监区长不放，这中间究竟出了什么问题？马旭东不可能跟他有什么个人恩怨，那么只可能一个原因，就是马旭东在无意之间触及了他的个人利益。如果这个推理成立，那就极有可能牵扯到某个罪犯？

"鲁本川？"他脑海里突然冒出这个人。就是因为这个人，他，还有马旭东都受到纪委处理。

"对，一定是鲁本川。"他自言自语，坚定了自己的想法。一旦涉及鲁本川，他就不得不慎重了。

司机有些纳闷地从后视镜看了他一眼："李监，我听到一些关于鲁本川的说法……"

前面红灯，他连忙踩刹车。

李长雄猛然惊醒过来，沉思了一会儿："说说看。"

司机说："鲁本川的父亲是个副部级干部，不过退休了，他的兄弟姊妹很多，堂兄弟、侄儿什么的也多，好多都是当官的……"

李长雄若有所思地"哦"了一声，眯着眼睛打盹。

（11）

起床铃声响起，二皮跃起来，大声提醒罪犯们起床。

鲁本川昨晚睡得不好，一会儿美梦，一会儿噩梦，下半夜才勉强睡踏实。此刻正睡意绵绵，他翻了个身，抱怨道："嚷啥呀？"

二皮走到他跟前，扬手准备给他一巴掌，但眼珠一转，冲着他大叫："大新闻，大新闻，有人打飞机。"

刀疤脸不屑地说："这里面的，哪个不打飞机？切！"

二皮边穿裤子边说："你娃懂个屁，这个狗咬人不是新闻，但是，人咬狗，是不是新闻？"

"那跟打飞机有啥关系？"刀疤脸不服气地反驳。

二皮说："有人昨晚在梦里面打飞机。"

刀疤脸跃起来，四处看："梦遗还是梦游？那么厉害？"

二皮做出害怕的样子："怕是梦游哦。"

几个罪犯惊叫起来。

刀疤脸还没有反应过来，弱弱地问："咋了？"他转头问潘佳杰："老鬼，你是老手，解释一下？"

谢天明连忙给潘佳杰递眼色，潘佳杰摇摇头，指指自己的脑袋，表示不明白。

二皮得意地说："咋了？要是他梦游到你娃床前，对着你打飞机……"

刀疤脸连着"呸"了几声，罪犯们大笑。

刀疤脸怒道："他妈的是谁？老子扁死他。"

没人说话。

刀疤脸看着二皮："老大？"

二皮"嘿嘿"奸笑："今天完成生产任务，我就告诉你。"他嘴上虽然这么说，但把目光瞟向鲁本川。

刀疤脸立刻走到鲁本川床前，盯着怪物一般盯着他。

鲁本川坐起来，惊慌地靠墙躲着："看我做啥？"

刀疤脸一把抓住鲁本川的衣服，扯过来按在床沿上，喝道："是不是你？"

李浩健和二皮立刻上前拉开刀疤脸。

二皮警告说："你娃想勾起啊？！"

刀疤脸骂骂咧咧："就是他，敢对着我打飞机。"

罪犯又一阵哈哈大笑。

谢天明洗漱回来，走到二皮面前，低声说："小赵，算了吧。"

二皮连忙收敛笑容，敲了一下刀疤脸的头："我说你龟儿弱智，你还不服。弱智了吧？就算他梦游打飞机，你咋知道他对着你干了？那万一是对着李浩健干呢？"

李浩健瞪了他一眼："我呸，我呸，我呸呸呸！"

这下轮到刀疤脸手舞足蹈地笑。

二皮对鲁本川说："鲁本川，你还不利索点儿，老子可是要掐着秒表来盯着你。"

二皮说完，小跑出去。

鲁本川慌忙套上裤子，拿起上衣边穿边向楼下跑，连厕所都顾不得上。

二皮盯着鲁本川掐秒表，鲁本川跌跌撞撞跑到队列站好。

二皮把秒表使劲按下，低头看，怪叫道："嘿！鲁本川，提前二十秒，不错。还是不要这样子嘛，以后咋整你呢？"

犯人们一阵哄笑。

鲁本川不温不火，也不语。

二皮又挑衅地叫嚷道："嘿！鲁本川，咋不说话呢？"

谢天明看不下去了："小赵。"

二皮连忙立正，大声回答："到！"

众犯人又是一阵哄笑。

二皮不满地骂："笑笑笑，笑个球。"

罪犯们忍住笑。

二皮点头哈腰地对谢天明说："谢老大，你说，你说。"

谢天明无奈地摇摇头，轻声叹息。

李浩健走到二皮身边："赵海东，整队好像是我的职责啊。"

众犯人又是一阵哄笑。

二皮瞪眼，看见杨阳从大门口走进来，连忙跑到队列里站好。

吃过早餐，罪犯们上车间的上车间，上课的上课去了，偌大个监区顿时空落落的。

微风拂动，透过铁门，监管区花园里一丛丛绣球正静静地绽放，娇艳着初夏的心事。

吉牛马二扫完操场，搬了个小凳子放在操场一角，坐在小凳上发呆。鲁本川提着一个塑料袋走过来，从口袋里拿出一包零食递给吉牛马二："给。"

吉牛马二看都不看，摇头，眯着眼睛，像是在打盹。

鲁本川又拿出一包中华烟，推推他。吉牛马二还是看都不看，摇头。

鲁本川说："你看看嘛。"

吉牛马二看了一眼："我不抽烟。"

鲁本川拍拍自己的脑袋，自语："唉，我咋忘记了呢？"

鲁本川又从口袋里拿出一包茶叶："这可是正宗的碧潭飘雪，绿色的，成本都400多呢。你拿去泡茶喝。"

吉牛马二说："大厦千间，夜眠七尺；珍馐百味，无非三餐。"

鲁本川颓然地坐在地上。

吉牛马二有意无意地，又像是自言自语："你变了。"

鲁本川"啊"了一声，若有所思。

吉牛马二接着说："谢天明也变了……昨晚他跟我说，反驳，是能力，不反驳，却是智慧。"

鲁本川笑了一下："老哥，你说二皮他们为什么一直针对我呢？"

"自己给自己找乐子，大家就相安无事了。"

鲁本川沉思，继而也开始发呆。

第二十二章　特殊任务

（1）

马旭东、陈莉和杨阳边吃饭，边看监控录像。陈莉突然把盒饭一推，将监控录像暂停，盯着屏幕。

马旭东和杨阳都凑过来。

陈莉指着画面说："杨阳，你来盯着这包烟，盯死。"

陈莉倒回去几秒，又开始放。

杨阳叫起来："咦，咦咦？"

马旭东揉揉眼睛，使劲看，可没发现什么异样，问："你发现啥了？"

"再放一次，你看哈，就这包烟，是第三包烟。鲁本川反复装了三次，后两次一直放在同一个位置，都是最后才装进去。"杨阳指着说。

陈莉说："对，这包烟有问题。你们看……"

监控画面上，鲁本川把第三包烟装进口袋里，下床，拿出那包香烟，慢慢拆开。

陈莉暂停。

陈莉问："你们撕开包装，从右边还是左边？"

杨阳说："右边，呀，这家伙是从左边拆的。"

马旭东还是有些疑问："万一是他的习惯呢？派人观察，如果平常是从右边撕开的，说明这第三包烟真有问题。杨阳，你去查一下鲁本川的购买记录，看看他这个月在超市选购了哪些东西。"

陈莉建议说："我认为应该对某些商品进行限购，比如香烟，限定只能购买多少元以下的烟。"

"这确实是一个问题，你看那些大组长、职务犯，抽的都是中华，这在罪犯群中影响很坏。二皮的中华烟，就是找鲁本川要的。"杨阳说。

马旭东有些为难："这要监狱层面进行规范……好了，你们说的这个事我记下了。"

值班民警检查完卫生，来到鲁本川和吉牛马二面前，看着鲁本川质问："鲁本川，你打扫完了？"

鲁本川好像没有听见，吉牛马二连忙拉拉他的衣角，他才回过神来，连忙机械地站起来，立正："报告警官……罪犯鲁本川正在……正在……"

他实在找不出词儿来，只好愣在那里。

值班民警沉着脸说："正在干啥？养神？打盹？发呆？你自己去看看，最里面那个便池，里面有什么？"

鲁本川连忙小跑进厕所。

值班民警高声问："有什么？"

鲁本川小跑出来，站在厕所门口，低声："报告警官，我我……是打扫完了的，完……完了后，我上了个厕所，忘……忘记冲……冲了……"

"重新打扫。"值班民警说完，大步走向值班室。

吉牛马二也走进厕所，跪在地上用刷子认真地刷。

鲁本川有些感动："老哥……"

吉牛马二扭头看了他一下，没说话，继续刷。

鲁本川蹲在他旁边："这个我刷洗了的，真的，已经很干净了……"

"警官的命令是重新打扫一遍。"

鲁本川站起来，好像又想起了什么，又蹲下来问："我昨晚说梦话了？"

吉牛马二头也不抬："说了。"

鲁本川心里一"咯噔"："说……啥了？"

"什么黄石公，还有什么飞机。"

鲁本川暗暗叫苦，寻思这怎么回答，哪知吉牛马二问他是不是信道教，他暗喜，借机说："啥？你咋知道我信道教？"

吉牛马二停下来，笑笑："黄石公嘛。西汉张良的师傅嘛。黄石公三试张良，授

予《素书》，临别时说，十三年后，在济北谷城山下，黄石公即我矣。"

"是呀，黄石公得道成仙……我呀，真想做一名像黄石公那样的隐士。"鲁本川有些感慨，没想到这个吉牛马二学识还这么渊博。

吉牛马二又使劲刷洗便池："小隐，能者；大隐，智者；隐于牢，仁者。"

鲁本川注视着他，默然不语。

这时候，马旭东在外面叫吉牛马二陪他下象棋，吉牛马二扔下刷子，大声应答，跑了出去。两人在操场的地面上排开战场，值班民警也走过来观战，几个回合下来，双方展开了拉锯战。

马旭东说："我跳马。"

值班民警连忙支招："哎呀，不能跳马，你看，这里，他要是动一步车，你的象就完蛋了。"

马旭东扭头看着他："是我下棋还是你下棋？"

"你下，你下。"值班民警连忙说。

马旭东指指门口："去，帮我看着点督察队。"

"好嘞。"值班民警向门口走去。

吉牛马二拿起车，盯着棋盘，低声说："他说梦话，没跑黄石公飞机。"

马旭东大声叫："嘿！你咕嘟个啥呢？你走棋呀。"

吉牛马二把玩着棋子，低头紧紧盯着棋盘，又低声说："刚才，他说他想当一名隐士。"

马旭东的步话机叫起来，他站起来，大叫鲁本川。鲁本川从厕所里跑出来，规规矩矩站在门边。

马旭东朝他招手："来来来。"

鲁本川大声应答"是"，小跑过来，面向马旭东立正。

马旭东指着棋盘："帮我接着下，一定要赢啊。"

马旭东大步往外走，边走边对步话机说："我是马旭东，请讲。"

原来是监狱长李长雄叫他立即到办公室去，马旭东来到李长雄的办公室，李长雄今天破例给他倒了一杯水。

马旭东盯着他："啥意思？"

"一杯水，还有啥意思？"李长雄说。

"哎呀，你就别绕圈子了，直说吧。"

李长雄这才说："我想把你调整到六监区去……"

马旭东立即打断他："你暂时不能调整我。"

李长雄拿眼看着他，很意外，也很不悦："啥？再说一遍。"

"老大，我说的是暂时，我请求在一监区留任一个月。"

李长雄拉长了脸："不行，我找你谈，那是看在我们多年的情分上，要不然，我就直接下文件了。"

"没有商量的余地？"

"没有。"

"那告诉我，为什么？"

"工作需要。"李长雄生硬地说。

马旭东寻思了一下，认真地说："李监狱长，我希望你暂时不要调整我。"

李长雄一愣："呵，你可是从来不叫我李监狱长，看来你是认真的了？好，你给我一个理由。"

"我能打个电话吗？"

李长雄越发诧异："打，打。"

马旭东起身把门关上，反锁，拨通了局纪委书记洪文岭的电话："洪书记，我在李监狱长办公室，李监狱长要马上调整我到其他监区任职。嗯，好。"他把话筒递给李长雄："洪书记要你接电话。"

李长雄看看他，迟疑地接过电话："洪书记，我是李长雄。"

洪文岭以命令的口吻说："李监狱长，你不能调整马旭东。"

李长雄皱眉："洪书记，不是我个人的决定……"

"我明白你的意思，是清水河监狱党委的决定对吧？那好，我不干涉你们的决定，但是，这个决定的执行，一定要推迟。否则，我提请局党委撤销你们这一级党委的决定！"

李长雄结结巴巴地说："这，这……"

"听着，今天这事儿，一定要保密！我叫马旭东给你说其中原因。"洪文岭叫马旭东接电话。

等马旭东放下电话后，李长雄问："究竟怎么回事？"

"我是接到洪书记亲自交代的任务，安插耳目接近鲁本川，严密监视他的一举一动。至于洪书记为什么要这么交代，我不清楚。"

李长雄这才交底说："老实说吧，是何局硬要我调整你。"

"我知道，你以前都给我说过。"

李长雄沉吟："难道和你监视鲁本川有关？"

"可能吧。"

"那么鲁本川有什么异动没有？"

马旭东说："洪书记只要求向他一个人报告。"

李长雄不满地看着他："我也不能说。"

马旭东严肃地说："可以，你是党委书记，你要我报告，我一样报告。"

李长雄笑起来："好了好了，你按洪书记指示办。只是，我们监狱的监管改造升级的项目经费泡汤喽。"

"怎么？他用这个来要挟你？"

"人家是领导，理由一大堆。"李长雄叹气道。

马旭东笑笑说："你还不是一样，一句工作需要，打死所有人。"

李长雄也跟着笑笑。

（2）

下午只有一节课，谢小婉的眼皮今天老跳，搅扰得她心神不宁的，只要静下来，满脑子一会儿是奶奶，一会儿又是爸爸的影子，她今天突发奇想，想到监狱去找杨阳，去看看爸爸。好不容易挨到下课，便匆匆忙忙往校门外走。

文子平远远看见她，大叫着奔了过去。谢小婉就像见着瘟神一般，转身就跑。文子平紧紧追赶上去，一把拉住她。

谢小婉眉头紧锁，很不高兴地劝道："子平，我要安心学习，叫你不要来了，不要来打搅我，好吗？"

"我就说几句话。"文子平真诚地说，"小婉，我喜欢你，我爱你，这你是知道的，我妈……"

谢小婉打断他："我没有生阿姨的气。我刚刚见到你的时候，是抱着幻想。但是，冷静下来想想，阿姨说得没错。你是博士研究生，你爸爸是局长，我现在是个什么状况？而我爸爸是什么人？你是清楚的。"

文子平激动得大声说："我不在乎，不在乎！"

谢小婉异常冷静地看着他，一字一句地说："可是，我在乎！"

"你不要太偏执、太独立了好不好？"

谢小婉苦笑："这几年，你知道我怎么过来的吗？作为一个女人，我何尝不想一辈子小鸟依人地过？但是，我能吗？"

谢小婉转身就走。

文子平蹲在地上，抱着头。

（3）

临近收工，杨阳把二皮叫到车间外，上上下下地打量他。二皮被他看得不好意思，"嘿嘿"地赔笑。

"二皮，当上领导，感觉怎么样？"

二皮不好意思地说："哎呀，您老就不要逗我开心了，啥子领导哟。"

杨阳脸色一沉："你娃刚刚当上领导，胆子就大了啊。"

二皮惊慌得连连摆手："啊？没有啊。"

杨阳低声喝道："说！"

二皮低下头，结结巴巴地说："我我……我帮鲁本川带点烟、零食什么的，弄点好处……"

"是厂方技术员带进来的？"

"是是。我以后不敢了，说什么我都不带了。"

"不，他们叫你带什么就照样带。"

"啊？你考验我啊，你放心，我二皮说出去的话……"二皮惊讶得睁大眼睛。

杨阳打断他："好了好啦，叫你带你就带，还有，狠狠敲他们，好处你享受。"

二皮狐疑地盯着他："这这……"

杨阳警告说："但是，仅限于烟和零食。还有，你要每一样东西都严格检查，注意……"

二皮做出侧耳倾听状。

杨阳低声说："特别是每一条烟的第三包烟。发现任何线索和违禁品，立即报告给我或者马监区长，如果我们不在，在紧急情况下，故意露出破绽，让其他值班民警发现，予以没收。明白吗？"

二皮眉开眼笑，连连点头："明白，我明白。"

杨阳笑起来说："去吧。"

二皮走了几步，又转身折回来。

杨阳问："还有啥事？"

二皮问："这是不是电影里搞地下工作？"

杨阳扬手就打，二皮躲开，笑嘻嘻跑了。

马旭东收拾东西，准备下班，一大门值班民警打来电话说杨阳的女朋友来找他，马旭东大吃一惊："啊？好，我知道了。"

陈莉恰好走进来，看见马旭东变脸变色的，便问："啥事？"

马旭东连忙说："没事没事。"

陈莉怀疑地打量他："那你'啊'啥呀'啊'！"

"哪里'啊'了？没'啊'呀。对了，你在这里等杨阳，我到大门口去一趟。"

马旭东假装四处看。

马旭东匆匆跑了出去，陈莉狐疑地望着他的背影。

马旭东匆匆忙忙赶到一大门，值班民警指指站在不远处的谢小婉。他走过去问："我是杨阳的同事，你是？"

谢小婉看看他说："我找杨阳。"

马旭东也打量她："那你叫什么名字？"

"这好像和你没关系吧？"

马旭东说："他今晚值班，通宵，你回去吧。"

"我在这里等他。"

马旭东又说："姑娘，真的，是他叫我来通知你的，他不敢离开，督察队逮着了……"

谢小婉朝里面招手，大声叫："杨阳，杨阳……"

马旭东往里看，杨阳和陈莉走了过来。

马旭东沮丧地"哎呀"一声，

杨阳和陈莉一看是谢小婉，吃了一惊，两人一起跑过来。

谢小婉迎上去："杨阳。"

陈莉热情地问："小婉？你怎么来了？"

"陈莉姐也在呀？"谢小婉一怔。

杨阳问："你咋来了呢？"

谢小婉低头说："我怕爸爸出事……"

马旭东走过来问："这咋回事？她是谁？"

杨阳说："她就是谢小婉。"

马旭东再次打量她。

陈莉介绍说："小婉，这就是你爸爸所在监区的监区长，马监区长。"

谢小婉看看马旭东，迟疑了一下，朝他鞠躬："马监区长好。"

马旭东说："好好。你们聊，我走了。"

谢小婉忧郁地望着二大门："杨阳、陈莉姐，我可以不可以去看看我爸爸？"

陈莉和杨阳对视一眼。

陈莉说："小婉，我们会安排的，但是今晚……"

谢小婉转身就走，陈莉追上去拉住她："这里这么偏远，又没公共汽车了。走，我送你回去吧。"

谢小婉挣脱她的手，朝前跑开。

陈莉回头看看杨阳："你还不去拉住她！"

杨阳看看陈莉，语无伦次："我我……"

陈莉推了他一下，着急地说："去呀！"

杨阳追上谢小婉，一把拉住她，她使劲挣扎，但杨阳使劲拽着她朝陈莉的车子走来。

谢小婉不再挣扎，与杨阳坌在后排。

陈莉沉脸开着车，不语。谢小婉把头扭向窗外，不语。

杨阳假装咳嗽："说点啥嘛？"

陈莉说："你说吧。"

杨阳犹豫了一下："我我……说啥呢？我讲个笑话吧。一醉汉从三楼掉下，引来路人围观，一警察过来问：发生什么事？醉汉说：不清楚，我也是刚到的。"

杨阳讲完，哈哈大笑，笑过后才发现她俩没有笑，奇怪地看看她俩："你们咋不笑呢？"

陈莉说："好笑吗？"

三人不再说话，车内异常沉闷。

到了杨阳和谢小婉租房的地方，陈莉停车，谢小婉下车，走了几步，见杨阳没有下车，就站在那里朝这边看。

陈莉催促说："下车吧。"

杨阳说："我不想回去住，我明天就搬出来。"

陈莉沉默片刻，理智地说："去吧，现在谢小婉的情绪刚刚稳定下来，不能刺激她。"

"那我下去喽。"

陈莉笑笑："去吧，去吧。"

杨阳下车，朝谢小婉走去。陈莉看着他们的背影，趴在方向盘上，长吁一口气，开车走了。

没了陈莉，谢小婉像变了个人似的，有说有笑。两人刚刚走到楼梯口，文子平突然闪出来，冷不防朝杨阳就是一拳。

杨阳猝不及防，退了几步。文子平怪叫着又冲上去，谢小婉发疯一般冲上去，用

身体狠狠撞击文子平，将他撞倒在地。

谢小婉冲着他神经质地吼："你要干什么？"

文子平一骨碌爬起来，指着杨阳和她："你还问我干什么？你和他都住在一起了！"

谢小婉愤怒地叫嚷："我就喜欢他，我就和他住在一起了，关你什么事？走，走开！"

文子平气得脸都变了形，扭头就走。杨阳要追上去，谢小婉拦住他："走，回家。"

杨阳鼻子流着血，说："你先回去，我去和他谈谈。"

谢小婉死死拽住他："你看你都流血了……"

杨阳挣脱开她的手，转身朝小区外跑去。谢小婉也追了过来，追到小区大门口，见杨阳站在街边张望，他走过来拉住杨阳："回去吧，让他冷静冷静，改天我找他谈。"

两人回到住处，谢小婉拿出一个急救小药箱，打了一盆温水，要处理杨阳脸上的伤，杨阳要自己动手，被谢小婉按在沙发上坐着。谢小婉把血迹擦干净后，又用棉签蘸紫药水擦拭着脸上红肿的地方。

谢小婉抱怨："文子平怎么下手这么重？"

"这还重？小CASE，要是我出手，他怕是要躺几天。"杨阳笑。

谢小婉说："那你怎么不还手？"

"都是误会嘛。对了，你在大学还适应吧。"

"还行。"

杨阳问："还行是什么意思？那就是不适应喽。"

"也不是。"

杨阳试探地问："那……你什么时候搬回学校里去？"

谢小婉反问："我为什么要搬回学校里住？"

杨阳说："你别误会，你现在是大学生，应该和同学们多交流。"

"我和他们不是一个时代的人。"谢小婉停下来，警觉地盯着他，"你不是要赶我走吧？"

杨阳笑笑："这房子又不是我的，我有资格赶你走吗？"

谢小婉收拾药水和棉签，闷声闷气地说："知道就好。"

杨阳诚恳而认真地说："小婉，说真的，现在我们俩合租不合适……"

谢小婉停下动作，沉默。

杨阳观察她的表情："要不，我搬出去？"

谢小婉脸色一变，把棉签摔在茶几上，站起来："随便你！"

她快步走回自己的房间，把门重重地关上。

（4）

晚饭后，罪犯们或单独或三三两两地围绕操场散步。鲁本川紧锁眉头，单独沿着篮球场线，一圈一圈地走。

李浩健带着"罪犯监督岗"的黄袖套，耀武扬威地在操场中间东看西瞧。他看见二皮从楼上下来，连忙迎上去："二皮哥哥，现在，我代表积委会抽查一下你的心情，是舒畅，还是郁闷？"

二皮随口说："郁闷。"但他马上回过神来，后退两步，戒备地看着他："咦？你娃莫非又有啥子阴谋？"

李浩健一脸媚笑："二皮哥哥，我李浩健一直跟你坚定地站在同一条战线。好了，我问你，你郁闷得很吗？"

二皮也不禁好笑，夸张地说："不是一般的郁闷。"

李浩健"嘻嘻"笑："那，你看哪个不顺眼，兄弟给你敞亮敞亮。"

鲁本川心事重重地走过来。

二皮指着鲁本川："就他！"

李浩健凑过来低声说："弄不弄得？他可是给了你好处的哟。"

二皮附耳低声道："他是贪官，有钱，弄一下，他就给得多，我们兄弟俩二一添做五，平分。"

二皮说完，顺势坐在李浩健的监督岗椅子上，准备看热闹。李浩健一下子横在鲁本川身前，指着鲁本川。

李浩健骂道："你在这里母狗走草哇！走走走，把老子的眼睛都走花了。"

鲁本川心里正郁闷，反驳道："我个人走个人的，关你啥事？"

李浩健蛮横地说："就关我们监督岗的事。"

吉牛马二走过来，拉拉鲁本川。

李浩健指着吉牛马二："老牛，不关你的事。"

吉牛马二退到一旁，四处张望，找谢天明，可罪犯们囚服都差不多，加之他视力不行，只好跑到老犯面前，一个一个地辨认。

鲁本川气呼呼地说："你想干啥？"

"你给老子勾起，弯起腰杆谢罪。"

"我没做错什么，凭什么要弯腰杆？"

李浩健喝道："你贪污人民那么多钱，人民就要把你的腰杆整弯。"

鲁本川"呸"了一声："你们这些人渣要是人民的话，那我就是国家。"

李浩健阴阴一笑："放你妈的屁！老子才是国家。你看，我戴的这套套，就代表国家！"

鲁本川质问："那国家还骂人？"

李浩健举起拳头，做出打人的样子："国家还要打人哩！"他对着相继围拢来的罪犯大声叫："你们看到的啊，是他先动手打我啊，现在，我也不客气了！"

鲁本川吓得退了几步，做出太极拳"提手上势"动作准备接招。

李浩健大笑，调侃："要摆造型啊，哥陪你。"

他使出太极拳"白鹤亮翅"一招欲化解。

罪犯们在一旁起哄。

值班民警跑过来，罪犯们一哄而散。

民警呵斥："干什么，要哄监闹事么？"

二皮立正："报告警官，鲁本川骂监改大组长，李浩健正在教育他遵守行为规范。"

民警问："怎么骂他的？"

李浩健立刻明白了二皮的用意，大声说："他骂我'你好贱'。"

民警有些不明白："啥？你不是李浩健么？"

"他老是叫我的名字，我这名字只能叫一两遍，叫多就是骂我。"

二皮在旁边报告："报告警官，鲁本川连续叫他名字，我们听起来就是——你——好——贱，他骂李浩健是贱人。"

罪犯们哄笑。

民警哭笑不得："好了好了，不就一个误会吗？鲁本川，道个歉。"

鲁本川反驳说："我没骂他。"

民警生气了："你，面壁思过，三十分钟。"

李浩健架着鲁本川到墙壁边："站直，昂首挺胸！"

等李浩健走开后，吉牛马二慢慢散步走到鲁本川的身边，有意无意地责备说："你呀，我不是告诫过你吗？反驳，是能力，不反驳，却是智慧。这一点，你得向谢天明学习。"

鲁本川仰天长叹。

（5）

其实文子平并没有走远，蹲在小区花园的草地上，耷拉着脑袋生闷气。秦欢站在不远处看着，等谢小婉和杨阳上楼去了，她才走过来，蹲在文子平面前，默默地看着他。

文子平抬头，泪眼迷蒙。秦欢拿出纸巾递给他，文子平站起来，转身就走。

秦欢跟上去："想不想喝酒？"

"走，喝酒！"

两人来到金帝酒店歌厅，秦欢不停地端起酒杯与文子平碰杯，文子平喝一杯，秦欢马上就给他满上。文子平搂着秦欢，疯狂地又唱又跳。

谢小婉今晚本来没打算来上班，但与杨阳吵了几句后，顿觉无聊，寻思还是现实一点，能挣几个算几个，便来到金帝酒店。她无意中看见了文子平和秦欢，便站在暗处的一角，默默看着他们。

文子平已经醉了，手机叫起来，秦欢拿起他的手机，看看号码，大声说："阿姨，我是秦欢，子平和我在一起呢，嗯嗯，好，你放心吧。"

谢小婉看看时间，马上十一点了，她转身来到吧台，给经理打声招呼，回家去了。

谢小婉走出大门没几步，秦欢扶着文子平也走了出来，秦欢招了一辆出租车，扶着文子平上车。秦欢似乎发现了谢小婉，在上车的那一刹那，有意朝谢小婉的方向望了望。

秦欢找了一家宾馆，把文子平扶进去，放在床上躺着，自己则走进浴室，洗完澡，披着浴巾走出洗浴间。文子平已经呼呼大睡，秦欢嫣然一笑，把文子平的衣服脱光，又把自己的浴巾扔掉，扭头看看熟睡的文子平，笑笑，抱着他。

黎明时分，秦欢赤身裸体坐在床上打电话："马监狱长，我请个假嘛。哎呀，是这样的，子平生病了，我正陪着他呢……文子平嘛，就是文局长的儿子呀，嗯嗯……好，就这样。"

文子平揉揉眼睛，醒了过来，转头看见秦欢，吓得一下子坐起来，发现自己啥也没穿，惊叫起来。

秦欢不满地叫嚷："嘿！嘿！叫啥呀，搞错没有？该惊叫的是我……"她指着自己的鼻子："应该是我！"

文子平愣愣地看着他。

秦欢抱住文子平，撒娇地说："瞧你，昨晚把我折腾的……不过，我喜欢……"

秦欢的手朝文子平的敏感处摸去，文子平一下推开她，就要起床。秦欢把他拖过来，粗野地压在他身上。文子平愣了片刻，翻身把秦欢压在身下……

（6）

今年夏季的第一场雨在昨夜来临了，电闪雷鸣，气势汹汹，不过黎明时分，天放晴了，整个城市沐浴了一夜，洗去了周身的浮尘，显得洁净而清新。太阳一探头，清水监狱便笼罩在一片晨曦之中。一群鸟儿并不怎么怕人，在监狱大门那一排黄角树上，上蹿下跳，"叽叽喳喳"叫个不停……

今天是礼拜五，昨天傍晚，谢天明被告知监狱明天要把他母亲和女儿接来，与他见面。六年了，没见过她们，谢天明心里一下子泛起了波澜，哪知雷雨肆虐了一夜，他担心这天气会影响监狱接母亲的行程，心头惴惴不安的，直到深夜才迷迷糊糊地合上眼睛，可一大早，他就醒了过来。

本来马旭东想给谢天明一个惊喜，但是陈莉认为谢天明心理问题还没有完全解决，怕他承受不住比较剧烈的刺激，所以建议提前告知，让他有充分的心理准备。

马旭东在早点名时发现他眼睛有些发红，便问："没睡好？"

他恭敬地点头。

马旭东关切地说："你今天就不要去参加劳动了，就在监舍等着，估计要中午才能到，还有几个小时呢，你去睡一会儿吧。她们来了我叫你。"

谢天明吃过早饭，便回到监舍，在床上躺了一会儿，尽管还是想睡，可怎么也睡不着，脑海里满是母亲和女儿的影子。

那天徐昌黎带上几个人，在李文君的单位把她找到了，直截了当地告诉她，要么履行赡养义务，清水监狱五年零3个月，每个月给谢天明的母亲拿300元，一共是18900元；要么就离婚，谢天明分割55%的财产。否则，清水监狱明天就代谢天明起诉至法院。

本来单位上已经对她颇有微词，如果再这么一折腾，她就真臭名昭著了，不就一万多元钱吗？给就给吧。于是她马上在赡养协议上签了字，从银行里把钱取出来，交给徐昌黎他们。

徐昌黎立即给文守卫做了汇报，文守卫很高兴，指示他尽快安排谢天明的母亲和女儿与他见面。本来监狱计划立即就安排这次会见，可李文君再次来监狱逼谢天明离婚，谢天明精神和身体状况堪忧，因而只好推迟会见。

这周礼拜四下午，教育科派出一男一女两名民警去接谢天明的母亲，马旭东已经跟谢天明老家那个司法所长协调好，请他当天下午帮忙把谢天明的母亲接到乡上，礼拜五一大早就往回赶。陈莉呢，则负责把谢小婉接到监狱。

马旭东跟谢天明说话的时候，潘佳杰早就站在不远处等候，一副局促不安的样子。

马旭东叮嘱完谢天明后，便问他："有事？"

潘佳杰期期艾艾地说："马监区长，我……我也想见见我儿子……"

"我记下了，但是，你儿子现在的监护人是吴双双，这要征得她的同意，所以光我们努力还不行，你还得努力。"马旭东说。

"我能做什么？"潘佳杰有些不解。

"唉，怎么说呢？你还不开窍？还有十一年，理论上五年半就可以出去，对吧？你表现好了，减刑了，吴双双就看到了希望。"马旭东带着责备的口吻说。

潘佳杰一阵惊喜，但似乎依然很怀疑马旭东的判断："真的？"

马旭东接着开导他说："陈警官和杨警官和我说了你家的情况，那天你们接见的时候我也在场，据我观察和判断，我看吴双双不像那种耐不住寂寞的女人，也不是那种锦衣玉食的女人。你还不了解？要是她真是那种耐不住寂寞的女人，哪还能等到现在才跟你提出嫁人？何况她嫁人关你什么事？一个女人首先考虑的是孩子的成长问题，那么只要是为了孩子，什么苦都能吃。"

潘佳杰费力地转动着脑子，喃喃地说："有道理，有道理……"

"人哪，不怕吃苦，就怕没有希望，你进来都六年了，没减一年刑，她能不绝望吗？

你找到这样的女人，是你潘佳杰前世修来的福分，好好珍惜吧啊！"马旭东用力拍拍他的肩膀，语重心长地说。

潘佳杰愣怔在那里，过了好一阵子，才噩梦初醒一般，激动地搓着手。

这时，其他几个罪犯也凑过来，七嘴八舌地问马旭东，为啥只有谢天明才能享受这样的待遇啊？我们表现比他好，考核分也比他多，我们也想监狱安排亲人接见。

犯人们提的也不是没有道理，但马旭东不能给他们做出什么承诺，于是说："我会把你们反映的问题向上级汇报。"

一个犯人似乎很不满意他的回答，含沙射影地说："你们想监狱都把我们的亲人接来会见？就做美梦吧。我们能和谢天明比？"

"为什么就不能比？他不就是个县委书记嘛，我比他官还大一级呢。"

"这话也不对，哦，官大就有特权？这里可是监狱！"

"监狱还不是政府的一部分？就允许其他部门讲特权，不准许监狱里讲特权？啥逻辑？那谢天明现在就是在享受特权嘛。"

……

马旭东心里"咯噔"一下，本来他们评估过监狱安排谢天明接见会影响犯群的情绪，但是没想到会这么严重，而且是在公共场所直截了当地提出来，这事儿处置不好，就会形成隐患，但是当下，必须要把他们愤愤不平地心情压下去，否则说不定今天会整出啥事儿。想到这些，看来只有先用高压手段压下去再说，于是喝道："咋的了？你们几个，想造反是不？有问题有意见，可以书面反映，你们在这里闹闹嚷嚷的，是不是想闹事？啊？！"

本来围着的大群人，"呼啦啦"一下都散了。

下午两点，谢天明终于见到了六年未见的母亲和女儿。

尽管这几个月以来，谢天明的情绪比以前好多了，身体状况较春节时也好了很多，但与被"双规"时比较，依然判若两人。在谢天明母亲和女儿的印象中，他依旧是以前那种器宇轩昂、沉稳睿智的样子，而留在谢天明脑海里的母亲和女儿，一个精神矍铄、手脚麻利，一个天真无邪、充满活力；而眼前的母亲，形如枯槁，一副行将就木的样子；

女儿呢，岁月已经在她脸上镌刻着无情的印记，看上去比她实际年龄大很多。

一家人一时之间似乎回不过神来，就这般相互打量着，像在努力地搜寻某些记忆。

最先说话的是谢小婉，她走上前搀扶着谢天明："爸爸，你坐……"

谢天明站立不稳，摇晃了几下，才稳住身体坐下，紧紧抓住女儿的一只手不放。

谢小婉感觉手有些吃痛，她再也不忍看一眼日思夜想的父亲，眼泪夺眶而出，转过身悄悄地抹泪。

谢天明的母亲颤巍巍伸出手，三人紧紧地握在一起，相顾无言。

"爸爸呢？他……"谢天明问。

"爷爷早就离开我们了……"

"……"谢天明身子像痉挛一般抖动了几下，牙齿咬得"咯咯"响，嘴皮剧烈地翻动了几下，却什么也没说。他低下头，把额头紧紧贴在三双手上面。

老人抽出手，抚摸着他的头，终于开口了："瘦了，瘦了……"

良久，谢天明突然抬起头："小婉，爷爷什么时候去世的？你怎么不告诉我？"

"是我不让婉儿告诉你的。"老人说。

"就在你判决下来的那天，爷爷……"谢小婉泣不成声地说，"告诉你又能怎么样啊？爷爷奶奶把所有东西都变卖了，替你还钱……我们连安葬爷爷的钱都没有，我去找李文君，她……呜呜……"

谢天明眼睛红了，喷射出一股怒火，但随即，那怒火像被浇了一盆冰水，瞬间熄灭了，他无力地垂下眼睑，变成了无奈和悲愤，继而所有的情绪全部被悲伤所代替，他侧头望着窗外，两眼空洞而无神。

"孩子，哭吧，哭吧……"老人爱怜地抚摸着谢小婉，随即对谢天明说，"那时候真是叫天天不应啊，要不是你的一个同事送来1000块钱，我真不知道你爸爸能不能入土为安啊……"

谢天明突然敲着桌子责备谢小婉："你为什么不去上学？"

谢小婉所有的委屈一下子涌上心头，嘤嘤的啜泣变成了撕心裂肺的大哭。

"天明啊，你可不能责备她，为了你，婉儿几乎疯了。"老人拨弄着谢小婉的头发，"你看看，她头发都白了很多。"

尽管谢小婉染了头发，但发根还是有丝丝缕缕的白发。

"不就是白了几根头发吗？就不上学了？我们谢家何时被困难打倒过？"谢天明依然不依不饶地发脾气。

谢小婉突然停止了哭泣，高扬起头："我不想上学吗？就在你被抓了那几天，我托福考了满分，美国有几家大学都给我发了邮件，表达了邀请我去他们那里学习的意向，是我不想上学吗？要不是你，我早就硕士博士毕业了，而现在呢？二爸出去打工受伤，瘫痪在床，奶奶得了病也没钱治疗，身体一天不如一天，连堂弟高中都没毕业就出去打工了，你说我怎么办？你说啊！"

谢天明低下头，沉默。

"婉儿，好不容易来看你爸爸，就少说几句，啊！"老人劝慰说。

谢小婉说："奶奶，有些话，我们不说，爸爸他是不明白的，我今天必须得说。"

她继续对谢天明说，"爸爸，你扪心自问一下，这一切都是谁造成的？我看你这几年没有认真思考过，也没有好好反省过……"

"爸爸用不着你来教训。"谢天明打断她的话。

"不是我教训你，我只是就事论事。六年了，你没有减过一天刑。是你，让我们家破人亡，让我们陷入深渊；还是你，让我们看不到一点点希望。爷爷临死的时候，你

知道他给我的遗言吗？'你别学你爸爸，就是捡垃圾，回老家种地，都比他幸福！'爷爷和奶奶就是捡垃圾维持生活，还从捡垃圾卖的钱中省下53.3元帮你还钱；爷爷就是在全县城老百姓庆祝你被判刑的鞭炮声中倒下的；爷爷……"

"别说了，别说了！"谢天明突然咆哮起来，继而他从椅子上滑下去，蹲在地上，双手抱着脑袋，声音变得异常脆弱，带着乞求，"别说了，别说了……"

"爸爸……"谢小婉也蹲下去，抱着他，低声哭泣。

谢天明的母亲也泪流满面，不停地用手帕擦着。

谢天明也抱着她，欲哭无泪。

谢小婉哭了一会儿，又把他扶起来坐在椅子上，突然笑着说："是啊，奶奶说得对，也许我不该说这些……爸爸，女儿现在又返回学校了，学校免除了我的学杂费，每月还补贴我150元生活费，我学习很顺利，上周老师动员我又报考了托福，你放心，我会珍惜这次机会。"

陈莉在监控室密切关注着，认为他们的会见差不多了，于是走了进来，建议说："奶奶，小婉，我们去看看你爸爸生活学习的地方，怎么样？"

老人连声说："好，好呢。"

谢天明和谢小婉一边一个搀扶着老人，陈莉和马旭东在前面带路，边走边介绍监狱的情况。

老人看过了谢天明住的地方说："天明，你这条件比我们老家好得多。"

"也比我们学校公寓干净、整洁。"谢小婉也说。

谢天明心里掠过一丝内疚。

陈莉又带着他们参观了图书室、文体活动室和餐厅，随后又带他们去看劳动改造现场。

老人说："就缝衣服呀？这活儿不重，我都能干得了。"

陈莉说："奶奶，监狱考虑到你儿子身体不好，给他安排了养猪的活儿呢。每天也就是上午和晚上工作四个多小时，喂饲料，厨房的潲水什么的还是厨房的人送到养猪那里呢。"

"儿子，养猪你妈可是行家，有啥不懂的，你问我。"老人乐哈哈地笑起来。

谢小婉和陈莉也笑起来。

谢天明勉强地笑笑。

"这才像一家人嘛。"陈莉说，"大家都高兴点，都笑笑，这世界呀，就变得美好了。

没有了亲情，就是能活上3000年，那又怎么样呢？"

"小陈就是不一般，每一句话都说在我心坎上。"谢天明的母亲由衷地说。

"奶奶见笑了。"陈莉有些不好意思。

"爸爸，陈莉跟我同年呢。"谢小婉说。

"我比你大两个月，叫姐姐。"陈莉轻轻打了她一下，抱怨说，"奶奶，我要告状，小婉从来不叫我姐姐。"

"不是我不叫你姐姐，而是我觉得我不配……"谢小婉低声说。

谢天明听了这话，心里一阵疼痛。

"那好啊，小婉有这个姐姐，我也放心了。"老人慈爱地说。

"叫，叫我姐姐。"陈莉瞪着谢小婉。

谢小婉犹豫了好一阵，怯生生地叫了一声"姐姐"。

"这就对了嘛。"

谢天明闻言，心里立即掀起一阵巨浪，把头压得更低，更沉默了。

"咦？！"谢天明的母亲惊叫一声。

顺着她的目光望去，文守卫正陪着一行人朝这边走过来。

陈莉和马旭东一下子紧张起来，陈莉对她说："奶奶，你有什么可以跟我们讲呀。"

老人没理睬她，一个劲儿地朝文守卫他们瞅。

文守卫也发现了他们，加快脚步走了过来，老远打招呼："大娘，还认识我么？我是文守卫呀。"

老人看了他一眼："认得认得，你不就是天明的同学么？"说着，老人径直走到一个人面前，看了看，突然，她抓住他的手，激动地说，"没错，是你，就是你，我终于找到你了。"

一行人都奇怪地看着顾洪城。

"天明，你过来。"她朝谢天明招手。

谢天明只好走过去。

"他就是我和你说的你那位同事。"

谢天明看看他，似乎很不愿意相信："他？"

"真的，我没认错，我们得谢谢人家！"老人说。

谢天明简直不敢相信，这个把自己推向监狱的人，居然反过来帮助母亲安葬父亲，百事孝为先，谢天明那颗自认为还坚强的抵抗的心，此刻一下子土崩瓦解了。谢天明不知所措，往日对他的怨恨顷刻间也销声匿迹了，是啊，自己也没有理由心怀怨恨，他也是履行职责……

老人把谢小婉也叫过来，朝顾洪城深深鞠躬。

顾洪城连忙扶起她："老人家，使不得使不得……"

谢天明表情惊疑不定，犹豫了一下，还是朝他微微鞠躬，但实际上又不像鞠躬，只是略微低头。

顾洪城拍拍他的肩膀，动情地说："老谢呀，你不用感谢我，我只是把你的父亲去世的情况报告给上级，上级领导指示，谢天明犯了罪，不应当株连到家人，指示我们从没收的现金中返还1000元作为你父亲的安葬费。老人生前变卖了所有的东西替你还钱，把拾荒卖的钱都送到纪委，他说呀，多还一分钱，就能减轻一点你的罪孽。多好的老人啊！法院从轻判决，这里面包涵着你父亲那种至情至亲的父爱，是你父母的举动感染了我们每一个办案人员。"

谢天明似乎有些呜咽，想说什么，但看样子是强忍住没说出来。

顾洪城接着说："其实，你并不孤独，我们都在关心你，关心这里的每一个人。

你的老同学文守卫，也是你的老下级吧，可以说无时无刻不在惦记你。监狱领导、民警们，哪一个不在关心着你？老谢，说句不中听的话，该醒醒了。十五年的时间也不是很长，但人生又有几个十五年呢？"

谢天明刚才还很感动的表情突然变得有些冷漠，他把目光投射到蔚蓝的天空，一副高高在上的样子，良久，才低下头长长地叹息一声，朝母亲鞠躬，含混不清地说："妈……我错……错了……"

老人拉着他的手："哪有儿子不犯错误的？改了，你依然是妈的好儿子。"

"女儿，是爸爸害了你，对不起……"谢天明又对谢小婉说。

往日所有的委屈、怨恨、辛酸和屈辱，在父亲的道歉声中烟消云散了，谢小婉再也抑制不住，扑到父亲的怀里，失声痛哭起来。

谢天明尽管是一副哭的表情，却没有眼泪，久久地拥抱着母亲和女儿。

这时，马旭东的步话机叫起来："呼叫马监，请回答。"

马旭东走到一旁说："收到，请讲。"

"劳动现场有几十名罪犯拒绝劳动，要求要见监狱长，请速到车间。"

马旭东吃了一惊，正要跟李长雄报告，李长雄也收到步话机报告，其他几个监区也有罪犯拒绝劳动，要求见监狱长。

文守卫眉头紧锁起来，不满地看看他们，那意思再明白不过了："你们清水监狱怎么搞的，我来一回，罪犯闹一回？"

交锋

第二十三章　官场战场

（1）

尽管监狱煞费心机地把谢天明的母亲和女儿接来探视，但是却没有出现想象中那种撕心裂肺的痛苦和忏悔的场面。这让监狱很多人，特别是监狱长李长雄质疑："这种耗时耗力耗钱的教育方式究竟有多大的效果？"

恰在这时，陈莉根据考察情况，向监狱建议，专门修一栋总面积400平方米的三层小楼作为清水监狱罪犯心理干预中心，地址就选择在罪犯教育中心前面，配合绿化，像一栋小别墅，这样相对独立，把受到来自监管区和劳动改造区干扰的可能性降到最低，有利于对罪犯实施心理干预。

李长雄决定把建立罪犯心理干预中心的报告先放一放，还是摸着石头过河稳妥一点，100多万啊，可不是小数目。

沸沸扬扬的异议之声也传到省局，省局很多领导也开始怀疑，自然，马星宇就把这些议论如实报告给了文守卫。

其实，文守卫心理也很纠结，是呀，在电视里，特别是央视那个心理访谈节目，那些当事人哪个不是痛哭流涕？可这个谢天明……他觉察出李长雄有意搁置了建立罪犯心理干预中心的工作，在这种情形下他也只好假装没看见。

但是，陈莉急了，跑来找他。

他把顾虑说了，最后忧虑地问："你客观地告诉我，作用有多大？"

陈莉笑而不语，拨通了带她攻读心理学硕士的老教授的电话，简要介绍了一下情况，然后请他给局长做一个评估。老教授说："如果真如你们料想得那样，那才叫不正常，说明这个罪犯有其他不可示人的目的或者功利性。人的心理变化是一个很复杂很漫长的过程，妄图一次两次就解决所有问题，那是不现实的，也不符合科学要求的。"

陈莉说："我客观地推断，谢天明将有很大的变化。"

但是，政治上的某些东西，必须要有立竿见影的效果，这样才会产生蝴蝶效应，文守卫不免还是有些疑虑。

果然，这个月来，一监区不断反馈，自从监狱特别安排帮教后，谢天明就像变了一个人，从以前的被动改造到现在主动改造，情绪也很稳定，精神面貌较以前判若两人。

不仅如此，他还以自己的亲身感受帮助民警做其他罪犯的思想工作，这半个月劳动改造按量按质完成，还主动承担了一名六十五岁的老年罪犯的看护工作，得到了加分奖励，这是六年来第一次得到满分并且还有加分。如果继续保持下去，到明年第二季度，将有机会依法获得减刑的刑事奖励。

监狱根据他的表现，批准一监区呈报的、撤销谢天明为顽危犯的定性报告，以前有很多吃怀疑态度的领导也开始客观重新认识对谢天明的教育感化工作。

文守卫放心了，开始过问建立罪犯心理干预中心的工作。

于是，清水监狱建立罪犯心理干预中心开始加速，根据陈莉的建议，找了一家建筑设计公司进行设计，然后又找了一家装修设计公司，按照陈莉的要求进行设计，设计方案出来后，监狱先是在内部广泛征求意见，然后根据陈莉的建议，请了几个社会上的心理咨询师一起讨论，最后形成方案上报至省局。

省局很快批准了清水监狱建设罪犯心理干预指导中心的报告，并指示在抓紧建设指导中心的同时，立即着手落实两件事，一是选拔四名民警到天津脱产学习半年，并在那里参加全国统一考试，争取拿到三级证书；二是对所有在押犯进行一次心理测试。

学习心理咨询前提条件是教育学或者医学专业毕业的民警，陈莉与李长雄他们商议，选派符合条件的年轻民警去学习，组干科一摸底，发现医院好些年没有进医学专业的大学生，医生年龄都在四十岁以上，而教育改造科没有教育学专业毕业民警，其他科室更没有，全监狱符合条件的仅仅六个人，全部在一线带班。陈莉逐一征求他们本人意见，最后拟定从一监区抽一名，从其他三个监区各抽一名。

一监区监区长马旭东倒没说什么，只是要求组干科补充警力，而那三个监区都嚷嚷起来："那个学啥心理毛病的，怎么就得年轻的才能去？现在警力这么紧张，一个钉子一个眼儿的，何况他们都身强力壮，是监区主力呢。"这一下李长雄有些犯难了，监狱警力实在很紧张，他们嚷嚷，也是情理之中的事，他就跟陈莉商议，能不能通融一下，放宽专业限制和年龄限制条件。陈莉解释说，学习心理咨询的专业限制条件是国家规定的，这个没得商量，只有年龄条件可以放宽。不过，为了保障能通过考试，拿到国家三级心理咨询证书，还是选派年轻民警去。

两天后，李长雄把陈莉叫到办公室，交给她一份名单，选派出去的四个人全部是医院医生，最大五十一岁，最小四十二岁。他说："小陈，监狱警力紧张你也是知道的，先就这么着吧，不是还有你吗？"

陈莉想了想，也不好不给他面子，于是提了个折中意见："监狱长，一监区杨阳去，把这个五十二岁的替换下来，你看这样行不行。"

李长雄也不得不同意，要是她在文守卫那里奏他一本，那可就够他喝一壶的。

杨阳走后的第二天，在禁闭室上班、已经五十八岁的王寿贵被调来一监区。马旭东有些犯难了："安排他去分队直接管理罪犯，他行吗？"

王寿贵似乎看出了他的心思，说："马监区长，我啊，在基层待了一辈子，其他我不敢说，但要说管教罪犯嘛，还有点儿经验。要是你看得起我这老骨头，我就顶杨阳吧。"

王寿贵是从平溪监狱来的，马旭东很不了解，而杨阳所管分队就包括鲁本川、潘佳杰等被监狱列为顽危犯的分队，近年来闹事生事的，都是这个分队起的头。但眼下，确实又没有警力，只好先这么着吧。第二天，他去找政委徐昌黎了解王寿贵的情况。

徐昌黎说："我们平溪监狱的管教能手、连续五年优秀公务员，曾荣立三等功五次，可以说，你随便给他安排什么工作，他都会兢兢业业完成，我担心的是他的身体……"

徐昌黎欲言又止。

本来想说以前在平溪监狱他下命令不让王寿贵进监区，把他安排在一大门相对比较轻松的岗位上，但回想起他曾对李长雄提出过调整一下王寿贵的工作。他话还没说完，李长雄便给堵死了，说自从局里要求值双岗、双带，监狱警力就这样子，何况现在一大门都是些元老级的老同志，换一个不换一个，都不好办。

马旭东略微宽心，但还是很关注一分队的情况。

二皮自从担任生产大组长以来，表现可圈可点，但在王寿贵看来，还是应该给他敲敲警钟，马旭东也同意他的想法，也是为了考验一下王寿贵，便叫他找时间给二皮谈谈。王寿贵逮住了二皮的毛病，叫他面壁思过一个小时。不过，面壁的地点不在操场上，而是在监舍。

二皮当然不会就那么听话，王寿贵一走，就倒在床上哼小调。

王寿贵冷不防悄悄走过来，蹲在地上看着他。

二皮晃眼间看见王寿贵，一下子跳起来："嗨，您老人家神出鬼没的，要吓死人哪。"

王寿贵笑笑。

二皮奇怪地看着他："您老笑啥呀笑？"

王寿贵站起来问："你的外号叫二皮？"

"啊，咋啦？不像？"

王寿贵摇头："不像，不像。"

二皮兴奋地问："那，传说中的二皮是啥样儿的？是不是高大威猛、玉树临风的那一类？"

王寿贵又笑："高大威猛，又玉树临风的，那是什么？"

二皮认真问："什么？"

王寿贵又摇头："不知道。"

二皮"切"了一声，扫兴地倒在床上。

王寿贵却无视二皮的无礼，温和地说："你小子，吃了几年牢饭，就以为自己是江湖老大了不是？"

二皮起床，规规矩矩站好。

王寿贵又问："听说你很吃得开？"

二皮抱拳："不敢，不敢。"

"你知道监狱的'狱'怎么写吗？"

二皮错愕地看着他："知道，一个反狗加言旁再上一条狗。"

"那你小子知道啥意思不？"

"啥意思？"

王寿贵说："一个反狗加言旁再上一条狗，那就是两条狗在说话，就是监狱的'狱'。"

二皮睁大双眼："啊？老神仙，啥意思？"

王寿贵站起来就走："自己想！"

二皮比画着，咕嘟道："这只狗，那只狗，说话？"

二皮寻思了一下，还是摇头，但他不再倒在床上，而是头顶着墙壁，规规矩矩地站着。

马旭东彻底放心了，王寿贵确实很敬业，也很有经验，不仅能拿住二皮，还与鲁本川、潘佳杰他们几个顽危犯挺投缘，也许是年龄上的因素，与这些职务犯交流起来反而比杨阳还顺畅一些。

更让他宽心的是，鲁本川这段时间没有什么异动。本来吉牛马二报告的情况，他很想召开一个狱情分析会，但转念又想，现在不同于以往，监管硬件设施大为改善，要想逃跑，那简直比登天还难，再观察一段时间，看能不能找到更确切的证据。

（2）

在陈莉的主持下，半个月后，对罪犯的心理测试全部完成。对新入监的三十五名罪犯开展了个性分测试，测试结果显示，有心理问题的高达91%。十六名罪犯因过于焦虑而可能带来的自残、自伤、自杀等呈高危倾向，占45.7%；七人有情绪问题，占20%；四人存在适应障碍，占11%；五人具有行为障碍，占14%。

而对其他罪犯的普查结果也令人意外和担忧，100%存在不同程度的心理问题。心理问题引发生理上的反应主要体现在头痛、睡眠障碍上，占32%，不同程度存在焦虑、恐惧、怀疑、沮丧、忧郁、悲伤、易怒、麻木、否认、孤独、紧张、烦躁、过分敏感、无法放松、持续担忧、害怕染病、害怕死去等情绪障碍占45%；出现注意力不集中、缺乏自信、无法做决定、健忘、效能降低、不能把思想从危机事件上转移等认知障碍占8%；存在自杀未遂、反复洗手、社交退缩、逃避与疏离、害怕见民警等行为障碍占5%。

报告一出，在清水监狱班子里激起轩然大波，100%，这个敏感的数字立即在每个领导心理投射下一片巨大的阴影，李长雄和徐昌黎第一个反应就是立即将这份报告的密级定为绝密，在省局没有指示之前，仅限于党委委员传阅。

然而，还有一个很棘手的问题是，尽管对谢天明的感化转化工作取得了突破性的进展，但这件事在罪犯中也产生了一些不良影响。在其他罪犯看来，省监狱管理局局长是谢天明的同学，所以谢天明受到了特别的对待，他们也是被监管被教育被感化挽救的对象，要求监狱方要一视同仁，解决他们家里的诸如子女入学就业、父母赡养、离婚等实际困难，安排亲人特别会见，以至于在谢天明的母亲和女儿来探视的那天，几个监区发生了拒绝劳动，要求监狱长给个说法的事件。监狱把情况形成书面材料上报，亲自呈给文守卫局长。文守卫说现阶段只能坚持监狱会见制度，对于顽危犯感化教育的会见和帮教尚处于摸索试点阶段，你们下去做好解释工作。李长雄也不能明确给罪犯表态，只有指示各监区加强防范，注意疏导，必要时采取高压手段，对于那些借此进行煽动的罪犯予以打击。然而，各监狱在本月的狱情分析会上都提到这个问题，事态虽然平息了，罪犯私下依然发表不满言论，如果不从根本上解决问题，将是监管工作中的一个重大隐患。

李长雄与徐昌黎商议了半天，达成一致意见，鉴于事关重大，他俩一起去向文守卫汇报。

不巧的是，副局长何凯华和局办公室主任马星宇在局长办公室，李长雄觉得今天需要汇报的事情太重大，等不及了，硬着头皮在门外喊报告。

"哟，说曹操，曹操就到，还是两个曹操一起到，看来事情非同小可。"文守卫笑道。

马星宇边给他们泡茶边说："文局跟何局正准备研究你们这个月的狱情报告呢。"

李长雄有点意外，局长能关注清水监狱的狱情报告，那势必也关注其他监狱的报告，在他看来，局长是不会关注这些东西的，想关注也关注不过来，全省可有几十个监狱呢，顶多就是偶尔来参加一下全省狱情分析会，拿着马星宇为他准备的稿子在会上念念而已。

文守卫说："你们报告上说，监狱对谢天明转化感化措施在犯群中产生了不良影响，而且持续到现在，成了监管隐患。"

"情况是这样的。"李长雄点头说。

"是这样吗？"文守卫语气一下变了，像是在质问，"我们几个都发表一下看法。"

几个人心里都"咯噔"一下，傻子都看得出，局长对这个说法不满意，于是都装聋作哑。

涉及清水监狱，李长雄不得不说话，他知道局长对这个说法不满意，但监狱的实际情况就是如此，自己有必要也有义务向上级报告真实情况，于是硬着头皮说："文局，作为清水监狱的监狱长，我有责任也有义务向你报告真实情况，那天罪犯闹事你也在场，我们虽然采取了一些措施平息了事态发展，但没有从根本上解决问题，埋下了监管隐患。已经过了一个月了，按照以往的经验，事情一般会被淡化，甚至遗忘，可这事儿一直影响着罪犯的情绪，很不正常啊。"

何凯华和徐昌黎都深谙官场之道，在这种情况下不便发表意见，两人沉默不语，眉头紧锁，似乎在思考着。

文守卫心想，要他们讲实话，那是不可能的，顶多就是哼哼哈哈说一通不着边际的话，听不明白他究竟想表达什么意思。但是徐昌黎是政委，必须得说说，于是点名：

"老徐，你说说。"

徐昌黎原本打算能不发表意见就尽量不说话，但现在不说也不行了："这份报告是狱政上起草的，在措辞上欠考虑，可能监狱长工作太忙，也忽略了这一点。老李说的也是实际情况，但是还有一点，对谢天明的监狱感化工作是成功的，这也是真实情况，从被动改造到主动改造的转变，确实不容易啊。"

马星宇说："文局，我说说我个人看法。"

文守卫点点头。

"我说两点，第一，这个报告正如徐政委说的，措辞不准确，定调不正确，不能说监狱对某个罪犯采取了比较特殊的教育措施就引发了监管问题，其实，文局没来之前，各监狱都采取过类似措施，只是力度大小不同而已。清水监狱难道以前就没有采取过类似的措施？据我所知，马旭东为了让一个罪犯的哥哥来探视，每个月给他发一条关于他弟弟改造表现的短信，连续发了17个月，终于感动了他，他来到监狱探视弟弟，这名罪犯重新获得了亲情。那是不是所有的罪犯都要求我们的民警每个月都要给他们亲人发一条短信呢？"

这事儿李长雄是知道的，他不得不承认马星宇说得有道理，但是事情的程度、力度不一样，这事儿跟那事儿说不定就会发生质的变化嘛……

马星宇停顿了一下，接着说："我说第二点，其实还是李监狱长说过了的，这件事一直影响着罪犯的情绪，很不正常。对，我也觉得不正常。你们也对罪犯潘佳杰家访了吧？为什么矛头就只是指向谢天明？这不奇怪吗？"

李长雄立即敏感起来："马主任，这……这可不能乱说哟……"

"你也别太敏感。"马星宇笑笑，"但是，你思考过这个问题没有？要是潘佳杰曾经是文局的同学，说不定矛头就指向了潘佳杰，不正常就表现在这里。"

"嗯……难道……这其中……"徐昌黎也敏感起来。

马星宇继续说："所以，既然你们也觉得不正常，那就得用非常规的思维方式来看待、处理这个问题。我现在也不敢说究竟有没有人从中作梗，指使个别人煽动、夸大对某件事情的不满，从而导致罪犯情绪不稳，我只是怀疑是某些罪犯在作祟，建议李监狱长、徐政委抓一抓耳目建设。"

李长雄像抓住了一根救命稻草，连忙说："马主任分析得有道理，我这个人哪，放松了警惕，淡化了敌情观念，请领导批评。"

何凯华也立即表态说："监狱长放松警惕，那是要出大事的，我说李长雄，你也不能老把自己当成企业家吧，现在经费都全额保障了，你的心思应该重点放在监管上来。"

"何局批评得对，我马上转变观念，转变观念……"李长雄嘴上唯唯诺诺，心里却把他骂了个祖宗八代。

文守卫说："我非常赞同何局长的意见，现在呀，不仅仅是你，而是全省绝大部分监狱长都存在一个角色转变的问题，我们得注意这个问题。"

"我建议局里研究一下，拿出个方案来。"何凯华说。

文守卫点点头："嗯，等洪文岭书记回来我们就研究。不过，就谢天明这件事儿来讲，不管这其中有没有其他不可告人的原因，但是我认为罪犯的诉求还是正当的，关键是我们如何去跟他们解释。敌情观念不能放松，但也不能过了头。现在你们监狱在试点，不能局里说一下才动一下，要主动地推进工作，大胆地探索实践。关于罪犯接见制度、帮教制度、监狱对顽危犯教育转化等是不是考虑该修改完善了？罪犯心理危机干预、心理咨询、心理测试等等管理办法是不是该讨论草拟了？如何有效地、大规模地利用社会资源对罪犯实施帮教？"

（3）

转眼就到了八月份，连日的高温，使这座城市变得像蒸笼一样，不管你走到哪里，周围都是一股令人窒息的热浪。往日行人像潮水一般的大街上在明晃晃的艳阳下安静起来，满世界似乎只剩下喘息着的车流和歇斯底里的蝉鸣，愈加令人心烦意乱。

吉牛马二坐在小凳子上弹吉他。

鲁本川坐在床上发呆。

值班民警巡查走过门口，停下："鲁本川，不准坐床。"

鲁本川连忙站起来，用手把坐的地方抚平，在床底下拿了个小独凳子坐下，朝门外看了一眼。

鲁本川抹抹额头上的汗水："我昨晚说梦话没有？"

吉牛马二轻轻拨弄琴弦："说了。"

"我又说啥了？"

吉牛马二眼睛里闪过一丝不易觉察的异样，故意："跑，跑。护照。"

鲁本川也没有什么惊异、担忧的表情，平淡地说："哦……你没有告诉别人吧？"

吉牛马二摇摇头，继续弹琴，如醉如痴的样子。

鲁本川顿觉无聊，又说："你怎么不说话？"

"还记得我跟你讲的那个狐狸的故事吗？"

鲁本川点头。

"你是不是觉得那只狐狸白忙活一场？"

鲁本川又点头。

"你错了。"

鲁本川看着他问："怎么说？"

吉牛马二使劲拨了一下琴弦，说："狐狸坐了三天牢，失去了三天的自由。"

鲁本川嘴巴动了动，没说话，继而又开始发呆。

（4）

清水监狱昨天开始有犯人晕倒在劳动改造区。

今年是监狱从外劳转为内劳加工要渡过的第一个夏天，罪犯劳动改造区是简体式工棚，跟大多数社会上企业的车间一样，尽管有大功率排气扇、风扇不停地吹，但在这样的天气下，吹出来的风就是一股热浪，根本达不到降温的目的。马旭东叫值班民警随时监测室内温度，36度、37度、38度、39度，温度不断刷新，直逼40度。

马旭东急急忙忙来到车间，值班民警、罪犯都挥汗如雨，衣服的后背心都湿了一大片。嘈杂的缝纫机的声音撩拨着每个人的神经，空气中弥散着一股巨大的窒息。不管是民警还是罪犯，都似乎不大愿意说话，整个车间显得异常安静。

制作假发区的罪犯显得比较烦躁，汗水不停地滴在操作台上。

马旭东知道，这种安静实际上就如同火山喷发前的征兆，他立即向监狱长李长雄报告了情况，建议收工。

李长雄劈头盖脸就熊了他一顿，社会上企业都没有放假，难道只有罪犯才是人，而那些守法公民不是人？你啥逻辑？罪犯是人，但是前提是犯人，他们来这里做什么来着？改造！何况你们监狱这几个月生产任务完成得咋样？经济效益又怎么样？你不清楚？

他有些郁闷，到车间每一个点都去看了看，走了一圈下来，浑身湿漉漉的，衣服可以拧出水来。他自己都感觉头重脚轻的，晃眼间看见谢天明跟他一样，站在那里不停地折叠衣料，跟他一样，似乎站立不稳，摇摇欲坠的样子，他走过去关切地问：

"怎么样？"

谢天明大声说："我能坚持！"

"如果感觉不行，就给警官打报告。"马旭东叮嘱道。

谢天明点点头。

车间里实在太窒息了，他想到门口透透气，于是下意识朝门口走去，刚到门口，后边有罪犯喊："谢天明晕倒了！"

（5）

李文君肚子愈加凸起来，走路都不是很顺畅。

其实，她也拿不准肚子里的孩子究竟是哪一个的，怀孕那几天，她跟那位副总上司和吴友明都睡过觉。认识吴友明，同他上床，开始的时候她也没在意，业务、竞标、给吴友明送钱、陪他吃饭，然后就醉意朦胧地跟他上床，很自然，像某种工艺流程一般发生着，又好像还有几分缘分的味道。但后来慢慢地想，她始终感觉这其中似乎有点哪个啥的，在一次与副总天翻地覆地云雨后，副总说漏了嘴，说你这样一个尤物，哪个男人不动心？难怪那位吴书记如此惦记着你，唉，想当初真不该把你介绍给他……

她明白了，那一切不是什么缘分，而是拜这位副总的上司所赐。

一想起这些来，她就满腔怒火，这些男人居然把自己当成尤物，送来送去。既然这样，也别怪老娘无情，不把你们好好地宰杀一翻，老娘誓不为人。她要挟副总，威胁吴友明，给钱买房子、车子。两个男人尽管都不确定那野种究竟是不是自己的，但李文君较起真来，那可就不得了，还是花钱买个平安吧。

她压根儿就没打算把孩子拿掉，自己也不是风华正茂了，马上就三十岁了。她知道她这种人，活到这份儿上，高不成低不就，找不到男人来做老公了，养个孩子，也有所依靠，管他谁的种呢？以后没钱花了，再带着孩子去找他亲爹。于是她请了长假，在医院开了个假的堕胎证明，复印了两份，寄给他们，要回了另外一半钱。看着存折上那一串"0"，她还是不太满足，于是又给两人加码，在她眼里，这两个就是任她随便宰的羊羔。

不过，现在有了物质基础，也不在乎谢天明那点儿财产了，于是便想尽快跟他了结关系。令她万万没想到的是，谢天明一改几个月前的态度，对她的律师说，我啥都没有了，就只有时间，你们到法院起诉吧，两年后再说。她思前想后，决定还是亲自去监狱一趟，好好跟他谈谈。

今天上午九点，她就开车直奔清水监狱，可一出门，那个堵呀，一路上走走停

停，一个小时的路程居然耗掉了她将近三个小时，到了监狱，正是下班时间。她只好就近找了一家宾馆休息，到了下午两点，赶到会见中心，办理完接见手续，不巧的是，谢天明又住医院了。

会见中心告诉她改天来，她不甘心，说自己的事情很紧急、很重要，请他们帮忙协调到医院去会见。过了一会儿，会见中心又来告知，说监区认为谢天明目前的状况不能再受到刺激，不同意会见。她一听就来气了，叫嚷道："我的事儿就不是事儿？我一个孕妇大老远地跑一趟，我容易吗？"然后就一把鼻子一把泪地向其他前来会见的犯人家属诉苦。

犯人家属们很同情她，都纷纷指责监狱不近人情。

搞得会见中心的民警手忙脚乱的，一面向狱政科汇报，一面劝导她到特殊会见室等候。

（6）

医院里，谢天明尽管已经醒了，但浑身乏力，正闭眼养神。

派来照顾谢天明的潘佳杰坐在小独凳子上沉思，二皮则觉得无聊，站起来走来走去。

二皮蹲在潘佳杰对面。

二皮诡异说："老鬼，告诉你一个秘密。"

潘佳杰不咸不淡地说："不要忘记监规、纪律，不私下散播流言蜚语。"

"我还没有说，咋就成了流言蜚语了呢？"二皮抓耳摸腮。

潘佳杰笑："那你说。"

"今天早上，我看到有人在厕所里面干'五打一'的烂事。"

潘佳杰疑惑地看着他："厕所这么小，还五个打一个？"

"不是打架，他们是在厕所里面自我解决。"

潘佳杰白了他一眼："就这事？还秘密？"

二皮讨了个没趣，又走来走去。

一个病犯抱怨："你别晃来晃去的，好吗？"

二皮瞪眼说："老子年轻，精力旺盛！"

"那，那去打飞机嘛。"病犯笑道。

二皮"嘿嘿"笑："对呀。"

二皮说着，就往厕所走。

潘佳杰劝道："二皮，你还年轻，还是少干那事，熬到刑满出狱后娶一个妻子，生一个小孩子也不是什么问题啊。"

病犯感叹："对，老潘说得对。我呀，这辈子算是完喽。"

"你娃比我年轻，你不是有老婆吗？出去生一个呗，咋会完了呢？"二皮转身说。

病犯说："你不晓得，我啊，染上了毒瘾。这个毒品呀，能伤害到人的所有生理机能，同时也可以让人提前绝育！所以我这一辈子算是完了！"

二皮和潘佳杰看着他。

病犯长吁短叹："她来探监，我看到她，心里那个愧疚啊。下狠心让她改嫁，她不同意。我想来想去想出一个傻主意，让我那婆娘去借个种，也让我们老了有一个依靠不是？

你们猜我那婆娘咋说的？她说我让她去偷人养汉，是羞死先人的丑事，如果我逼她，她就死在我的面前！你们说一下，我心里该有多难受？我到底该怎么办嘛？"

潘佳杰暗自落泪。

谢天明突然说："这一切我们能怪谁呀？都是我们自己作的孽。"

二皮惊叫："老大，你醒了！"

这时，马旭东急急走进来，对谢天明说："你老婆李文君马上就来了，你要有心理准备。"

谢天明的脸一下子变得可以拧出水来："马监，我拒绝会见。"

"我们考虑到你的身体状况，没同意，可她在会见中心大吵大闹，诋毁我们监狱不通人情，不讲人性，所以监狱决定还是让她来见见你。"马旭东摇摇头，无奈地说。

谢天明想了一下说："好吧，你放心，我没事的。"

正说着，陈莉和狱政科一名民警陪着李文君走了进来，还没等她开口，谢天明就发话了："以后你也不要来了，我的意见跟你律师讲得很清楚。"

李文君愣了愣，然后说："天明，好歹我们夫妻一场，就没有商量的余地？我这次来是真诚的，说实话，以前呢我是图你那点儿财产……"

"你终于承认了，想气死我，好独吞那点儿财产，你能啊你……我父亲死了连安葬费都没有的时候，我女儿辍学的时候，我母亲生病的时候，你怎么记不起我们还是夫妻呢？"谢天明情绪一下冲动起来。

马旭东拍拍他，提醒他不要太激动。

李文君自知理亏，低头不语。

谢天明平抑了一下情绪，继续说："现在，我女儿返校了，母亲身体也好起来了，父亲他老人家也算是入土为安了，我有政府照顾着，我很快乐，很自在，哈哈……"

"我承认居心不良，请你能原谅我，啊！我啥都不要了，不行吗？"李文君低三下四地说

谢天明哼了一声："我也想通了，想离婚，好呀，我没意见，你马上去起诉，两年后再说。"

李文君再也忍不住了，蛮横地叫嚷起来："谢天明，你今天要是不同意，我就不走了，我……我就死在这里。"

谢天明一阵冷笑："你在我们谢家早死了……不过，我告诉你，这里是监狱，我估摸着你真死在这里呀，那些记者就有事情做喽。"

"你你……你……"李文君气得浑身发抖，"你看看你，现在成什么了？十足的流氓、小三、小痞子……你还是县委书记呢，狗屁，都他妈妈的一个样……"

陈莉心里掠过一丝阴影。

这时，医院值班室叫她去接电话。

电话是文子平打来的，说谢小婉不见了……

（7）

夜色迷离，街灯周围密密麻麻的小飞虫蝎飞蠕动，尽管不断有同伴的尸体跌落，依然奋不顾身地撞向那一团自以为会照亮前途的灯火。

吴友明身着便衣，戴着一副墨镜，来到金帝酒店门口，左右看看，闪身钻了进去。

吴友明敲门，走了进去，随手将门关上。

张大新抬头看着他，戒备地问："敢问朋友尊姓大名？"

吴友明摘下眼睛。

张大新笑道："哟，原来是吴大书记，来来来，请坐。"

吴友明笑笑，走过去坐在沙发上。

张大新泡茶，又把烟递上，再一次打量他："吴书记，你这是微服私访？"

吴友明苦笑："老弟呀，你就别取笑老哥我了，就算微服私访，那也是在我的地盘，哪敢在你这地儿造次。"

"请吩咐。"

"老弟真是爽直之人，好，我就打开天窗说亮话了。"吴友明沉吟说，"哎呀，

这事儿……还真不好开口……"

张大新轻笑道："我们男人嘛，还不就是那点事儿？人不风流枉壮年嘛。"

"那是那是……"吴友明吞吞吐吐，目光忽闪忽闪的，"哎呀，说起这人，还与你有些渊源……"

张大新顿时明白了几分，以往的担忧一下子分明起来，但他不动声色，假装诧异："难道吴书记说的是现代的文君？"

吴友明连连点头："对对，对……"

"那想必吴书记就是现代的相如了，艳福不浅，艳福不浅呀……"

吴友明苦笑，又摇头，又摆手："啥眼福，简直是横祸，八辈子的横祸。老弟，不瞒你说，我真被她讹上了。她怀上一个娃儿，硬说是我的，我也想息事宁人，就给了她一点钱，让她打掉算了。现在呢，钱给了，她不仅没打掉，反而又找我要什么抚养费，哎呀……"

这事儿在张大新意料之中，他也想息事宁人，便说："她找你要多少？要不我帮你出？"

吴友明连连摆手："就算你出了，她过一段时间一样还会找我要钱的。"

"那这一次她要多少？"

吴友明愁眉苦脸："一套不低于150平方米的房子，而且还要位于一环路内，外加500万。老弟，我就是个拿工资的公务员，哪能找那么多钱呢？这不是逼着我去贪污腐化吗？"

"是过分了一点……"张大新若有所思。

吴友明眼巴巴望着他："老弟呀，你跟她有过交情，帮我周旋周旋？"

"好，我试试。"

吴友明站起来，热情地与张大新握手："那就拜托老弟了，至于你在我那里的几个项目，我会关照的。"

张大新郑重其事地说："有你这句话，怎么着我也给你摆平，你就安心回去，静候佳音吧。吴大哥，你在我这里消遣消遣？"

"今天就不了，没那份心情。"吴友明戴上墨镜。

"也好也好，等我把事儿摆平再说，那我送你出去。"

吴友明干笑："算了，悄悄地来，还是悄悄地去。"

张大新把他送到门口，摇手告别，然后坐回大班椅子上，正在寻思这事儿怎么劝李文君，黄小伟笑哈哈地走了进来。

张大新站起来，双手作拥抱状："恭喜，恭喜，黄副市长荣升为市委副书记、常务副市长！"

黄小伟与他拥抱。

黄小伟说："这都是张总的功劳，所以呀，我今天特地来感谢！军功章，你一半，我一半。"

张大新哈哈大笑："坐坐，我给你泡杯茶。"

"不喝茶，我今晚是来找你喝酒的。"

张大新劝道："老弟，才荣升，还是低调点儿，我这里人杂。"

黄小伟说："所以嘛，我拒绝了所有的宴请，但是跟张总这个酒，必须喝。我们就在你办公室喝，怎么样？"

"够义气，好，就在办公室喝，来人！"张大新一拍桌子。

（8）

文子平走进金帝酒店酒吧，四处找寻。

一个小妹走过来："先生，又来了呀？找小婉的吧？"

文子平点点头。

小妹说："她还没来呢，来来，这边请，你先坐一会儿吧。"

文子平挑了个靠窗子的位置坐下。

"你要来点什么？"

文子平说："来一杯咖啡。"

"你稍后。"小妹点点头，转身给他冲咖啡去了。

文子平看着楼下的大街，目光在夜灯中搜索每一个匆匆而过的行人，可是，他只能看见一个个黑乎乎的点，在杂乱无章地运动。

（9）

这段时间，鲁本川突然不爱说梦话了，而那些技术员也没找二皮给他带什么东西，反倒令马旭东有些不安。今天杨阳学习回来，恰好他今晚值班，按理应该让杨阳在家休息，可一想到鲁本川，他心里七上八下的，就打电话征求杨阳的意见，能否到单位来一趟。其实，杨阳正在赶往监狱的路上，三个月没见到陈莉了，他本来想约陈莉一起吃饭，可陈莉今晚加班，要他来监狱陪她。

办公室的门半掩着，杨阳悄悄地探出头来，又回头看看，蹑手蹑脚地走到陈莉身后，猛地上前抱住陈莉的肩胛，扎扎实实地亲着陈莉的颈子。

陈莉侧身，反手将杨阳一只手扣住，使劲一拧，就势死死按在桌子上。

杨阳"哎哟"地叫起来，陈莉放开他，打量着他，就像看一个怪物。杨阳的脸"唰"的红了，局促不安地低着头，像一个做了错事的孩子。

陈莉瞪眼道："哟，几天不见你居然这么大的胆子？"

杨阳恨不得打个洞逃跑，低声抱怨："都怪马老大……他要我死皮赖脸加……加加……"

陈莉又好气又好笑："加什么？"

杨阳看了她一眼，马上又打着地面："加硬上弓……"

陈莉恨了他一眼："那你就硬上弓？"

"嗯……"他立即醒悟自己又说错话了，慌张的摆手，"没有没有……不是，我不是……"

看着他那副着急的样子，陈莉情不自禁地伸出双臂一下抱住他，脸对着他的脸，微微闭上眼睛。杨阳一下搂住她，慢慢靠近她的嘴唇。就在这时，外面走廊里传来脚步声，陈莉连忙推开他，慌忙端坐在电脑旁。

马旭东走了进来，瞧瞧他俩，见陈莉一本正经的模样，又见杨阳脸红得像猴子屁股一样，"嘿嘿"笑："我来的不是时候？"

陈莉转身白了他一眼，岔开话题："就知道你没好事，说，啥事？"

马旭东把鲁本川的情况简要说了一遍，最后说："这几天我总感到心神不宁的，你们帮着分析分析，他那句梦话究竟有没有问题？"

陈莉重复鲁本川的梦话："没跑……黄石公……飞机……"

她拿出一张纸，写下来。

杨阳突然说："万一不是'没'字，是美国的'美'呢？"

陈莉站起来，惊喜地看着他："真长进了？！"

马旭东丈二摸不着头脑，问："究竟啥意思？"

陈莉把"没"字改成"美"字："这样逻辑都出来了，美，美国，黄石公，那就是黄石公园，联系他想当隐士，意识是，他想跑到美国的黄石公园隐居起来。"

马旭东吓了一跳："啊？真想跑？到公园里当隐士，球的隐士，想'打望望'还差不多……"

"打望望"是方言，意思是瞧美女，陈莉和杨阳"扑哧"笑出声来。

"咋啦？哎呀，这要是真的，这事儿就大了。"马旭东沉思，马上又摇头，"不对，不对……"

陈莉说："这只是我们单方面的分析，还需要相关证据。你也不必太担忧，明里

暗里看紧一点不就得了。"

马旭东眼睛一亮："杨阳，先这么办……"

他叫杨阳过去，耳语几句，杨阳连连点头。

陈莉不悦："切，连我都保密？"

马旭东笑道："耳目的事，有规定的。"他看着杨阳："注意工作原则啊！好了，你们继续，嘿嘿……"

马旭东说完，一阵风走了，跨出门走了几步，转身又回来把门关上。

陈莉和杨阳反倒有些尴尬，对视一眼，目光一触即溃。

杨阳沉默了一会儿说："陈莉，我想搬出来……"

"其实我也想你搬出来……"

杨阳喜笑颜开："那我明天就去找房子。"

陈莉说："我家有一套多余的小房子，刚巧租客的租期满了……"

"那我明天就搬出来。"

陈莉笑道："租金可不会少一分啊。"

"把我工资拿去也行。"杨阳扮个鬼脸。

陈莉举手打了他一下，杨阳兔子般躲开。

陈莉假装生气："嘿！你敢躲？"

杨阳嬉笑说："你手重，我怕嘛。"

"那也不能躲！"

杨阳把头伸给她，陈莉轻轻敲了一下。

"不过，你明天还不能搬出来……"陈莉说。

"你那边租客还没走？"

陈莉沉吟说："那倒不是，谢小婉情绪刚刚稳定，还是再等等吧……"

杨阳担忧地说："好。就是怕那个文子平再来找麻烦。"

"你找个机会主动找文子平谈谈，把事情说清楚不就得了么？"

恰在这时候，文子平打来电话，说想找他谈谈，叫他到金帝大酒店去。

陈莉和杨阳相视一笑，陈莉说："走，我陪你一起去。"

（10）

谢小婉匆匆走进酒吧，文子平一下子冲过去，拉着她。

谢小婉一愣，说："请放开，我要工作了。"

经理说："小婉，你陪他坐坐吧，也算是工作。"

"我不能白拿你的薪水。"谢小婉语气很坚定。

文子平只好放手，沮丧地回到座位上。看着谢小婉给客人端酒水、端水果，帮客人结账。

文子平一杯一杯地喝酒，不一会儿就有些醉意。他见谢小婉从他身边走过，于是大声叫嚷："来个陪酒的！"

经理看着谢小婉。

谢小婉气恼地说："我不是陪酒的。"

经理只好指着旁边一个小妹："你去。"

小妹扭动着屁股走过去，挨着文子平坐下。

文子平一把搂住小妹："来来来，陪哥哥我喝，喝……"

小妹趴在文子平肩膀上，碰杯，喝酒。

谢小婉看了一眼，目光中流露出厌恶。一个服务员端着一盘水果往楼上走，谢小婉拦着她："妹子，我送去吧。"

服务员点点头说："好吧，张总办公室。"

谢小婉接过水果盘子，朝张大新办公室走去。

（11）

黄小伟已经醉意朦胧，他摇摇晃晃地站起来："我……上个厕所……"

张大新走过来扶住他："我扶着你去。"

黄小伟挣扎，摇手道："不用，我没醉，等我啊，回来我们再喝，哈哈……痛快……"

张大新笑笑，松开手。

黄小伟刚刚走进洗手间，一个踉跄跌倒在地。

谢小婉正好端着水果盘从门口经过，连忙走进去，将果盘放在洗手的平台上，扶起黄小伟。

黄小伟斜睨着眼睛，看了她一眼："小妹好面熟啊，你叫什么……名字？"

谢小婉彬彬有礼地问："先生，你在哪个包间，我扶你回去。"

黄小伟摸她的脸，谢小婉放开手，连忙躲闪，黄小伟又栽倒在地。谢小婉迟疑了一下，又把他扶起来，哪知黄小伟一把抓住她，把她顶在墙上。

黄小伟醉眼蒙眬，瞪着她："我问你叫……叫什么名字？"

谢小婉害怕地说："谢小婉。"

黄小伟低头沉思："谢小婉？谢……"他突然抬头盯着她，"你是谢天明的

女儿？"

谢小婉冷静回答："不是。"

黄小伟放开她，走进了厕所。

谢小婉连忙端起水果走进张大新的办公室，放下果盘，朝张大新鞠躬。

张大新愕然看着她。

谢小婉说："张总，一直没有机会说声谢谢。"

张大新认出了谢小婉，心里掠过稍许的慌乱，故意问："你是？"

"我是谢小婉，感谢你的帮助。"谢小婉又鞠躬。

张大新客气地说："不要客气，你爸爸与我是朋友嘛。"

谢小婉点点头，再次鞠躬，退了出去。

黄小伟正好走进来，差点撞上她，回头看看她，问："她她……是谢天明的女儿？张哥，你不是……嘿嘿……"

张大新正色道："老弟，这玩笑可开大了，我张大新岂是那种人？"

"哦，那也是。来来，我俩再干……一杯。"

张大新的手机响起来，他拿起手机看看号码，然后说："老弟，你稍坐，我接个电话。"

张大新走了出去，过了一会儿，他走了进来："老弟，我要出去一下，你看……"

黄小伟瘫坐在沙发上："去吧去吧，我打个电话就走。"

"好，我把你司机叫上来。"张大新走了出去。

黄小伟拨号码："文君哪，在哪儿呢？我……"

电话里传来李文君生硬的声音："我在哪里关你什么事？"

接着，传来电话挂断的"嘟嘟"声。

黄小伟生气地将手机扔在桌子上，脸上的肌肉抽搐了几下，端起酒杯一饮而尽。

司机走了进来："老板，走吗？"

黄小伟拿眼看着他："来，陪我喝喝……几杯……"

司机巴不得有这样献媚的机会，说："老板，找两个来陪陪你？"

黄小伟瞪了他一眼。

司机一脸诌笑："我……我想老板工作累了，按摩放松一下，明天又好为我们市的老百姓服务嘛。"

黄小伟指着他："你他妈……妈的……真会说话，那就……就就放松一下？"

"好嘞，我马上安排，你稍等。"

司机刚刚走出去，谢小婉又端着两杯饮料走了进来，黄小伟色迷迷地看着他，一把将她拉在怀里。

（12）

杨阳和陈莉走进酒吧，左瞧右瞧，终于找到了文子平，看见他正搂着一个小妹喝酒。

陈莉拉拉杨阳，指指楼下，那意思是她就先回去了。杨阳无奈，只好点点头。

杨阳目送陈莉离开后，走过去在文子平对面坐下来。

文子平醉态，斜睨着他："你谁呀？"

杨阳把他的酒杯夺过去说："子平，你喝多了。"

文子平一拍桌子："哼，我喝多了吗？你不就是杨阳吗？"

杨阳说："能不能让这位小妹回避一下……"

陪酒女嗲声嗲气地说："帅哥，回避啥呀，喝酒嘛，人多，才有气氛，来来，我给你倒一杯。"

小妹站起来要给杨阳倒酒，文子平一把拉她坐下，发怒说："你是我的马子还是他的马子？！"

陪酒女"嘻嘻"笑，在他脸上啃了一口："好好好，亲亲，我给你朋友叫个妹儿来？"

文子平笑，捏着小妹的屁股："这才懂事嘛。"

（13）

谢小婉吓得尖叫起来，两个服务员听到叫声，跑了进来。

黄小伟扭头睁大眼睛喝道："你们都出去！"

一个服务员上前拉他，客气地劝说："先生，她只是服务员，请你放手。"

司机走了进来，对两个服务员吼："滚！"

两服务员跑了出去。

谢小婉挣扎，大声喊叫："救命，救命！"

黄小伟突然睁着两眼，把谢小婉脖子掐住，吼道："哼，你知不知道……你的小妈李文君……本来是我的女人？"

谢小婉惊恐地说："我……和她没有关系！咳咳咳……"

司机轻轻拉黄小伟："老板，你……"

黄小伟一边怒吼一边狠狠地扇她耳光："你和她没有关系？你和谢天明有没有关系？谢天明和李文君有没有关系？！"

黄小伟撕扯谢小婉的衣服，谢小婉惊恐地大喊大叫。

司机连忙把门关上："老板，息怒，我让她服服帖帖地……"

黄小伟使劲一推，谢小婉倒在沙发上。她爬起来就要跑，被司机按在沙发上。

司机温和地说："不要怕嘛，你放心，我老板是个有教养的人。对了，妹儿，你来这里不就是为了钱吗？"

司机掏出一叠钞票，数了十张，放在沙发上。

谢小婉看看钞票，又看看他。

司机又数了十张，放在沙发上。

谢小婉看看钞票，又看看他。

司机一怔，迟疑了一下，狠心又数了十张放在沙发上。

谢小婉看看钞票，又看看他。

司机慌了，额头上沁出汗珠："你要价也太高了吧？"

谢小婉眼珠一转，慢慢拿起沙发上的钞票："我跟你们走，还是就在这里？"

司机站起来对着黄小伟媚笑。

黄小伟面无表情地看着谢小婉，冷笑："交给你了。"

司机惊愕地看着黄小伟。黄小伟站起来，拉开门，正要走出去，谢小婉冷不丁儿站起来，冲出门，她边跑边歇斯底里地大叫："杀人了，杀人了，快报警！"

（14）

陪酒女给杨阳叫来一个小妹，杨阳站起来说："子平，我在门口等你。"

杨阳扭头就走。

文子平一把拽住他："不给面子是不？"

"子平，你喝多了，我们改天再聊。"

文子平冲着他大吼："我问你呢，你是不是跟谢小婉睡觉了？！"

杨阳沉声道："放开！"

文子平突然举起拳头，朝杨阳打去。杨阳闪过，一推，文子平倒在沙发上，压在小妹身上，小妹尖叫起来。

经理闻讯赶过来："啥事儿呀？"

杨阳忙说："没事，没事。"

谢小婉冲过来，大喊大叫，司机追过来。文子平一跃而起，冲过去对着那人就是一拳。司机"哎哟"一声，退了几步，情急之下举拳头就要还手。但晃眼间看见这里这么多人，连忙转身就跑。文子平冲上去又是一脚，司机一个狗啃屎。酒吧几个人冲了过来，围着文子平一阵乱打。杨阳冲过去，几下将四五个人丢翻在地。

杨阳厉声叫："我是警察，都别动！"

杨阳拿出手机，拨打110。

经理连忙按住他的手机："小哥，算了，算了……"

杨阳一推，经理吃不住力，后退几步，差点跌倒。

杨阳已经拨通110，说："喂，110吗？金帝酒店酒吧发生群殴……"

几个保安冲过来，见杨阳已经报警，便看着经理。

经理倒也很镇静，吩咐保安："你们，看着他们，等警察来。"

第二十四章　灵魂之痛

（1）

老公打电话说，在办公室看几个材料，要晚一些回家，儿子也不见踪影，刘蕊一个人百无聊赖，见天色已晚，担心儿子，就给儿子打电话。一连拨打了好几次，都无人接听。

刘蕊抱怨道："这孩子，真不让人省心……"

刘蕊想了想，给秦欢打了个电话，问她文子平是不是跟她在一起。秦欢抽泣起来，说："阿姨，我正给他打电话呢，他不接。阿姨，我……"

刘蕊安慰她说："欢欢，你别哭，阿姨再打打电话，一会儿我让子平给你打过来，啊。"

她马上给文守卫联系，要他给儿子联系一下。

文守卫有点儿烦，就说："孩子大了，有自己的空间，这才不到十点嘛。就算有事，他也该自己处理了。"

他挂断电话，摇摇头，苦笑了一下，又拿起文件看，才看了几行，手机又响起来。

文守卫以为还是刘蕊打来的，没看号码，有些生气说："子平长大了，你就不要那么操心吧。"

电话音传来一个女子的声音："文局，你咋知道子平出事了？"

文守卫"啊"了一声，看看号码，原来是陈莉。

陈莉接着说："文子平在金帝酒店酒吧与人打架，被民警带到派出所了。"

文守卫问："你怎么知道的？"

"杨阳与谢小婉合租房子嘛，这个你知道的。子平对杨阳有点儿误会，杨阳想跟他聊聊……"

文守卫说了声知道了，挂断电话，坐在椅子上沉思了一会儿，抓起公文包，匆匆往家里赶。

文守卫开门走进屋子，坐下来靠在沙发上使劲揉太阳穴。

刘蕊问："联系上儿子没有？"

文守卫有气无力地说："在派出所。"

刘蕊一下跳起来，看着他惊叫："啊？为什么？"

"打架！"

刘蕊连忙拿起手机。

文守卫突然厉声问："你要干什么？"

刘蕊反驳说："他是我儿子！"

文守卫沉声道："他也是我儿子！这一次，你也不要去接，让他吃吃苦头！"

刘蕊气恼地将手机摔在沙发上，两人都不作声，坐在沙发上等，不时看看挂在墙上的石英钟。

凌晨左右，文子平开门走了进来。

文守卫站起来，满面怒气地瞪着文子平："到哪里去了？！"

文子平低声说："派出所……"

刘蕊连忙说："你发那么大的火干啥子？有话不能好好说吗？子平，去洗漱，睡觉。"

文守卫愈加生气："你还在袒护他？这才几个月，两次进派出所，下一次是不是要我亲自把他送进我管的监狱？"

"你也不问问儿子到底是啥子情况？你不要忘了这是家里，不是你的局长办公室！

一天到晚板起一张脸，儿子的事你关心过吗？现在出事了，倒耍起家长威风来了。"

刘蕊的抢白令文守卫气得说不出话来，颓然地坐回沙发上。

文子平却无事一般，平静地说："妈、爸，是我不好，让你们担心了。请你们放

心，我没干坏事。"他突然笑起来，"说不定明天就要爆出惊天新闻呢……"

文守卫和刘蕊都惊讶地看着他。

（2）

昨夜的暴雨到黎明时分变得温顺起来，淅淅沥沥，雨点很轻很柔，打在脸上有一丝冰凉，驱散了酷热的暑气。

噢，秋天到了。

烟雨蒙蒙中，原野深黛，夹杂着斑斑点点的鹅黄，细看，恍若还有猩红、墨绿、橙黄……大地变得色彩斑斓，鲜明而有层次感，清晰地告诉一切生命，这是一个收获与播种、蕴藉着泯灭与再生的季节。

监管区桂花在茂密的叶片里悄悄地开放，米粒大的花瓣堆积的那团黄色，几乎看不见，但空气里却弥散着沁人心脾的香，均匀的，淡淡的，有时候又像是若有若无的，不像香水，猛烈、飘忽，让你防不胜防，来也匆匆去也匆匆。

今天是礼拜六，是清水监狱罪犯心理干预中心正式成立的日子，选在礼拜六，是省局定的，开始清水监狱的领导班子都很纳闷，啥日子不好，为什么要定在礼拜六呢？

后来，李长雄去局里开完中心成立筹备会后才明白，局长文守卫要亲自来观摩对罪犯的心理干预过程，心理干预对象就是谢天明，之后安排他女儿谢小婉跟他会见。为了不耽误谢小婉的学习，所以选在礼拜六。

尽管谢天明较以前有了很大的转变，陈莉发现他依然存在很严重的心理问题，一个是他哭的时候没有眼泪，另外一个是他对离婚的态度。

谢天明自己也意识到自己哭这个问题，在有一次谈话后，他向陈莉提出了一个令她都没有想到的问题："我不会哭了，你能帮我哭一次吗？"

陈莉问："你自己觉得什么时候开始不会哭了？"

谢天明回忆了很久，然后失望地摇摇头，但是又说："我只是记得当马监区长告诉我父亲去世的消息时，我想哭，却哭不出来。"

"那么，你是不是出现过记不清，或者，忘记父亲的样子这种现象？"陈莉沉思了一会儿，问。

"对对对，有好长一段时间，我就是记不清父亲他老人家的样子。"

"现在呢？"

"现在能回忆起他的样子，但有时候还是突然记不起来，我想可能是我老了的缘故吧。"

陈莉找马旭东、杨阳和其他民警了解情况，他们确实没有看到过谢天明掉眼泪的样子。

"他会哭，只是没有眼泪。"杨阳分析说。

陈莉分析，人随着年龄的增大，瞬间记忆退化，而长期记忆相反会得到强化，再怎么着也不会记不起自己父亲的样子。谢天明的情况属于一种应激障碍后遗症，也就是在一个人遭受重大刺激后出现的一些情绪失调又没有能得到及时疏理调节所致。

也就是说，谢天明在遭受失父之痛时，没有能够及时排解这种负性情绪，而且其间夹杂着他对自己的自责、内疚，使他在道德良知上时时受着痛苦的煎熬。为了避免这种痛苦，他的潜意识帮他选择了压抑这一自我防御机制，即把这件事强行忘记，以此来寻求内心的平衡。所以他有时候在回忆父亲的形象时，才发现自己居然"忘记"了父亲的样子。

至于谢天明对婚姻态度的转变，让陈莉很吃惊，也很纳闷，之前本来已经做通了他的工作，只是因为监狱认为财产分割上、李文君没有承担赡养谢天明的母亲所履行的义务的补偿上存在很大的不公正，现在这些问题都已经解决，但谢天明的态度却发生了意想不到的变化，他同意离婚，但坚持走完所有的诉讼程序，这样一来，至少得两年多。而且在李文君表示愿意放弃所有财产的情况下，他依然要坚持走诉讼程序。

这明显是一种报复性心态，如果不消除这种心态，那么谢天明的改造之路将会出现意想不到的反复，也就谈不上他的转化工作已经成功。

陈莉把谢天明的情况给文守卫做了汇报，计划在清水监狱罪犯心理干预中心建成后，对他实施一次真正意义上的心理干预。

文守卫说："那就安排在干预中心成立那天。"

陈莉昨天下午就返回清水监狱，与干预中心的三个民警一起做些准备工作。早晨，她又早早地来到干预中心，看看外面连绵不断的雨，尽管对自己充满信心，但是局长亲自观摩心理干预全过程，不免还是有点紧张。

她现在已经是省监狱管理局罪犯心理健康指导中心的主任，而清水监狱选派的三个民警通过三个月的学习培训，都拿到了国家三级心理咨询师的资格证书，杨阳被任命为干预中心主任。

考虑到杨阳他们毕竟还没有实践经验，文守卫决定由陈莉来实施，一则是为了保障干预的效果，二是也让杨阳他们三人从中受到启发。

这段时间，陈莉都在研究谢天明所有的资料和信息，试图找出有效的针对性的干预措施。然而，尽管跟杨阳他们反反复复地讨论比较，最终拿出了方案，陈莉心里依

旧没有把握……

那天，陈莉正纳闷谢天明为什么会突然转变离婚态度的时候，文子平把电话先打到监区，又把电话打到医院，才找到她。文子平说谢小婉辞了学校的工作，金帝大酒店经理说她请了半个月假，前天就没来上班了。文子平还说，租房里也没人，手机打不通，他昨晚在她的租房外楼下等了一个晚上，也没见她回来。末了，文子平说，或许杨阳知道，或许就是去找杨阳了，请陈莉跟杨阳联系一下。

暑假期间，在老班主任的协调下，学校给她安排了一份临时工作，主要是想让她留在学校温习这几年已经荒废了的功课，而且也解决了她暑假期间的生活问题。谢小婉白天在学校上班，晚上去金帝大酒店打打工。

陈莉也有些慌乱，马上跟杨阳联系。杨阳说前几天他正在上课，谢小婉给他打了好几个电话，他没接。陈莉不停地联系，终于从村支书那里得知了谢小婉的消息，谢小婉已经回到老家。

原来，谢小婉的二妈突然出走，打乱了一切，家里就剩下她奶奶和瘫痪在床的二爸，支书要她不要担心，暑假天嘛，谢小婉回来帮她奶奶干点活，尽管目前还不知道她二妈的消息，据其他人反映，她二妈出走之前曾抱怨家里日子没法过了之类的话，大伙估计八成是出去打工了。

陈莉可不这么想，就是搁在她身上，她也会这么想，她奶奶本来就有病，走路都很不利索，自理都成问题，现在还要照顾一个瘫痪病人，农活怎么办？她奶奶和二爸怎么办？说不定哪天奶奶在山坡上摔一跤再也醒不过来……

何况，谢小婉还没有走出心理阴影。问题是，谢小婉怎么知道她二妈离家出走的消息的？支书第二天打来电话说，他去问了，是谢小婉的堂弟告诉她的。谢小婉的堂弟也是听村上另外一个人说的，他打电话联系了所有能联系到的老乡和亲戚，都不知道他妈去了哪里……

陈莉希望支书再去一趟，要谢小婉无论如何和她联系。

但是，谢小婉并没有给她打电话，一天、两天、三天……她着急了，隐隐约约意识到谢小婉之所以不给她来电话，是由于她决定再次辍学。她把这个担忧跟马旭东说了，马旭东也觉得很有道理。

"怎么办？"马旭东也六神无主。

"还是先和监狱长汇报吧。"陈莉说。

"要不，你就直接给文局报告？"马旭东颇为为难地说。

"那可不成，怎么着也得走走程序吧？"

马旭东连连摇头："悬……现在也只有这样，先走走程序再说。"

"要不，你先给分管领导和政委汇报？"陈莉说。

"试试吧。"

政委徐昌黎的态度很明确，对谢天明的教育感化不能半途而废，监狱长李长雄的态度也很明确，赞同政委的意见，但是监狱不能再出一分钱，现在其他罪犯本来就有些情绪，一个谢天明就没完没了，再这么下去，以后怎么得了？监狱是国家的，不是我们个人的，国家没这笔经费，监狱从哪里拿钱出来？你们可以讨论一下，看看能不能找出一个办法来。

分管副监狱长杨天胜也是一副左右为难的样子，只是说暂时保密，不要把情况告诉谢天明，监区要严格检查谢天明的来往信件。

陈莉说："要不先这样，我们再去一趟，了解一下情况再说。"

李长雄点头："嗯，就辛苦你去一趟。"

"李监，让马旭东监区长和我一起去吧。"陈莉建议说。

"一监区这几个月生产一直不正常，他不能走。"

"那从教育科抽一个同志？"

"这个……杨天胜同志安排吧。"李长雄想了想说。

陈莉决定马上出发，但监狱办公室说今天车子很紧张，实在是派不出来。陈莉问明天呢？办公室主任傲慢地说这几天都很紧张，到下个礼拜三才能缓过来。

陈莉无奈，把情况给文守卫做了汇报，并说监狱不同意把情况告知谢天明，她建议还是把情况如实告知他为好，假若谢天明先于我们告诉他之前知道了这个情况，不知道对他的心理会产生多大影响，实在无法预料他会不会采取什么过激行为。

文守卫沉默了片刻说："我马上把我的车派给你。"

省局一号车徐徐停在监狱大门口，值班民警连忙跑出值班室，规规矩矩地立正，准备敬礼报告，却没有人下车。值班民警很疑惑，站在那里也不是，回值班室也不是。这时，陈莉和教育科一个民警走过来，打开车门，车子随即一溜烟地跑了。

徐昌黎从监管区出来，恰好看到这一幕，便走过来问："刚才是一号车？"

"报告政委，是省局一号车。"

"没进来？"

"没有，就停在大门口，也没有领导下车。"

徐昌黎眉头紧锁："陈莉她们坐这车走了？"

"是的。"

徐昌黎立即来到监狱办公室，劈头盖脸就训办公室主任："你怎么搞的？为什么没给陈莉派车？"

办公室主任赔笑道："政委，这几天监狱车子有点儿紧张……"

"那我坐车也紧张？"

"再怎么紧张，也不能没你的车呀。"

"我不坐车，走路！"徐昌黎说完，气冲冲地走了出去。

办公室主任觉得委屈，便到李长雄那里诉苦。

李长雄苦笑："这个徐昌黎，至于吗？"

这时，内卫队大队长气喘吁吁地跑来说，刚才省局一号车把陈莉他们接走了。

"你说什么？"李长雄很震惊。

内卫队大队长重复了一遍。

李长雄问："随同的有没有我们教育科的人？"

"有一个。"

李长雄一下子慌神了，对办公室主任命令道："你现在马上开监狱一号车把省局一号车给我换回来！"

"这……"办公室主任呆若木鸡，不知道这啥意思。

"去呀！"李长雄火了。

他坐了一会儿，总感觉屁股下面有钉子一般，于是来到政委徐昌黎的办公室。

徐昌黎没好气地说："你呀，这么干，迟早要被咔嚓掉，老伙计！"

"这……至于吗？！"李长雄苦着脸抱怨。

徐昌黎推心置腹地说："老李呀，你我多年朋友，我劝你一句，你在谢天明问题上犯的低级错误有好几次了，很危险的。你站在监狱大局上没错，可你想过没有，万一文局也是站在全省监狱系统的大局上呢？哪一个更重要呢？上级和我们思考的角度不一样，也许我们很不理解，但可以主动沟通嘛。"

"也许……唉，算了……老徐，你说眼下这事儿该怎么挽回……"李长雄低落地说。

"解铃还须系铃人，你得亲自去给文局解释。"

"这……"李长雄似乎在努力思考，过了好一会儿才说，"我的意思……你看，你能不能出面，那个那个……"

"我可以出面，但是最好你亲自去。还有，这次主任科员晋升的问题……"徐昌黎说。

"我知道我知道，明年吧，我们党委一定好好研究研究，尽量倾向于你们平溪来的同志，可是你得帮我渡过眼下这道坎……"

徐昌黎无奈地摇摇头："好吧，我现在就去。"

（3）

令陈莉没想到的是，文守卫派出局办公室主任马星宇亲自带队，准备去找一下当地党委政府相关部门，尽可能寻求他们的支持，最好能从民政部门那里解决谢天明家庭的困难。

刚出发没十分钟，监狱办公室主任就打来电话，叫她等他一下，说有重要事情给她汇报，那语气客气得好像她成了武则天一般。陈莉最看不起这样的小人，于是说时间不等人，我们还得赶路呢。说完就挂了电话。过了一会儿，徐昌黎又打来电话，她不好拒绝了，便征求同行的局办公室主任马星宇的意见。

马星宇笑道："我给老徐说话……徐政委呀，我马星宇……嗯嗯……这样啊，你也别来了，文局正在你们监狱呢……啊？至于在哪个位置，我说不清楚……"

徐昌黎心里"咯噔"一下，文守卫不仅派出了他坐的一号车，而且还派出马星宇亲自去，更了不得的是，他现在就在我们监狱。

他背心冒汗，连忙跟李长雄联系。

谢小婉也起了个大早，洗漱完毕天还没亮，本来监狱打算派车来接她，她怕影响不好，执意要自己赶公共汽车。九点钟要到达那里，必须要在八点准时出发，她怕路上堵车，于是七点就出门了。

秋风带着细细点点的雨从车窗飘进来，有些微寒。一夜的大雨洗去了行道树叶片上的纤尘，露出了它们本来的面目，湿漉漉地泛着洁净的绿色，叶片上点缀着的雨珠，亮晶晶的，清新欲滴……

谢小婉心念一动："我和爸爸也许就像那些被蒙上尘埃的叶子，正被大雨荡涤着、被雨露滋润着……"

令谢小婉料想不到的是，在她回家第四天，陈莉居然出现在她面前。

家里的一切让她再一次陷入了绝望的心境。

奶奶佝偻着身子背着一背篓猪草，艰难地行走在山坡上，山坡很湿滑，她几乎坐在地面上，一点一点地向下挪动着身子，浑身的泥浆……

那是奶奶吗？分明是筚路蓝缕的乞丐，也许连乞丐都不如，她眼泪哗哗直流……

奶奶责备她不该回来，要她第二天就返回学校。

但是，她能忍心丢下奶奶和二爸走吗？当晚，她决定不去上学，留下来照顾奶奶

和二爸。然而，最令她担忧的是爸爸，要是他知道了，他能承受吗？

所以，她不是不想给这位陌生而又熟悉的姐姐打电话，该说什么呢？对于陈莉，谢小婉总感到一种说不出的情感，她知道，这一切皆因为杨阳。但是，她爱杨阳吗？

无数次夜里，她这样反反复复地追问自己。

她望着浑身被汗水浸透的陈莉他们，激动得不知说什么好，扑在陈莉怀里，一个劲儿地哭。

一同来的还有县民政部门、妇联和残联的人，看到眼前这一切，都无不为之动容。他们商议后马上决定，在谢小婉大学毕业前这段时间，每月给予生活费用600元，做做她二爸儿子的工作，回来照顾两人。

然而，灾难再一次降临到这家人的头上。

当晚，她跟堂弟联系上了，堂弟说他正往回赶，估计明天下午就能赶到家。

然而，第二天晚上，堂弟没有回来，第三天、第四天，依然没有堂弟的一丁点儿消息，手机一直处于关闭状态，所有人都有一种不祥之兆。

马星宇决定再等等，必须要把谢天明的家里事情安端好他们才能返回。他跟文守卫做了汇报，文守卫也是这个意思。

第五天，手机终于打通了，却不是堂弟接的电话，对方说是××省××市警方，前几天发生一起交通事故，一辆客车坠落山谷，旅客大部遇难，在现场找到一些手机，警方清理后把卡集中起来，装在好手机上，期望与遇难者和幸存者的家人取得联系。

这个电话就像晴天霹雳，把谢小婉震呆了。她不敢告诉奶奶和二爸，只是说随陈莉他们去办点儿事，两三天就回来。

马星宇决定陈莉和清水监狱教育科那名民警陪谢小婉去寻找她堂弟，而自己留下来按照最坏的打算与当地县有关部门继续协调。

谢小婉没有找到堂弟，却在警方那里找到了堂弟的身份证等遗物。

在马星宇的协调下，县民政部门决定，在谢小婉大学学习期间到找到工作前，安排她奶奶和二爸在一家敬老院生活。可奶奶和二爸死活不去，要等堂弟回来。谢小婉不敢告诉他们真相，直说堂弟在外工作很忙，老板不让他走，你们要是不去，她就不去上学。奶奶和二爸怕耽误她的学业，只好同意。

今天，她要把这一切告诉爸爸，她希望爸爸能好好改造，早点出来，要不然就见不着奶奶和二爸了。

想到这里，她自己都不知道心头是什么滋味：辛酸？无奈？纠结？还有幸运？感恩？也许，这人世间的什么辛酸苦辣、什么幸运磨难，都有。

明天，会是什么样子呢？

一大早，谢天明就被告知女儿谢小婉要来看望他，塞满心间的阴霾一下子被驱散了，昨天晚上还感觉搅扰他的秋雨一下子变得那么清逸，那么洒脱。

家里发生变故的消息是文守卫亲自告诉他的，并保证会把他母亲和二弟安顿好，不影响谢小婉的学业。他说不出地感激，为了他，文守卫亲自跑一趟，他完全可以不这样做，让监狱转达他的意思就可以了。

尽管在监狱的协调下，当地政府比较妥善地安顿好了母亲和二弟，但是，从那以后，自己也不知道怎么了，总是失眠。他常常反反复复想一个问题，如果我一进来就是现在这种心态和改造态度，那么也许已经减了好几次刑，理论算法至少可以减掉三年了吧，那不只剩下七年了么？表现好点，再减三年，就还只有四年就可以回家照顾母亲。

可现在呢？还有整整九年多，还能见到她老人家吗？

他反反复复地想，反反复复地权衡，反反复复地后悔，失眠，噩梦，心里堵得发慌，纠结，患得患失，不时全身疼痛……拼命地干活，拼命地挣改造分，体力透支，心力交瘁……

谢天明又一次晕倒在劳动岗位上。

（4）

上午九点，文守卫在清水监狱主要领导李长雄、徐昌黎的陪同下，步入全省监狱系统第一所罪犯心理干预中心。陈莉担任讲解员，引导他们参观。

清水监狱罪犯心理干预中心位于监管区对面，罪犯教学大楼后面，三层小楼，单独院落，约有600平方米左右，包括咨询室、宣泄室、档案室、潜能开发室、小组辅导室、音乐放松室、拓展训练营、减压训练营、心灵剧场等场地。

站在中心前面，视线触及处是宽大的双扇玻璃门，上方是白底绿色的"心理干预中心"六个大字，醒目而清爽。正中间是中心的标志，是由钥匙、心、手构成的图形组合，分别象征启迪、温暖、呵护。

陈莉介绍说："标志共有三种颜色，金色代表阳光、真诚，红色代表活力、发展，绿色代表春天、新生。"

玻璃大门的两边用十六个绿色的隶体字阐述着心理健康中心的宗旨：真情启迪，拨散迷雾；助人自助，共同成长。旁边有一则心灵寄语：

让心灵失去色彩的

不是伤痛

而是内心世界的困惑

让脸上失去笑容的

不是磨难

而是心灵的缄默

没有谁的心灵永远一尘不染

战胜自我

拥抱健康

沟通，消除隔膜

交流，敞开心扉

真诚，融化壁垒

健康人生

从心开始

重新开始

重塑人生

"不错，这则心灵寄语很有意境，谁写的呀？"文守卫饶有兴趣地读了几句，回头问。

陈莉说："是杨阳他们根据央视社会与法频道《心理访谈》节目的那段片首语改写的。"

"这个侵权不？"文守卫接着问。

"不会吧？"陈莉笑笑说，"要不我们请电台来看看？"

"好，你这个想法好。"文守卫赞许地说，"可以在适当时候联系一下电台心理访谈栏目组，让他们来这里搞一次心理访谈。"

进门是一间情景导入室，也叫预约等候室，摆着几盆绿色植物，两个台柜和几张随意散放的椅子，柜子里总是陈放着一些杂志报纸，有心理学类的如《心理月刊》《心理医生》，也有非心理学类的如《健康之友》《新生导刊》等，供来访者翻阅。

心理健康中心拥有两间色调不一的咨询室。

其中一间是暖色调，墙面、窗帘、沙发、挂画都呈现出淡淡的橘色。陈莉解释说："通过色彩与视觉相互作用，让情绪低落者在不知不觉中完成由抑制到兴奋的转变。"

另一间则是冷色调，墙面、窗帘、沙发、挂画都呈现出浅浅的绿色。陈莉接着说"冷色调作用与暖色调恰好相反，让情绪激动者在潜移默化中完成由兴奋到抑制的转变。"

虽然两间咨询室的主色彩不同，但都摆放着沙发、茶几、绿萝、吊兰、文竹等绿色植物，以及沙箱、玩具。在茶几上，一定摆放着一个纸巾盒，使来访的服刑人员在咨询过程的任何时刻都可以方便地取用。绿色植物在这里它们不仅仅是室内装饰，更是生命的象征。

"这不是小孩的玩具吗？"李长雄摆弄着几个小塑料人，万分不解地问。

陈莉说："箱庭疗法所必需的，可别小看这些玩具，通过罪犯的摆放，就可以探查他们内心深处的一些东西，也就可以因势利导。"

"哦……"李长雄似懂非懂地点点头。

"嗯……我也不懂，给我们演示一下。"文守卫说。

陈莉说："请各位领导这边看，这是罪犯潘佳杰在昨天排放的一幅图案，沙子被刨开，成一条巨大的河流，一个男人站在河这边，而那边呢，一个小男孩坐在地上。不用多解释，他思念儿子。"

包括文守卫在内的很多人都有些不解，这么简单的画面表达如此简单的意思，究竟有什么意义呢？陈莉似乎看出了他们的疑惑，于是说："潘佳杰渴望见到他儿子，这是他目前心里最大的障碍，如果不消除这个障碍，就会变成心理压力，而实际上已经产生了很大的压力，当压力上升到一定程度时，他就会崩溃，极有可能就会采取一些极端行为。"

"这个……我们都知道，只要是了解他的家庭状况的人都明白这一点……"马旭东依旧不明就里。

陈莉说："是呀，或许了解潘佳杰的民警更明白这一点，但是究竟会对他的行为产生多大的影响，恐怕就不知道了吧？那么这幅图案表明，我们必须在短期内解决他心里的这个障碍，否则，就极有可能出事。"

"噢？"大家还是似信非信，似懂非懂，都表示出对陈莉的这种说法还需要拭目以待。

二楼靠监狱围墙那边是宣泄室，布置更是匠心独具，屋顶上垂挂满了绿色的藤蔓，四周是有利于激发情绪的大红色软包墙，地面是家居常用的木纹地板。沙袋和拳击手套悬挂于宣泄室的左角。正前的地面是一张席梦思布面床垫，床垫上、地面上随意地摆放着色彩各异的软靠垫，足足有十几个之多。各式各样的布艺玩具，熊熊、狗狗、猫猫憨态可掬。房间的另一角，布置了一个画架，画纸、水彩笔、油画棒可供取

用，或作画，或涂鸦。一个布艺的书报架零散地摆着一些书报，可以阅读，也可以任意撕毁。

陈莉说："我们要让罪犯一进宣泄室就可以切身感受到'这是一个完全属于你的空间'。让他们感到在这里自己是安全的，可以'想怎么样就怎么样，想喊你就喊出来，想哭你就哭出来，想静你就静下来，想说你说出来'。"

"使用过吗？效果怎么样？"文守卫问。

"他们有监控录像，一会儿各位领导可以看看。"陈莉说。

"咦？"文守卫环顾四周，"摄像头在哪里？"

"这个……可是中心的绝密，只有这里的咨询师才有权利知道。"陈莉为难地笑笑。

陈莉打开监控录像。

潘佳杰走进宣泄室，一段轻音乐响起来，一个柔和的、充满磁性的女声提示两次：这是一个完全属于你的空间。接着，音乐没有了，宣泄室一下子变得异常宁静。

潘佳杰依旧迟疑地左顾右盼，在屋子里来来回回走了好几圈，抬头仔细查看，确信没有摄像头之后，突然面色狰狞，一阵"嘿嘿"地怪笑，绕着沙袋走了几圈，猛地一个虎跳，抱住沙袋猛击。"噼噼啪啪"地击打了几分钟，他瘫软在地，耷拉着脑袋，一动不动，像一尊雕塑一般，就这样沉默了很久，他突然仰天咆哮，张牙舞爪，尽管歇斯底里在吼叫，却听不清吼叫的内容；也许喊累了，声音也哑了，便开始絮絮叨叨，认真听，才能抓住其中几个简单的词，爸爸、妈妈、盼盼什么的。

陈莉插话说："盼盼就是他儿子。"

（5）

文守卫紧紧盯着画面，没有反应。

最后，潘佳杰倒在席梦思上低低啜泣，这时候，大家听清楚了："我恨呀……我恨那些给我送钱送股票的人，恨那些给我找女人的人！我恨啊，恨那些教唆我不好好改造的人，恨那些……恨那些……"

后面又变得絮絮叨叨的，像是在喃喃自语。

看他表情，仿佛要昏沉沉地睡去。

突然，他坐起来，喘着粗气，把手伸进裤裆里。

很多人似乎有些不好意思再看下去，都把眼光挪动到别处，心里嘀咕这算是啥事呀？而心理咨询师还有陈莉这样的女警……

就在大家困惑、怀疑、不屑的时候，潘佳杰作出了意想不到的举动，他把手拿出来，使劲地怕打着下体，脸上痛苦的表情显示很疼痛，但是他没有停下来，一个劲儿地拍打，还嚎叫道："就是你，就是你这个驴日的……害了老子，害得我家破人亡，害得双双要嫁给别人，害得我见不着儿子……呜呜……"

接着，他无力地倒下，泪流成河。继而，他睡着了，脸上流露出浅浅的笑意。

文守卫心情有些沉重，良久才说："看来，我们建立罪犯心理干预中心是正确的！"

接着，他又说："你们要好好分析潘佳杰的内心独白。"

李长雄忙说："根据心理干预中心的建议，我们今天也安排了潘佳杰跟他儿子会见。"

"噢？"文守卫似乎颇感意外，"嗯，这事儿你们办得漂亮！"

（6）

吴双双带着儿子，昨天下午就被监狱接了过来。

她开始坚决不同意潘佳杰见儿子，说儿子还小，怕给他心灵造成阴影，影响他的成长。陈莉便建议，能否考虑改变一下会见的地点，不在监狱，而是在公园、江边或者某个农家乐也成，当然，最好是选择在儿童游乐园。

罪犯只要一离开监狱，安全风险和责任就加倍增大，而且在监狱外接见，是违反接见条例的，不出事则以，一旦出点事，检察院追究起来，后果不堪设想。在清水监狱历史上，还没有一个罪犯在监狱外进行接见的。

要是在以往，李长雄会断然否定，这一次没有一口否决，而是说马上召开一个小会，大家都发表一下意见。

上一次由于他的怠慢，监狱办公室没有及时给陈莉派车，文守卫便把自己的车派给她。当徐昌黎打电话来说局长现在就在监狱的时候，他感到事态严重了，与徐昌黎汇合后，开始寻找文守卫。可给每一个单位、部门都打了电话，都说没看见文局长。

马星宇说他在这里，那肯定就在这里，可人呢？于是给特警队下令，派出所有队员，寻找文守卫局长。动用了特警队所有的警力，折腾了将近一个小时，连文守卫的影子都没见着。

"那就打电话吧？"李长雄有些沮丧。

"这个……你打？"徐昌黎说。

李长雄为难地说："老徐，还是你打……"

徐昌黎笑笑说："老李，这个电话还是你打比较合适。"

李长雄想了想，便拨文守卫的手机号码，苦笑："占线……"

这时，徐昌黎的手机响起来，他看看号码，嘘了一声说："是局长大人……局长好，我是徐昌黎……嗯，好好，我马上来。"

"他在哪里？"李长雄急急地问。

"在民警住宿区。"

两人火速赶到民警住宿区，文守卫正在门口与几个老干部有说有笑的，见他们来了，便跟老干部们告别。

文守卫连正眼看都没有看李长雄一眼，只是说："我回局里，你们该干吗就干吗。"

车子一溜烟走了。

尽管还有徐昌黎，还有十来个老干部，李长雄却感到很孤单，怅然若失。

一个老干部们七嘴八舌地议论开来。

"你们说真要涨工资了？"

"局长亲口说的，那还有假？"

"那不是工资，是地方津贴。"

"地方津贴还不是工资的一部分？"

"这局长不错，没有架子，也深入基层。"

"人家以前可是县委书记，县委书记就是不一样喽。"

"我说李长雄监狱长，你们就得向局长学习，别成天待在办公室。"

……

李长雄唯唯诺诺应付了几句，扭头便走，还没有赶到监狱，杨天胜来电话说，局长已经到了监狱，要与谢天明谈话。李长雄赶到监狱时，文守卫已经离去。

几天后，李长雄硬着头皮去给文守卫解释，文守卫淡淡一笑："我以为啥事儿呢？原来这事呀？我早就忘了。"

随后，局里组织全省所有的监狱长政委召开了一个监狱系统形势分析会，会议不长，就一天时间，上午学习了几个文件，接着就是文守卫讲话。李长雄一听便知，这个会议好像是专门针对他开的，局长讲话中心就一点，在布局调整完成后，监狱应当怎么履行职能职责。下午是局党委副书记、纪委书记洪文岭讲话，然后分组讨论。洪文岭在讲话中有这么一句话，深深地刺痛了他。洪文岭说，局党委达成共识，不换观念就换人，对于那些不主动转变观念和思想的监狱一把手，局党委将适时调整。

尽管陈莉的这个建议让李长雄有些为难，还是那种想法，监管安全就不说了，大不了多调派些警力，严密监控就是了，但是在这方面局里目前还是沿用老的接见制度，清水监狱对于这类监管文件的修订完善工作尚在摸索中，那么其他罪犯怎么想？监狱工作最怕的是不公正执法，可这样做，公正吗？其实，他心里也很清楚，实际上他担忧的还是经费问题，这一出去，好几大千就扔出去了，还不知道效果咋样呢。他把政委徐昌黎、副监狱长杨天胜、管教几个科室责任人都叫来，最后基本达成一致意见，安排潘佳杰与他儿子在儿童游乐园见面，时间大半天，允许潘佳杰这个月不剃光头，接见那天允许他着便装。

陈莉问："我们是不是考虑给潘佳杰200块钱？"

其实大家都意识到这个问题，只是没能提出来，一则罪犯身上有现金会增加安全风险，二则都知道一提到钱李长雄就恼火。

沉默。

陈莉笑笑："就当我没提这个问题吧。"然后低声对马旭东说，"我捐100吧。"

马旭东白了她一眼："哪能让你出钱呢？这种情况以后还会很多，你都捐？"

"这不是试点吗？以后就规范了。"

"那也不能让你出，监区出吧。"

李长雄见他俩嘀咕，知道在商议200元钱的事，怎么也坐不住了，便说："这次破例，监狱出。"

潘佳杰的体型跟马旭东差不多，马旭东也没几件便装，他找了几件，都是旧的，心想反正自己以后也可以穿，于是就去买了一件T恤和一条裤子，放在办公室里。

不过，马旭东和陈莉决定严格保密，给潘佳杰一个惊喜。

"可是……还是有些美中不足……"陈莉迟疑地说。

"大胆说。"文守卫鼓励她说下去。

陈莉说："如果我们能把沙袋换成两个橡胶人，一个就是普通人的模样，一个做成……做成警察的模样……"

她还是很迟疑，小心翼翼地说。

本来这个意见她是提出来了的，但是清水监狱几乎所有的领导班子成员都不同意。

"好，这个意见好，李监狱长，就按陈莉的意见改进。"文守卫毫不犹豫地同意了。

连陈莉都有点始料未及，大家表情很复杂，心里似乎都有话想说，却不知道如何开口。

文守卫见大家这个表情，知道他们一时半会转不过弯来，于是说："你们中心要是在橡胶警察身上贴上我文守卫的名字，我也没有意见。"

（7）

从宣泄室出来再往里走，出现一个大厅，这里是心灵剧场。这是一个半圆形的舞台，墙面的十个大字"心有多大，舞台就有多大"，喻示着每个人都有巨大的潜能，任何平凡的人都可以使自己的潜能得到尽可能大的发挥。

静心阁大约一六平方米，里面的一切设施都是经过刻意布置的。窗帘选择的是乳白底色，图案是一个个浅绿色苹果，米黄色的音乐放松椅安放在房间的醒目位置，用于芳香疗法的香薰灯具静静地躺在房间一角，室内的整体色调非常柔和，让人一走进去就能放松下来。

"不错不错，装饰简单，但很考究，物品排放也很简洁。"文守卫称赞说。

陈莉进一步介绍说："每一样东西都具有象征意义，所以，从来访者进入心理干预中心那一刻，我们就其实已经开始运用无声的信息与来访对象交流。环境、设施的每一个细节，包括房间的布局、色彩、光线等等，都会对来访对象有着非同寻常的心理暗示作用，都会直接影响到他们的心理感受。"

"好了，大家休息一会儿，然后观看心理干预全过程。"文守卫说，然后转向陈莉，"下面就看你的了。"

陈莉尽管有一点紧张，但是今天安排给谢天明进行心理干预，她心里尽管没有底，至少他对她不会抱着抗拒的心理，被干预对象只要没有抗体，那等于就成功了一半。

谢天明被带到心理干预中心，他第一次来这里，有些好奇地打量着一切，当他的目光从"干预"两个字上面扫过时，目光停在了那里。直到民警提醒他，才回过神来，跟着走了进去。

谢天明淡淡地看了陈莉一眼，就垂下眼睑，说："我没有心理毛病。"

这倒是出乎陈莉的预料之外，她短暂错愕之后，冷静下来，倒了一杯水给他，问："你这些天是不是都偏头痛？平常是不是觉得全身没力气，总感觉烦躁，容易生气？"

谢天明迟疑了一下，最终还是点点头。

陈莉说："我现在是一名心理咨询师。"

"就是给人医治心理疾病的嘛，我知道。我可没有心理疾病，陈警官。"谢天明面无表情地说。

"我可没有兴趣强迫别人医病。"陈莉语气中故意带了一丝不屑，这不是陈莉在自恃身份，故作清高，而是一种心理较量：面对无条件抗拒的人，你若是一味地迎合他，永远得不到配合。而这种方式，正是无声地告诉他，你并不是这个世界的中心，并不是所有人都要围着你转。

但这种方式需要把握恰当的分寸，有可能会激怒他，使他彻底撕破脸皮。因此，在他还没有回话之前，陈莉紧接着又说："但我可以立即解决你的失眠问题！失眠的难受劲儿，你应该受够了吧？"最后她带着责备的语气反问："你难道连我都不信任吗？"

谢天明若有所思，有些不好意思，但依然面带疑惑："不是不信任你，我以前都是吃药的，安定片见效最快，但管不了多久。"

陈莉微微一笑，知道已经把这潭死水激起了一层涟漪，虽然波澜不大，但已经足够了。陈莉很清楚，长期被失眠折磨的人，往往会用"生不如死"这样的词语来形容失眠的痛苦程度。谢天明的语气虽然听起来是在抗拒，但明显，已经有了接受的强烈愿望。

陈莉说："我不用药物，而且不用你说话。"

"不用吃药？"谢天明显然有些惊讶。

"是的，不用吃药。"陈莉强化了一下语气，"当然，你如果——我只是说，如果——真的不相信，也没关系，试一试不就知道了。"

"如果，没关系"这几个字是针对他不信任陈莉的水平而言的，同时又激起他的好奇心，大概从来没有人能够在他不说话的状态下与他沟通。

对待谢天明这样几年来处于内心封闭状态的人，关心的方式不是反复询问。如果你不知道对方的心理状，最好的方法是默默地帮助他，少说话。

他有些犹豫，拿不定主意是否接受治疗。

在这种时候，陈莉认为应该帮他做出决定，一旦过了这短暂的时刻，他又会回到原来的漠然状态，再调动心理动力因素就更加困难了。

监狱里的心理咨询，与社会心理咨询相比，最大的区别可能就在于来访者是否主动求助。社会上的心理咨询，讲究的是"来者不拒，去者不追"，来访者只有主动求助，才能得到帮助，因为心理咨询师不可能离开咨询室去寻找、追随来访者。而监狱里，罪犯不一定能够意识到自己的心理问题，也不一定知道有这样的解决渠道。更重要的是，如果罪犯没有意识到自己的心理危机可以通过寻求专业帮助来解决，有可能在心理上走向封闭，在行为上采取自杀、自残、脱逃、暴力攻击他人等等行为，导致

危机事件的发生，带来监管秩序的不稳定。因此，监狱里的心理干预工作，有时候还得主动介入。

于是，陈莉说："这样吧，你先找一个舒服点的位置坐下，我们马上开始。"

他左右环顾，走了一圈，进入暖色调的那间心理咨询室，看了看，说："就沙发上吧。"

他这么说，表示他愿意接受治疗了，陈莉内心松了一口气，略一沉吟，心想万一出现干扰效果就不好了，于是对带押谢天明前来的民警说："请您在预约厅守着，有人来就应付一下。"

但由于陈莉是女咨询师，心理咨询的过程中必须有男民警陪同。所以，陈莉安排带押民警在不远处，能看到半开的房间门，但听不见里面的声音。这样可以最大限度给来访者提供安全可信任的空间，也能最大限度地保护当事人的隐私。

很明显，谢天明对她的这个提议出乎意料地欢迎，先前还很僵直的脸也一下子轻松起来，姿势从坐在沙发上一下子变成了靠在沙发上。

陈莉让他脱掉外衣躺下，将外衣轻轻地盖在身上。

陈莉没有立即做什么，而是让他静静地躺着，什么也不做。

五分钟过去了，谢天明的身体出现了明显的由紧张到放松的倾向，陈莉开始发出指令："现在跟随我的节奏，逐步放松。"她开始用平缓清晰的声音说："首先，你把眼睛所有的负担都去掉，不需要看任何东西，也不需要活动，连眼珠子也不需要转动，怎么舒服怎么来。然后把眼皮轻轻闭上。你会感觉到眼皮在舒展，放松……再舒展，再放松，一直到眼眶、到眉毛……看得出来，你已经开始放松了。但我要求你继续放松，再放松……"

之后，陈莉又依次从头顶、面部、颈部、肩膀、大臂、小臂、胸部、腹部、臀部、腿部，一直到脚底，发出放松的指令，企图把他的身体调整到最佳状态。

可是整个过程下来，效果并不十分明显。可见，谢天明的防线筑得十分牢固，陈莉有些失望，只好重新对他的全身进行了一次放松。这一次，她把顺序打乱，指令的部位总是没有规律，让对方猜不着。这种打乱顺序的做法，可以避免谢天明对她的指令产生预期，从而影响放松效果。

在指导谢天明的每一个身体部位都放松以后，陈莉都停留一定的时间使他能够充分体验身体的舒服感觉，以此来消除他的防御心理，使他在这个空间里面获得完整的完全感。

这一次，放松收到了明显的效果，谢天明紧绷了多年的肌肉逐渐松弛下来。

（8）

杨阳嘀咕说："谢天明怎么这么顽固？"

文守卫回头问："怎么说？"

杨阳立正，小声报告："报告局长，一般的人只需要一次全身放松，就可以进入状态。

接受性较差的，也最多不超过两次。可能陈主任感觉谢天明放松状态距离她的要求还有一定距离，决定实施第三次放松训练技术。"

"喔……"文守卫心想，"不会出什么问题吧？"

第二十五章　在商言商

(1)

李文君挺着大肚子，走进金帝大酒店咖啡厅，坐在临窗的卡座上，拿个小镜子左看右看，精致的茶几上摆放着一杯咖啡，冒着热气。

服务员拿着一份报纸走过来，躬身说："小妹，这是你要的报纸。"

李文君继续照镜子，头也没抬："放那里吧。"

服务员放下报纸，走到一边。这时，张大新走了过来，坐在她对面，打量她。

李文君放下小镜子，笑笑："一个大肚婆，有啥好看的？张哥，这么早叫我来，啥事儿呀？"

"都快中午了，还早？"张大新温文尔雅地笑笑。

李文君说："如果是吴矮子托你来当说客，免谈。"

张大新又笑笑："你这小嘴儿，哎哟，越来越厉害了，我还没开口，就被堵死了。"

"还真是他叫你来的？"李文君慢条斯理地将镜子放在坤包内。

"打住，他没有叫我来，我自己想找你聊聊这件事。"

李文君半信半疑地直视他："哦？"

张大新想了想才说："文君哪，应该说他给你的，已经足够你们母子生活一辈子了，见好就收吧，老话儿说，得饶人处且饶人嘛。"

"你也觉得我过分了？"

张大新点头，停顿了几秒强调说："真的有点过了。"

李文君"咯咯"笑起来。

张大新真诚地说："文君，我上一次就说过，这人哪，是世界上最凶残的动物，杀人不见血，特别是那些……"

"我知道，也明白你的好意。但是，我一看见他在电视上威风八面、冠冕堂皇，我就恨得咬牙切齿的。我恨不得扒了他的皮，吃了他们的肉！"李文君打断他，咬牙切齿地说。

张大新大笑："你呀，太天真，要是他们都完蛋了，我们咋赚钱？"

李文君也笑起来："那也是啊。"

张大新抓住机会问："想通了？"

"这样吧，看在张哥面子上，我就不要那套房子了，500万还是要定了。"

张大新把目光投向窗外，沉默起来。

（2）

随着第三次放松，谢天明的身体进入了一种自入狱以来从未有过的和谐状态，平和、安详、宁静。

全身完全放松，是人感觉最舒服的状态，有的人一辈子都没有过这样的感觉，有的人经历过后就念念不忘。陈莉知道，谢天明自入狱以后一直都是"绷"着的，有了这种感受后，对生命会渐渐有一种全新的体验，也对带他进入这种状态的咨询师有着特殊的信任。然而，让谢天明产生信任不是目的，目的是要解除他的痛苦。

陈莉依然用温和而平静的声音引导他："现在，请你想象自己走出房间，来到外面，来到自然当中，你留意看看周围，都有些什么呢？"

一般来讲，来访者往往会回答山川、河流、花草、天空等等，心理健康水平比较高的人还会描绘出许多令人心旷神怡的美景。

然而，谢天明却说："什么都没有……"

陈莉沉住气，轻轻地引导他："有的，只是你没有注意看。你可以再仔细看看，在你的身边不是有几棵树么？还有一条小溪流，溪边长满了草，还开着野花……"

谢天明按照陈莉的引导"看"了一下："是的，我看见了。那是几棵树，叶子都掉光了，只剩下光秃秃的树干。草枯萎了，哦，小河里也没有水……"

这些话，让陈莉觉得，在谢天明的心灵世界里，一切都没有生机，没有生命力，没有希望。

陈莉依然没有放弃，告诉他："是的，冬天刚刚过去，新芽还没有完全长出来。你慢慢去看，就能看见草丛中有许多嫩芽正在生长，树枝上一个个刚刚冒出来的新芽……"

谢天明又"看"了一会儿，说："没有，我没看见……"

陈莉几乎要绝望了，但她无法放弃，想了想，她坚定地说："没关系，那是因为它们还太小了，你用肉眼是看不见的，你只要知道它们正在慢慢长大就可以了。你再往前走几步，能看到一片森林，刚刚下过一场雨，树叶上还挂着露珠，你能听到画眉清亮的叫声，能看到松鼠在林间跳跃……"

陈莉没有继续让他"看"，而是直接把生机展示给他。碰到谢天明这样极度绝望看不到希望的人，只能果断地帮助他打破原有的心理结构，重新构建起生机与希望。

陈莉接着说："是的，这里一片生机，郁郁葱葱。你继续往前走，又是一条小河，水很清，有一座古朴的木板小桥，你走过桥，来到森林的最深处，这里有一间漂亮的小木屋。你打开门，走进屋里……你看见了什么？"

谢天明回答："屋子里……什么也没有，空的。"

（3）

文守卫看到这里，又回头看了一眼杨阳。

杨阳知道他在担忧，其实他也为陈莉捏了一把汗，如果他遇到这种情况，就不知道怎么办才好，他只好给局长解释："这个过程中在帮谢天明寻找心灵寄托，而他回答什么也没有，说明他内心的核心依托是极其缺失的。"

"那怎么办？"李长雄有点儿紧张地问。

"我想……我想陈主任应该有办法……"杨阳模棱两可地说。

杨阳的话使监控室的氛围一下子紧张起来，大家都死死盯着屏幕。

（4）

送走李文君，张大新回到办公室，在电脑上搜索新闻视频。视频里出现了黄小伟视察的画面，他谈笑风生，指手画脚地给和随行人讲什么。

伴随画面，播音员说："今天下午，省纪委干部带走了市委副书记、常务副市长黄小伟。记者从省纪委得到证实，黄小伟涉嫌严重违纪，对他采取'两规'措施。据悉，黄小伟的司机涉嫌在金帝酒店打架斗殴，黄小伟或许与这件事也有关联……"

张大新叹息："可惜了，可惜……"

吴友明推开门走了进来。

张大新停止了播放，把电脑屏幕最小化，笑脸相迎。

吴友明瞧瞧他："看什么呢？神神秘秘的？"

张大新又打开屏幕，说："看你那里的地震。"

吴友明看了一眼屏幕，沉着脸道："共产党的天下，固若金汤，怕啥？再抓一半，红旗还是红旗，哼！"

张大新意味深长地看着他："看来老哥是遇到了棘手的事情了……"

吴友明不住地甩头："妈的，真摊上了。这李文君真是一条疯狗……老弟，帮帮忙，我也不要她的命，就要她肚子里的野种。"

张大新皱眉，把目光投向窗外，不语。

"水电站，投资17个亿，我想办法让你们中标。"吴友明拿出一叠资料放在张大新面前。

张大新说："老哥，这样行不行，这个项目，你交给我，利益我们五五分，另外我帮你出李文君向你要的500万。"

吴友明语气坚决："老弟，这不行，这一次再满足她，过一段时间，说不定她又找上门了。我知道你和她关系不一般，刚才我不是说了吗？我又不要她的命，只要她流产。"

"好吧，我考虑一下。"张大新只好说。

吴友明说："我信任你才来找你，你知道的，想要这个项目的人多得是。老弟，想好了，给我一个电话。我走了，你说得对，我那里地震了。"

张大新送走吴友明，拿起资料翻了翻，眉头紧锁。

（5）

李文君回到家里，坐在沙发上，左手里拿着那张已经翻越了无数次的旧报纸，用右手摸着肚子，细声细语地说："宝贝儿，你这个爸爸完蛋了……也许，他真是你的爸爸……"

说着说着，她眼睛里充满泪花。

如果不是黄小伟鬼迷心窍，她不会成为谢天明的情妇，也就不会发生后来的事情，他可是她的初恋啊。初恋是什么啊？她一直铭刻在内心深处，偶尔想想，酸酸的，甜甜的，就像某家酸奶公司在酸奶饮料广告上，甜而酸的酸奶有初恋的味道。而今，这种永恒的回忆，时不时冒出来折磨着她。

"真该死，我还没有让他下地狱，他却自己跳了进去……"她有点儿幸灾乐祸，还有点儿惋惜，似乎还有点儿遗憾。

（6）

张大新站在窗口伫立，有人敲门，他转身坐到椅子上，梳理了一下心绪，才说："进来。"

一高一矮两个人走了进来，手臂上的文身很抢眼。

矮子有些兴奋："老大，有活儿干了？"

张大新从抽屉里拿出几叠钞票和一张照片，扔给他们："让这个女人流产，不要弄出人命。"

高个子拿出一个蛇皮口袋，将钱和照片装进去，与矮子一起鞠躬，走了出去。

张大新目光有些呆滞，喃喃地说："文君呀文君，这个世上，已经没有了司马相如……"

（7）

文子平今天也想去看看谢天明，天还没亮，他就给谢小婉打电话，要接她一起去监狱，可谢小婉说已经上了公共汽车。他知道，这个时候公共汽车都还没有发班，她上哪门子公共汽车？文子平碰了一鼻子灰，很是沮丧，吃过早餐就上班去了。走着走着，实在没有心情去上班，反正就是个实习单位，不去也罢，就在大街上漫无目的地走，不知不觉又来到金帝大酒店。他本来想进去要一杯茶，看看报纸，再睡上一觉。

可一想到自己还在那里欠的账，一下子觉得自己灰头土脸的，他犹豫是不是进去问一下，他究竟在这里欠了多少钱。正在街道边徘徊，酒店经理恰好走了过来。

经理看看他说："子平，这么早？不进去？"

文子平有一搭没一搭地说："我还要上班呢。"

"礼拜六还上班？"经理问了一句，也不待他回答，径直走进酒店。

文子平这才醒悟过来，寻思了一下，鼓起勇气走进去，来到吧台说："帮我算算，我在这里欠了多少钱？"

经理看看他："你稍等……"他拿出账目，翻了翻，眉头一拧，"咦，没有了，昨天晚上被人还上了。"

文子平拿过账目看，满脸惊愕："55000元？这么多？"

"这里是高档消费场所，一杯白开水都要60元的。"经理笑笑，摇摇头感慨地说，"我也觉得贵得离谱，但没法子，有钱人就是任性，恭维他，他也任性；宰他，他也任性……"

文子平想笑，却笑不出来："谁帮我还的？"

经理转头叫前台小妹："嘿！你过来，这位先生的账，是哪个来还的？"

小妹接过账本看了看："哦，是一位小妹，高高的，瘦瘦的……"

文子平扭头就走，他明白是谁帮她还了欠账。可是，他心头没有一点喜悦，没有一点感恩，只是有些忐忑。走了一阵，他坐在街边台阶上看着来来往往的车流和人流。

一只流浪狗跑过来，看着他。文子平友好地朝它招手，流浪狗退了几步，突然朝他狂吠。文子平气恼地站起来，猛追几步，流浪狗夹着尾巴逃跑了。

"妈的，连流浪狗都欺负我……"文子平心情愈加沮丧，咕嘟骂了一句，又回来坐在台阶上，昨晚的情景又浮现在脑海里……

（8）

昨晚，他知道秦欢去他家了，便在外面要了一碗面，随便对付了一下饥饿感，本来又想去喝酒，但想到自己在金帝大酒店怕是欠了好多钱，只好悻悻地、磨磨蹭蹭地往家里走。回到家里，刘蕊和秦欢在看韩剧，两人都感动得抹泪。

刘蕊叫他也过去看电视，他一声不吭地回到自己的房间，把门反锁上。过了一会儿，刘蕊使劲敲门，叫他出来。他不理睬，刘蕊的敲门变成了砸门。

文子平打开门，懒洋洋的样子，不满地问："啥事儿？"

刘蕊生气地质问："啥事？好事？！你在金帝酒店欠了多少钱，你知道吗？"

"哎呀，是我欠的，又不是你欠的，你急啥呀？"

刘蕊指指他，气得脸都白了："五万多，我的仙人呢。你说你咋就不叫人省心呢？！

一个谢小婉就把你整成这样，喝喝喝，就知道喝酒！哪天，你把这房子都要喝出去！"

文子平叫嚷了一句："我自己还！"

秦欢走过来扶着刘蕊坐下："阿姨，别生气，我爸爸与金帝的老板关系很好，我和爸爸说说，叫他们收个成本价，也就是几千块嘛。"

刘蕊半信半疑："几千块？不止吧。"

秦欢笑笑说："阿姨，这些酒吧呀，暴利呢。随便拿点水，兑点酒，晃呀晃几下，一下子变成几百块。"

秦欢学着兑酒师的样子，滑稽可爱。

刘蕊笑起来："这些个黑心的商人。"

"好了，你慢慢看，我去搞定这件事。拜拜。"

刘蕊笑逐颜开："欢欢，明晚来吃饭，啊！"

秦欢回头冲着文子平调皮地做个鬼脸："好嘞！"

要秦欢帮自己处理，他真有点不情愿，但一听五万多，他确实吓了一跳，就目前而言，就是把自己卖了，也值不了五万。他闷闷不乐地回到房间。

本来，他已经做好了心理准备，挨爸爸一顿批评。令他感动的是，爸爸文守卫晚上回来，不仅没有责备他，还走到他房间，递给他一张卡。

文守卫只是说："儿子，家里就这点儿老底了，明天去还了吧。"

文守卫说完就走。

文子平感动地叫了一声爸爸，眼圈就红了。

文守卫转身回来，拍拍他的肩膀："人哪，都有年少轻狂的时候，经历了，也就过去了，我对我儿子有信心！"

文子平满心愧疚，用力点点头。

他在床上辗转反侧，觉得无论如何也不能再给父母添麻烦了，寻思等下个月正式上班了，一点一点还上。这么决定了，他心里也踏实了不少，早晨起来，偷偷把卡放在父母的房间里……

（9）

一阵"咯咯"笑声打断了他，他抬头一看，原来是秦欢站在他旁边。

文子平说："你来干什么？！"

秦欢走过来坐在他身边："这又不是你家的，我为什么不能来？就算是你家的吧，阿姨欢迎我，你爸爸呢，不反对，嘿嘿。"

文子平问："你哪里来的钱？"

"我自己的，真的，压岁钱呢。"

文子平心里一阵波动，良久才说："就算我借你的啊，等我下个月正式上班后，慢慢还你。"

秦欢笑笑："好啊。不过，你今天得请我看电影。"

文子平站起来说："好吧。"

秦欢上去挽住他的胳膊，文子平这一次没有反对。

（10）

陈莉心里很清晰，这时候必须要进行的一件事，便是帮助他创建核心的心灵寄托。

她继续描述："是的，你看见屋里什么也没有。你走进去，四处打量。看见没有？这屋子还有里间。正当你想进入里间去寻找的时候，里屋走出来一些人……最前面的一个是你的女儿，她叫了一声爸爸，你张开双手迎接她，你们紧紧地抱在一起，女儿泪流满面，哭喊着爸爸……你对她说：'孩子，爸爸这段时间忙着自己的心事，忽略了你的存在，爸爸没有照顾好你，对不起！爸爸会解决好自己的问题，会好好地照顾你，加倍地呵护你，让你幸福成长！'女儿激动地喊着爸爸，你们父女俩紧紧拥抱在一起……"

谢天明的眼角涌出泪滴，他已经开始宣泄喜怒哀乐，但这还不够，女儿的力量是微弱的，因为无论何时何地，女儿在父亲心里永远比父亲弱小，需要保护。

陈莉又接着陈述："女儿身后还跟着几个你以前的好朋友，关系不错的老同学，他们非常高兴地走过来和你握手，拍拍你的肩膀，你对他们说：'对不起，对不起，这段时间给你们添麻烦了……谢谢你们带女儿来看我。'"

在此，本来陈莉想用文守卫或者顾洪城这个意象来重塑他的信心，但是考虑到他们之间的关系有些特殊，说不定还有点儿尴尬，于是用了模糊的概念"朋友、同学"，不管谢天明到何种地步，总还会有几个关系不错的同学朋友。

果然，泪水再次溢出他的眼眶，泪水滑过他的面颊，他没有去擦拭。

"看，成功了，谢天明流泪了……"杨阳兴奋地说。

所有人都松了一口气。

"在催眠状态下溢出的泪水，是纯真的，局长你看，如果一个人的内心此刻的状态带有社会属性多一些，他就会去擦拭眼泪，以遮掩某些东西，但谢天明没有擦拭，说明他此刻的内心处于原始的状态，只要把他内心压抑的情感宣泄出来，谢天明的状态会得到很大的改善。"杨阳接着解释说。

文守卫一行人不由自主地点头。

在放松的过程中帮助谢天明将身体调节到和谐稳定的状态，再借他生活中现成的资源，帮助他宣泄压抑了五年的情绪，情绪宣泄得越彻底，越容易在今后树立起信心。

陈莉用倒计数方法让他慢慢睁开眼睛，坚定而沉稳地对谢天明说："你失眠的问题是心理因素引起的，你有很多痛苦，很多的冲突纠结在心里，这是引起失眠的重要原因。现在，你能够，也有勇气将这些痛苦说出来……这里是安全的，你说吧！"

他长长地叹了一口气："刚进来时候，我心中有许多的怨恨！我恨所有人，恨这个世界的不公允，恨自己命运多舛，恨那些很幸运的人……"

陈莉认真地倾听，朝他点点头。

"我这些天反复追问自己，这将近六年来我做了些什么？只要表现一般，不出

大的问题，一年拿到的考核分，就可以减刑半年，可我呢？"谢天明停顿了一下，继续说，"现在，监狱刚刚解决了家里的困难，女儿也重返大学，可……可二弟媳妇跑了，侄儿车祸死了……"

谢天明有些激动，抱着头喃喃自语，听不清他叨叨些什么。

陈莉没有干扰他。

一会儿，他抬起头："虽然文局长、徐政委还有你，陈警官……"

"我现在不是陈警官，叫我小陈吧。"陈莉打断他的话。

谢天明脸上泛起些许的笑："谢谢你，陈……小陈……虽然你们都表示监狱要尽全力解决好家里的问题，我也相信你们能帮小婉完成学业，能安置好母亲和二弟，但是我这些天总是心神不宁……我呢？荒废了将近六年，六年啊……这都是我不悔罪引发的，现在认识到了这一点，总感觉一天二十四小时怎么就那么短呢？我就算一个月挣七分，那一年半就可以减一年，顶多再过六年，我就能出去了，说不定还可以见到母亲，好好侍奉她老人家几天……"

谢天明呜咽了，说不出话来。

（11）

这段时间，潘佳杰心里充满自责、内疚、不安。他有一种强烈的欲望，就是想见儿子，想见吴双双，不为别的，就是看儿子一眼。

他失眠、心慌意乱、意志消沉，拼命地干活，跟谢天明一样，心力交瘁。

上午九点，马旭东把潘佳杰叫到办公室，拿出一件T恤和一条裤子递给他："换上。"

T恤和休闲裤商标都还在，一看就知道是崭新的。潘佳杰很疑惑，怔怔地看着他，没有动。

"愣着做什么呢？换上。"马旭东催促道。

"马监，这……这是要去哪儿呀？"潘佳杰小心翼翼地问。

"去了你就知道啦。"马旭东挂着浅浅的笑。

潘佳杰满怀心事地换上衣服，加上已经寸长的头发，气度一下子变了，一点也看不出是个罪犯，马旭东打量着他："给我精神点，别畏畏缩缩的样子，挺胸抬头。"

潘佳杰不好意思地笑笑，挺直了腰杆。

"这就对了嘛，你小子，还是个帅哥呢，哈哈……"马旭东豪放的笑声引来了一些民警，站在门外看。

几个女民警"嘻嘻哈哈"地笑，"叽叽喳喳"地议论是马旭东帅还是潘佳杰帅。

潘佳杰心里愈加慌乱，又低下头，腰杆微弓，又恢复了先前畏畏缩缩、毕恭毕敬的模样。

马旭东看着他那样子，又是一阵笑，把警服脱下，换上一件洗得有些发白的衬衣。

一个女警说："马监，你这衣服一换，就没潘佳杰潇洒了。"

"是啊是啊，像保镖。"另外一个女警说。

"我要那么潇洒做什么？我本来就是'保镖'嘛。"马旭东乐呵呵地笑，对潘佳杰说，"走吧。"

潘佳杰紧紧跟在马旭东后面，他早就想逃离这个尴尬的现场，出了监狱二大门，还有两个着便服的民警在等着他们，潘佳杰寻思："八成是狱政科的，这是要到哪里去呀？"他不敢问，忐忑不安地坐在车子上。

天放晴了，碧空万里，几朵白云静静地停留在天际，阳光洒在湿漉漉的树叶上，给人一种暖暖的感觉。

潘佳杰有七年没有迈出过监狱大门，这个城市他是熟悉的，但是放眼望去，南城区这一片已经面目全非，除了远处低矮的山脊没变以外，几乎找不到一点点记忆中的痕迹，街道、建筑、使人眼花缭乱的立交桥，还有街道上川流不息的小车……"山中无甲子，寒尽不知年。"这首诗一下子跳入他的脑海里，他连连喟叹，心里也掠过一丝忧郁，还有那么多年，不知道还要发生怎样的变化……

"就停在这里吧。"马旭东突然说。

潘佳杰下车来，好半天才反应过来，在前面不远处就是儿童乐园。他匆匆扫视了一遍儿童游乐园门口，吴双双正牵着一个小男孩在那里张望。他立刻明白了，眼眶一下潮湿起来，噙着泪水深深地朝马旭东他们鞠躬。

马旭东拿出200元钱和很大的一套奥特曼玩具递给他："钱是监狱给你的，玩具是陈莉、杨阳他们送给你的，陈莉还让我转告你，就说是你给你儿子买的。好好陪陪儿子吧！"

潘佳杰泪水哗哗直流，背过头去不停地抹。

"好了好了，别像个娘们似的。去吧，你儿子还等着你呢。"马旭东推了他一下。

（12）

陈莉最后告诉谢天明，谢小婉已经来到了监狱，在会见室等候。谢天明简直没有想到监狱会这么安排，激动得嗫嗫嚅嚅的，半天说不出一句完整的话来。

谢天明走出心理干预中心，他停下来，仰头望望澄明的天空，如释重负，感到一种说不出的清爽，脚步也轻快起来。

在会见室，谢小婉把最近发生的一切娓娓道来。

谢天明似乎什么也没有听到一般，什么也没说，只是木然地坐着。只是，脸上的肌肉有些扭曲，显得有些狰狞。

谢小婉说："刚才我还给奶奶打了电话，她说他们很好，叫你不要担心。"

谢天明依然那样坐着。

她最后说："爸爸，要不是陈姐，要不是刘叔叔，要不是有监狱的协调，对了，还有杨阳，女儿恐怕这辈子再也没有机会读完大学……不过，你放心，我会加倍努力，等明年我毕业了，找一份工作，我就把奶奶和二爸接过来，一起等你出来。"

谢天明还是那副模样，似乎依然没有听见她说话一般。

"爸爸，你听到我说的话了吗？"谢小婉有些生气。

谢天明这才抬起头，看着她："孩子，爸爸……对不起你，对不起你爷爷和奶奶，对不起你二爸一家子……也对不起监狱……你放心，你努力，爸爸也努力，我们一起努力，啊！"

谢小婉立即泪水涟涟，拼命地点头。

陈莉在旁边说："小婉，你可以让你爸爸给奶奶说几句话。"

谢小婉感激地看了她一眼，忙拿出手机拨通了养老院的电话，一会儿，那头传来奶奶热切的声音，她说："奶奶，爸爸跟你说话。"

谢天明接过手机，紧紧贴在耳旁："妈，你还好吗？"

"好着呢，三顿饭都有人伺候着，头痛脑热的还有医生，这可是上辈子修来的福啊，可惜就是你爸爸没有享受过……"

谢天明心里哆嗦了一下，颤声说："妈……"

"天明啊，小婉明年大学毕业，找一口饭吃不成问题，你二弟呢，在这里比在家里强，我啥都不担心了，就担心老家的房子，这房子没人住，就烂得快，今年还没有检漏，前些日子还有几处在漏雨……要是妈哪天没了，你以后出来，好歹还有个落脚的地方……"

谢天明的心里像被巨大的铁锤狠狠地敲击了一下，呜咽着说："妈……你一定要好好的，等着我，一定要等我出来……"

谢天明说罢，伏在桌子上呜呜地哭起来，谢小婉心里愈加酸楚，也伏在他肩膀上一个劲儿地哭。

过了好一阵子，陈莉看他们情绪稍稍平静了一些，便对他说："你安心改造学习，文局指示我们，定时给奶奶打电话，定期跟养老院院长沟通，尽可能让奶奶和你二弟生活好一些。"

谢天明站起来，朝她鞠躬。

陈莉忙扶住他："使不得，这都是我们应该做的。"

谢天明固执地朝他三鞠躬，然后说："一个给你的，第二个是给文守卫的，第三个是给监狱的。陈警官，请你给文局长带个话，说我谢天明一定会重新审视自己的人生，不辜负他和所有民警对我的关心。"

李长雄看着监控画面，也被感动了，说："谢天明的成功转化，标志着我们清水监狱监管教育罪犯工作跃上了一个新台阶。我认识上有偏差，我真要好好检讨一下，文局，我……我不是一个新时期合格的监狱长……"

"你如果真这么认识，我感到欣慰。"文守卫高兴地说，"不过，你得感谢洪书记，不瞒你说，我曾经想换掉你，洪书记跟我说，你这个人呢，要是观念转变过来，还是一个很不错的监狱长，建议还是给你一点儿时间，再给你一次机会。现在，清水监狱有你和徐昌黎搭班子，我放心了。"

李长雄连忙说："谢谢洪书记。"

洪文岭淡淡地说："那是我们文局工作作风民主。"

文守卫笑笑，对李长雄说："眼下的工作，抓紧总结经验，上报局里。"

"我们马上落实你的指示。文局，你今天见不见一下谢天明？"李长雄说。

文守卫想了想说："今天就不见了，谢天明，不，应该是所有罪犯的心灵都是脆弱的，在某个时候跟小孩心灵一样脆弱，自我调节能力和修复能力很差，今天见他，说不定他会产生一些不良想法。"

"局长都成心理学专家了，看来，我也得去报个心理咨询师培训班。"李长雄说道。所有人都明白这是他的巴结之词，但是没想到的是，文守卫顺着他的话说："不仅我要成为罪犯心理的专家，我希望在场的领导们都要成为专家，而且全省三成以上的民警都要成为这方面的专家，这是我们监狱系统一个五年规划。"

在场的人都吃了一惊，顿感几分压力。

洪文岭说："是的，我们正在讨论这方面的规划，相信不久会出台培训纲要。给你透露一下，文局和我都报了心理咨询培训。在我们规划纲要没出台之前，清水监狱可以积极探索。"

徐昌黎摸摸花白的头发，捅捅李长雄："我们两个报不报个培训？"

"报报，报……"李长雄忙不迭地说。

文守卫笑道："也别紧张嘛，我们在出台纲要之前，会考虑年龄偏大的领导干部的实际情况，但是有一点我可以透露给大家，分管改造的副职领导必须取得三级以上证书。"

副监狱长杨天胜心里泛起了波澜，自己都52岁了，看来到点了。他想起何凯华，心里很是窝火……

"最近罪犯有啥过度反应没有？"文守卫突然问。

李长雄知道他的意思，忙说："我们按照马星宇主任的建议，加强了布控，果然查出几个罪犯蓄意煽动其他罪犯闹事，已经严厉打击，目前监管秩序稳定。"

"该打击坚决打击，但是罪犯正当的诉求也得引起我们的关注，可以明确告诉他们，监狱正在修订会见管理办法，以后，达到会见条件的，监狱都将安排亲情会见。"文守卫说。

"我们正在抓紧落实。"徐昌黎说。

文守卫一行刚刚走出二大门，大约二十来个民警就围了上来。徐昌黎一看，额头汗珠就冒出来了，这些民警清一色都是平溪监狱过来的。徐昌黎面子一下拉不住了，站到文守卫的前面，喝道："你们要干什么？"

民警们都低下头，都不说话。

"散了，散了！"徐昌黎命令道。

王寿贵扭头便走，其他民警你看看我，我看看你，犹豫了一下，也开始散去。

文守卫心里有些痛，多么质朴的民警啊，他们是从大山里监狱来的，保持着那里淳朴的本性，应该说，他们要求很低，就想讨个说法而已。

文守卫大声说："请等一下！"

民警们停下脚步，都惊讶地看着他。

"你们是不是有什么话想对我说？"文守卫走到他们面前，和颜悦色地问。

民警们都点点头，可还是没人说话。

文守卫笑了一下，说："王寿贵，你过来，你说。"

王寿贵耷拉着脑袋走了过来，带着惭愧的口吻说："文局长，我是他们拖来的……"

"你说吧，怎么一回事？"

"是这样的，这次晋升主任科员，我们平溪监狱来的一个也没上，所以他们向监狱反映过，可监狱没有给出个解释说法，于是乎大家就盼着你来。"王寿贵低声说。

"什么？一个都没上？"文守卫大吃一惊，继而很震怒地质问李长雄。

李长雄嗫嗫嚅嚅地说："文局，我们是按照局里要求和局里规定的程序进行选拔的，这个结果我也没有意料到。"

"你明年就要退休了吧？"文守卫平抑着内心的怒火，问王寿贵。

王寿贵点点头。

另外一个老民警说："局长，王寿贵是这次有资格晋升的民警中年龄最大的，以前在平溪的时候，他把晋升机会都让给了比他大的老同志，监狱卡谁都可以，但是卡他，我们真有点想不通。清水监狱的二十来岁的这次都上了几个，而我们平溪监狱来的，五十八岁了都没有上，你说公平吗？这不是明摆着欺负我们山里来的吗？就算让我们平溪来的上一个，我们心理也平衡嘛。"

"二十几岁？上了几个？"文守卫再一次震怒了。

李长雄面色铁青，很难看："他们都是副科级，很优秀。"

"五个，只有两个是副科级。"一个民警大声说。

文守卫质问："既然很优秀，你们为什么不提拔他们？"

文守卫的话很明确，既然你李长雄认为很优秀，那就提拔他们任副科级、正科级，不要来抢这有限的主任科员名额。

李长雄嘴唇翕动了几下，没说话。

文守卫说："我今天感到很难过……其一是，我看到了一群质朴、要求并不高的民警，这样的民警才是我们监狱发展的中坚力量，然而我们有些领导却熟视无睹……"

民警们都使劲地鼓掌。

"其二呢，平溪监狱和清水监狱合并都大半年了，可今天我听到的还是截然不同的两个群体。"

民警们都低下头，清水监狱领导班子都面带惭愧。

文守卫看看大家，接着说："我们都找找原因，好吗？局里、监狱、我、你们、所有的领导干部，都找找原因，我想这个问题不是什么大问题，没有过雪山那么难吧？今天你们反映的问题我记住了，我坚信，也请你们相信，这个问题会解决好的，一定要更加科学、公正、规范！"

王寿贵说："我们也有错，意识上存在一些问题……不过，局长请你放心，我们会融入清水监狱这个大家庭的。"然后转身对民警们说："局长都这么说了，这下放心了吧？散了，散了吧。"

王寿贵说完，扭头便走。

民警们也跟着散了。

文守卫紧走几步，赶上王寿贵，问："你身体怎么样？"

王寿贵很激动，拍拍胸口："硬朗着呢。"

"我听监区同志反映，你工作做得很不错，谢天明也跟我说，你是他来到监狱以来遇到的最好的管教民警，他们那个顽危犯分队，被你管理得井井有条的。"文守卫说。

王寿贵不好意思地憨笑。

"但是要注意身体。"文守卫关切地说，"要不要我给监狱打个招呼，换一个轻松一点的岗位？"

"别别别……局长，我身体不碍事，你看，我哪像病恹恹的人？这个分队比较特殊，顽危犯占了一半，刚刚才有所起色，我在想啊，不仅要把谢天明潘佳杰转化过来，还要把其他顽危犯转化过来，要是我明年退休之前，能把这个分队所有的顽危犯都转化过来，我这一生就算画上了一个句号啦。"

文守卫点点头，啥也没说，紧紧握住他的手。

文守卫目送王寿贵，直至他的背影消失在一监区的大门内，喃喃地说："多好的同志呀……"

徐昌黎感触地说："我们清水监狱像王寿贵这样的同志还很多。"

"所以，你们要关心他们，了解他们，不要一天到晚一副官老爷的模样！"文守卫说完，扭头便走。

原本上下皆大欢喜的局面，就这么没了，李长雄心里沉甸甸的，其实，徐昌黎心里也很明白，李长雄也不是没有意识到这个问题，也努力了，但是……

主任科员是基层民警晋升的唯一通道，僧多粥少，竞争就异常激烈，也不太好作民警的思想工作。

局里只是有个指导性文件，要求各个监狱公开、公平、公正地进行选拔工作，按照工龄、年龄、职务、获奖情况等打分，从高到低取舍，这意味着按照论资排辈的方式进行晋升。他征求其他班子成员意见，大多数认为完全按照论资排辈，也不科学，不仅党委没有了话语权，体现不出权威性，而且不能把那些表现优秀的年轻一点的民警选拔上来，他们可是监狱的中坚力量啊。

其实呢，他也有这个想法，怎么才能既照顾老同志，又能把一些表现优秀的年轻一点的民警选拔上来呢？这个度怎么把握，他也不敢妄下定论。何况党委成员都是无记名投票，即使召开了党委会，制定了原则，但是他不按照那样来投票，你拿他怎么样？

现在，只有政委徐昌黎他还没有征求意见，于是李长雄来到政委徐昌黎的办公室，把自己的担忧说了。

徐昌黎问："你心里有没有方案？"

"我俩先讨论讨论，然后上党委会。"

徐昌黎心里明白，要是完全按照论资排辈的方式，排在前二十位的，前平溪监狱老同志就占了十一个，而名额呢，就只有二十七个，占了将近一半，那么清水监狱民警会怎么想？如果不按照这种方式，不管你怎么讨论，一定会有人为因素造成不公正性，比如群众投票，不管是普通民警投票还是中层干部投票，平溪监狱来的同志就很吃亏；领导打分，班子里就他一个人来自平溪监狱，平溪监狱来的同志也很吃亏。其实，最有说服力的、最安全的或许还是论资排辈。

"你看这样行不行，加大工龄、获奖等的分值，其他按照去年方式进行选拔。"

李长雄见他不语，便抛出自己的方案。

徐昌黎眉头一下子紧锁起来，不为别的，就为王寿贵。王寿贵明年就要退休了，这次要是再上不了，那根本就没有机会了。尽管加大工龄、获奖等分值，但是毕竟还要经过考试、基层群众民主测评、中层干部民主测评和党委测评，要是哪一个环节稍稍出现问题，那就有可能上不去。

"你看怎么样，你倒是发表一下意见嘛。"李长雄催促道。

"我个人意见，主任科员的晋升不同于实职岗位，最好还是论资排辈。"徐昌黎说。

李长雄立即否定："这个方法不成，我也征求了其他班子成员的意见，都不同意。一则党委没有话语权，二则监狱中坚力量上不去，会影响下一步工作。"

"老李呀，平心而论，这些基层民警图啥？不就图个主任科员吗？优秀的，我们可以提拔为实职领导嘛。"徐昌黎见他不语，便开导说。

"实职领导职数就那么多，怎么提拔？提拔一批，下一批，这成什么了？江山轮流坐？"李长雄反问。

徐昌黎见他语气充满火药味，也一下来气了："什么党委没有话语权，那是托词，是借党委的名义实现自己不可告人的意图！去年，你们上的那几位所谓二十来岁优秀的，我查了一下，哪一个不是同班子成员有姻亲关系？"

李长雄第一次见徐昌黎发火，慢慢冷静下来，细细想想，他的话确实不无道理，

同时，他心里也掠过一丝惭愧，去年自己小姨子的儿子才二十九岁，不也是上了吗？但是，他又不得不顾及其他班子成员的意见，因为要是失掉这些人的支持，他这个党委书记、监狱长话语权就会大打折扣，而徐昌黎的话语权就会提升，这……

他笑笑："老徐，别那么大的火气嘛，这不跟你商量吗？"

"跟我商量？你们原清水监狱班子成员都商议好了，跟我商量还有啥意义？"徐昌黎毫不退让，反而更加一针见血地说。

这话无异于在向李长雄宣战。

李长雄寻思，不做出让步是不行了，要不然班子就四分五裂了，他这个党委书记无法向局里交代。两虎相斗必有一伤，监狱长与政委相斗的，结果都没有好下场，这一点，他是明白的。

"这样吧，把你的人列出个名单，我保证做通其他人的工作，保障这部分人上。"李长雄说。

徐昌黎以异样的眼神瞅瞅他，不语。

"要不，我俩各拿个方案，提交党委会？"

"这个我赞同。"徐昌黎面沉如水地说。

党委会没能通过徐昌黎的方案，这也是他意料之中的事情，现在他唯一能做的，就是说服大家投王寿贵等几个从平溪监狱来的老同志的票，李长雄当然也明白其中的利害关系，也强令其他班子成员投王寿贵的票，这个人要是再上不去，那么真不好向文守卫交代了。

紧接着，李长雄带着政治处主任到局里汇报，抛出清水监狱的晋升办法，特别说明加大了年龄、工龄的分值，这样就体现了局里的文件精神，又保障了可以选升一小部分年龄稍微年轻一点的优秀民警。局政治部主任见方案也没有违背局里的文件精神，就同意了。

一个月之后，果不出徐昌黎所料，统计结果，王寿贵落选了。

第二十六章　幡然悔悟

(1)

夜色迷离，天空中悬着一轮明月，一团云朵在附近徘徊，不断幻化着稀奇古怪的S形状，皎洁的月光给它镶上银白色的边，就像一条魔法缎带，紧紧缠住了它，欲罢不能。

李文君把车缓缓开进地下停车场，一辆黑色轿车也慢悠悠地开过来，黑色轿车里，一个矮个子男人开车，后排坐着一个高个子，两人都紧紧盯着李文君那辆红色轿车，一进停车场，两人把丝袜套在头上。

李文君把车停好，下车，锁上车门，往西边的电梯走去。一高一矮的两个人疾步从后面追上来。李文君察觉到异样，回头一看，立即惊慌地奔跑。两个人冲上来，矮子一脚将李文君踹倒在地。

(2)

吉牛马二和鲁本川坐在独凳子上，发呆。谢天明走了进来，也坐在独凳子上，时而露出笑，时而发呆。

吉牛马二问："老谢，那头小花猪，长大了？"

谢天明点头。

前些日子，谢天明找马旭东，申请到车间劳动，马旭东觉得这是他转变的重大表现，也可以激励罪犯积极改造，就同意了。谢天明在车间晕倒后，马旭东考虑到他的

身体状况，又调整他去喂猪。

吉牛马二感叹："一晃又是几个月了，真快。"

"什么呀，我是度日如年……"鲁本川低声抱怨。

吉牛马二笑笑，眯起眼睛养神。

二皮大摇大摆走了进来，冲着他们喊："我胡汉三又回来了！"

三人不理睬他，二皮围着三人转悠了一圈。

"哟？！念经？超度？"

三人还是不理睬他。

鲁本川看看二皮，又看看吉牛马二和谢天明，鄙夷地说："道不同，不相为谋……"

二皮盯着他："啥？啥啥意思？"

鲁本川打坐一样，不搭理他。二皮顿时觉得无趣，正寻思找一个理由修理修理鲁本川，刀疤脸走进监室，二皮挤眉弄眼地对刀疤脸说："我们跟他理论理论？"

刀疤脸点点头，"嘿嘿"奸笑。

谢天明看在眼里，招呼二皮说："坐，我给你们讲个笑话吧。"

二皮像猴子一样夸张地向后跳开，惊讶地看着他："啊？谢书记要讲笑话？好好。"

二皮从床下面拿出一个塑料小凳子，坐下来。

刀疤脸不以为然看着谢天明："你们说他讲的笑话好笑不好笑？"

一个罪犯附和说："说不准，我可是没听见过谢贪官讲笑话。"

"也不一定哟，官场荤段子多。"又一个罪犯说。

二皮站起来，指着他们呵斥道："想听就规规矩矩坐好，不想听的，滚远点。"他面向谢天明媚笑："谢老大，你请，请……"

谢天明并不在意几个罪犯的揶揄，说："从前有两人争论，一人说三乘以八等于二十四，一个说是二十一。两人吵了一天，告到县衙。县官听后大怒，叫人将说等于二十四的人打二十四大板。二十四叫屈。县官说，你跟二十一吵了一整天，你说你蠢不蠢？"

刀疤脸和几个罪犯对视一眼，露出鄙夷的神色，都不约而同地叫了一声"切"。

二皮勉强笑笑，看看鲁本川和潘佳杰说："是有点儿不好笑，你们继续聊……"

他站起来，往外走，走了几步，突然停下，愣怔了几秒才转身看着谢天明："谢老大，你啥意思？我怎么觉得你是在说我呢？"

谢天明说："小赵，你多心了。"

二皮"哦"了一声，转身又朝外边走去，边走边挠脑袋，一副思考的样子。

吉牛马二面带微笑，入定。

谢天明眯着眼睛养神。

鲁本川看看谢天明，微微点头。

（3）

李文君惊恐地尖叫："救命，救命啊……"

高个子抓住李文君的双脚，拖到一辆车后面。矮个子一把卡住她的喉咙，低声喝道："再叫，我卡死你！"

李文君被卡得喘不过气来，惊惶而绝望地望着他。

矮个子又喝道："问你呢？"

高个子有些不耐烦，喝道："你给她啰唆个啥！"

矮子松开他，高个子高抬起脚，朝李文君肚子狠命踩下。就在这间不容发之际，旁边突然窜出两个人来，一个推开高个子，一个则把李文君扶起来，靠在汽车上。

李文君认出了是陈莉，大叫救命。

原来，对谢天明的心理干预达到了预期效果，杨阳看起来比谁都高兴，等文守卫他们一走，就叫嚷着要陈莉请客。陈莉要心理干预中心其他两个民警也去，两个民警对视一眼，然后一脸意味深长的笑，都推说家里有事。杨阳挠挠头，会心地傻笑……

杨阳大喝："住手，我们是警察！"

哪知那两人不答话，高个子朝杨阳扑去，矮个子则向陈莉扑来。

李文君下身在流血。

陈莉闪过矮子的拳头，贴着矮子的腰部一记肘击，矮子吃痛，狼狈后退十几步，陈莉冲着李文君大叫："李文君，快打120。"

李文君大哭，手慌脚乱找手机。

几个保安闻讯赶来，那两人见状，落荒而逃。

杨阳大叫："我们是警察，快，堵住他们。"

几个保安堵住高个子和矮子的去路。

陈莉见李文君的血不断流出来，大叫："杨阳，快过来，救人！"

杨阳奔过来，抱起李文君就跑。陈莉掏出手机，边跑边拨打120。

（4）

马旭东采用陈莉和杨阳的建议，在一监区率先禁止罪犯在罪犯超市购买二十元以

上的香烟，有个别职务犯尽管很不情愿，也不敢明着反对，但暗地里怂恿家属去和监狱反映。

当然，这样做还有一个目的，就是逼厂方技术员给鲁本川送烟，查查究竟鲁本川与张大新究竟在搞什么。

不知怎么的，杨天胜大会小会都讲，保护罪犯合法权益，就一监区禁止罪犯购买香烟的问题，没有法律规定，应该马上纠正过来。但是马旭东假装没有听见一般，不仅没有纠正，而且还请医院的医生给罪犯们上预防健康课，马旭东暗地里与医生沟通，重点讲讲吸烟的危害。杨天胜拿他也没法子，以罪犯家属反映强烈为由，叫狱政科长到李长雄那里告马旭东的状。

李长雄也敏感起来，不让罪犯购买高档烟，怎么杨天胜坐不住，其实他心知肚明，超市是有后台的，这个后台就是何凯华。他这个监狱长也没法子，他只能做到招标程序合法，至于招标环节中出现的问题，是他不能控制的，也没有能力控制。还有，会见中心小卖部是怎么一回事，前次洪书记要求取消小卖部，就他杨天胜闹意见，还振振有词地说，小卖部就是为了方便群众，这是一项惠民措施，局里还出了简报的。如果有问题，那就查呗，怎么凭领导一句话取消了呢？杨天胜说得是合情合理，但是深究起来，谁去查？作为党委书记，他是可以叫监狱纪委去查，但是势必会开罪何凯华，这样一来，每年的狱政经费你还想不想多要些？一年一度的考核怎么办？

有马旭东这个大炮也好，至少可以警示某些人。于是他打哈哈，叫狱政科长去一监区调研一下，弄清楚马旭东这么干究竟为什么。至于这种做法不合法的问题，有关法律法规并没有禁止性规定呀，相反，国家还颁布了禁烟条例。

但是洪书记那里还是要交代的，他就把杨天胜的意见汇报给洪文岭，试探地说如果洪书记还是坚持取消，他今天就办。洪文岭笑笑说，那就先留着吧。

有了李长雄的支持，马旭东胆子更大了，召开罪犯大会说，如果还有人去反映，那干脆就禁烟，我马旭东第一个戒烟。

果不出马旭东所料，技术员又找二皮夹带东西给鲁本川了，马旭东把二皮带到车间民警值班室，指示二皮帮他带，而且故意在回监管区的时候露出马脚。

马旭东说："你把这些东西装在身上，在监区操场上就让这些东西掉下来。"

二皮有些不情愿，愁眉苦脸："老大，你这是啥意思？晚不掉早不掉，怎么就在操场上掉？我要被扣分，外加勾起和吃白饭的。"

"扣多少改造分，我双倍还给你，也不让你吃白饭。"

二皮立刻换了一副嘴脸，面露喜色，连声道："好，我掉，我掉，我掉掉掉。"

"但是嘛……"马旭东盯着他笑。

"老大，你笑得好阴险哟。"

马旭东抬手又要敲他的脑袋。二皮连忙就势坐在地上，躲闪。

马旭东又说："但是嘛，勾起你就忍了啊。"

二皮"嘿嘿"笑，拍着胸口，哼着川剧："遥想当年，我也是小蛮腰，到如今，一身五花膘。"

马旭东大笑："你娃看来是想吃一辈子牢饭。"

"老大，话不能这么说，尽管这里治安好，有吃有喝，但我还是想……"二皮也跟着媚笑。

马旭东说："好了好了，去吧。"

二皮乐颠颠地跑了出去，等要快收工的时候，马旭东来到车间，把值班民警叫到另外一边，还瞄了瞄二皮。二皮立刻明白了，瞅住机会，躲在成品区，往衣服里装烟、奶粉和茶叶。二皮觉得自己像个孕妇，想了想，就脱了裤子，将一包奶粉放在裤裆里。

一路小心翼翼地走，到了监管区要进去的时候，裤裆里那包奶粉突然向下掉，二皮只好假装弯腰，用手把奶粉拖住，夹在两腿之间。

二皮紧紧夹着裤裆里的奶粉，试试抬脚，怕掉出来，就像青蛙一样跳过铁门门槛，夹着腿走向操场。

马旭东远远瞄着，忍不住笑。

刀疤脸看着他古怪的样子，便打趣地问："咋了，割包皮了？"

其他几个罪犯闻声都笑嘻嘻地围过来。

二皮瞪了刀疤脸一眼："都给老子让开！"他看见鲁本川就在不远处，就喊："喂，鲁本川，来来扶我一把。"

鲁本川本来就在打量他，心想这正是一个和二皮他们缓和关系的机会，于是走了过来扶住他。

刀疤脸却不依不饶："老大，咋的了？割还是没割？真割了？"

二皮伸手就打："你才是包皮过长。"

刀疤脸躲闪，二皮故意吃不住力，跌倒，迅疾爬起来，东西散落一地。

罪犯们惊叫起来，早已在外边等候的马旭东跑了进来。

马旭东大喝："都站在原地，不许动。"他问二皮，"赵海东，这是什么东西？

哪里来的？"

"不是我的，不是我的……"二皮故意做出慌张、害怕的样子，浑身还哆嗦了几下。

马旭东面向鲁本川："你说。"

鲁本川镇静地说："不是……我……我刚刚扶着他，他跌了一跤，这些东西……"

二皮一把揪住鲁本川，大喝："老子给你辛辛苦苦顺进来，现在反咬我一口？"

鲁本川这下有点慌乱："我我我……不是不是……"

马旭东喝道："赵海东，先去面壁反省！"

值班民警对二皮下令："走，面壁！"

二皮走到墙边，面壁。

马旭东把鲁本川叫到值班室，马旭东坐在椅子上，看着他不说话。鲁本川也不躲闪他的目光，一副高傲的样子。

就这样僵持了一会儿，马旭东站起来说："那好，你先思考思考，想通了，就叫我。"

120救护车开进医院，医生护士抬着担架直奔急症室，不一会儿，又将李文君推到产科手术室。

陈莉紧紧跟在后面，杨阳则拿着入院单子去交钱。

医生走出来，跟陈莉交代，病人大出血，需要马上手术，否则，连大人都有生命危险，问她是不是李文君的直系亲属，要她在手术单上签字。这下陈莉犯难了，现在能找到李文君直系亲属的，就只有谢小婉和谢天明，但是他俩断然不会签字。不管怎么样，先找到谢小婉再说，于是叫杨阳和她联系。

果然不出陈莉所料，谢小婉还没有听杨阳说完就挂了电话，陈莉着急了，拿出警官证说明了情况，医生说你代签字，但要单位出具证明。这要上单位开证明，一来一去又是一个多小时，而且监狱办公室都下班了，李长雄还不一定会同意呢。

就在无计可施的时候，杨阳又拨通谢小婉的电话，开口就把她教训了一通："你还有没有人性？她肚子里的孩子有什么罪过？他可是一个活生生的生命啊！如果说他还没有来到这个世界上就该死，那我管的那些人更该死……"

杨阳说着说着，脸上的表情就凝住了。

陈莉白了他一眼："找骂了吧？你说你……"

杨阳笑起来："她说马上来。"

"啊？！"

杨阳得意地说："嘿嘿，我可也是心理咨询师，有些人，就得敲打敲打，要不然他不会醒悟的。"

陈莉"切"了一声，意味深长地说："那也得看是什么人！如果我去敲打她，她能醒悟？"

杨阳不好意思地挠挠头："嘿嘿，你放心吧，我立场坚定，旗帜鲜明，永不褪色。"

陈莉被他一本正经的样子逗笑了。

不大一会儿，谢小婉果然赶过来了，眼圈红红的，也不看陈莉和杨阳，在手术单上签了个字，扭头就走了。

两个小时后，一阵婴儿洪亮的啼哭，从手术室里传出来。接着，护士抱着一个婴儿从手术室出来，陈莉和杨阳连忙迎上去。

护士说："是个男孩，母子平安。只是母亲失血过多，需要在重症监护室观察。"

（5）

马旭东把那些东西拿到值班室，与值班民警一件一件仔细检查，这一次中华烟不是整条的，只好一包一包地拆开，一支烟一支烟地检查，也没有发现什么端倪。马旭东寻思了一会儿，走到操场中央，大声叫吉牛马二来陪他下盘象棋。吉牛马二提着象棋，在路灯下铺开棋盘。

马旭东低声说："明天我们要彻底搜查车间，想办法告诉他。"

吉牛马二专注地盯着棋盘，好像没听见。

马旭东大声责骂："快点呀，又不是生娃儿……"

吉牛马二用炮吃了马旭东的车，马旭东连忙把车抢过来，移动棋子，嚷嚷："不算，不算……"

二皮扭头远远看见说："举棋无悔大丈夫！"

"面你的壁！"马旭东瞪了他一眼，面向吉牛马二，"好好，不悔棋，不悔……"

两人你来我往，下了几盘。一声巨雷突然在头顶响起，接着一阵狂风呼啸而至。

马旭东望望黑漆漆的天空，叫吉牛马二收了棋盘，也叫二皮回监室去了，然后找王寿贵去了。

电闪雷鸣，暴雨如注，仿佛要天塌地陷一般，可208室鼾声四起。

鲁本川辗转反侧，脑海里都是狂风暴雨，往日无数次设计的场景不时像闪电一样袭来……

他用钥匙打开车间的锁，跑到成品间，找出一套警服，换上，戴上假发。他打着雨伞，露出半张脸，用证件在门禁上刷卡，用套着指纹膜的手指通过二大门安检。

飞机冲上蓝天。

他站在美国黄石公园，放纵地大声笑。

但是，还有一些他不愿意去想的场景也像闪电一般冒出来……

通过二大门安检时，值班民警冲出来，将他按倒在地。

哨楼武警端起枪瞄准他："站住，不许动，再动我开枪了！"

……

鲁本川冷汗淋漓，爬起来看看挨着他的头睡觉的吉牛马二。

吉牛马二正暗中注视着他的一举一动，见他爬起来，连忙闭上眼睛装睡。

鲁本川轻声叫："老牛，老牛……"

吉牛马二醒了过来，伸了个懒腰，打哈欠，轻声说："睡吧，睡吧，睡着了就没事了。"

"我睡不着……"

"那就数羊，一只羊、两只羊、三只羊……"吉牛马二喃喃地数着，声音越来越弱。

鲁本川连忙拍拍他："喂喂，你不要又睡着了。"

吉牛马二干脆坐起来，以无奈的语调说："好吧，我陪你一会儿。"

鲁本川唏嘘："要是有一杯咖啡，一盘点心多好……"

良久，见吉牛马二不说，又问："你想什么呢？"

吉牛马二还是沉默。

鲁本川拍拍他："喂，我问你，你在想什么呢？"

"我在想昨晚马监区长那句话……"

鲁本川惊讶地问："什么话？"

"他说明天要我去车间，帮着清查违禁品。"

吉牛马二说这话的时候，一道闪电破窗而入，把监舍照得雪亮。鲁本川浑身一颤，脸色"唰"的煞白。闪电中，鲁本川看见吉牛马二眯着眼睛，就像一尊菩萨。

过了好一阵子，吉牛马二才自言自语地说："他为什么这么早告诉我？"突然他把头凑近鲁本川："你那些东西是不是就是藏在那里的？"

鲁本川感觉自己被雷电劈中，浑身僵直。

吉牛马二拍自己的脑袋，装出一副恍然大悟的样子："难道……是想让我给你通风报信？"

又一声巨雷，鲁本川浑身哆嗦了一下。

这时，值班民警出现在门口，从小窗往里看。

鲁本川连忙倒下睡觉。

值班民警发现吉牛马二坐在床上，打开锁，轻轻推门进来，用电筒照着吉牛马二，低声问："干什么呢？"

吉牛马二倒在床上，值班民警摸摸他的额头，又看了看每个床位，便走了出去。

一道探照灯的光线移动到监室门口，发出刺眼的雪亮的光芒，紧接着又一道闪电，鲁本川再一次哆嗦了一下，他又爬起来。

"老牛，老牛……"

"嗯。"

"想啥呢？"

吉牛马二翻身朝墙壁："想睡觉，你别叫我了好吗？"

鲁本川问："如果马监区长真是想给我传信，究竟啥用意？"

吉牛马二咕嘟道："我哪里知道？"

"你知道，你是智者，一定知道。"鲁本川拉拉他。

吉牛马二坐起来，又像在打坐。

鲁本川急道："你倒是说话呀？"

"我可不是智者，要说智者，我看老谢算一个。这些天，我在寻思他说的话……"

吉牛马二不紧不慢地说。

"老谢？谢天明？"

"火葬场……"

鲁本川一下子毛骨悚然："啊？"

"他说呀，像他们这样的官员，还有比他更高的高官、巨富、小老百姓、小偷、杀人犯，最后都要到那个地方去……"

"你究竟要说什么？啊？"鲁本川颤声问。

吉牛马二接着说："不管生前多么高大，多么猥琐，以同样的姿态，安安静静地

躺着，被推进燃烧的炉膛，什么权力、地位、金钱、美色、饥饿、痛苦、压力，都化成一缕青烟……"

一个炸雷又冷不丁响起，就像在面前爆炸一般。

鲁本川冷战连连，喃喃地说："我该怎么办？怎么办？"

这时，谢天明突然也坐起来，低声说："老牛说得好！其实，你的良心早已有了答案。"

鲁本川愈加惊讶，连谢天明都知道了？

吉牛马二说："嘘，小声点……你也没睡呀？这不是我说的，是你说的。唉，老鲁心头有事，你也劝劝他吧。"

沉默。

过了好一阵子，谢天明才拉拉杂杂地说："我也纳闷……为什么不在赵海东把东西交给你的时候……"

鲁本川猛然惊醒，倒在床上。是啊，在二皮交给他东西的时候抓个现行，你想狡辩都不成，难道真是马旭东在给他一个机会？

不一会儿，传来吉牛马二的鼾声。

谢天明却怎么也睡不着了，脑子里不断闪现一些残影：一会儿是母亲的佝偻身影、苍苍的白发，一会儿又是父亲的坟头，一会儿幻化成女儿憔悴的眼神，还有李文君挺着的大肚子……

"孩子是谁的？"他咬牙切齿，血呼啦啦往头顶冲，不由自主地紧握双拳。门洞里闪过探照灯的光，一下击碎了他的愤怒，他回过神来，迟钝且吃力地摇摇头，用尽全身力气在心里叹息一声，身子似乎不受控制地倒在床上。

（6）

在金帝大酒店张大新办公室，吴友明满脸沮丧与焦虑。

张大新拍拍他的肩膀，递给他一支烟："听说是有一个人被抓了，但是你放心，他知道怎么办。"

吴友明有些气恼："什么听说？他不是你的人吗？"

张大新在他对面坐下，直视他，似笑非笑说："老哥，什么你的人我的人，这话可不能乱说。"

吴友明抬起头，盯着他："啥意思？我和你说，这事儿你是脱不了干系的。"

张大新平静地笑笑，指着自己，又指着他："我、你，目前什么都不知道，以后呢，报纸上说什么，我们就相信什么，与党和政府保持高度一致，不传谣，也不信谣。"

"好好，与党和政府保持高度一致，不传谣，也不信谣。你小子，比我这个市委书记政治觉悟高，我看你是块当官的料。"吴友明哈哈笑起来，一改先前的沮丧。张大新也哈哈大笑："书记过奖了，过奖了。我还是浪迹江湖的好。"

吴友明低声问："老弟你就不知道一点儿小道消息？"

"我的警察朋友说，被抓的那个人交代，他们是抢劫。"

吴友明眉开眼笑。

"还说李文君供出了她肚子里孩子的亲生父亲……"

吴友明脸色一变："是谁？"

张大新微笑道："又不是你，你紧张干吗？据说是她的顶头上司，一个副总。"

（7）

今天早晨，监区长马旭东亲自整队，这在罪犯们看来很不寻常，八成发生了什么重大的事情。所以，罪犯们列队、报数格外认真，声音比平常都要洪亮一些。

马旭东扫视罪犯，最后把目光停在鲁本川身上，鲁本川慌忙避开他的眼神。

马旭东说："昨晚赵海东夹带东西进来，严重违反监规，按规定扣改造分十分。"

罪犯们看着二皮，一阵惊嘘声。二皮暗喜，但装出一副哭相，仰视天空。

马旭东瞧瞧二皮问："赵海东，看什么呢？不服是吧？"

二皮立正："报告，我在看天上的小鸟……"

马旭东看看天色，冷笑："天都没亮，你娃看啥鸟？莫不是想跑出去？我告诉你，就是给你一对翅膀，你也变不成鸟，顶多算是个鸟人……"

罪犯们一阵哄笑。

二皮哭丧着脸说："我哪里敢？"

"鸟人还是人吧，只要是人，就是跑到美国去又怎么样？贪官，照样引渡回来，还不是在我马旭东手下改造？"马旭东指着谢天明，"老谢，你说是不是这个理儿？"

谢天明愣了愣说："是是是。"

职务犯们哭笑不得，李浩健、二皮等人则面露喜色，心里想这些职务犯不知在什么地方又冒犯了监区长。

马旭东接着说："话丑理端，我希望有些打着小九九的人，能够悬崖勒马……好了，说正事，宣布对昨天赵海东私藏、夹带违禁品的处理，撤销……"他扫视了一下

交锋

罪犯，"撤销赵海东生产大组长，今日若在车间搜查出违禁品，再行处罚。下面，点到名字的，站到前面来，没有点到名字的，就在多功能厅休息待命。吉牛马二。"

吉牛马二答"到"，然后轻轻拉了一下鲁本川。

鲁本川面无表情。

马旭东心里骂道："给脸不要脸，等我查出什么来，再找你算账……"

一监区组织民警对车间进行大规模彻底抽查，当然，吉牛马二等表现好的罪犯没有参与搜查，而是在外边等着。搜查结果令在场的民警胆战心惊，在第十三个成品箱子里，搜出一套指纹膜，而在第十七个成品箱子里，搜出一套警用夏服，警用标志一应俱全，而且令马旭东万分惊愕的是，警衔和警号与他的一模一样。消息像狂风一般在监狱各个单位来回刮，监狱狱侦部门立即立案，介入调查。

（8）

两天后，李文君从重症监护室回到普通病房。这是一个挺大的单间，一看就是有人给医院打了招呼的。李文君有些纳闷，正寻思着，护士把她的孩子抱过来，放在她身边。

医生走进来，客客气气地说："这孩子命硬，真是奇迹，我从医二十年还是第一次遇到。不过，也不可掉以轻心啊！"

李文君连声道谢，目光在婴儿的粉红脸蛋上游走，满脸慈爱。医生和护士走了出去，又进来一个中年妇女。

她站在床前，恭恭敬敬地说："我是张总派来护理您的，您有什么吩咐，尽管给我说。"

李文君感动得泪水涟涟，叫护工把手机拿给她，她要给张大新打个电话表示感谢。

就在这时，几个警察走了进来，让护工回避。

一个民警说："李文君，我们抓住了一个嫌疑犯。"

李文君闭着眼睛，不语。

"疑犯交代，他们是要绑架你，想敲诈一笔钱财。据我们调查，你涉嫌巨额财产来源不明罪，我们希望你配合，把问题交代清楚。从现在开始，你被监视居住。下面我宣读监视居住决定书……"

警察宣读完毕，叫她签字后，又向她出示了搜查证。目送警察走出病房，李文君刚才的喜悦灰飞烟灭。她艰难地翻身，支撑起头部，侧卧着看着孩子。

"乖乖，妈妈只能陪你一年，要出一趟远门……"

李文君说到这里，泪珠儿扑簌簌落下。

她哽咽着接着说："妈妈走后，不管你在哪里，妈妈一定会回来接你……"

张大新抱着一大丛鲜花走了进来，李文君泪眼汪汪，惊奇地望着他。张大新把鲜花放在床头柜上，看着熟睡的婴儿。

"文君，男孩还是女孩？"

李文君感动得眼泪哗哗直流，呜咽说："是个男孩。张哥，没想到你会来……"

张大新笑笑："我又不是贪官，我怕什么？"

李文君苦笑，看着婴儿，伤心地说："也许……我真不该把他生下来……"

张大新说："说啥话呢？不管怎么着，他是你儿子！取名了没有？"

李文君摇头。

"你要是不嫌弃，我当他干爹。"

李文君眼睛闪动着惊喜："真的？"

"我给他起个名吧？"

李文君泪水直流，连连点头。

张大新说："小名就叫平平，怎么样？"

"平平？"她若有所思，然后笑了，"平平……好好，就叫平平……"

但她脸上的笑容马上就消失了，一副欲哭无泪的样子，"张哥，我进去后，平平就托付给你了……"

(9)

本来，主任科员事件在监狱引起轩然大波，成为人们关注的焦点。尚在公示期内的、特别是几个年轻的被晋升为主任科员的人，心里都七上八下的。然而，陈莉和杨阳勇斗歹徒的事迹也一样在清水监狱像旋风一样流传，紧接着又爆出狱侦科破获预谋脱逃案，主任科员事件一下子被淡化了。

多数人都认为，不管怎么样，将预谋脱逃的案件侦破了，也算是大功一件。但究竟是哪一个罪犯如此胆大妄为，私下里都认为是鲁本川，也只有他才有这么大的能量，但监狱官方没给个说法，大家也只是猜测而已。几天过后，金帝大酒店经理被刑拘，金帝大酒店最大股东可是鲁本川。紧接着传出省局副局长何凯华被双规，副监狱长杨天胜好像也消失了，所有的迹象预示着这个脱逃案件即将告破。

然而，令所有人料想不到的是，鲁本川却从禁闭室被放出来了。

很多人问马旭东，马旭东直摇头，说我又没有参与办案，你问我，我问谁去？于是谣言开始蔓延，都说还是贪官势力大，连省委领导都打了招呼，说得有鼻子有眼

的，还连连喟叹，可惜我们损失了一个副局长和一个副监狱长。

局纪委终于通报了关于清水监狱一监区的案情，就像人们所猜测得那样，果然跟鲁本川有关。但是，现有的证据只能表明，一监区加工项目厂方是鲁本川控股的公司，公司一个高管、金帝大酒店经理为了让鲁本川越狱，指使技术员夹带违禁品，有关违法人员已经被刑事拘留，案件正在审查中。没有证据表明鲁本川有脱逃动机和行为，而且还有重大立功表现，所以解除对鲁本川的禁闭。要求大家不要信谣传谣，全力以赴搞好本职工作。

不过，局里也没有调整清水监狱领导班子，李长雄在班子会议上宣布，杨天胜的工作暂时由他亲自代管着。

也许谢天明听到什么风声，抑或预感到了什么，又一次晕倒在养猪场，醒来的时候，挂着液体。他四处看了一下，潘佳杰躺在对面床上，也挂着液体。

谢天明低声叫他，潘佳杰好像没听见，只顾喃喃自语："盼盼在做什么呢？盼盼……盼盼……"

谢天明提高了声音："老潘，老潘……"

潘佳杰扭头看他。

谢天明说："我老婆可能出事了……"

"你还操她的心？"

谢天明感叹说："一夜夫妻嘛，唉……"接着发呆，过了一会儿，也喃喃自语："君问归期……未……有期，巴山夜雨……涨秋池……"

潘佳杰神色沮丧："也许，这是报应……"他自语祷告，"我们在天上的父，愿人都遵你的名为圣。愿你的国降临，愿你的旨意行在地上，如同行在天上。我们日用的饮食，今日赐给我们。免我们的债，如同我们免了人的债。不叫我们遇见试探，救我们脱离凶恶，因为国度、权柄、荣耀，全是你的，直到永远，阿门。"

潘佳杰在胸前比画一个十字架。

谢天明奇怪地看着他："祷告词……基督教的……老潘，不合适吧？"

"我现在不是党员了，可以信。"

"你请示过警官了？"

"请示过了，马监区长说，按照规定，不提倡，不禁止，不准集体祷告。"

谢天明"哦"了一声，沉思起来，良久，他又说："我还是觉得不妥……"

潘佳杰苦笑了一下："就是求得个心理安慰罢了……"

（11）

居委会大妈陪着李文君走进派出所。

李文君抱着孩子，面无表情。一个民警拿出签到本子，李文君在上面签上自己的名字。

居委会大妈问："这大热天的，她挺不容易的，能不能由我们上门让她签字呀？"

民警说："大妈，所长不在，等他回来，我把你的意见报告一下。"他面向李文君："李文君，交代材料呢？"

"还没写好。"

民警说："专案组要我告诉你，希望你能配合，把巨额财产来源说清楚。要不然，巨额财产来源不明罪和敲诈勒索罪，两罪并罚，可不是闹着玩的，为你的孩子想想吧。"

居委会大妈问："那要判多少年呀？"

李文君抬头看着民警。

"这个是法院的事，不好说。不过，按照《刑法》条文规定，她这两项都属于数额巨大或者金额特别巨大，敲诈勒索罪处三年以上十年以下有期徒刑，财产来源不明罪处五年以上十年以下有期徒刑。"

居委会大妈惊叫起来："啊？二十年呀？哎哟，小李呀，你何苦呢？"

民警笑笑："也不一定是二十年，理论上可以在五到十年量刑。"

"哎呀，就算五年吧……"她指着李文君的孩子，"这娃儿那不就是六岁了，造孽呀。"

李文君神色凄然，转身就走，居委会大妈连忙跟了过去。

（12）

看守所的门"吱呀"一声打开了，张副总穿着号服，抱着被子走了进来。黄小伟跳起来，连忙把自己的床位移动了一下，留出空地方。

门"咣当"一声关上。

一个罪犯嫌疑人走到马桶边，拉尿，副总左看右看，只有马桶边有个空位置。

组长走过来，踢了黄小伟一脚："黄贪官，你还是睡马桶边。"

黄小伟指着张副总："我我……他他是新来的……"

组长喝道："少他妈废话。"

黄小伟沮丧地把床铺又移到马桶边，倒在床上假装睡觉。副总把床铺好，坐下

发呆。

组长问："什么罪呀？"

副总不语。

一个罪犯嫌疑人对着他的脑袋就是一巴掌："组长问话呢，哑巴了？"

张副总抬头看看他们几个虎视眈眈的样子，惊恐地哆嗦："他他他们说，我我我贪污贪污拉拉用公公……"

一个人惊呼起来："我靠，咋又是一个贪官。"

黄小伟坐起来，看着他。

副总看了他一眼，眼睛立刻瞪得像铜铃一般："黄黄市市长……"

黄小伟也认出他来，问："你咋进来的？"

"一言难尽……"

其他人看着他俩，嘲笑道："又是情妇反腐吧？"

副总耷拉着脑袋。

黄小伟脸上掠过一丝异样："真是？"

副总说："算是吧。李文君这婆娘……不知怎么，她被人追杀。这婆娘一口咬定是我找人干的……"

黄小伟长叹一声，不再言语。

（13）

谢天明和潘佳杰自入狱以来第一次拿到了减刑裁定书，两人回到监舍，把裁定书一字一句地读了一遍又一遍，然后有交换着看。

现在的谢天明，尽管头发比去年白了不少，几乎满头白发了，但是身体硬朗，红光满面，精神矍铄。

潘佳杰回应道："是啊，现在想来，其实减刑也挺简单的，只要你真心悔过，认真改造，没有大的违规，一般就能减刑。"

"要是按照这个速度下去，明年我可以减刑，再过五年，我们就能出去了。"谢天明内心很激动，满怀信心地说。

坐在他对面的鲁本川哼了一声，四仰八叉地倒在床上，眯着眼睛养神。

谢天明和潘佳杰对视一眼，不再言语。

过了好一阵子，谢天明突然想起什么，四处瞧瞧，问："吉牛马二呢？"

吉牛马二这几天好像刻意在回避鲁本川，没事的时候不到监室来，总是坐在操场边发呆。

没人回答，谢天明又问："老鲁，你有多少改造分了？"

鲁本川又哼了一声："我不指望。"

谢天明想了想，觉得还是开导开导他："我说老鲁，你也别一根筋，说句掏心窝子的话，以前我读书、参加工作、做领导期间，根本就不知道无产阶级专政的含义，自打被双规以来，才慢慢领会到它的真正含义。就算你心里憋屈，但不能跟自己过不去吧？能早出去一天是一天，你我还有几天活头？"

潘佳杰也劝说道："是呀，老鲁，谢书记说得在理……"

谢天明打断潘佳杰的话："老潘，我跟你说了多少次了，你别叫啥谢书记了，那是以前的事了，我现在就是一个罪犯，叫我老谢，或者就叫谢天明也行。"

潘佳杰有点不好意思地笑笑："一时半会改不过来，呵呵……对了，鲁县长……"

潘佳杰意识到这么称呼鲁本川也颇为不妥，但是鲁本川跟谢天明不一样，每次叫他鲁县长，看起来他很受用的样子。他停顿了一下，才继续说："其实按分数你也够减十个月刑，你看二皮赵海东，五个月也在减，可为什么监区连材料都没给你申报呢？"

鲁本川做起来，死死瞪着他："你说是什么原因呢？"

潘佳杰对着他连连摆手："鲁县长，你可别误会，我可没有说你一句小话啊。是有很多警官问过我，包括陈莉主任，但我一个字儿都没说。同学还讲个室友，我们狱友还是要讲个室友之情呢。"

"是啊，你们都有同学罩着，我可没有。"鲁本川目光在潘佳杰脸上反复扫来扫去，最终确信了他说的话。

"你这话不对。"谢天明毫不客气地反驳说，"就算文守卫是我同学，我沾了一些光，那潘佳杰呢？那二皮赵海东呢？"

鲁本川无言以对，沉默。

"老鲁，尽管有些事狱友们没说，但民警心里还是清楚的，以后你少说几句，下次减刑一定有你。"谢天明压低语气说。

鲁本川瞪了他一眼，目光中带着鄙夷："你不就是文守卫罩着吗？"

谢天明见鲁本川这么顽固，也不再言语，但鲁本川的话却在他心头激起了一阵波澜，是呀，要不是文守卫，他这把老骨头恐怕变成白骨了。

就在上个月，他终于知道他入狱这些年来，文守卫每个月都给他母亲寄200元钱，对于平常人家庭来讲，200元不算什么，但是对于他家来讲，没有这200元，那就

意味着他母亲也许活不到现在。

二皮、李浩健和刀疤脸嘻嘻哈哈走了进来，他瞄了一眼鲁本川，故意拉长声音问刀疤脸："哎，问你，这次减刑公平不？"

刀疤脸摸摸头，疑惑地望着他："老大，啥意思？你自己不也减刑了吗？"

二皮一本正经地干咳了几声说："有的人不是立了大功么？啥叫立大功？老子这个才叫立大功，揭露了某些人预谋逃跑的丑恶行径。"

鲁本川突然坐起来，瞪着二皮，但马上眼神就萎靡了，又倒在床上。是啊，鲁本川也百思不得其解，这次他确实是立了大功的，供出了何凯华、杨天胜等人，为整肃、净化监狱系统风气立了大功。就拿预谋脱逃来说吧，他一口咬定，他原来的部下策划这件事，他根本不知情。可这次减刑，一监区压根儿就没提这事儿，他当然想不通。

这时，分队长王寿贵走了进来，谢天明等连忙站起来，规规矩矩地立正，潘佳杰是室长，见鲁本川还是仰卧在床上没动，便喊道："王队长来了，起立！"

"算了算了，大伙也挺累的，躺着就躺着吧。"王寿贵微笑着，毫不在意地说。

鲁本川还是起床站起来，样子很是恭敬。

对于王寿贵，鲁本川这倒不是装的，而是发自内心的尊重，这个队长年龄比他还大五岁，再过一年就退休了，但是对他鲁本川，可以说是关怀备至。开始的时候还以为他有啥意图，于是便捎信给家里人，给他送点钱去，结果呢，王寿贵反而把钱给他上在账上了。

从骨子里，鲁本川是看不起这些监狱民警的，土里土气，说话粗俗，没有文化修养，你给他讲啥啥都不懂，字画、古玩、文学、诗歌更是一窍不通，十足的活灵活现的泥腿子，他有时候心里很纠缠，这些人就这水平，能管理好监狱？能改造好罪犯？不过反过来一想，反正中国的罪犯有中国特色，不用改造，就像他这样的，朝官场撒一网，不网上一大堆才怪呢。既然如此，我凭什么就要改造？

但是，王寿贵来了后，他慢慢感觉就有些不一样了，这个老家伙眼睛似乎能穿透你的胸膛，你在想什么，他一看便知。现在烙印在他心头的那个结，不知道何时才能解开。

事情是这样的，就在他来担任他们几个的直管民警后不久，就一个月左右的光景吧，那天还下着暴雨，电闪雷鸣的，天就像要塌陷一般，摄人心魄的巨雷一个接着一个。

王寿贵打了一把伞，皮鞋裤子就像在水里浸过一样，他在谈话室站着的地方都一摊水。

"我怀疑你煽动其他罪犯对抗政府，我还怀疑你还有余罪漏罪！"王寿贵直截了当地说。

恰好一个炸雷似乎就在身旁爆炸，鲁本川呆若木鸡。

"我仅仅只是怀疑！"王寿贵强调说。

鲁本川还是愣怔地看着他。

"有没有余罪漏罪我不管，但是，你必须要正视前一个问题。"王寿贵进一步加重了语气。

鲁本川嗫嗫嚅嚅，似乎还是没有反应过来。

"你以为共产党的监狱就跟其他体制下监狱不一样？本质上是一样的。你知道我们这里关押了多少罪犯吗？这么多人要是集体冲监，监狱民警能抵挡吗？武警就是用机枪也扫射不完，对吧？"

鲁本川机械地点头。

"那为什么没有发生这样的事件呢？老实告诉你吧，就是因为我们在你们这些犯人中建立有耳目，在某个时候不经意的发表反改造言论，而听者就有可能是耳目。"

鲁本川又是一惊，他背心冒汗，很不自在。

从此，他一般不再大放厥词了，也觉得王寿贵这人实在，真诚，于是不由自主地认同了他。但是，关于余罪漏罪的说法，始终是他心里的一个结，像幽灵一般不时浮现出来，搅扰得他心神不宁。

"鲁本川，我来看看你。"王寿贵说。

很平常很简短的几个字，却在鲁本川心头激起千层浪。

谢天明等人连忙借故都走了出去。

鲁本川木然地坐在床上。

"这次呀，我跟监区长反反复复地提你的事情，按理报上去减一年半是没有问题的，监区呢，为你这事儿，开了两个会，一个管教办公会，一个是支委会……"

鲁本川眼睛闪过一丝光亮，这倒是第一次听说。

"说实在的，在我这一生的管教生涯中，为一个服刑人员召开两次会议，专题讨论研究，倒是第一次遇到。管教办公会上，我力主给你一次机会，但除了马旭东没有表态以外，其他人都反对，理由就一点，说你不认罪，还煽动其他罪犯对抗政府，根本达不到减刑的要件。"王寿贵像拉家常一样，絮絮叨叨地说。

鲁本川脸上的肌肉抽动了几下，又恢复了先前那种表情。

"马旭东也认为还是应该给你一次机会，毕竟立功的事实摆在那里的嘛，于是就召开支委会，再次研究。支委会是监区最高决策会议，只要通过，大家也就没意见。但是，很遗憾，投票没通过。"王寿贵说到这里，看着他，带着责备的口吻质问，"你呀，心里还是有事！你摸摸自己的良心问问，预谋脱逃案，你真不知道？"

鲁本川面无表情，也不说话。

"再过几个月，我就到点了，说实话，最不放心的就是你。"王寿贵看着鲁本川又说。

鲁本川嘴唇动了动，但还是一脸木然。

王寿贵站起来见他这副死猪不怕开水烫的神色，长叹一声，转身就走，还没有走出门，"呼"的一声，突然摔倒在地。

鲁本川猛然一惊，愣着了几秒，冲上去把王寿贵扶在怀里，喊了几声，发现王寿贵脸色发紫，已经晕了过去，便抱起他，往门外冲，边冲边喊："来人啊，王队长晕倒了！"

第二十七章　一波三折

（1）

一连串事件让李长雄忙得焦头烂额，但手头还有一件棘手的事情，就是主任科员晋升确定。上次文守卫虽然没有明确指示要重新选任，但他的态度已经很明确了。徐昌黎分管政治处，他指示政治处以在公示期内接到反映需要查实为由，暂不上报。李长雄也清楚，这件事处理不好，可能又会引发群体性事件。

今天他召集党委会，专门研究这个事情。主任科员晋升，多少与班子成员都有一点关联，所以大家都沉着脸，不管李长雄怎么说，就是沉默。

这下李长雄急了，召集班子成员大发雷霆："你们……唉！我为你们考虑，你们就不能为我分担一点？这下好了，想把我整下课？是吧？"

其他班子成员信誓旦旦地说："我投了王寿贵的。"

李长雄火冒三丈："都投了是吧？那统计怎么只有三票呢？你们扪心自问，我对得起你们不？"

一班头头脑脑不言语了。

李长雄直接对政治处主任下命令："不管你采取什么办法，一定要把王寿贵选上来。"

政治处主任很为难："那没办法，只有改投票结果。"

这意味着作弊，所有班子成员心里都"咯噔"一下，都沉着脸不吱声。

李长雄彻底犯难了，改投票结果？说不定走出这个门，监狱民警就知道这个会议的内容，那就捅破天了。

"能不能再要一个名额？"李长雄泄气地说。

"那是不可能的，这个局里也左右不了。"政治处主任说。

"那怎么办？！你们都说说。"

沉默。

谢天明、潘佳杰和鲁本川等一分队的二十几名罪犯基本上都来了，站在监管区，眼巴巴地望着监狱医院的方向，鲁本川甚至试图走到铁门那里，几次被内看守民警喝止。

不到十分钟，监狱领导一行人急匆匆地出现在监管区，直奔医院，紧接着，监狱医院救护车警笛大作，开出了监狱大门。

也许内看守认为他们这样站着，使他很没有安全感，于是喝令他们散去。

鲁本川报告说，他们是在等王队长的消息。

"我知道，你几次冲向铁门，我没有扣你的改造分，就是因为你们在等王队长的消息，但是你们这么站着，领导看见了还以为我们监区又有犯人闹事呢，散了散了。"内看守说。

谢天明也说："警官，就让我们再等等吧。"

"不行，不行。"

鲁本川来气了，质问："哪条监规说禁止我们站在这里？！"

"鲁本川，你又要对抗政府？"内看守声色俱厉地说。

其他罪犯见他发怒了，慢慢散了，只有鲁本川还是站在原地不动。他想起刚才王寿贵跟他讲的话，本来心里就很憋屈，一听内看守这么说，心里一横，歇斯底里地吼："我就对抗政府了，怎么着？你枪毙我？！"

他一边吼一边挑衅地指指自己的胸口。

谢天明和潘佳杰连忙跑过来，连拉带拽，想把他拉到一旁。一般情况下，只要鲁本川不再闹，民警们也不会那么认真，也就不会计较了。

可鲁本川不知道哪里来的那么大力气，一下就挣脱了谢天明和潘佳杰的手，发疯似的继续号叫："一监区所有人都知道我对抗政府，全世界都知道我对抗政府……我本来就是对抗政府的，要不我怎么来这鬼地方？你们就只知道我对抗政府？我站在这里也是对抗政府，我睡觉也是对抗政府……我做啥事都是在对抗政府……"

一分队很多罪犯都跑过来，试图把他拉走，但鲁本川又跳又蹦，场面一片混乱。

闹喊声惊动了办公区的民警，他们都冲向监管区。

恰在这时候，特警队巡逻小组经过这里，见状立即冲进去，举起防爆狼牙棒一阵乱打，驱散了罪犯，抓起鲁本川就走。

一监区民警正好也赶到，要求特警队把人交给他们处置。特警队不同意，于是双方就争执起来。

（2）

"老徐，你也说说嘛。"李长雄带着央求的语气说。

这时候，办公室秘书拿着一份文件推门进来。

李长雄没好气地说："去去去，有啥事一会儿再说。"

秘书满脸委屈，硬着头皮说："局里加急件……"

李长雄没有发话，秘书不敢把文件拿给他，僵持了几秒，秘书知趣地转身就走。

徐昌黎暗暗捅了一下李长雄，李长雄醒悟过来："拿来我看看。"

秘书又只好拿过去。

李长雄草草看了一下，递给徐昌黎。

徐昌黎认真看了一下，原来局里准备在下个月选择十个监狱，开展千人亲情帮教大活动，邀请一千名服刑人员的家属到监狱参观，对罪犯进行亲情帮教，清水监狱赫然名列第一位，届时省司法厅厅长、文守卫要光临清水监狱，还有可能省委省府也要来人。文件还明确要求，监狱要广泛宣传，邀请媒体和社会各阶层人士参与。

这可是个浩大的活动！

"你签发吧，我建议呀，马上给每个班子成员复印一份，恰好大家都在，一并议议。"徐昌黎说。

李长雄满脑子都是王寿贵的问题，哪有心思放在这上面，于是签了一句"按政委意见办理"。

秘书拿过去就愣住了，连忙交给徐昌黎。

徐昌黎也觉得好笑，于是就在他签字的前面把意见写了出来。

"老李，这事儿嘛，也不是没有办法，不过……"徐昌黎欲言又止。

"哎呀，你就别卖关子了。"李长雄说。

"从王寿贵的分值来看，就差0.15分，只要还有一位监狱领导投票，那就上了。如果今天能定下来，班子成员先前的投票作废，重新投一遍……"

"对，就按政委意见办。"李长雄如释重负。

"老李，你这话不对，我还没说完呢。"

"好，你说你说。"

"关键是，要找出一个班子成员投票作废的理由，能说服上级，也能说服民警们。"

大家你看看我，我看看你，都明白这个理由不好找，就是勉强找出来，风险也很大。

这时候，马旭东打来电话报告："王寿贵晕倒在工作岗位上，现在正送往监狱医院抢救。"

本来监狱领导们正在为王寿贵晋升主任科员的事儿发愁，突然接到他晕倒在工作岗位上的消息，所有人心里都被刺了一下，那些没有投他票的领导们，心里泛起一丝丝愧疚，都表态说，就按政委说的，我们重新投一次吧。

李长雄脸色阴沉沉，沉默了几秒，站起来就走，其他人都知道他去监狱医院，于是都跟在他后面。

医生说："得马上转院。"

"那就立即转！"李长雄焦急地下命令，"院长，你马上同省人民医院联系。"

李长雄跟着救护车出来，坐上自己的一号车，紧紧跟着救护车。

徐昌黎也坐上自己的二号车。

其他监狱领导问："政委，我们去不去？"

"你们看着办。"徐昌黎模棱两可地说，吩咐司机跟上去。

其他人你看看我，我看看你，迟疑不定。

车子没开多久，救护陈在前面不远处停下来，徐昌黎接了个电话，叫司机停在救护车后，接上马旭东又往回走，走到监狱门口，马旭东下车后，徐昌黎又追救护车去了。

马旭东径直来到监管区，没看见李长雄说的特警队与一监区的民警打起来了的情景，便问内看守："人呢？"

"被特警队带到禁闭室了。"

马旭东心头"咯噔"一下，来到办公楼，刚上楼，便被民警们围住了，大家七嘴八舌地抱怨，说特警队不该插手这事儿，监狱长也太武断了。

"究竟咋回事？"马旭东心烦意乱地问，"走，去办公室，你们一个一个说。"

原来，特警队直接给李长雄报告，李长雄心里正烦着，于是下令先将鲁本川关禁闭，控制起来再说。

"这事儿我们自己能处理，他们一来，事情就复杂了。"

"是呀，多大事儿呀，哪个监区没有发生过这事儿？"

"一分队很多犯人还受了伤，他们本来就是去劝鲁本川的。"

"他们是担心王寿贵，站在那里也没啥错误。"

……

"我会处理这事的，你们该干吗就干吗去。"马旭东摆摆手。

省人民医院给王寿贵做了初步体检，就下了病危通知书。在接下来的三天里，他偶尔清醒过来，说几句话，然后又晕过去。陈莉出差回来，给杨阳打电话，商议罪犯心理干预中心在千人亲情帮教大活动的工作中应该做的准备工作，杨阳把王寿贵的事给她说了。

王寿贵的形象一下子跳进她的脑海。

那是去年冬天，局里要求，各监狱选拔三名民警由局罪犯心理指导中心统一组织为期三个月的培训，地点就在清水监狱，然后参加全国统一考试。有一天，王寿贵突然来局里找她，要求参加这个培训。

陈莉感到很惊讶，这不就是那位自己跟潘佳杰谈话那天不时插话的那位禁闭室值班民警吗？

王寿贵说："我现在接替杨阳同志，管理一分队。现在管理罪犯不能像以前那样了，陈主任，你就让我参加吧，这次培训就在我们监狱，多方便呀，我就是拿不了合格证，总会学到一点东西吧？"

陈莉很感动，说："王叔叔，这样吧，你有空呢，可以来旁听，怎么样？"

王寿贵想了想说："也好。"

这时，文守卫走了进来，见到他，亲热地打招呼，还邀请他去办公室坐坐。

王寿贵局促地说："我不打扰领导了，我这就回去了。"

说完就走了出去。

"他来你这里做什么？"文守卫有些纳闷。

"说来你也不相信，他来找我，想参加培训。"

"噢？"文守卫饶有兴趣地问，"你觉得怎么样？"

"局长，什么怎么样啊？他明年就要退休了呢，何况他文化程度本来就很低，能听得进去吗？"陈莉说。

"嗯……"文守卫若有所思。

陈莉见状，小心地问："文局，那你的意思是……"

"陈主任，我感觉这里面有两点值得我们思考，一是王寿贵同志的这种愿望，至少也代表了一部分老同志有这种学习的欲望；第二，我们的培训教材是不是可以更加

通俗一点呢，那不是就可以满足他们的学习需要了吗？"文守卫说。

陈莉说："我明白你的意思了，我立即找几个人专门为王寿贵这样的老同志编写一本通俗的教材。"

"好，但是这个工作量很大，很艰巨，你需要什么，可以直接找我。"文守卫有些兴奋，"这样的同志，我们要鼓励，不要戴变色眼镜来看待他们。"

"我已经同意他可以旁听。"陈莉说。

"好好好。"文守卫连说三个好字，"可以跟清水监狱协调一下，只要民警愿意旁听的，都允许，而且也允许他们参加国家考试，拿到证书的，给予重奖。"

刚开始，清水监狱很多民警都来旁听，坐不下，就自己搬凳子随便找个地方做，就连从外面请来的授课老师都颇为感触。后来走了一些，但还是有十来个编外人员坚持听下去，其中就包括王寿贵。

有一次陈莉问他："怎么样？能听懂吗？"

王寿贵笑笑说："一知半解，先记下来，慢慢消化。"

后来，她倒一监区，听到谢天明等给她讲，王寿贵是个好警官，这让她更感到有责任尽快把教材编写出来。

再后来，王寿贵给她打过几次电话，请教罪犯心理方面的一些问题。

她觉得有必要把王寿贵的事儿告诉文守卫。

文守卫还没听完，就直奔医院。

他俯下身，轻轻地呼喊："王寿贵同志，我是文守卫，寿贵，寿贵……"

李长雄低声说："医生说就在这一两天……怕是醒不过来了……"

王寿贵动了动眼皮，突然睁开眼睛，看到文守卫，瘦骨嶙峋的脸上流露出笑容，张着嘴，似乎想说什么。

文守卫噙着泪水，低声说："王老，你有什么心愿就给我说，啊！"

他的嘴一上一下地张合着，文守卫把耳朵凑过去："报告局长……我……我没能完成任务……还有一个没转化过……来……"

王寿贵说完，脑袋一偏，又晕过去了。

王寿贵的老婆从他枕头下摸索出一张纸，战战抖抖地交给文守卫说："老王怕等不到你，叫我在他死后无论如何交到你手上。"

文守卫慢慢打开，目光停留在那张纸上，再也抑制不住，泪水"哗哗"滴在上面。

在场的人都不知所以，默默伫立。

良久，文守卫把纸张交给李长雄："大家都看看……"

等所有人看了后，他才说："同志们，刚才王寿贵同志给我说的，就是他写在纸上的这句话。"

三天后，清水监狱班子突然被调整，政委徐昌黎任党委书记，依然兼任政委，局办公室主任马星宇任监狱长、党委副书记，一监区监区长马旭东担任副监狱长，暂时兼任一监区监区长，监狱长李长雄改任调研员，清水监狱班子中的副职与其他监狱交流两个。

民警们都私下议论，这次调整肯定与王寿贵有关，那么优秀的一个老民警，怎么就升不了主任科员呢？

文守卫在宣布班子会议上直截了当地说："清水监狱出了一些问题，大家心里很清楚，已经到了非调整不可的地步了，我希望新班子能够引导民警们认清某些问题，迅速纠正工作中的偏差，认真贯彻局里的指示精神，倾听民警的心声，关心民警疾苦，带出一支作风正、能战斗、讲科学的民警队伍，真正把清水监狱打造成全省监狱系统的窗口。"

最后，他打趣地说："我真怕来清水监狱，我来一回就出一次事故，不是罪犯闹就是民警闹。"

众人一阵浅笑。

马星宇立即表态说："你放心，我们会抓好这方面的安全工作，保证你以后高高兴兴地来，顺顺当当再加高高兴兴地离开。"

"你这话呀，别说死了，我也没有责怪你们的意思，问题暴露出来，在某种意义上是一件好事，罪犯们找领导谈谈，反映一些问题，很正常，这也是一种帮教嘛。你们呢，也别把这条路堵死，只是引导民警平常工作要做得更细致一些，更深入一些，那么这样给监狱抹黑的事情就可能少发生或者不发生，对吧？"

众人都点头。

徐昌黎说："文局分析很深刻啊，我们有个统计，自从罪犯心理干预中心成立以来，每个月罪犯申诉、投诉、违纪等都在减少，这个月与去年同期相比，减少了57%，这个数据很惊人。我们下一步继续强化这方面的工作，相信不久就会实现马星宇监狱长对你的承诺。"

文守卫笑笑，叮嘱道："你们可得把这方面工作好好抓一下，下个月千人亲情帮教活动我还要陪厅长和省人大、省委和省府的有关领导来，到时候别又出啥事来。"

办公室秘书推门进来，听徐昌黎这么说，又想退回去。

"瞧瞧，八成又出啥事儿了？"文守卫笑道，转头问秘书，"啊，小同志，你说

我猜对了吗？"

秘书听他这么说，退出去也不是，进来也不是，便尴尬地站在门口。

马星宇眉头一挑："文局问你呢。"

"报告局长，据禁闭室报告，罪犯鲁本川昨天早晨开始绝食，刚才撞墙企图自杀，受了伤，情况紧急。"

马星宇、徐昌黎心里一凛，如果不是情况很糟糕，秘书是不会在这个时候报告的。

"好了，这会也开完了，你们去处置吧。"文守卫皱皱眉头说。

马星宇站起来，立正，朝他敬礼："局长，我就不送你了，等我们处置好这件事，来向你领罪。"

在医院里，院长介绍说也许是由于一天多没吃饭，鲁本川没有了力气，所以撞墙只是受到一点皮外伤，包扎了一下，尚无大碍。看来鲁本川受的伤并不像禁闭室民警报告的那样严重，这让马星宇放下心来。

鲁本川靠着床坐在地上，紧闭眼睛，偶尔睁开一下，怨恨地盯着在场的人，又闭上眼睛。不管问他什么，也不管谁问他，就是不说话。

徐昌黎叮嘱禁闭室值班民警："注意观察，有情况立即报告。"

从禁闭室出来，马旭东把鲁本川的情况给马星宇简要地做了汇报。

马星宇有些吃惊，看着徐昌黎说："书记，我的意见是，立即解除对鲁本川的禁闭，并向他道歉。"

徐昌黎笑笑："我完全同意你的意见，但道歉就不必了吧。"

马星宇也没再说什么，心里感觉沉甸甸的。

（3）

办理完解除禁闭的手续，已临近下班，马旭东想到鲁本川将近两天没吃饭，没有力气，就带着谢天明和潘佳杰去接他回监区，谢天明和潘佳杰一左一右扶着他，慢慢地走。

突然下起雨来，雨来得很急，一点征兆都没有，豆点大的雨就"噼里啪啦"倾泻而下，不一会儿，地上开始有积水，雨点溅起密密麻麻的水泡……

马旭东见状，蹲下去就要背鲁本川。

谢天明一把把他拉起来，背起鲁本川便跑，跑了几步，潘佳杰追上去，大声说："我年轻些，我背！"

谢天明没有理会他，只顾跑。

饶是如此，几个人都淋得像落汤鸡一般。

原本是黄昏，这雨一下，似乎一下子把整个世界拖入了黑夜之中。监区提前一个小时开灯了，灯光有些微弱的样子，监舍里一切都变得朦朦胧胧的。一道闪电破窗袭来，紧接着一个巨雷似乎就在头顶炸裂开来，房子都在微微震动，风开始席卷而来，窗外传来愈加激烈的雨声……

谢天明和潘佳杰苦口婆心劝了半天，鲁本川还是不说话，不吃饭。两人吃过晚饭，又劝说了一阵，也没有任何效果，于是也泄气了。

谢天明叹道："狱警这碗饭也不好吃啊……"

"是啊，我以前任职的时候，包括任政法委书记时候，都想得很简单，不交代、不听话，打就是了，只要不闹出人命来。现在反思起来，真惭愧……"潘佳杰也喟叹说。

沉默，只有呼啸的风声和刺啦啦的雨声。

良久，谢天明又是一声叹息："我何尝也不是如此……不过，理性地想想，我还是觉得既有我们自身的原因，而制度上还是存在一些问题。"

"噢？谈谈你的看法，我的小说最后两章就是要探讨这个问题。"潘佳杰又一次热切起来。

谢天明沉思者，然后不紧不慢地说："就从我、老鲁，还有你来看，我们都是在担任一把手时候犯的罪，为什么一把手很容易为所欲为呢？这说明我国目前行政监察这个宏观调控系统不可能确保国家机器的良性运转。"

"嗯，这一点我也思考过，但是就目前我国政体来看，想从根本上解决这个问题，恐怕很难吧？"潘佳杰说。

谢天明点点头："是啊，现在我们党可能面临像'囚徒两难'这样的处境，不反腐败就要亡党，大规模、彻底地反腐败呢，也要动摇国家行政的基石，很难决策啊……"

"'囚徒两难'的故事？对，这个比喻用得好。"潘佳杰立即拿出笔记本，戴上眼镜，在上面写着。

"哎哎，啥叫'囚徒两难'？"另外一个犯人正在看杂志，听到他们讨论，也激起了兴趣，探头探脑地问。

潘佳杰也探出头说："这个是美国的一个经济学家讲的吧？我记不得他叫什么了，反正获得过诺贝尔经济学奖，好像就九几年获得的……"

"1994年，叫约翰·纳什，美国普林斯顿大学的教授。"谢天明补充说。

"哎呀，管他是啥人，我想知道这个故事。"另外一名犯人也来了兴趣，催促他

们讲。

"还是你讲吧。"潘佳杰看着谢天明笑着说。

"其实，对这个有研究的要数老鲁。"谢天明笑笑，朝鲁本川看了几眼。

潘佳杰立刻明白了谢天明的用意，也跟着应和。

"哎呀，你又不是不知道鲁县长，他眼睛平常都朝天上去了，能跟大家讲？"

"那我就只好班门弄斧了。"谢天明见鲁本川没有任何反应，于是就讲了起来，"有一天，一个富翁在家中被杀，财物被盗。警方抓到两个犯罪嫌疑人张三和李四，并从他们的住处搜出被害人家中丢失的财物。但是，他们矢口否认曾杀过人，声称他们只是顺手牵羊偷了点儿东西。于是警方将两人隔离，分别关在不同的房间进行审讯。警察分别对张三和李四说：'由于你们的偷盗罪已有确凿的证据，所以可以判你们一年刑期。但是，我可以和你做个交易。如果你单独坦白杀人的罪行，我只判你三个月的监禁，但你的同伙要被判十年刑。如果你拒不坦白，而被同伙检举，那么你就将被判十年刑，他只判三个月的监禁。但是，如果你们两人都坦白交代，那么，你们都要被判五年刑。'"

讲到这里，谢天明问："你们说这两人该如何选择？"

所有人一下被激起了兴趣，都讨论着。

其中一个说："最好的策略是显然双方都抵赖，结果是大家都只被判一年嘛。"

"你能保证对方不检举你？你娃说不定就向民警打过我们的小报告呢？"另外一个犯人立刻反驳道。

"你他妈的说话注意点，我啥时候打你小报告了？"

谢天明连忙站起来说："我们讨论归讨论，不要涉及我们中间任何一个人和事，好不好？"

"是啊，这样我们讨论就没意思了。"潘佳杰插话说，"其实有三种选择，第一种就是刚才这位仁兄说的；第二种呢，一个招供并检举，一个抵赖，一个被判三个月，另外一个则被判十年；第三种情况，都招供，还都检举对方，都是五年刑期。"

其他几个罪犯似乎脑筋转不过来，都掰着手指计算。

谢天明笑笑："这就是著名的'囚徒两难'的故事，不管你怎么样去设计他们的选择，都很有意思，令人深思。"

"哎呀……总之不管你怎么选择，都得坐牢。"一个犯人费了半天劲都没有做出自己的选择，泄气地说。

谢天明说："所以就像反腐败，必须要反，但是怎么反才更有效，反到什么程度，这都存在一个选择了。"

潘佳杰说："腐败问题是个全世界的问题，西方国家也面临着反腐问题嘛。"

"老潘说得对，就腐败来讲，不仅是一个世界性的问题，也是一个历史性问题，不管在历史上还是在当今世界各国，都面临如何健全监督体制这样一个问题。就拿我来说吧，在任县委书记的时候，如果纪检监察、审计、检察等机关完全是纵向独立的，我就不会那么霸道，遇事肯定会很谨慎，三思而后行。"

谢天明说到这里反问："对吧？"

他这几句话似乎说到几个罪犯的心坎上，他们都不由自主地点头。

潘佳杰感慨说："是啊，最近我在思考，一个完善的、成熟的廉政监督机制，其监控制约的对象必须是全方位的，所有的公共权力及其运作都必须置于廉政监督机制约束之下。"

"还有，对职位越高、权力越大的公职人员，比如县委书记，监督制约力度要越大，措施要越严。要是这样的话，也许我就不会犯这种低级错误，以至于身陷囹圄。"谢天明说。

一个罪犯说："要做到这一点，我国整个监察体制怕是要重新构建。"

"我也在这么想，构建一个纵向的纪检监察体系，会怎么样呢？你们发现没有，这么多年以来，涉及同级党委政府主要领导的违纪违法案件，几乎没有一起是由同级纪委揭发检举的。"谢天明越说似乎越有兴致。

"你是说，纪检监察机构完全独立，不受同级党委领导？"潘佳杰问。

谢天明侃侃而谈："大体是这么一个意思，比方说，纪检监察体系与行政系统分开，各级纪检监察机关在上级纪检监察机关的领导下，独立行使职权；又比方说，中纪委书记、副书记的任免参照国务院总理、副总理任免的规定，中纪委书记只是对全国人大及其常委会负责，除全国人大主席团或常委外，最高行政监察院长官不受其他任何人士的指挥和管辖……"

"那地方呢？也这么参照？要知道，现在可是党委书记都兼任了人大常委会主任的。"潘佳杰说。

谢天明认真地说："党委书记与人大常委会主任分开，不会改变我们国家一党执政的性质吧？既然不改变，为什么不能分开呢？"

突然，一个罪犯讥笑道："你们哪，真是没事找事，老谢呀，你以为你还是县委书记？还可以参政议政？我们现在是罪犯，讨论这个有啥用？"

谢天明神情一下黯淡下来："也是啊，一个罪犯而已……"

潘佳杰瞪了他一眼："去去去，老谢，别听他瞎说，今晚的话题对我写最后两章可谓有很大的裨益，就算帮帮我吧，我们继续。"

谢天明受到鼓励，情绪明显好转，只是声音压低了许多："归根到底，我个人认为，纪检监察系统只要能够达到地位至尊、权力至重、机构独立、保障监察权的行使，那么我们国家、我们党反腐败工作才会有根本性的突破。"

潘佳杰似乎在沉思这什么。

另外一个犯人说："长夜漫漫，本来就百无聊赖，你俩也不要嘀嘀咕咕的，大声点，也让我们听听。"

"想什么呢？"谢天明见他一副冥思苦想的样子，有些奇怪地看着他。

潘佳杰回过神来，点点头又摇摇头："不好说……"

马旭东走了进来，笑着说："有啥不好说的？知无不言，言无不尽，只要主观上是善意的，言者无罪！"

犯人们没想到他突然进来，都忙不迭站立起来。大家心里都意识到，他在门外偷听很久了。

"算了，我和你们都是老战友了，又不是上级领导来视察什么的，免了免了。"

马旭东制止他们，自己从床下找了一个凳子坐下来。

潘佳杰笑起来："有你在，我就敢说。"

"噢？这是什么道理？"马旭东有些好奇。

这时，二皮耀武扬威地走进来，没想到马旭东坐在里面，吓了一跳，立即点头哈腰，夸张地做出惊愕的表情："呀？！老大，你咋来我们这里了？莫吓我嘛？"

"我怎么不能来？你也坐下听听，参与讨论讨论。"马旭东转头对潘佳杰说，"你继续。"

二皮连忙从床底下拿出一个独凳子，规规矩矩坐下来。

潘佳杰说："客观地讲，我们国家存在一个修养与制度孰重的问题，要说这个，搞不好又要给我扣上一顶不认罪不悔罪的帽子，你在这里，我就没有这个顾虑了。"

"哈哈哈……有意思，我倒想听听。"马旭东爽朗的笑声感染着每一个人，屋子里尚有的压抑气息也一扫而光。

潘佳杰受到鼓舞，遂放开说："马监，各位室友，你们发现一个问题没有，所有的反腐宣传材料大体调子都是这样的：某某之所以从党的高级领导干部蜕变成为一个地地道道的腐败分子，就因为他在主观上放松了世界观的改造，贪得无厌地追逐名位和物质享受，被封建主义、资本主义的腐朽思想和生活方式打倒，最终跌入犯罪的深渊。所有党员干部都应以某某为戒，在积极投身积极建设和改革开放的同时，必须十分警惕拜金主义、享乐主义和极端个人主义思想的侵蚀，严于律己，廉洁奉公，勤正为民，始终保持党员干部作为人民公仆应有的品德。"

"是啊，这没错呀。"马旭东有些疑惑。

二皮眉头紧锁，眼角东瞟一下，西瞟一下，不一会儿，一副恹恹欲睡的样子。

可其他人一下又来了兴趣。

谢天明说："我国具有中国特色社会主义的总设计师邓小平曾讲过一段话，现在重读，不由得不佩服他老人家的高瞻远瞩，我给你们念念……"

他拿出《邓小平文选》，翻开找到，念道："我们过去发生的各种错误，固然与某些领导人的思想、作风有关，但是组织制度、工作制度方面的问题更重要。这些方面的制度好可以使坏人无法横行，制度不好可以使好人无法充分做好事，甚至走向反面。

由于没有在实际上解决领导制度问题以及其他一些原因，仍然导致了'文化大革命'的十年浩劫。这个教训是极其深刻的。不是说个人没有责任，而是说领导制度、组织制度问题更带有根本性、全局性、稳定性和长期性。这些制度问题，关系到党和国家是否改变颜色，必须引起全党的高度重视。"

潘佳杰连声说："有道理有道理，我看看，我看看。"

谢天明接着说："我们就是活生生的例子，要重塑我国的监察机制，不仅不能将现行纪检监察系统与行政系统重新优化组合，而且一定要分开，最好制定一部《监察法》，从法律层面保障纪检监察机关的政治地位、人事、经费和一定的司法权。"

"能这么理性地探讨问题，更说明你们已经认罪悔罪了嘛，很好，潘市长……"

马旭东心情大好，随口称潘佳杰为"潘市长"。

潘佳杰连忙站起来："马监，惭愧惭愧，潘佳杰，不是潘市长。"

马旭东笑笑，摆摆手，叫他坐下，继续说："你可得好好写，把今天你们讨论的写进去。"

潘佳杰连连点头。

马旭东站起来，转眼看见二皮在打盹，于是拍拍他的肩。

二皮神经质地弹跳起来，不好意思地憨笑："你们讨论的是国家大事，我我我……"

马旭东笑笑，走了出去。

"对了，你的书写得怎么样？"谢天明看看鲁本川，有一句没一句地问。

潘佳杰一下来了精神："最后两章了，陈主任（陈莉）把稿子拿去看了看，叫杨主任（杨阳）安排人正在给我录入呢。"

"喔？"谢天明有些心不在焉。

"陈主任说写得不错，她已经给文局汇报了，文局指示要监狱认真对待这件事，等书稿出来了，组织人看看，讨论一下，好好修改，再联系一下出版社，最好能出版。"

潘佳杰越说越兴奋。

"我建议把他也写进去。"谢天明突然指指鲁本川说。

潘佳杰有些愕然，谢天明朝他努努嘴，潘佳杰立刻明白了，怪怪地笑："好，我要告诉世人，这里有一个很有文化很有修养、典型儒家知识分子的县长是如何……"

鲁本川挣扎着支撑起来，瞪着他俩："你俩别闹了，让我清静一点儿好不？"

鲁本川说完，又无力倒下。

二皮这下来劲了，蹦起来嚷嚷："鲁本川，咋跟我老大说话的？你……"

谢天明拉拉二皮，摇摇头，拿起脸盆去打水洗漱。

"没意思……"二皮咕嘟说，"跟这些人住在一起，真他妈没意思……"

潘佳杰追上谢天明，低声说："你值上半夜，我值下半夜吧。"

"我明天喂猪，活儿轻，你值上半夜。"谢天明说。

（4）

夜深了，雨似乎越下越大，整个监管区一场宁静，宽阔的大道上不见一个人影。

马旭东巡视了一圈，准备回岗位房室休息，刚走出监管区大门，一个黑影走了过来，吓了他一跳，他警觉地问："谁？！"

"我，马星宇。"那人说。

"谁？！"雨声太大，他没太清楚，于是大声问。

"我是马星宇！"那人也提高了声音。

"马监狱长？！"马旭东惊叫一声，他偏着头确认，但是雨实在太大，加之马星宇穿着一件雨衣，根本看不清他的脸。

"走，去你办公室。"马星宇大声说。

马星宇尽管穿着雨衣，但是鞋子裤脚湿淋淋的，还在滴水。他脱下雨衣，边抹脸上的雨水边问："鲁本川怎么样了？还没有吃饭？"

马旭东说："我先给你找一双拖鞋。"

不一会儿，他拿了一条裤子和一双拖鞋进来："我的，先将就对付一下吧。鲁本川还没吃饭，如果明天早上还不吃的话，我们准备把他送医院强制进食，并住院观察。"

马星宇只是换上了拖鞋，说："我想找鲁本川谈谈，你去问问他愿不愿意见我，如果愿意，你就把他带到这里来。"

他心里想，可能是这位新来的监狱长不太了解基层的情况，罪犯绝食这种事经常发生，也急不得，又特别是犯人的思想工作本来就不是一两句话能解决的，只要保障他的生命没有危险，饿一饿，让他吃吃苦头，也是给他一个心理自我调节的时间，说不定就想通了，也就不再绝食了，于是说："马监，现在？都十一点……"

他看看墙上的挂钟："十一点三十七分了……"

"所以嘛，我叫你去征求他的意见，不要强迫。"马星宇说。

"好吧……"马旭东走了出去。

不一会儿，鲁本川被马旭东和楼道值班民警扶了进来，坐在沙发上。

马星宇挪动了一下椅子，坐在鲁本川的对面，中间隔了个茶几。马旭东倒了两杯水，只不过，马星宇杯子里有茶叶，鲁本川杯子里没有。

马星宇说："哎呀，都这么晚了，不喝茶叶了，免得一会儿还睡不着。"

鲁本川靠在沙发上，目光盯着茶几，面色憔悴，情绪很低落地样子。

马星宇说："今天下午，马旭东副监狱长把你的情况和我说了，晚上怎么也睡不着，所以想找你聊聊。"

鲁本川好像没听见一般。

"客观地讲，监狱在处理你的问题上有不妥当的地方，所以马上解除了对你的禁闭，我这么晚来呢，主要是想代表监狱对你表示歉意，要不然今晚我真睡不着。"

马星宇真诚的语气，让马旭东都很意外，这是他从警二十多年来，第一次听到一个监狱长这么跟罪犯说话。

鲁本川抬起头打量了一下马星宇，身子坐直了。

"你还是靠着吧，啊！"马星宇说。

就连这个细节他都注意到了，这多少让鲁本川有点感动，也让马旭东对他有一个全新的认识。

"我想知道的是你绝食的原因，你能给我说说事情的来龙去脉吗？"马星宇接着问。

鲁本川沉思了一下，终于开口了："我被关了禁闭后，我每天都在向值班警官打探王队长的消息，前天早晨，民警交接班时我又问。那位警官说死了，我接受不了，

当场就哭了，可那位警官不问问我为什么悲伤，反而觉得我好笑，还讥笑我，我当时就感觉我没指望了，连警官都这么看待我，不管我怎么努力，也改变不了他们对我固有的看法，所以今天早上，一时想不开就撞墙了……"

"那么，我现在问问你，你为什么那么悲伤？你不介意吧。"马星宇说。

马星宇很客套的问话，反而让鲁本川有些不自在，不过这也增强了他对马星宇的信任感，他脸上闪过一丝笑意，但马上又回到了刚才那种表情："王队长发病跟我有关联，所以我听到这个消息，控制不住自己的情绪……"

"噢？"马星宇和马旭东都感到很意外。

鲁本川说："那天他来找我谈话，给我解释我有立功表现，却为什么没有给我申报减刑的原因，他苦口婆心说了很多，可是我当时连个态度都没有，他很着急，就发病了……"

马星宇沉默了一下，接着问："你刚才说的民警对你的固有看法指的是不悔罪，是吧？"

鲁本川迟疑了一下，点点头。

马星宇说："听了你刚才的诉说，我感觉你面临两个问题：一是听到王队长去世的消息掉泪那事，第二个是你认为有些民警用老眼光看你。下面我谈谈我的看法，供你参考，也许对你有所帮助，也许不一定管用。"

鲁本川立即点点头。

"关于第一个问题，我觉得你想复杂了，你有一颗同情之心，说明你心没死，还是对生活充满热情的，这值得肯定。听到我们的民警去世的消息，掉泪，这是很正常的事，也是可以理解的。"

鲁本川突然打断他，沮丧地说："可是，连警官都不理解，我也就不指望狱友们会理解我。"

马星宇笑笑，开导道："人无完人，金无足赤，警官也是人，他们在处理问题时不可能做到尽善尽美，对吧？你希望别人能理解你，那是你的愿望，别人可以理解你，也可以不理解你，只要没有做亏心事，何必一定要别人理解你呢？理不理解又有什么关系呢？其实，我倒是认为，你可能觉得面子上过不去，才是更主要的原因。"

"我……我心里憋屈，难受……"

马星宇见他鲁本川没有明显表示反对，看来是接受了他的这个观点，于是进一步说："我也好面子，要是我遇到你那种情况，也会跟你一样有想法。但是反过来想，这年头不说在监狱，就是在社会上也一样会发一些做了好事而被人嘲笑的事，比如，你看到一个美女吃力地提着大袋大袋的东西，你要是主动去帮助她，说不定还被臭骂一顿，说你有啥企图呢。"

鲁本川笑了。

马星宇继续说："关于第二个问题，在王队长来之前你的行为在我们的民警脑海中留下了某些很深刻的印象，为什么会这样呢？你反思过吗？"

马星宇不是一针见血地指出他的问题，而是引导他自我反思，自我认识。

鲁本川犹豫了一下，说："我承认这几年我没有深刻悔罪，阳奉阴违，对一些同改说了一些不该说的话……"

"比如……？"马星宇追问。

"比如谢天明绝食、潘佳杰闹事、赵海东打架……"鲁本川低下了头。

马旭东突然插话问："老鲁，我一直想问你，你咋就盯上我了呢？"

"老马！"马星宇想打断马旭东，示意他暂时不要说话。

马旭东急了："不是，监狱长，我早就想问问他了，你说你想脱逃，你逃呗，但假警号跟我一模一样，更让人生气的是那假发，给我这平头一模一样……"

鲁本川抬头看了他一眼，低声说："给你拿钱你不要，还处处防着我、打压我……""我防着你？"马旭东突然笑起来，"你也是当过县长的，你自己想想，你一来，领导要我给你整个单间，这个也打招呼，那个也打招呼，你就是一颗定时炸弹，我能不防着你点吗？"

鲁本川抬头也笑起来。

这倒让马星宇有点意外，心想基层工作还是有特殊性的，以后还得向马旭东这样的老管教多请教。但他又不想把话扯远了，于是接着上面的话题说："你可能觉得神不知鬼不觉，而实际上我们的民警早就掌握了一些情况，才会造成对你不好的印象，这一点恐怕你没料想到吧？"

鲁本川点点头。

"要改变这些印象，主要还在于你自己。如果你确实从内心深处认罪悔罪，那么就用行动来证明，我想民警们对你的印象慢慢会改变的。我们呢，也可以起一点作用，引导民警关注你，看到你的成绩，加速改变对你的看法。"

鲁本川两眼放光："谢谢监狱长……"

马星宇端起水喝了一口，看看他，示意说："说了这么多话，如果渴了，就喝点水。"

鲁本川端起水杯，喝了几大口。

"我呢，现在就给你们马旭东副监狱长下一道命令，他要首先关注你，要看到你现在的改变。"

马旭东忙立正："是！"

鲁本川站起来，规规矩矩地朝马星宇和马旭东鞠躬："谢谢，谢谢……"然后开心地笑道："其实，谢天明也跟我说过，跟你说的意思大同小异，可我就是听不进去。我想请问一下……"

他有些迟疑。

马星宇和马旭东看着，都朝他点点头。

"我就想知道，预谋脱逃，会受到的最高处罚是什么。"鲁本川鼓起勇气说。

马星宇和马旭东对视一眼，马星宇说："加刑两年到免于刑事处分，都有可能。"

"哦？"鲁本川若有所思。

马旭东立即问："你在入狱前都和人谋划好了，要逃跑，对吧？"

鲁本川本能地急了："这太难听了吧，我不是没跑吗？"

马旭东追问："怎么谋划的？"

"监狱不是在外承包工程吗？我们就想把我们的工程交给监狱做，然后在工地上找机会逃跑。"

马旭东和马星宇一惊，额头冒汗。

马星宇问："我们可不可以这样推理，如果监狱不收外劳的话……"

鲁本川平静地打断："那我肯定在美国了。"

"那后来又怎么谋划的？"马旭东紧接着追问。

鲁本川说："你们收了外劳，恰好何凯华找到我公司的股东张大新，要用一下我们的牌子和资质，我们趁机引进假发项目进入你们这里，技术员轻而易举搞到跟马监区长头型一样的假发……"

马旭东大怒，拍桌子："看嘛，你龟儿硬是想害我？！"

马星宇立即制止他说："老马……"

鲁本川反倒很平静，朝马旭东深深鞠躬："我说出来，终于轻松了……"

马旭东又笑起来："我还有一个问题没弄清楚。"

鲁本川抬头看着他。

"监狱引入你们的假发加工项目后，你们又是怎么谋划的？"

鲁本川说："这个我就不太清楚，主要靠外头传递信息给我。他们每次带烟的时候，会写在第三包烟中左边的烟上。"

"收到几次信息？"

鲁本川说："就两次。其实，马监，你们早就掌握了的，要不你不会警告我，要不是你，我真的死无葬身之地了。"

"你这话我爱听。"马旭东哈哈大笑。

马星宇和鲁本川也笑起来。

马星宇因势利导，继续强化他的信心："潘佳杰在写一本书，你的学识我是知道的，前几年还拜读过你的讲话和文章呢，如果可能的话，你也帮他参考参考，其实，你也可以写嘛。"

"好好，我记住监狱长的指示，我好好思考一下，等成熟了给你汇报。"鲁本川听了愈加兴奋。

看着鲁本川大口大口地喝着稀粥。马旭东怎么也想不通，新来的监狱长一席话，就解开了鲁本川心里的疙瘩，就连鲁本川本人也承认，自己也曾给他讲过这些道理，为什么就不管用呢？难道仅仅就是因为马星宇是监狱长，而自己只是个监区长吗？不对，自己不是也提拔成副监狱长了吗？还有，为什么鲁本川又那么敬服王寿贵呢？

第二天，他忍不住打电话给陈莉，说了自己的疑惑。

陈莉笑道："马星宇呀，可是我省监狱第一个取得了国家心理咨询三级咨询师的监狱长哦。而王寿贵呢，上次在清水监狱办培训班，他可是在旁听，一节课都没有落下，笔记都作了几大本呢，后来还经常打电话跟我讨论一些问题呢。"

马旭东感触地说："喔，小陈，我开个后门，下次出去培训，你把我也报上吧。"

陈莉笑道："你不想学也得学，听说局里要出新规了，分管副监狱长必须取得心理咨询三级证书。"

第二十八章　至亲至情

（1）

　　文守卫对谢天明离婚的事很担忧，要是离了，拿回一些财产，谢天明的母亲和二弟也不用待在养老院，明年谢小婉一毕业，找份工作，收入相对稳定，那么一家人也就稳定下来，这也对谢天明今后的改造很有利。可这个谢天明哪，都这样了，还没看透某些事。于是他把陈莉叫来，说了自己的担忧："谢天明还有心结没有打开，这事儿还真不能干预过多，也不能操之过急，但又不能不急，谢小婉明年就要毕业了，她奶奶和二爸就不能再待在养老院，就算监狱出面以谢小婉工作还没找好为由跟养老院协调，延长一段时间，但是总不能老是这样吧？你琢磨一下，能不能再做做工作，但要讲策略。"

　　陈莉说："我马上按照你的意见，同清水监狱干预中心做个专题研究，我个人意见还是从谢天明的女儿和母亲入手，叫他们来做工作，可能效果会不一样。"

　　"嗯……"文守卫想了想说，"你这意见很好，你们再研究研究，拿出一套切实可行的方案来，就利用这次亲情帮教活动，争取让他彻底转变过来。"

　　这时候，办公室打来电话说门卫报告一个叫李文君的抱着一个孩子来找你，你看见还是不见？

　　文守卫苦笑，对陈莉说："瞧，谢天明的老婆找到我这里来了……"

　　监狱出台了邀请服刑人员亲人的标准，要各个监区按照罪犯投票、民警投票、监区支委会初审后公示三天，再报监狱教育改造科二审，最后由监狱党委会审定。一监区走到公示三天的程序，问题就出来了，一个是像谢天明母亲这种无法自行来监狱的，该怎么办？监狱没有明确规定；二是潘佳杰，尽管有个儿子，但儿子还小，现在的监护人是他的前女友，请他的前女友来，合适吗？三是鲁本川给监区提出，他不参加这次活动，不是他不认罪悔罪，而是很确定他家里一定没人愿意来，与其浪费指标，还不如让给那些需要亲人来探视的服刑人员。

除了鲁本川这种情况外，其他监区都面临这个问题。监狱马上召开会议，在马星宇的坚持下，凡是来监狱参加亲情帮教的服刑人员家属，往返车船费、吃住都由监狱承担，为了控制费用，确定服刑人员的家属人数，一般一个家庭不超过两人，像谢天明这种情况，看其他监区还有没有，统一由监狱派车接送。像潘佳杰这种情况，监区给其子女的监护人做工作，尽量说服他们能来监狱参加帮教活动。

从档案上反映，鲁本川的家族成员都是公务员，但都没有注明职务，正因为没有注明职务，而来接见他的家人，都很低调，对于大多数监狱民警和服刑人员来讲，显得有点儿神秘。只是有些传闻，说他爷爷开始就是高官，父亲是在省级干部岗位上退休的，几个兄弟和堂兄弟姐妹都是地位不菲的官员。

传闻虽然不可信，但是有一点是明确的，鲁本川早年仕途一帆风顺，但坐上县长的位置后，令人意外地跑到一家处于亏损状态的国企去担任董事长。担任董事长不到一年，资产重组，张大新购买了这家企业，鲁本川摇身一变，与张大新成立新的公司，大举进军地产、投资信托、水电等领域，短短几年，公司呈几何级扩张，成为全省冉冉升起的新星。

马旭东亲自给他父亲打电话试探口风，果然如鲁本川所说的那样，对方还没有听完，就一口回绝了。

马旭东问他："你想不想你父亲来看看你？"

"想当然是想啦，但是我给他抹了黑，给整个家族都抹了黑，他们不会原谅我的……"

鲁本川很沮丧，这几年来，父亲从没来看过他。他写了很多信给他，但父亲一封都没回，而兄弟姐妹来看望他的时候，也只字未提父亲，他明白，父亲是不会原谅他的，他也清楚，这个家庭只要父亲不原谅他，他就别指望其他人能原谅他。

所以，一直以来，他感到很孤单，家庭都容不下他了，那活着还有什么意思？所以在很长一段时间里，他抱着一种破罐子破摔的心态，把内心的那种孤寂发泄在改造生活中，挑拨同改之间的关系。看到他们打起来或者公然对抗民警，他心里才找到一

丝难得的快意。

马旭东没说什么，只是点点头，走了。

鲁本川实在是猜不到他的意思，一连好几天都惦记着这事儿，最后他还是鼓起勇气再次和马旭东说："谢谢马监狱长的好意，还是别忙乎了，我父亲他是不会来的。"

马旭东笑笑："我们不敢保证能说服你父亲，但是我们会尽力的。"

鲁本川心里说不出是哪一种滋味，酸？甜？苦？辣？

（2）

这几天可忙坏了马星宇，原本计划包括心理咨询组、法律援助组、就业安置组、社会人士组和服刑人员亲友在内的帮教总人数为1500人，可监狱把请帖发出去后，政府各大机关、学校和社会团体、民主党派等等，主动来联系的络绎不绝，经请示局里，不得不扩大参观监狱的规模，把原本千人帮教活动改为千人帮教活动暨监狱开放日活动，时间由原来的一天改为两天，就是做了这样的调整，还是不能满足社会需要。

活动明天就开始了，服刑人员家属今天下午就开始报到，可不一会儿，接待组反馈，很多服刑人员家属并没有按照要求只来两人，有的甚至是全家人都来了，原计划准备的住宿远远不够，不给他们安排吧，涉及老人和孩子怎么办？马星宇他们经过紧急磋商，可以安排所有罪犯直系亲属的食宿，其他不予安排，要求接待组一定要做好解释工作。

文守卫还是放心不下，下午又带了一帮人来到清水监狱检查，车子刚到监狱门口，看见一个和尚正在和值班民警交涉着什么，他很奇怪，于是下车走了过去。

"怎么回事？"他问。

值班民警立即立正敬礼，报告："他说他是灵觉寺的和尚，奉主持之命来见监狱长的。"

"噢？"文守卫也很意外地看着他。

那和尚双手合在一起，朝文守卫行礼："想必施主就是监狱长吧，小僧奉灵觉寺主持觉行大师之命前来拜会，请求参加帮教活动。"

说完，他拿出一封信函，恭恭敬敬地奉上。

文守卫大感意外，没有接信函，只是说："我不是清水监狱监狱长，大师辛苦了，先随我去接待室稍休息，我想监狱长一会儿便可给你答复。"

不一会儿，清水监狱班子成员都小跑着来到党委会议室。大家看了灵觉寺的信函，都面面相觑。

徐昌黎笑道："文局，这和尚要求参加帮教活动，可是闻所未闻。"

文守卫说："所以，我想听听你们的意见，大家畅所欲言。"

于是在场的你一言我一语就说开了：

"有没有安全风险？"

"更重要的是，我们党可是无神论者，有没有政治风险？"

"我看还是先做一个法律评估，有没有违法风险？"

"这个……和尚……那么如果那个尼姑庵来人联系，我们同意呢还是不同意呢？我们可是国家执法机关，社会各界人士怎么看？是不是有一点儿笑料的味道呢？"

"这些和尚呀尼姑呀都是心理不健全的人，他们来参加帮教活动，有作用吗？会不会带来消极影响？"

……

文守卫见马星宇一直沉默，便点名问他怎么看。

"'和尚'这词不太准确，应该是宗教界人士……"马星宇说，"文局，在座各位领导，我倒觉得是一件好事，不仅可以把我们的帮教工作延伸到社会各个领域，而且还有新闻价值。我个人意见，同意灵觉寺来人参加帮教活动。"马星宇犹在沉思的样子，慢慢说。

"马星宇说得对啊，我们就是要尽可能利用所有的资源，唤起社会对监狱的关注，让老百姓了解我们监狱，理解并支持我们监狱的工作，只有这样，我们监狱工作才能跃上新台阶。所以我同意马星宇监狱长的意见。"

文守卫说到这里，话锋一转："不过这件事嘛，毕竟是个新鲜事儿，大家的担忧都是有道理的，所以，我建议你们立即同省宗教管理局取得联系，请他们核实这件事，并邀请他们也派人来参加。"

突如其来的暴风雨，拨弄着所有人的神经，特别是那些服刑人员和家属们，他们彼此知道，他们就近在咫尺，都期盼着明天的重逢，这场大雨来得实在不是时候，有多少人度过了一个不眠之夜。

好在黎明时分，雨停了，酷热也烟消云散，风轻云淡。大雨洗去了街道上的花草树木的浮尘，通体洁净，已经丰腴的叶片变得愈加绿油油的，在凉爽的晨风中欢迎着每一个人……

谢天明的母亲和女儿来了。

更令人出乎意料的是，潘佳杰的前女友吴双双也来了，尽管没把他儿子吴盼盼

带来。

……

在一监区分会场，罪犯和他们的亲友们三三两两地围在一起拉家常，倾诉着离别之苦或者相见的喜悦，嘤嘤的啼哭声与欢笑声夹杂在一起，上演着一幕幕动人的悲喜剧。

谢小婉已经和一家公司签订了就业合同，一毕业就去上班，薪水还不低，这让谢天明万分欣慰。

"爸爸，我现在倒是不担心你，我担心的是奶奶和二爸。"谢小婉说。

谢天明的母亲立刻说："我不要你担心，你安心工作，一年到头回来看奶奶一眼，奶奶就满足了。"

"奶奶，你有所不知，监狱与我们县民政部门协商的是我参加工作时候，你们就不能再住在那里了。我现在的薪水虽然高，但是在省城租一套房子，再请个保姆照顾奶奶和二爸，恐怕还是不够，我也想把奶奶和二爸接到自己身边来，敬老院再好，毕竟也没自家好。"谢小婉忧郁地说。

"那我搬回老家住。"老人说。

"奶奶，你搬回老家，爸爸能放心吗？我能放心吗？"谢小婉说。

谢天明点点头。

"不过爸爸你放心，我会安排好的，大不了我再去兼职一份工作。"谢小婉不好直接劝说他离婚，只好一步一步引导他。

谢天明说："其实，我这几天想好了，还是跟你阿姨离了吧，房子呢，就不用租了，把你奶奶和二爸接过来……孩子，这些年可苦了你了……"

"爸爸，阿姨出事了。"谢小婉小心翼翼地说。

谢天明似乎早就有预感，没有太大的意外表情，只是眉头紧锁起来。

谢小婉劝道："其实呢，你和阿姨的缘分早就断了，没必要再僵持下去，是吧？我呢，以前也很恨她，经过这么些年，我也看开了，也不恨她了。人老是生活在仇恨中，也只是增加自己的心理包袱而已，有什么意义呢？"

谢天明点点头。

谢小婉接着满怀信心地说："你不是一下就减了一年半么？再熬几年，我们一家人不就团聚了么？我们家也就熬到头了。"

"她能给咱们房子么？"老人有些担忧。

其实这也是谢小婉所担忧的，虽然说去年李文君三番五次表示只要谢天明答应离婚，她啥都不要，但谢天明拖了她这么久，加之现在她可能还面临法律制裁，还有一个孩子，她的想法要是变了呢？

"要不，我去找阿姨谈谈？"谢小婉试探地问。

谢天明抬起头望着她们，语气带着祈求："妈，小婉，我的意思是……你阿姨她现在那个样子……房子就不要了吧……"

谢小婉很欣慰，父亲能这么看得开，说明他心里的仇恨已经烟消云散了，没有什么比得上拥有一颗健康快乐的心更重要。她紧紧握住谢天明的手，动情地说："爸爸，你真变了，我很高兴……"

谢小婉的奶奶疑惑地看着他们："你俩说啥呢？我咋听不懂？"

谢天明扬起苍老而矍铄的脸，灿烂地笑。

（3）

潘佳杰和吴双双相顾无言，良久，潘佳杰才问："儿子怎么样？"

吴双双拿出前几天专门拍摄的照片给他，他看着照片上的儿子，双手轻轻抚摸着照片，朝着照片笑，自言自语地说："又长高了……"

"就是数学很差，100以内的连加连减始终搞不懂，盼盼自己也很苦恼……"吴双双低沉地说，满脸的无奈和对儿子的怜惜。可以看出，她为这事费了不少的心，儿子也很努力，可就是效果不大。

"那给他报个珠心算吧。"潘佳杰说。

"啥叫珠心算？"

潘佳杰的心像被揪了一下，很疼："你去问问就知道啥叫珠心算。"

"没听说过，我们那里好像没有。"

"不可能！"潘佳杰有些急了，提高了声音。

吴双双低下头，不再说话。

沉默。

过了好一阵子，潘佳杰意识到自己态度有点儿问题，于是把目光从照片上移开，带着关切的语气问她："你怎么样？还好吧？"

"挺好的……你呢？"

潘佳杰把减刑裁定书拿给吴双双看。

吴双双反反复复地看着他的减刑通知书。

"一年半……多好……"吴双双喃喃地说。

"我写的书，初稿出来了，监狱领导们说帮我联系出版社呢……"他说。

吴双双抬起头看着他："你变了……"

潘佳杰笑笑："在这里面，不变也得变，最终也得变，何况，我有儿子了……"

吴双双沉默，一副心事重重的样子。

"你……过得还好吗？"潘佳杰见她那样，小心翼翼地又问。

"挺好……"

"哦……"

潘佳杰面对已经是别人老婆的吴双双，实在找不出什么话题来，吴双双似乎也显得有些局促，两人都不安地坐着，偶尔看对方一眼。

鲁本川一个人坐在角落里，与其他亲人服刑人员相比，显得形单影只，他把头压得很低，不时抬起头左右看看，又迅速埋下头……

马旭东看了一阵，怕他实在受不了，于是悄悄走到他背后，轻轻拍拍他的肩膀："要不，你回去休息？"

一丝惨然的笑意掠过他的眼角，他摇摇头说："马监区长，我没事……看到他们，我也感到一种幸福……"

潘佳杰看到了，于是走过来，拿着儿子的照片："老鲁，你看，我儿子！可惜，没带来……"

鲁本川端详着照片："你呀，知足了吧……这小家伙，真像你，你瞧这眼睛，这鼻子……简直跟你一个模子倒出来的……"

"是啊，好好的一个家，就这么被我给毁了……"他的话触动了潘佳杰的心里最脆弱的部分，伤感地说。

鲁本川叹息一声："去吧，你别管我，别冷落了她。"

潘佳杰沮丧地点头，但是没有回去。

"怎么了？"鲁本川问。

"都是别人的老婆了，还有啥好说的？"潘佳杰很低落地说。

鲁本川很理解他的心情，但此刻又找不出合适的词儿来安慰他，只好默不作声。

潘佳杰继续发泄道："老鲁，这人生四大悲剧，上班是改造，老婆被人搞，娃儿没爹教，吃伟哥不见效，你说我咋都遇上了呢？"

鲁本川有些担心，忙提醒他说："老潘，今天是什么日子，你脑袋要清醒哟，不要干傻事，得不偿失。"

潘佳杰蓦然惊醒，随后目光异样地打量着他："老鲁，要是在以前，你可不会这么劝我……"

"哎，别提那些陈年老窖的糗事了……要是还是那样托混，哪有颜面面对王警官（王寿贵），还有马旭东副监狱长，还有……嗨，反正就一句话，没脸见人。"鲁本川由衷地说。

"是啊。"潘佳杰也从内心深处感叹，随后问："冒昧地问一句，你父亲真没来？"

"唉……没来，我能理解他老人家的心情。"尽管嘴上这么说，鲁本川心里还是隐隐作痛。

潘佳杰安慰道："只要我们好好接受改造，我相信，总有一天你父亲会原谅你的。"

另一个人今天也跟鲁本川一样沮丧，他就是二皮。本来监狱联系好了，接她母亲来参加这次亲情交流，但临行前两天，母亲在干活时摔断了腿。二皮走出监区会场，蹲在监管区操场墙边抽烟。

马旭东走了过来，看着他。

二皮没有察觉他来，依然抽烟，落魄、沮丧。

马旭东蹲下来，看着他。

二皮吓了一跳，忽地跳起来，比画。

马旭东笑骂道："要打架？"

二皮咧嘴笑："哎呀呀呀，是老大，吓我一跳。"

马旭东站起来："想家了？"

会场里传来欢笑声，二皮眼圈红了。马旭东拿出一张纸，递给他。二皮接过去，扫了一眼，连忙拿到鼻子下看。

"你什么时候成近视眼了？"

二皮连声说："谢谢老大……"

马旭东严肃地说："不是我，是监狱鉴于你的表现，奖励你回家探亲！还有，这是监狱，不是黑社会，以后不准叫什么老大老大的。"

"是是是，感谢政府，感谢政府……"

马旭东又说："你账上还有300多元钱，监狱为你母亲筹了300元，明天我一并交给你，带回去给你妈。"

二皮感动得不知说什么好，泪水涟涟："这……我我……"

马旭东笑着离开。

二皮回过神来，马旭东已经走进了亲情帮教分会场。他愣怔了一下，朝他的背影

深深鞠躬。

(4)

一个披着黄色袈裟的老和尚在一大帮记者的簇拥下走了进来，在场的所有人都惊奇地望着他。

"我是灵觉寺和尚觉行，来看望大家。"觉行慈眉善眼，气定神闲，向在场所有人躬身行礼。

"大师，你怎么看待我们这些罪犯？"谢天明忍不住第一个发问。

"你们就是菩萨。"觉行大师说着，就坐在谢天明身旁。

觉行的话不亚于一颗重磅炸弹，几乎所有人都瞠目结舌。

马旭东觉得他的话很有问题，本来想反驳，请觉行出去，但晃眼间看见马星宇、文守卫他们也夹杂在人群中，从他们脸色上看并没有什么异样，只好冷眼观看。

"怎么说？"鲁本川定定地看着他。

"阿弥陀佛。"觉行合掌再次行礼，"佛说：贪欲永尽，嗔恚永尽，愚痴永尽，一切诸烦恼永尽，是名涅槃。"

觉行大师继续说："这是什么意思呢，就是说你们在这里修行，消灭了心中的妄念、欲念，就会达到宁静、平淡、快乐的境界，就会重生，就会脱胎换骨，这就是涅槃。佛还说，生生死死，死死生生，生即是死，死即是生，也还是这个意思。"

"这里是监狱，怎么修行？"谢天明问。

"你们在监狱里接受改造就是在修行。"觉行大师说，"刚才我参观了清水监狱，这里与我想象中的监狱大相径庭，依我看，不像是监狱，倒像是花园，是一所学校，我们僧人修行的地方还没这里条件好呢。"

觉行大师的话，引来一阵笑声。

"为什么你们会有这样一种很特别的修行方式呢？那是因为你们触犯了国家的法律，损害了国家和百姓的利益。但是，从另外一个角度讲，你们以这种很特别的修行方式来警示世人，人生最可贵的是什么？你们修行过程中内心受到的煎熬、痛苦和挣扎告诉世人，一定要引以为戒，严于律己，方能保全幸福。"

说到这里，觉行大师提高了声音："尽管你们是囚犯，但也在拯救其他人。所以，从这个意义上讲，你们就是佛。"

文守卫带头鼓掌，全场响起经久不息的掌声。

马星宇站出来介绍说："这位就是省监狱管理局局长文守卫同志，我们以热烈的掌声请局长给我们讲几句话。"

全场再次响起热烈的掌声。

文守卫别了马星宇一眼，但眼下不讲不行了，于是说："首先，我代表全体民警感谢灵觉寺觉行大师参加帮教活动，觉行大师可是一位了不起的得道高僧啊，据我所知，他深居简出，十余年来从未踏出寺门半步，今天他能来到清水监狱，那是我们清水监狱服刑人员的福缘。"

掌声又一次响起来。

觉行大师微微躬身："施主言重了，老衲不敢当。"

文守卫接着说："觉行大师的话，语重心长，也意味深长。是啊，严格执法也罢，亲情帮教也罢，社会各界关心也罢，还是觉行大师所说的修行也罢，只有一个目的，就是希望服刑人员重塑灵魂，早日新生。当然，我们推行的这项工作尚在试点阶段，欢迎服刑人员亲友们、社会各界朋友多提意见，下一步我们将把这样的活动上升到制度层面，建立长效机制，让更多的人在参与这项活动的同时，自身也受到教育和启迪，为构建和谐社会尽一个公民应尽的义务和责任。"

掌声再一次响了起来。

觉行大师出去了，一监区分会场也平静下来，不管是罪犯还是他们的亲友，一扫先前的沮丧或者悲伤，都在低低地讨论觉行大师和文守卫局长的话。

杨阳和陈莉带着吉牛马二走了进来。

马旭东说："大家静一静，下面，我们请我们的音乐家吉牛马二给大家演唱一曲。"

鼓掌再一次响起来。

吉牛马二坐在主席台凳子上，深呼吸，拨动琴弦。

他合着音乐的节拍，低沉而苍凉地独白：

妈妈，天快黑了，这个时候，你在做什么？

在山上砍柴吗？在院子里喂猪喂鸡吗？还是憔悴地坐在门前等待孩儿的归来？妈妈，你的心痛了吧！妈妈，你的眼泪不自觉地流了吧！没事了，没事了，你的儿子已经长大，已经懂事了。妈妈，不要再操劳了。

有的母亲在抹泪。

吉牛马二吟唱：天黑了我想起了我的妈妈！/这个时候你在干什么？/在家里做着饭？还在喂着猪喂鸡？/妈妈你就别再劳累了！妈妈你还记得吗？/当我外出求学时，当我需要学费时。/你走街串巷地去借钱。/忧伤的母亲啊！/这个时候你的儿子长大了，有出息的孩子让妈妈的心在微笑，没出息的孩子让妈妈的心在哭泣。

谢天明的母亲轻声哭泣，哭声感染着其他罪犯家属，随即现场一片哭声。

马旭东走到主席台招呼大家："大家静一静，静一静……"

大家停止了哭声。

马旭东说："省局决定，在今后要开展习艺性教育……"

二皮站起来："报告，啥叫习艺性教育？"

"就是让每一位服刑人员学到一门实用技术，以后出去了，可以找到薪水高的工作。"

李浩健的母亲站起来问："有哪些内容呀？"

马旭东说："目前准备开办制衣、电子、建筑、烹调、绘画、国学、音乐舞蹈等项目培训。每人可根据自己的特长和爱好选择。"

分会场又一次欢声雷动！

马旭东突然提高声音说："下面，我宣布一项最高的刑事奖励……"

大家一下子安静下来，会场静悄悄的，都盯着马旭东。

"鉴于吉牛马二的改造表现，监狱报请检察院审核，经法院裁定，准予假释。再过几天，他将离开监狱，获得新生！"

掌声雷动。

吉牛马二站起来，含泪给所有人鞠躬。

不过，鲁本川就像被雷击了一般，半天没有回过神来，杨天胜和他谈话的情景一下子浮现在脑海里……

在清水河监狱一监区谈话室，杨天胜就像见到老朋友一般亲热："鲁总，我提醒你一句，少跟吉牛马二说什么心里话。"

鲁本川问："为什么？"

"我担心你被卖了，还拿对方当朋友。"

"究竟怎么回事？"鲁本川很疑惑。

杨天胜诡秘一笑："你知道就行了。"他指指耳朵和眼睛，"有些事儿，只可意会，不可言传。"

鲁本川突然感觉血往头上涌，心里怨恨道："难道就是他？原来他是来监视我的！"

"这几天总是不见他，原来在躲我。"鲁本川越想越生气，扭头就走出会场。

陈莉送谢小婉和奶奶一直到宾馆房间，可谢小婉执意要送送陈莉，陈莉推辞不掉，只好由着她。两人走到宾馆门口，陈莉转身说："小婉，回去吧。以后有什么难处，你给我打电话，啊！"

谢小婉欲言又止。

陈莉摇手拜拜，转身，快步走。

谢小婉终于忍不住了，叫了一声姐。陈莉停下来，转身看着她。谢小婉跑过来，紧紧拥抱着她。

谢小婉万分愧疚，呜咽说："对不起……"

陈莉拍打着她的后背："说啥呢？你又没有做错事，啥对不起的？"

"我我……我不该……杨阳……"谢小婉断断续续地说。

陈莉推开她，认真地说："小婉，我理解你，如果换作是我，我也会那么做的。"

谢小婉"啊"了一声，半信半疑地打量她。

陈莉笑笑："这是女儿对爸爸那种难以割舍的亲情。"

谢小婉破涕为笑。

陈莉接着说："但是亲情不等于爱情，我相信你迟早会明白的。何况你也有追求爱情的权利，就算杨阳他以后选择的是你，那只能说我和他没有缘分。我也不会恨你呀。"

谢小婉又拥抱她："姐，我明白了。你放心，我现在一门心思完成学业，至于其他，我暂时不去想。"

"也对也不对。要是爱情真来了，你挡也挡不住。好了，回去吧，奶奶一个人在房间里呢。"

谢小婉听话地点头，与陈莉道别。

第二十九章　舍生忘死

（1）

尽管亲人们已经离去，但罪犯们还是沉浸在浓浓的亲情中，兴奋、安慰、失落、悔恨，还有因各种原因没有亲人来而产生的懊恼，像调味剂一样，在他们心里游走。

吉牛马二吃饭的位置本来与鲁本川挨着，因后天要出狱，变换到了最后排。打饭的时候，吉牛马二走过来跟鲁本川打招呼，鲁本川黑着脸，一声不吭。

潘佳杰见状对鲁本川说："嘿！老牛跟你那么好，他要出去了，你咋不高兴呢？"

鲁本川将饭碗重重地摔在桌子上，对着潘佳杰吼："我高不高兴关你什么事？！"

潘佳杰吓了一跳，愣愣地看着他，不知所措。

值班民警立即跑过来喝道："鲁本川，又发疯是不？"

鲁本川突然站起来，冲着民警狂叫："我就发疯了，怎么着？"

他说着，抓起潘佳杰的碗要砸向民警，潘佳杰展开双臂，死死抱住他，二皮一个猴跳，抓住鲁本川的后领，使劲一拉，鲁本川和潘佳杰重重摔倒在地。

二皮冲上去，将潘佳杰扶起来，将鲁本川按在地上。

又有两个民警跑过来，叫二皮他们放开鲁本川。鲁本川仰面倒在地上，像牛一般喘息。

值班民警大声说："鲁本川，你真疯了是不？起来！"

鲁本川在地上打滚，号叫："老子就疯了，没活头了……"

其他两个民警抓住他的胳膊，从地上扯起来，值班民警拿出手铐，将他铐住，拖了出去。

吉牛马二看着这一切，一副心事重重的样子。

（2）

傍晚，谢小婉把奶奶安顿好，匆匆赶去上班，刚到金帝大酒店，前台就要她到张总办公室去一趟。她换上工作服，来到张大新办公室外，办公室的门是打开的，办公桌上摆放着十几张照片，张大新正拿着照片看，脸上露出祥和的笑。

谢小婉敲门。

张大新抬头见是她，连忙招手："小婉，进来，进来。"

"张总找我有什么吩咐？"谢小婉走到办公桌前，恭恭敬敬地问。

"来来，你看看。"

谢小婉走过去，十几张幼儿的照片摆在桌子上，她心头掠过不安，似乎明白了什么。

张大新说："这是你小妈……李文君的孩子……"

谢小婉拿起照片看，脸上泛出笑意："真乖……"

"你好像一点都不觉得惊讶……"张大新诧异地看着她。

谢小婉苦苦一笑："孩子是无辜的……"

张大新长吁一口气："小婉，你变了，我为你感到高兴，也很欣慰。"

"谢谢，爸爸都知道了。本来，爸爸准备起诉，要回那套房子……"

张大新说："你放心，我已经收这个可怜的孩子为干儿子，李文君真被判刑了，我会照顾他的。本来，我是想告诉你，然后请你告诉你爸爸。我的想法呢，劝和不劝分，一日夫妻百日恩嘛。"

"我明白你的意思，我会在适当时候转告给爸爸。"

张大新又说："小婉，我还有一个请求，我还希望你去看看你小妈，她现在最需要亲人的关怀……"

谢小婉迟疑了一下，还是说："我考虑一下，好吗？"

张大新点点头。

谢小婉回到咖啡厅。

前台小妹朝一个卡座指指："小婉，小婉……他又来了。这是他点的咖啡，你送过去吧。"

谢小婉点点头，端起咖啡就走。文子平坐在卡座上，望着窗外出神。

谢小婉把咖啡放在他面前。

文子平回过头来，看着她："谢谢……"

谢小婉在他对面坐下来说："今天文叔叔给我打电话了。"

文子平抬起头。

谢小婉看着他："他说你想报考公务员。"

文子平点点头。

谢小婉问："你现在工作不错，何必非要考公务员呢？文叔叔是担心，公务员不是你要的职业。"

文子平沉默。

谢小婉说："我知道，你这是为了我。子平……"

"不是为了你！"文子平断然否认。

谢小婉默然了一会儿，真诚地说："子平，我希望你能慎重对待你的选择。"

她站起来就走，走了几步，转身说："除了奶奶、爸爸之外，你永远是我最亲的人。"

文子平抬头，看着她的背影，继而，眼睛里闪动着泪花。

（3）

第二天，杨阳要送二皮回家探亲，陈莉破天荒一大早就来到清水监狱。马旭东有些意外，招呼她到办公室坐，笑问："丫头，我这个红爹怎么样？"

陈莉"扑哧"一口笑出来。

马旭东装出一副严肃的样子："笑啥，严肃点。我代表组织给你谈话。"

陈莉抗议说："嘿！我都调走了耶。"

"你的党组织关系还在这里，我是书记，你是党员。"

陈莉"咯咯"地笑："拜托，我还不是党员。"

马旭东拍拍自己的头："那是团员吧，写了入党申请书了吧，严肃点，哼！"

陈莉正襟危坐。

马旭东一本正经地说："这才像话嘛。我问你，你觉得杨阳同志怎么样？"

陈莉忍不住笑："什么怎么样？"

马旭东瞪了她一眼："严肃点。"

陈莉收敛笑容。

马旭东清清嗓子，干咳几声，拿捏着腔调："陈莉同志，杨阳同志尽管参加革命时间不长，但对党忠诚，革命热情高，组织上决定，让你们成为革命伴侣，你觉得怎么样？"

陈莉哈哈大笑。

马旭东也跟着笑："这革命先辈还真不好当。"

陈莉又大笑。

杨阳走了进来，看着他俩，奇怪地问："笑啥？"

马旭东和陈莉又大笑。

马旭东、陈莉、杨阳等为二皮送行，走到监狱一大门外时，二皮回过身向陈莉、马旭东深深地鞠躬。

杨阳侃笑说："你二皮啥时候变得这么婆婆妈妈的了？"

陈莉说："就是。你快走吧，回家还有一段路程，别耽搁了。"

二皮有点兴奋："误就误了吧，我到省城好多年了，还没有认真看过这座城市是啥子样的呢，也正好去耍一耍。"

马旭东扬手敲了一下他的头："你没事找事？你老娘身体不好，别让她老人家等得心急。你早点回家，也就早点让她放心。"

马旭东从口袋拿出一件崭新的夹克和一顶帽子："拿着！"

二皮接过衣服和帽子，激动得有点结结巴巴："老大，我我……"

马旭东瞪了他一眼："啥？滚！"

二皮再一次鞠躬后，和杨阳转身离去。

马旭东和陈莉看着他们的背影。

马旭东问："陈莉，你就不跟杨阳告别一下？"

陈莉瞪眼说："你现在可是副监狱长了啊，别成天跟杨阳嘀咕，把他带坏了啊。"

马旭东"嘿嘿"笑："我的兵，我知道。这小子，你叫他变坏，都没那个胆子。我说陈莉，你们的事情咋样了？啥时候我能吃喜糖？"

"吃喜糖？便宜你了，你得给我们当证婚人！"

马旭东惊喜地问："定日子了？"

陈莉点头，喜笑颜开："下月初三。"

马旭东沉思说："哦？哎呀，只有七天了，这不耽搁你们了吗？我去把他叫回来，另外派个人去。"

陈莉笑道："没事，我们又不大操大办。"

（4）

秋天的乡村像一幅水墨画，二皮看着眼前熟悉的山峦、农田、竹林，远处袅袅升起的炊烟，驻足在小山头上久久无语。

这个时候，不远处山梁上响起一阵叮叮当当的声音，杨阳放眼望去，原来是一所村小学。

二皮也转身望着学校，自语："放学了……"

一队小学生蹦蹦跳跳走过来，边走边背着儿歌："奶奶的脑袋像地球，有山、有水、有河流。不吃中国的大米饭，就吃美国的原子弹；不跳中国的坝坝舞，要跳泰国的肚皮舞。"

二皮听得出了神，憨痴痴地笑。

杨阳拍拍他，笑道："想起童年了？走吧。"

二皮不好意思地笑笑，随后重重叹息一声。

二皮的房子是一个单家独户，四间土墙瓦房，墙体有些破败，墙体上刷写的"文革"时候的标语还依稀可以见。一只老狗突然窜出来，冲着二皮和杨阳狂吠。二皮冲着老狗憨笑，脸上洋溢着难以名状的亲切感。老狗似乎被他笑得不好意思，使劲嗅嗅，也许闻见了些许熟悉的气息，不好意思地"嗯嗯呜呜"了几声，掉头跑开，站在远处懒洋洋地朝杨阳"汪汪"叫。

二皮妈在屋里问："谁呀？"

二皮冲进屋子里："妈，我回来看你了。"

"二娃啊，妈想你，想你，妈的眼睛都快瞎了，呜呜……"二皮妈躺在床上，二皮跪在床前，紧紧抓住她的手，她认出了二皮，哭了起来。

"妈，是我不好，是我混蛋，没让你老人家过上好日子……"

二皮妈哭诉道："你说你啊，生得牛高马大的，干啥子不可以找碗饭吃，为啥子要去抢人嘛？"

二皮哽咽说："妈，是我对不起你老人家，是我的错，我错了！"

二皮母子俩抱头痛哭。

二皮的老父亲从外面回来，看见二皮，一下子愣在那里，好像不认识他一样。

二皮叫了一声爸。

二皮的老父亲醒悟过来，拿起一把扫把就打："你个不孝子，你居然敢逃跑回来！赶快给老子滚回去，回去！"

二皮也不躲闪，任由老人打。

杨阳拉住二皮父亲："老伯，是他表现好，政府奖励他回来探望你们！"

二皮连忙探出证明："你看，你看！"

二皮父亲看了看，扔下扫把，搂住儿子痛哭起来。

（5）

今天是吉牛马二出狱的日子，陈莉一大早就赶来跟他道别。吉牛马二向马旭东请示，是否可以去看看鲁本川。

马旭东寻思了一阵说："老牛啊，有些心结需要时间来淡化，特别是这里面的人，我建议啊，今天你就不要去看他了，过一段时间，明年吧，你来看看他。"

吉牛马二点点头，朝马旭东和陈莉鞠躬。

陈莉说："我就不跟你说再见了，走，我送你到二大门吧。"

吉牛马二憨笑："这里又不是人间地狱，为什么不能说再见？我保证，只要我不死，每年一定会再来看望你们。"

陈莉说："好，我们等着。"

三人朝二大门走去。

吉牛马二走着走着，突然停下来，回头朝禁闭室望望，低声说："我总觉得对不起鲁本川……"

马旭东拍拍他的肩膀："你是在拯救他，他总有一天会感激你的。"

早饭后，二皮也该启程回监狱了，临行前，她把母亲背到院坝里，在院坝里走圈圈。

二皮边走边说："妈，晒晒太阳，好得快。"

"这儿子，进来一趟劳改队，懂事了。"

二皮说："妈，等我出来了挣钱，也在城里买一套房子，以后，你就跟爸爸到城市里养老。也学学城里的老人，跳坝坝舞，打太极拳，唱歌。"

二皮母轻轻打了一下他的头："你就吹吧。"

"伯母，别小看二皮，他现在一身技术，制衣公司说等他出来，聘请他当技术员呢。"杨阳在一旁说。

二皮的母亲笑得合不拢嘴。

马旭东和陈莉送吉牛马二刚刚走到二大门，王寿贵从外边走了进来，马旭东一把拉住他，责备道："老王，谁叫你出院的？"

王寿贵指指前方，笑笑："我好多了，去看看鲁本川。"

吉牛马二朝王寿贵鞠躬，王寿贵一把拉住他。

王寿贵说："使不得，使不得，现在你我不存在管教关系，我呀，应该叫你一声老哥。"

吉牛马二感动得不知说什么好："王队长……"

王寿贵紧紧握住他的手："叫王老弟。"

吉牛马二局促不安地叫："王老……王老弟……"

"还是这么叫听起来舒坦……"王寿贵哈哈大笑。

大家都笑起来。

这时，天边滑过一道闪电，一群鸟铺天盖地从上空飞过，"叽叽喳喳"乱叫。大家正在惊愕之间，突然，大地震动，几个人把持不住，东摇西晃。马旭东一把拉住吉牛马二，陈莉本能地蹲在地上。

王寿贵大叫："地震了，地震了！"

王寿贵喊着，撒腿就往监管区跑。

（6）

二皮把母亲刚刚放在椅子上，大地震动，椅子翻倒在地，他连忙把母亲扶起来。

房子轰然坍塌。

二皮蒙了，不知道发生什么事。

杨阳跑过去，紧紧抓住二皮妈，大叫："地震了，快……"

二皮和杨阳抬起二皮母亲就跑，跑到一块长满青蒿的田里，才把她放下。

杨阳问："屋里还有人吗？"

二皮妈吓得连煞白，结结巴巴地说："没……没有……干活了……"

杨阳突然想起山梁上的小学校，大叫："小学，小学……"

杨阳朝山坡上跑。

二皮也跟着朝山上跑去，跑了几步，停下来转身喊："妈，你就在这里别动，我去救人。"

（7）

刺耳的警报声响起来，民警们鱼贯从大楼冲出来，惊魂未定。

马星宇冲出来大声喊："老徐，徐政委。"

徐昌黎跑了出来。

马星宇急急地说："你负责外围，我进监管区。"

马星宇撒腿朝二大门跑。

徐昌黎大声招呼民警："大家不要慌乱，都在办公区草坪集合。五十岁以下的民警，跟随马监狱长进入监管区，安抚并控制住狱犯！"

上百人朝二大门跑去，徐昌黎看见有女警也朝二大门跑，大叫："女警不要进去！"

马星宇站在二大门前，大声下令："命令，武警迅速包围监狱围墙，特警在二大门前一级警戒！重复命令，武警迅速包围监狱围墙，监狱特警在二大门前一级警戒！"

马旭东把持住身子，对吉牛马二大叫："快，到广场上去躲躲。快去……"

马旭东转身朝一监区跑去，陈莉也跟着朝一监区跑去。

吉牛马二跑到监狱广场，看见罪犯们像潮水一般从楼里跑出来，犹豫了一下，朝禁闭室跑去。

罪犯惊慌失措，从各个监室涌出来，跑到监区监管区铁门，使劲拍打着铁门，大叫开门。

值班民警很惊慌，但就是不开门，大声命令："都不准乱动，到操场集合！"刀疤脸高叫："房子要塌了，房子要塌了！"

他说着，用身子使劲撞铁门，其他罪犯见状，也使劲撞击着铁门。

马旭东边跑边大声下令："开门，都到监狱广场集合。所有民警，跑步到广场，组织本监区罪犯集合！"

值班民警打开铁门，罪犯们蜂拥而出。

警笛长鸣。

整个监狱的罪犯都在奔跑，有的像无头苍蝇，乱窜。罪犯的哭喊声、尖叫声、惊叫声，响成一片。

马旭东依旧边跑边喊，声音已经嘶哑："所有人，到广场集合，到广场集合！"

陈莉看见罪犯们潮水般涌向二大门，撒腿又跑向二大门，昂然站在二大门B门外。

（8）

学校一片惊叫、哭喊声，老师惶恐忙乱地疏导学生。

杨阳冲到学校前的小操场上，一把拉住三十多岁的女教师："赶快带着学生撤到山下去！"

女教师一脸惊恐："教室……还有……还有学生……"

杨阳大声说："你带孩子们赶快撤下去，叫人来救人！"

一块房子大小的巨石撞塌了一间教室的半壁后墙，整个屋顶摇摇欲坠，时刻都有垮塌的危险。

教室里传来小孩子惊恐的哭喊、呼救声，杨阳冲进教室，马上抱了两个灰头土脸的小孩子出来，又转身冲了进去。

二皮也冲进去，抱起一个孩子就往外跑。

大地再次震动，学校后面山崖上滑落大量的泥石，一块更为巨大的山石摇摇欲坠。

杨阳望望那块巨石，大叫："赵海东，照顾这几个孩子。"

二皮也看见了那块山石，大叫："危险，危险……"

杨阳冲了进去，二皮迟疑了一下，也冲了进去。

正带着孩子们撤离的女教师略一愣神，目光游移不定地看着杨阳和二皮再次冲进教室的背影，一咬牙，也向学校跑去。她刚跑到学校小操场，后山崖上那块巨石轰然滚落。还好被教室墙体挡住，没有完全发挥出它的冲击力，但原本塌了一半的教室全部垮了，扬起遮天的尘土

女教师惶急地大声呼救，不顾一切冲过去，扒着残砖断瓦。

（9）

各个监区的建制已经打乱，尽管值班的民警在外围大喊大叫，但惊恐的罪犯你推我涌，场面十分混乱。

罪犯们蜂拥而至，见陈莉堵在门口，迟疑不前。

刀疤脸高叫："陈警官，让我们出去吧。"

陈莉以坚定的语气命令："回去，都回去，到广场集合！"

刀疤脸大叫："这生死攸关，你不让开，别怪大家不客气了。"

陈莉冷笑，目光像一把刀子盯着他："你，来试试？"

刀疤脸低下头。

陈莉厉声喝道："我一个女子都不怕，你们这帮大老爷们，怕啥？啊！"她加重语气，再次质问："怕啥？！"

刀疤脸说："再震一下，就要死人了！"

陈莉大声说："就算死，我也跟你们死在一块，怕什么？没见过死人？！"

罪犯们愣怔在那里，都瞧着陈莉，安静下来。

陈莉指着刀疤脸："你懂不懂科学？我和你们说，这地震就像放屁……"

刀疤脸咕嘟道："这屁放得太大了吧？"

罪犯们一阵大笑。

陈莉也大笑，豪气地说："对，就是放得大。第一个屁谁都放得大，第二个呢？还有那么大的动静？"

一个声音在罪犯里面响起来："陈警官说得对，肯定还有地震，但那叫余震，就是屁没有放完的，再也没有第一次那么大动静了。"

陈莉一瞅，原来是谢天明在后面振臂高叫。

潘佳杰也不示弱，大叫："就是，就是！以后会越来越小，直到不拉肚子。"

谢天明大叫："老潘，走，我们回去。一监区的，都走！"

谢天明拉着潘佳杰朝广场而去，两个人都白发苍苍，气定神闲。罪犯们不由自主地让开一条路，这条路弯弯曲曲，直通广场。这时候，围墙上的武警警告声响起，一些罪犯慢慢回去，紧接着，大部分罪犯都朝运动场走去。

清水监狱禁闭室内，剧烈地摇晃，鲁本川本能地抓住墙壁，可根本抓不住，摔倒在地上。房顶的钢筋"吱吱嘎嘎"地响，变形，墙壁开始裂缝，尘土纷纷落下。

鲁本川使劲摇晃着铁门，惊恐地大叫："放我出去，放我出去……"

禁闭室值班民警正摇摇晃晃地往楼下走，王寿贵一把抓住禁闭室外大铁门的钢筋，大叫："快，把钥匙扔过来。"

值班民警把钥匙扔过来，王寿贵打开锁，可铁门已经变形，推不开。吉牛马二正好跑过来，两人一齐撞击，将铁门撞开一个缝隙，两人钻进去。

吉牛马二大声呼喊："鲁本川，鲁本川……"

里面传来鲁本川的呼救声，吉牛马二朝鲁本川声音方向奔去。值班民警刚刚跑下楼，被一阵猛烈的摇晃摔在地上。

王寿贵把他拉起来问："关了几个人？"

值班民警说："一个，就一个……"

吉牛马二打开锁，可铁门严重变形，根本推不开。

鲁本川在里面又哭又叫："快，救我呀，救我！"

王寿贵和值班民警跑过来。

王寿贵大叫："鲁本川，不要慌，大地震已经过去了，你赶快靠床趴在地上，我们一定会救你出来。"

大地又震动起来，尘土纷纷落下。鲁本川大喊大叫，几近疯狂。

王寿贵厉声叫他靠床趴在地上，鲁本川一愣，赶忙靠着床趴下。王寿贵用身体撞击铁门，一个碎砖头砸下，从王寿贵脸上擦过，王寿贵脸上顿时鲜血直流。

吉牛马二拉开他，大喊一声："我来！"

王寿贵一把拉住他，大叫："我们三人一齐来。一、二、三，撞！"

三人撞在铁门上，被反弹回来，都倒在地上。王寿贵咬牙爬起来，踉踉跄跄走到铁门前，铁门被撞开一道裂缝。

王寿贵喊："鲁本川，快出来，出来！"

鲁本川没有动，身上覆盖着尘土和碎砖块。王寿贵钻进去，回头看见吉牛马二也往里钻。

王寿贵立即喝止："站住，你在外边接应！"

在清水监狱二大门B门内侧，尽管谢天明和潘佳杰带动绝大部分罪犯到广场集合，还有近百人站着不动，与陈莉僵持着。

这时候，围墙上的武警撤离，罪犯慢慢逼向陈莉。陈莉冷笑，瞪着前面几个牛高马大的罪犯。

正在一触即发的紧要关头，B门徐徐打开，马星宇带着全副武装的监狱特警站在A门和B门之间。特警用盾牌和防暴警棒迅速在B门外结成一道防线。

马星宇诧异地看了一眼陈莉，脸上露出欣赏的笑容。陈莉长吁一口气，也朝马星宇笑笑。

马星宇大声叫："陈莉！"

"到！"

"跟我去广场。"

"是！"

马星宇和陈莉朝运动场走去。

特警向前推进。

马星宇转身命令特警："你们守住二大门。"

特警队长立正："是！"

罪犯见状，纷纷朝广场跑去。

（10）

二皮被一根大房梁压着，满脸的灰尘，额上一道深可见骨的伤口正淌着鲜血。滚热的鲜血淌过面孔，和着泥灰，画出一道黑红色的血线。二皮向上努力地撑了撑肩膀，睁开眼睛，透过还弥漫在空中的尘土朝废墟外的空地看去。

外面传来老师呼喊声："喂，你在哪里？在哪？"她哭喊："在哪呀？"

二皮叫道："老师，别着急，把娃儿们送到安全地方，就叫人来。我这里还有一个娃儿，娃儿……娃儿没事……没事……"

老师对着一片废墟喊："你们……没事吧？"

"没事，快……"二皮喘息着，用尽力气叫，"快去……"

老师飞身就跑，边跑边大叫。村支书和二皮爹等十几个老人正朝这边跑来，村支书大声问："埋人了没有？"

"埋了……"老师放声大哭。

村支书飞奔过来："有几个？"

老师瘫坐在地上，无力地摇头。

村支书招呼大伙："你快去清点人数，其余人，跟我去救人！"

村支书等十几个人跑到废墟前。村支书大叫："有人吗？有人吗？"

里面传来二皮的声音："这里，杨警官……"

二皮爹大惊："海东，你咋在里面？"

"爹，快来救杨警官……"

二皮爹边扒开碎砖边焦急地询问："你咋样？"

"没事……"二皮喊杨阳，"杨警官，杨警官，你说话啊……"可杨阳没有应答他，他大哭起来："我求求你，你骂我呀……"

"二皮，号啥子丧？"杨阳粗重地喘息，"省点力气……"

二皮突然听到杨阳的声音，悲喜交加，哭得更大声了，还夹着笑声："你还活着，活着……"

老人们扒开砖头，二皮和杨阳困在房梁下。

杨阳和二皮浑身是血。

二皮大叫："爹，快，快救杨警官……"

杨阳有气无力地说："救……救孩子……"他又开始喘息，"就……在我身下……"

众人抱住房梁奋力向上抬，可是，整个房顶的重量都压在房梁上，房梁纹丝不动。

杨阳叫："停……你先把我身子下面这个……小娃娃弄出去……"

大家又开始掏，终于看到一个小孩的身体趴伏在杨阳的身下。小孩因为惊恐或者受到了伤害，已经昏迷不醒。大家慢慢把孩子抱出来。

（11）

王寿贵拼命扒开鲁本川身上的尘土和碎石块，鲁本川浑身是血。

王寿贵摇晃着鲁本川："鲁本川，鲁本川……"

鲁本川没有应答，王寿贵把鲁本川扶起来，费劲地朝门口走去。

王寿贵大叫："吉牛马二，在外边接应一下。"

王寿贵把鲁本川从铁门缝隙里朝外推，吉牛马二和值班民警拽着鲁本川使劲往外拉。

鲁本川尽管很清瘦，但比起王寿贵来讲，身体要宽大一些，被卡着出不来。又一次余震袭来，墙体"吱吱嘎嘎"地响，摇摇欲坠。王寿贵大喊一声，抬脚用尽全身力气端在鲁本川的屁股。鲁本川被端了出去。吉牛马二和值班民警退了几步，摔倒在地，鲁本川压在他们身上。

就在这时，禁闭室轰然倒塌。

吉牛马二吓了一跳，本能推开鲁本川，爬起来，凄厉大叫："王警官，王老弟……"

王寿贵的声音从废墟里穿出来："快……快扶着鲁本川去归队，叫人……来救我……"

吉牛马二连忙背起鲁本川，挽着值班民警，朝外边跑去，后面传来王寿贵断断续续的声音："老哥子……谢谢……你……"

吉牛马二眼泪哗哗直流，玩命向广场奔跑。

马星宇和陈莉走到主席台。

马星宇下令："各监区，整队，清点人数。"

马旭东大声喊叫："一监区，集合！立正，向右——看齐，向前——看，稍息。立正，报数……"

整队声和报数声此起彼伏。

马旭东转身立正，向马星宇报告："报告，应到145人，实到143人，一人回家探亲，一人禁闭。轻伤3人。"

马星宇又喊："二监区。"

二监区监区长立正，跑过来立正："报告，应到134人，实到134人，轻伤六人。"

最后该禁闭室报告情况，可没人应答，大家焦急地相互对视。

马星宇再一次大声喊："禁闭室！"

一个沙哑的声音从远处传来："到！"

大家循声望去，三个血人相互挽扶着站在不远处，倏然倒在地上。马旭东等几个人跑过去，扶起三个人走过来。

马星宇指着二大门，命令："马旭东副监狱长，带人去打开二大门B门。"

因为已经断电，马旭东带着十几个民警跑过去，将A门和B门推开。

马星宇大声发出命令："全体都有，向后——转！"

罪犯全体转身，透过倒地的大铁门，映入罪犯们眼睑的是，一队威武的武警战士，持枪围堵二大门A门外，而监狱特警持盾牌和警棍在B门外侧组成了一道防线。

马星宇大声命令："大家听好了，向后转，原地蹲下！"

罪犯们不敢怠慢，忙不迭地蹲下。

马星宇严厉地说："你们什么时候也别忘了你们的身份。地震灾难的突发，也是考验你们的时候。我代表监狱党委，郑重向你们宣布，在这次大地震中，遵纪守法者立功！提请人民法院，立功减刑！"

讲到这里，马星宇停顿了一下，扫视罪犯，威严地说："但是，谁敢滋事脱逃，严惩不贷！"

天色蓦地灰暗起来，一道闪电袭来，远处传来雷声。

罪犯们面色严峻。

"我命令：从现在起，清水监狱全体民警与服刑人员同生死，共患难！民警有吃的，大家就有吃的；民警没死，服刑人员就不能死！"

马旭东和上百位民警立正，高声回道："是！"

民警们的吼声在广场回荡，吼声中，罪犯们的心渐渐平静下来。

（12）

村支书他们把孩子送到空地上，又返回来救二皮和杨阳。

二皮大叫："先救杨警官！哎呀……"

杨阳也大叫："我一只脚被压着了，出不来。"他剧烈喘息："先救……救他。"

"不不！先救杨警官！"二皮拼命喊叫，"爹，老辈子们，拜托你们了……"

村支书看着二皮爹。

二皮爹咬牙道："救杨警官！"

鲜血不断从杨阳嘴里流出，他使劲喘息了几下，骂道："你个……王八蛋！你想两人都死？！"

二皮又歇斯底里地叫喊："爹，他是好人，不应该死在这里。"他对杨阳说："今天就是我死也不能让你死！反正我是烂命一条，用来换你这个好人的命，可以出

去多帮助几个人！"

杨阳叫骂："你个……混蛋！保护你是我的责任和使命。"他向村支书喊："支书，我命令你——先救……赵海东！"

老人们泪流满面。

村支书说："你放心，都救，都救！"

老人们加快了搬运杂物的速度。

不断有尘土和碎砖头落下，杨阳勉强扭头望，发现横梁在摇晃。

杨阳使出全身力气大声示警："快离开，有危险！"

老人们马上撤离，过了一会儿，没有异动。二皮爹又准备上前，施救。这时，一阵余震袭来，年久失修的教室在摇晃中轰的一声坍塌，掩盖了杨阳和二皮。

房梁猛地下移，压在杨阳身上，杨阳脸上肌肉抽搐了几下，他只感到眼前一黑，再也看不清什么了，朦朦胧胧之间，陈莉穿着婚纱，宛若清逸的仙子，在远处朝他招手。

他展开双臂，朝她奔去……

杨阳猛地睁开眼睛，喃喃地叫了一声："陈……莉……"

杨阳口吐鲜血，头一偏，失去了知觉。

（13）

马星宇和马旭东等正带领民警和罪犯不顾一切地救王寿贵，徐昌黎跑了过来。

徐昌黎焦急地问："王寿贵怎么样了？"

马星宇沙哑地说："为了救鲁本川，被埋在下面了。"

徐昌黎跑到废墟上，大声喊叫："王寿贵，王寿贵，听到答应一声……王寿贵，我是徐昌黎，你听见了吗？"

没有王寿贵应答的声音，徐昌黎边扒残砖和尘土，边大声哭喊："王寿贵，答应一声啊……"

"在这里，在这里……"吉牛马二突然大叫起来。

众人连忙围过去，马星宇跳下吉牛马二扒开的废墟坑，趴在地上朝里面看。王寿贵蜷缩着，一根钢筋已经穿透了他的左胸部，鲜血把身体周围的尘土染成黑红色。马星宇抓住他的手，呜咽地喊："王寿贵，寿贵，寿贵！"

王寿贵没有应答，马星宇站起来，大叫医生。一个医生和护士跳下来，空间有限，马星宇只好和吉牛马二爬上来。

马星宇拼命扒开残砖和尘土，外围的罪犯和民警也拼命扒。民警和罪犯的手指磨破了，残砖上留下殷红的血迹。

医生给王寿贵挂上液体。

周围被扒开，王寿贵被压在水泥横梁柱子下，动弹不得，人已经昏迷。马星宇趴在地上察看了一下，大叫："停，停停！"他站起来，"不能再挖了，要不然横梁稍微下移，会伤害到王寿贵。"

大家都停下来。

马星宇眉头紧锁："必须要找大型吊车来。"

徐昌黎转身就往外跑，大声叫："来两个人，跟我去找！"

马旭东立即跟了上去，说："我知道这附近建筑工地有吊车！"

徐昌黎和马旭东飞奔而去。

医生蹲在王寿贵旁边，不断地呼唤他的名字。医生的目光停留在输液管上，液体没有走动。医生惊慌地把针头拔出来，又插进去，拔出来，又插进去。

护士摸摸脉搏："他不行了……"

医生从坑里爬出来，瘫坐在废墟上，喃喃地说："他……不行了……"

陈莉站在二大门B门外侧，正朝北方眺望。

马星宇等人走了过来，脸色凝重。

马星宇焦虑地问："陈莉，杨阳联系上没有？"

陈莉忧郁地摇摇头。

一个民警看了看陈莉，关切地说："地震这么厉害，会不会发生什么意外……"

马星宇心烦意乱地挥手："该干吗干吗去！"

陈莉拿着手机，焦急地来回走动，不时看看手机屏幕，上周杨阳到她家里那一幕在脑海里闪现……

陈母夹起一大块蒜香排骨，放进杨阳的碗里。

陈莉叫嚷道："以后有人偏心喽。"她把碗伸过去："妈，你也给我夹一块。"

母亲笑骂道："自己没长手？"

杨阳连忙将那块排骨夹起来放到陈莉碗里。

陈莉扬扬得意地笑："你不给我夹，有人给我夹，哼！"

"你这丫头……"母亲笑得合不拢嘴。

父亲突然郑重地看着杨阳说："杨阳，我呢，跟你阿姨谈朋友的时候，我给她一个承诺。这个承诺呀，让我们和和睦睦过到现在。我们就这一个女儿，我想听听你对女儿的承诺。"

母亲也看着他说："不在多，一条就够了。"

杨阳颇感意外地啊了一声，一副局促不安的模样。

三人都看着他。

陈莉冲着他"嘿嘿"笑："想好了才回答哈，这关系到你能不能通过他们的考试。"

杨阳挠挠脑袋，结结巴巴地说："我……我我……"

父亲接着说："你心里咋想的就咋说，没陈莉说得那么严重。现在的年轻人，我们哪里管得了，就算你说的不合我们的意，丫头要是喜欢，我们还不是没法子，对吧？"

"知道就好。杨阳，说。"陈莉冲着父亲扮个鬼脸，然后对杨阳说。

杨阳憋屈了半天，终于冒出几个字来："我我……陈莉要是去逛商店，我保证给她当保镖。"

母亲和父亲对视一眼，哈哈大笑。

母亲放下筷子："好，这个女婿我认了，老头子，拿黄历来。"

……

有人喊有信号了，陈莉惊醒过来，看看手机，果然有一格信号，连忙拨杨阳的号码，总是线路忙。

陈莉一遍又一遍拨号。

第三十章　生离死别

(1)

一辆客车在高速公路上缓缓移动，车厢上挂着"抗震救灾志愿者专用车"的红色条幅。文子平穿着志愿者服装，坐在大客车上。他的手机突然响起来，连忙拿起手机看，是妈妈打来的。

文子平急切地问："妈妈，你没事吧……"

"儿子，你在哪里？"

"我在去地震中心的路上……"

刘蕊焦急而带哭腔传来："你去那里干吗？赶快回来，回来！"

文子平平静地说："你别担心……"

信号又断了，文子平看看手机，目光投向天际，天边乌云翻滚，一阵又一阵大风呼啸而来，他感到身体的热量在迅速地消散，缩着脖子，本能地裹紧夹克。

文子平喃喃地说："妈妈，我应该去帮助那些受灾的人……"

前面突然塌方，所有车辆都停下来。

谢小婉坐在客车上，不时探出头看看窗外。车灯的光影中，一个熟悉的身影映入眼前，前方光影中，她看见了文子平的身影。谢小婉连忙使劲揉揉眼睛，再次伸出头看。

可是，前方人影晃动，没有了文子平的身影。

谢小婉喃喃自语："眼花了？"

有人欢呼有信号了，谢小婉连忙拿出手机，几十个未接电话，全部是文子平打来的。

谢小婉忍不住泪水涟涟，激动地拨文子平的手机，就在这时，信号又中断了。

（2）

高速公路入口，一辆没有牌照的拖拉机突突地开了过来，拖拉机上，二皮爹和几个老人面无表情，两个孩子紧紧偎依着老师。

几个高速交警立即围过来。

支书跳下拖拉机，指着拖拉机里用床单盖着的两具尸体："他们是清水监狱的，一名警官，一名犯人，在救小学的孩子们时候……"

村支书说不下去，老泪纵横。

几个交警面面相觑。

一个交警问："你们这是要去哪里？"

二皮爹泪水"哗哗"直淌："犯人是我儿子，杨警官是送他回来探亲的。我们救他们出来的时候，杨警官已经断气了，我儿子还有一口气，他说今天满假，要我们送他回监狱……"

几个交警立正，转向拖拉机，敬礼。

黄昏时分，徐昌黎和马旭东终于找来了吊车，开进监狱，直奔禁闭室。吊车缓缓吊起横梁，徐昌黎和马旭东把王寿贵的遗体抬出来，放在草地上。

一道闪电，一个炸雷在头顶上响起。顷刻间，电闪雷鸣，大雨倾盆。

马星宇和所有的民警和罪犯都伫立在雨中。

一个特警跑步来报告说杨阳和罪犯赵海东回来了，杨阳牺牲了，赵海东也死了。

马星宇转身就跑，其他人也跟着朝二大门跑去。

一辆交警警车闪烁着警灯，停靠在监狱大门口，后面是一辆拖拉机。这时，又来了几辆警车，文守卫走下车。

大雨中，十几个老人和老师牵着两个孩子的手，在雨中伫立。大门口，摆放着两具尸体。陈莉跪在杨阳的遗体前，雨水已经将她浇透，在电闪雷鸣中，隐约可见她那张悲哭的脸。

李长雄、马星宇和马旭东等跑过来，蹲在尸体旁。

文守卫走过去："老乡，怎么回事？"

支书上前一步，指指两个孩子和老师："为了救小学孩子，他们……"

二皮爹指着另外一具遗体，沙哑地说："警官，我是赵海东的爹。他死前说……说……今晚六点一定要归队……"

文守卫大声下令："送赵海东归队！"

马星宇等人站起来，立正，朝文守卫敬礼，几乎在吼："是！"

马星宇和徐昌黎抬起杨阳。

陈莉呜咽说："我来……"

马星宇和陈莉抬着杨阳，徐昌黎和马旭东抬着赵海东，缓缓朝监狱二大门走去。

几千罪犯在风雨中肃立。

王寿贵、杨阳和赵海东被抬上主席台。

文守卫走上主席台，沉默了一下，悲痛地说："王寿贵同志为了救罪犯鲁本川牺牲了，杨阳同志和罪犯赵海东为了救小学的孩子们，献出了年轻的生命。杨阳同志用身体保护了最后一名被埋的孩子，这名孩子得救了……"

他过度悲伤，哽咽着，说不下去。

马旭东大声说："杨阳警官与陈莉警官，原本打算在下月初三举行结婚典礼……"下面传来呜呜的哭声。

马星宇环视罪犯，说："赵海东在临死前，要他爹一定要在六点前归队。"他突然提高声音，近似歇斯底里："一监区，报数！"

一监区罪犯报数，马旭东立正，转生向文守卫报告。

马旭东立正，敬礼，吼道："局长同志，清水监狱一监区全体罪犯到齐，罪犯赵海东请求归队，请您指示！"

文守卫还礼，大声道："赵海东归队！"

"是！"

谢天明和潘佳杰走过来抬赵海东，突然一个声音传来："等等！"

大家循声望去，原来是吉牛马二抱着吉他，站在主席台旁边。他朝主席台鞠躬，然后立正："报告！我要为王警官、杨警官和赵海东送行，请指示！"

大家都看着文守卫，文守卫点点头，退到一旁。

吉牛马二走上主席台，凝视王寿贵、杨阳和二皮。

一声低吟，穿透大雨和雷电，在运动场上弥散。

吉牛马二低吟："木之阿乌……木之阿乌……"然后从低吟到高音，"阿姆，阿姆……"吉他铮铮响起来。

吉牛马二吟唱道："木之阿乌……木之阿乌……/阿姆，阿姆……/黑夜被火把点亮/映红了阿姆的脸庞/阿姆阿达的我/等待回家的牛羊。木之阿乌……木之阿乌……/阿达，阿达……/黑夜被火把点亮/映红了阿达的烟枪/阿姆阿达的我/还在回家的

路上。"

【注：木之阿乌（蓝天），阿姆（母亲），阿达（父亲）。】

一些彝族罪犯踏着节拍跳舞，悲伤地跟着吟唱。

忧伤的歌声回荡在广场上，像海浪一般一波接着一波撞击着罪犯们的心灵，泪水和雨水，一起淌过面颊。

会议室点着几根蜡烛，光线暗淡，文守卫、马星宇等浑身湿透，还滴着水，站在会议室。

文守卫问："老乡们安顿好了么？"

"已经安顿好了。"马星宇说，"局长，这里冷，又没电……"

文守卫打断他的话说："对于王寿贵、杨阳的感人事迹我们要大力地表彰、宣传。要让他们的事迹深入人心，让我们每一个民警都受到教育，在社会上得到广泛的关注。你们立即整理他们材料，上报局党委，请功！"

徐昌黎有些冷得发抖，哆嗦着说："我们一定遵照文局的指示办，一定把王寿贵和杨阳的后事处理好，让死者安心，让活着的人放心！"

文守卫接着说："对于赵海东，也要大力宣传，让那些思想还处于模棱两可状态的人在心灵上经受一次净化和洗涤，为我们今后的工作打开新思路。"

"还有一个罪犯，不，他已经不是罪犯了……吉牛马二……"马旭东插话说。

文守卫点点头："对，也要大力宣传。同志们，你们辛苦了，你们很好地履行了自己的职责，我代表局党委感谢你们！"

屋子里响起掌声。

文守卫话锋一转："但是，这次地震，损失最惨重的，是震源地区的监狱。现在那里几所监狱已经成为孤岛，我们必须要在短时间内把他们全部转移出来。你们，清水监狱要做好准备，无条件接受从那里转移出来的罪犯。"

徐昌黎迟疑地说："文局，我们的帐篷不够，二十几个人挤在一起……"

文守卫沉思了一下，语气坚决："我知道你们的困难，局里会和你们一道克服困难！

你们立即组成十人押解组待命，明天早上随局里前线指挥部出发。"

马星宇等人立正："是！"

文守卫又问："陈莉呢？"

马星宇哽咽地回答："本来陈莉和杨阳准备在下月初三举行结婚典礼……"

文守卫仰头望着天花板，极力不让眼泪掉下来，但是还是抑制不住。

陈莉出现在门口："报告！"

所有人都转身，看着她。文守卫擦擦眼泪，上前几步，伸出手，紧握她的手："陈莉……"

"局长，我能挺得住。我正想找你，罪犯现在的心态主要放在自身安全上，一旦他们确信自身安全没有问题后，他们的注意力就会全部转到亲人的安危上，我怕……我们要做好充分的思想准备。"陈莉有些焦虑。

文守卫问："你有什么办法没有？"

"建议：一、暂时解除民警手机不能带入监管区的禁令……"

一个人插话问："这……要是出了问题怎么办？"

马星宇立即表态："我负责！"

"我也来负责。陈莉，你继续说。"文守卫也表态。

"一旦通讯恢复，我们开放亲情电话；允许所有人利用民警手机或者座机给家里通一次电话；二、马上组织民警对家在震中心附近的罪犯进行家访；三、心理干预中心对罪犯实施危机干预。"

大家都看着文守卫，文守卫没有立即表态，而在沉思，过了一会儿，他抬头看看大家说："我完全同意，另外，我代表局党委决定，三天后，家在震源附近的、表现好的罪犯，准予七天探亲假。"

在场的人都吃了一惊，看得出，特别是基层的有顾虑。

徐昌黎迟疑地说："这个……要是跑了怎么办？"

大家脸色凝重。

文守卫抬起手，在空中一划，坚决地说："跑了，你们就把他抓回来！"

众人立正回答："是！"

"对于那些表现不好的，又住在震源附近的，你们要派出民警进行家访。另外，你们明天……"文守卫加重语气，"最好是现在，找相关机构和专家对监管区进行评估，如果不是危楼，就叫罪犯搬回去住。这么大的雨，坚持一两天可以，时间久了，会积累不稳定因素。"

文守卫说完就往外走，马星宇等人要送他出去。

文守卫转身，以命令的语气说："你们不要送了，马上研究落实。"他看着徐昌黎，关切地问："老徐，注意身体，如果……"

徐昌黎立正："报告局长，我没事！"

文守卫点点头，眼眶一热，连忙转身离去。

（3）

电闪雷鸣，大雨如注。

监狱集中了所有车辆，还动员民警私家车，大小三十多辆车等距离排开，将运动场中央的帐篷围成一圈。车灯光交错映照在帐篷上，光影中，雨点溅起的水雾清晰可见。警车前，沿着运动场用警戒带子围成了一圈，每隔十米，一个监狱特警和一个武警战士并肩站立，注视着帐篷。

帐篷与帐篷之间，民警们打着手电，来回巡逻。

光影中，一个民警背着一个罪犯，另外一个民警撑着雨伞，朝临时帐篷医院跑去。不断有老年罪犯送过来，清水监狱广场医院临时帐篷内人满为患。

鲁本川头上缠着绷带，已经被挤到最里面，坐在一个小塑料独凳子上，注视着进来的每一个警官。

一个医生走了进来。

鲁本川马上站起来，立正："报告警官……"

医生笑笑，打断他说："我还没有遇见马副监狱长。"

鲁本川耷拉着脑袋，沮丧地坐下，突然，他又站起来："报告警官，我请求出院。"

医生看着他，多少有点意外。

鲁本川活动着身体，咬牙，忍着痛："我没事了，你看。"

"好吧，我请示一下。"

医生说着，走了出去，他刚刚走出帐篷，马星宇和马旭东走了过来。

马星宇问："情况怎么样？"

"马监，老年罪犯突发疾病的突然增多，帐篷差不多挤满了，很多病犯得不到很好的治疗……"

马旭东插话说："监狱长，我建议转移一部分年轻罪犯到多功能厅。"

马星宇还是很担忧："要是大的余震来了怎么办？"

在场的人都沉默起来。

鲁本川突然冲出来，"扑通"跪在雨水流动地上。

马旭东用手电扫扫他："鲁本川，干什么？"

"让我看看王队长，让我看看王队长吧！"鲁本川已经泣不成声。

马旭东拉他起来，鲁本川站起来，马旭东刚刚放手，他又"扑通"一声跪下。

马星宇看不下去，心头一阵难过："带他去看看吧。"

马旭东拉他起来："跟我走吧。"

"老马，你留下，让其他人带他去。"

旁边的狱政科长连忙说："我带他去吧。"

马旭东望着大雨中鲁本川的背影，自语道："但愿王寿贵同志不会白白牺牲……"

马星宇拍拍他的肩膀："我相信，这场灾难会融化他那颗坚硬的心。"

"但愿吧。"马旭东语气中有些沮丧。

马星宇盯着他看："老马，咋啦，这可不像你哟。"

马旭东悲凉地说："你看，王寿贵、杨阳，还有二皮，昨天还在我们面前……人的生命，在大自然面前，真是太脆弱了。"

马星宇立刻严肃起来："马副监狱长，我们可不能悲观，尤其是我们共产党员。"

马旭东摇摇头说："我不是悲观，我马旭东从来没有悲观过，打小也不知道啥叫困难。马监，陈莉说得对，在大地震面前，这些罪犯又处在极端环境下，他们的心理比我们要脆弱得多，我们所有人都需要极大的热情来关怀他们。"

"是啊。眼前这个困境，必须要尽快解决，否则，就是我们的失职。"

马旭东又提出刚才的建议："所以，我建议疏散一部分罪犯到监管区一楼多功能厅。马监，震源距离我们这里那么远，我参与了这座监狱建设的全过程，我心里有底，八级没有把我们的房屋震垮。我刚刚带人检查了一监区的墙体，除了装修材料部分脱落外，没有发现墙体有裂缝。"

马星宇沉思了一会儿，终于下了决心："那好，动员一部分罪犯搬到多功能厅。我的意见是自愿，哪怕没人去，我们也不能强迫。"

罪犯们静静地待在帐篷里，有的在打盹，有的望着帐篷顶上在光影中乱溅的水花，还有的不顾一切地呼呼大睡。其实，他们心里也很清楚，在这样的大灾大难面前，无非就是生与死，所以他们最担忧、最想念的，是家里的亲人。只是，谁都不愿意提及而已。这种强迫欲盖弥彰，随时间的推移会像麦芒一样扎在心脏上感知到的，大多是痛楚。到最后，所有的感知，全部是痛楚，撕心裂肺的痛。

而帐篷里的窒息，加速了这种这种感觉，就像大战前的平静，不在沉默中死亡，就在沉默中火山一般地爆发。

潘佳杰明显感到自己的心脏在加速，他闭上眼睛，仿佛听见了自己那颗心正在膨胀，压迫得他喘不过气来。就在这个时候，马旭东走了进来。

李浩健像看到亲人一般高呼："马监狱长来了！"

罪犯们一阵骚动，忙不迭地要爬起来。潘佳杰不知哪里来的力气，一个虎跳，立

正，昂首挺胸。

马旭东摆摆手说："大家都坐着吧。"

罪犯们坐下，抬头看着他，只有潘佳杰还是直挺挺地站着。

"谁愿意跟我去监管区检查墙体？"马旭东话音未落，又一次余震，帐篷"呼啦"啦地响。

罪犯们你看看我，我看看你，没有人应答。

潘佳杰大声说："报告，我去！"

谢天明站起来。

李浩健等罪犯一个个站起来。

马旭东点点头，动情地说："谢谢大家的信任……"

罪犯们鼓掌，所有的罪犯全部站起来。

马旭东叫上谢天明、潘佳杰、李浩健走了出去。他又叫上一个监区民警和基建科一个民警，给谢天明他们三人也找了一只手电筒。

潘佳杰仔细检查墙体，自语说："要是鲁本川在就好了……"

"对呀，鲁本川是搞建筑的。"马旭东面露喜色，对监区民警说，"你去把鲁本川叫来。"

监区民警一头扎进风雨中。

马旭东冲着他的背影喊："不来也不要强求。"他回头招呼谢天明等人："来来，坐下抽支烟。"

马旭东摸摸警服的衣袋，把烟拿出来。一盒云烟，全部湿透了。李浩健连忙把自己的烟拿出来，还是中华，发给每人一支。

基建科民警开玩笑说："这年月，当犯人比当干部强。"他用手电照照那支烟，惊叫起来："你娃还抽的中华……"

"瞧你说的，谁愿意当犯人呀？这烟，是鲁本川给我的，我平常都舍不得抽……"谢天明突然感叹："我觉得警官的话真有几分道理。"

"呵！我倒是第一次听到这么个说法，老谢，你说说看。"马旭东笑着看着谢天明。

谢天明有些激动："马监，'老谢'不敢当，不敢当……"

"啥球不敢当？说说。"

谢天明说："这几年，我有这么个体会，我们要是生病了，病情稍微重一点，上至监狱长，下至直管民警，都担心得不得了。一般民警生病了，监狱长也会关心，但不会那么上心吧？”

基建科民警瞅瞅马旭东，插话道：“这话我爱听。”

马旭东笑道：“老谢在给我们提意见喽。”

几个人都笑起来。

潘佳杰勉强跟着笑。

马旭东拿出手机：“呀，有信号了。”

马旭东把手机递给潘佳杰：“打个电话给你儿子。”

潘佳杰激动得站起来，朝他鞠躬。

马旭东假装责备说：“哪里来的那么多规矩？打不打？”

潘佳杰连忙接过手机，连声说谢谢，他拨号，占线；再拨，还是占线。最后他失望地看着手机。

马旭东说：“拨号呀，拨，打通为止。”

潘佳杰连忙一遍又一遍拨号，突然，他大叫：“通了通了！喂喂，双双吗？我是潘佳杰，我们都好。你们呢？儿子呢？”

电话里传来盼盼的声音：“爸爸……”

潘佳杰焦急地问：“儿子，儿子……奶奶、外婆、外爷没事吧？”

“我们住帐篷，真好玩……”

潘佳杰喜极而泣，说不出话来。

监区民警和鲁本川走了进来。

鲁本川立正：“报告！”

马旭东站起来，对监区民警说：“你去把一监区所有民警的手机都集中起来，组织罪犯打亲情电话，每人一次，先让家住在重灾区的罪犯打电话。”

监区民警又一头扎进风雨中。

（4）

本来已经是秋天，这雨似乎跟夏天的雨有过之而无不及，阵阵狂风任性地劫掠雨点，整个城市像在大海中飘摇的大船。四周全是“哗哗”的雨声，掩盖了一切的一切，没有一丝缝隙。

李文君抱着熟睡的儿子平平坐在帐篷里，一个炸雷响起，平平浑身哆嗦，“哇”的一声哭了起来，她连忙轻轻拍打平平的背。

“平平别怕，别怕，妈妈在呢……”

平平渐渐安定下来。

"文君，文君……"帐篷外突然有人喊。

李文君惊喜叫："张哥！进来吧。"

张大新穿着雨衣，提着两大口袋东西，走了进来，浑身是水。

李文君抱着平平站起来："坐，坐吧。"

张大新站在帐篷门口："不了，我给你送点生活必需品，这是平平的奶粉，这是一些矿泉水、方便面和饼干什么的。"

"你要出远门？"

张大新抹抹脸上的雨水说："我们公司采购了灾区必需的物资，我得连夜送过去。"

张大新转身就走。

李文君大叫一声："张哥！"

张大新转身看着她。

李文君关切地说："你小心点。"

张大新笑笑，点点头，转身走了出去。

李文君久久凝视着帐篷的门……

那天地震的时候，李文君抱着平平，坐在沙发上。突然，房子剧烈摇晃起来，客厅的吊灯"吱吱嘎嘎"地响。她吓得花容失色，和平平倒在沙发上。她一手紧紧抱着平平，一手死死抓住沙发套子。

外面传来惊恐的叫声："地震了，地震了！"紧接着，小区一阵骚动，叫喊声此起彼伏。李文君脸色煞白，平平吓得大哭。

李文君定定心神，喃喃地安慰孩子："平平，平平，有妈妈陪着你，别怕，别怕啊……"

十几秒后，地震停止了，她摇摇晃晃站起来，抱着平平走到窗户边，大街小巷都是人。

这时，传来敲门声。她一脸惊喜，跑去开门。

门打开了，谢小婉站在门口。她惊愕不已，像看着怪物一般注视着谢小婉。

余震又来了，谢小婉一把拉住她："走，下楼！"

谢小婉搀扶着她，跌跌撞撞地朝楼下跑去。她们来到大街上，谢小婉前后左右看看，说："你待在这里别动。"

李文君有些害怕："你去哪里？"

谢小婉边跑边回头说："我去把……奶粉、奶瓶拿出来。"

李文君眼泪"哗哗"直流，蹲在地上"呜呜"地哭起来。

不一会儿，谢小婉把平平的奶粉、奶瓶和衣服拿了出来，还提了一瓶开水。

李文君哽咽说："小婉……去看看你爸爸吧，我……我没事了。"

谢小婉说："有监狱民警在，我爸爸一定没事。"她转身大叫："居委会的人呢？居委会！"

一个大妈跑过来，拉住李文君的胳膊："啊呀，我们正说要去找你呢。"

谢小婉说："大婶，照顾好她，啊！"

大妈疑惑地问："你是？"

"她是我小妈。"

大妈"啊呀"一声，还没反应过来，谢小婉转身就跑。

大妈冲着她喊："你去哪里？"

谢小婉头也不回地大声说："我去灾区……"

大妈脸上流动着赞许："多好的姑娘……"

居委会给李文君安置在一个帐篷里，又送来水、方便面等生活用品，派出所民警过来问她还有什么困难。她心头五味杂陈，要是她是一个普通人，说不定还得不到这么多关心。

谢小婉在第一时间赶来，她已经是大出意外，而小婉那句话，这几天一直萦绕在她心头。是啊，她父亲有监狱民警，她放心。但是，毕竟还有婆婆，还有其他亲人，听说他二爸瘫痪在床，怎么能一个人跑到重灾区去呢？何况一个小女孩，重灾区险象环生，唉……

她哪里知道，婆婆和小叔子已经安排在民政局的养老院，她拿出手机，不停地拨号。终于，一个小固县闺蜜的电话拨通了："我李文君，你怎么样？哦哦……请你帮我了解一下我家老谢老家的情况……嗯嗯，就是那里……谢谢，一有消息，请马上通知我，谢谢啊。"

（5）

马旭东带着鲁本川、谢天明、潘佳杰仔细检查墙体。余震再次袭来，房屋晃动，李浩健的手电"咣当"一声掉在地上。

马旭东笑道："怕了？"

"有点……"李浩健哆嗦着说。

鲁本川说："怕啥呀？再来一次八级地震，这房子也能扛住。"

"是不是哟？"李浩健表示严重地怀疑。

鲁本川站起来，立正："报告马监狱长，我请求搬回来住。"

马旭东也很意外："你真敢确定？"

鲁本川拍拍胸口，自豪地说："我是高级建造工程师、高级房屋安全鉴定师。"

马旭东扭头问："如果我们动员一部分罪犯到一楼多功能厅，你们几个都响应吗？"

谢天明、潘佳杰和李浩健对视，李浩健低下头。

"我相信鲁本川，我来。"谢天明第一个表态。

潘佳杰也马上说："我也信。"

马旭东点点头："我也信，我陪着你们。"

马旭东带着他们回到广场帐篷，一阵电闪雷鸣，大雨倾盆而下。

马旭东大声喊道："一监区的人听着，监狱决定，动员一部分人到监管区一楼多功能厅休息，愿意跟我享福的，就站出来，跟我走！"

谢天明、鲁本川、潘佳杰不约而同地大声说："我！"

一些罪犯纷纷站在帐篷门口观望。

李浩健迟疑了一下，也举手说："还有我！"

刀疤脸"嘿嘿"笑："谢贪官都不怕，我怕什么呀？我享福去。"

罪犯们纷纷答应。

"愿意去的，跟我走，其他人在帐篷里享福，哈哈……"说罢，马旭东哈哈大笑。

（6）

省监狱管理局抗震救灾指挥中心，十几部电话不断地接听拨打。墙壁上挂满震源附近县市区的地图，地图上标注了监狱所在位置。办公桌子上也摆放了地图，烟缸内堆满了烟头。一碗方便面刚刚泡好，还冒着热气。屋子一角垃圾箱里堆满了方便面盒子。

过了一会儿，他走到窗边，推开窗户。窗外，电闪雷鸣，瓢泼大雨。

洪文岭走过来，递给他一支烟："你去休息一会儿吧，天气预报不是说了，明天雨转晴。"

这时，文守卫的手机响起来，一个民警将手机拿起来，走过去递给他。

文守卫接过电话说："喂，我是文守卫……"

电话里传来李文君的声音："文局长，我是李文君。我刚刚接到小固县朋友打来的电话，老谢家人平安，小婉到灾区救灾去了，请转告给他。"

文守卫正要说话，电话挂断了，他看看手机，脸上露出一丝宽慰的笑。但随即，他想到了文子平，脸上又掠过一丝忧郁。

（7）

黎明时分，大雨果然停了，一轮红日从东边跃起，清水监狱笼罩在一片金色的霞光中。

通讯基本恢复，在一监区多功能厅，罪犯们排着三列队伍，正用座机和手机拨打亲情电话。

谢天明没有去排队，形单影只地坐在一角，望着窗外，满脸焦虑。马旭东两眼通红，走了进来，四处瞧瞧，走过来坐在谢天明身边。

"老谢，一个好消息，一个坏消息，你先听哪个？"

谢天明张大眼睛看着他，有些茫然。

马旭东笑笑："我先说好消息吧，你老家的人平安……"

谢天明急忙问："坏消息呢？"

马旭东说："谢小婉到重灾区抗震救灾去了。"

谢天明激动得嘴唇哆嗦，脸上盈溢着灿烂的笑："都是好消息，都是好消息……"

鲁本川走了过来："马监狱长……"

马旭东看着他："说吧。"

鲁本川说："借一步说话，可以吗？"

马旭东站起来，跟他走到多功能厅外。

鲁本川四下瞅瞅，才低声说："我要交代余罪。"

马旭东一怔，安慰说："这事儿不急吧？等忙过这阵子再说吧。"

鲁本川使劲摇摇头说："不。我一闭上眼，就是王警官、杨警官，还有吉牛马二……"末了，他痛苦地呻吟："我想……想睡个……好觉……"

马旭东点点头，拍拍他的肩膀，指指积委会办公室："你跟我来，你就在……"

"事关重大，我不能在这里写……"

马旭东有一愣："那么，你能给我透露一点点吗？我好向上面报告。"

"涉及……"鲁本川迟疑，看着他。

马旭东朝他点点头。

鲁本川在他耳边说了一句，马旭东一哆嗦，定定心神，才说："跟我走！"

（8）

一个礼拜后，重灾区，晨。

放眼望去，到处是倒塌的房屋，一片片废墟，身着迷彩服的军人和志愿者在废墟上忙碌。绿色的帐篷在河谷整齐地排开，炊烟缭绕，一只狗一瘸一拐地跑进一个帐篷。

几个孩子在空地上玩跳绳。

谢小婉走过来，朝孩子们微笑："孩子们，开饭了。"

几个孩子立即跟着谢小婉走。

这时，几个军人抬着担架跑来，一个军官边跑边大叫："医生，医生……"

几个军医和护士跑过来。

一个老军医看着浑身是血的伤者问："哪里受伤了？"

军官说："他叫文子平，是志愿者，被落石砸了。"

谢小婉一惊，转身奔跑过来："他叫什么？"

军官说："文子平。"

谢小婉扑到担架前，大叫："子平，子平哥……"

军官拉开谢小婉，老军医和护士把文子平抬进了帐篷。

谢小婉泪流满面，一把抓住军官问："他怎么样？怎么样？"

军官说："被落石砸中了头部……"

谢小婉转身就往帐篷里冲，被军官拉了回来。她只好焦急地在军医帐篷外走来走去，一个大娘端着一碗稀饭和几个孩子走过来。

大娘把碗双手递给她："谢老师，吃点饭吧。"

"大娘，我吃不下。"谢小婉摇摇头。

大娘劝道："那怎么行？一会儿你还要给孩子上课呢。"

谢小婉看看手表，又看看帐篷。

大娘看看她，关心地说："要不今天上午不上课吧。"

谢小婉犹豫了一下："大娘，一会儿我给孩子上课，请你帮我盯盯，如果手术做完了，你叫我一声。"

"好。你要是饿了，也告诉我一声啊。"

"好，谢谢大娘。"谢小婉拍手，"孩子们，上课了。"

谢小婉带着几个孩子走向帐篷教室。

（9）

尽管还有很多人依然住在外面的帐篷里，但李文君已经搬回家，平平在婴儿车上酣睡，她坐在沙发上打开电视，盯着画面发呆。

突然，她神经质地拼命摇头，喃喃地念叨："不会的，不会的，一定不会……"

通讯已经全面恢复，可是自从张大新那晚走后，一直联系不上，她心里隐隐有一种不祥之感。这种感觉一冒出来，她本能地断然否定。一直以来，她从心底里感激他，要不是他，他不会认识谢天明；要不是他把谢天明的原配摆平，她只会是一个遭人唾弃的小三；不管是谢天明出事，还是她不顾受到伤害甚至失去生命的风险把平平生出来，他总是在第一时间给她莫大的关怀，比那个狼心狗肺的初恋黄小伟强多了。

她也幻想过要嫁给他，但是她很清楚他的为人。在小固县官太太眼里，他就是一个十足好男人，从不拈花惹草，特别是与朋友的妻子、情人小三保持必要的距离。要说他不拈花惹草，有些言过其实了，她也不信，不是不信，而是没法相信。但是后一个口碑，她是清楚的。所以，只要她是谢天明的女人，哪怕已经跟谢天明离婚了，或者更进一步说，只要是谢天明沾过的女人，他都不会碰一下。

她曾经开玩笑一样问过他为什么，他说，这是他的为人之本，这也是他能取得那些官员信任的最基本的原因。有点像套话，不由得令人怀疑他性功能有问题。有一次在他的别墅，她喝醉了，恰好谢天明有急事走了，她奋不顾身地扑上去，把他按在床上，她的浪荡激发起他的情欲，她发现，他性功能没有任何问题。就在她要得手的时候，他突然推开她，独自走了出去，此后，他都在有意回避她，直到谢天明被抓，他才出现在她面前。

其实，她可以不去色诱顶头上司，顶头上司也就不会把她转送给吴友明，她还可以不让那个为了官位把自己的女友送给谢天明的初恋再碰自己一根手指头……一句话，她可以不变成现在这个鬼样子的，就是因为他那个僵尸一般的信条。

有时候她甚至怀疑，他这样对待她，还是为了谢天明……

这时，传来敲门声，她惊醒过来，收拾一下心绪，起身去开门。

是居委会的大妈和派出所的警察。

李文君这才想起，该去派出所报到签字了。哪知居委会大妈说，你的担保人出事了。

她一下子蒙了，望着派出所的警官。警官叹气说，他们也是最近才知道的，张总在去灾区路上，被泥石流掩埋，至今下落不明。

李文君目瞪口呆，继而双手抱着头，蜷缩在地上，像狼一般号叫。平平被吓醒了，哇哇大哭。居委会大妈劝不住她，只好进去把平平抱起来。

第三十一章　心心相印

(1)

谢小婉心不在焉地上完一节课，跑进帐篷手术室外，看见老军医正在帐篷外洗手。

谢小婉焦急地问："医生，他怎么样？"

"手术顺利，如果他能在三十六个小时内醒过来，就没事了。"

"那要是没醒过来呢？"

老军医说："那就难说了，也许某一天能醒过来，也许……"

谢小婉吓了一跳："那现在怎么办？"

老军医又看看她："你是他什么人？"

"我我……我是他女朋友……"谢小婉犹豫片刻才说。

老军医笑起来："好好，那就更有希望了。他现在需要的就是亲情。这三十六小时内，他能不能挺过来，就看你的了。"

谢小婉焦躁地问："不能转院吗？"

老军医面带难色："我们正在衔接，你知道现在是非常时候……"

谢小婉一头冲进帐篷。

谢小婉坐在文子平的床边，握住文子平的手："子平哥，我是小婉，谢小婉呀，你一定要醒过来，你答应过我，你要陪我去老家那片河滩看芦花……好大好大一片芦苇，夕阳，只有我们两个人……"

谢小婉说着说着，眼圈红了："子平，我等你醒来，我们再也不分开了，我以前只想着爸爸，忽略了你的感受……"

她再也忍不住，哭了起来："对不起……你原谅我好吗？你一定要醒来啊……"

哭了一阵，她觉得还是要告诉文守卫。于是走出帐篷，爬到一个山坡上，看手机闪烁着一格到两格的信号，拨了好几次，终于拨通了文守卫的电话。

（2）

文守卫嘴上没说，但心里也一直放心不下儿子，毕竟在重灾区，什么事情都有可能发生，最为要命的，是这几天一直没有儿子的消息，电话老是打不通。刘蕊几乎每天晚上都不能入眠，昨天晚上终于倒下了，现在还在医院输液。这一次，她不跟他吵了，但状况比不吵不闹更糟糕，木讷，发呆，喃喃念叨着儿子的名字，就像他刚开始看到的谢天明的神情一样。

陪了妻子一夜，凌晨又赶往局里。

终于有了儿子的消息，他有喜有忧。

在地震发生后不久，省委领导很关注监狱这一块，还特别嘱咐，世界上因地震引发大规模骚乱的，比如土耳其、智利，都是罪犯引发的。地震后十几个小时内，在他的主持下，省局部署就完成了震中心附近的监狱罪犯紧急避险，落实特殊监管措施确保了露宿关押罪犯的稳定，空投、抢运物资五十余吨千里驰援震中监狱，应该说，创造了监禁状态下密集人群在灾害第一时间安全有序撤离的奇迹，为全国抗震救灾大局和全省特殊时期安全稳定做出了重要贡献。第二天，局党委研究决定，组织实施全省监狱狱内避险转移、部分监狱跨监转移和将正中心附近监狱罪犯转移到其他监狱的"千里大转移"的应急避险行动。很快，省委省府、司法部批准了这个行动方案。这几天，监狱局首次联合省级和地方部门，动员警力数千人，深入雪域高原腹地，艰难跋涉两万公里，成功安全转移全部罪犯。

应该说，这次行动，创造了转移规模最大、数量最大、时间最紧、效率最高、零脱逃、零事故的奇迹。抗震救灾指挥部领导专门打来电话，给予高度评价，还说，监狱稳，他的心就放下了一半。

但是，这么多人安置在异地监狱，很多罪犯离自己的家更远了，离自己的亲人更远了，生活习惯、监管教育环境和方式的一些变化，都有可能引发突发事件。连日来，全省民警连续奋战，已经极度疲劳，很多民警都是带伤、带病坚守在第一线。

他得去看看他们啊！

他咬咬牙，跟谢小婉说："小婉，三十六小时后，不管怎么个情况，都给我来个电话，好吗？子平，就拜托给你了……"

他感觉眼眶湿漉漉的，赶紧挂断了电话，他怕自己抑制不住哭出来。他转身擦擦泪水，定定心神，努力调节了一下情绪，抓起公文包，走出办公室。

（3）

谢小婉寸步不离地守在文子平床前，她这才体会到什么叫度日如年。类似的心绪在爷爷坟头前有过，但是爷爷毕竟已经离世，绝没有活过来的希望，可这一次，文子平还活着，心里有希望，有期盼，但是究竟有多大，她实在拿不准。其实绝望不是坏事，人若没有想头了，那好办，行尸走肉，投河上吊，都成。麻木了，就没那么痛苦。就这般守着，不时呼唤他的名字，跟他说说话，她也不知道外面究竟是白天还是夜晚，不知不觉中趴在病床上睡着了。

帐篷外传来清脆的鸟叫声。

谢小婉握着文子平的手，文子平的手动了一下。她就像心灵感应一般，倏然惊醒，目光盯着文子平的手。

文子平的手指又动了一下。

谢小婉惊喜地大叫："子平，子平，你听见我说话了吗？"

文子平的手指动了动。

谢小婉喜极而泣："子平，子平，谢谢你……"

谢小婉在文子平的手上狠狠亲了一下。

老军医听到声音跑了进来，给文子平检查了一下，啧啧叹息："奇迹，真是奇迹……"接着，他若有所思："也许，这就是爱的力量。这次来地震中心，我见到太多的爱的力量……"

谢小婉望着他笑，脸上流动着感激。

老军医也冲着她笑："现在我老实跟你说吧，这小伙子受了很重的伤，凭我多年的经验，就算用直升机转送到北京最好的医院，能醒过来的概率真的很低。"

谢小婉吓得跳起来："啊？那现在？"

"现在呀，我等着吃你们的喜糖。"老军医慈祥地笑。

谢小婉破涕为笑："能转院吗？"

老军医摇摇头："颠簸对他有百害而无一利，还是让他在这里养伤吧。"

谢小婉深深鞠躬："谢谢伯伯。"

（4）

在清水监狱一监区多功能厅，马旭东和民警们正给家住在重灾区的罪犯们观看民警从灾区拍摄回来的录像和照片。

电视屏幕上，倒塌的房屋，军队救援，临时避难所，罪犯们凝神静气，满脸肃穆。

突然，画面上出现了一张张笑脸。

刀疤脸大叫："你们看，那是我爹，我爹，还有我妈！"

紧接着，罪犯们相继兴奋地大叫起来：

"那是我老婆！"

"哇，我儿子！"

"我的家人呢？我的家人呢？"

"你猴急个球，在后面呢。"

画面上，一个老人对着镜头，低沉而语重心长地说："孙子，我没想到你们的干部比我们还急，大老远跑来看望我们。我们都好，政府送来了吃的，连水都是从远处送来的，不让我们喝当地的，说是要化验。政府说了，房子倒了，盖房子，国家给大头呢。好着呢，别记挂啊。"

这时，画面上出现一个中年人，他抱怨说："倒是你，我们不省心。警官说表现好的，给七天假，你咋没回来呢？"

刀疤脸和一些罪犯低下头。

谢天明和李浩健帮一个从灾区来的罪犯抱着新领到的被褥，走进208室。

李浩健指指监室："这里比你们那里好吧？"

"哪能跟这里比呀？好几天没有睡安稳觉了。"

李浩健又问："进来几年了？"

"五年。"

李浩健叮嘱说："都是老人了，监规我就不重复了，反正一句话，遵守监规，你就好过。"

"犯了监规呢？"

李浩健"嘿嘿"笑："反正你莫想过舒坦日子。"

"不会打屁股吧？"

谢天明插话说："早就不打骂了。"

这时有人喊，所有人到操场上集合。李浩健连忙大声吆喝，跑到操场上整队集

合。马旭东和一个民警搬出一个募捐箱子，他指着箱子："不多说，愿意表达点心意的，就在这张表格上填写好，按上手印，然后投在箱子里，我们会在你们的零花钱账户上扣除，一部分寄到灾区，一部分定向捐给杨警官……"

他顿了顿，调节了一下情绪，继续说："捐给杨阳警官牺牲的那所小学……当然，赵海东也……"

说到这里，他不知道该怎么措辞，说死在那里，有点不妥；说牺牲，更加不妥。

犯人排着井然有序的队列缓缓向前移动，每个罪犯在一张纸条上写上自己的名字，在名字下面写上捐款数目，按下手印。

一个罪犯在自己的名字下写下100000元。

马旭东拿起一看，很意外，看看他问："恶作剧？"

那名罪犯立正："报告警官，我不是恶作剧，我捐款。"

"你有那么多钱？"

"报告警官，我家里有，那是我挣的，合法收入。"

马旭东寻思了一下，又说："你是死缓，可以不用捐那么多，还是留一些吧。"

罪犯低头说："这辈子没干什么好事，临死前就干这一件好事吧，也为下辈子积一点德！"

马旭东笑笑，拍拍他的肩膀："只要好好学习，你不会死的。"

罪犯立正，大声说："是！"

（5）

几片白云漂浮在蓝格莹莹的天上，高山、峡谷、河流、树林、草甸沐浴在和煦的阳光下，就像披上了一件金色的轻纱，一群鸟儿从空中掠过，留下一串串呢喃。一些不知名的小草，冒出嫩黄的草尖，给劫后余生的大地带来勃勃生机。帐篷学校里，传来孩子们朗朗的读书声。

谢小婉扶着文子平一步一步走在草甸上。

不远处，灾后重建已经拉开序幕。

一辆小车停下来，刘蕊下车，四处望望。

一个老人牵着孙子正好经过这里。

刘蕊迎上去问："老人家，谢小婉在这里吗？"

老人咧嘴笑："谢老师呀？在在，你瞧，在河滩那边。"

老人朝河滩指，刘蕊看见谢小婉扶着文子平慢慢走。

刘蕊快步走了过去。

河滩上，紫花满地。

谢小婉说："我们坐一会儿吧。"

文子平在谢小婉的搀扶下，坐下来。

文子平望着河滩草地："小婉，这里真美，我真不想回去了。"

"决定了？"

文子平捡起一块小石子，投向河里："决定了，不回去了，我要留在这里，帮助老百姓重建家园。"

谢小婉有些失落："可是，我还不得不回去。"

文子平点点头："对，你必须回去，你还要完成学业。"

"拿到毕业证，我就回来。"

"你爸爸、奶奶怎么办？"

谢小婉说："这里的人更需要帮助和关心。"

谢小婉似乎意识到什么，扭头看见刘蕊，惊喜地跳起来："阿姨？！"

文子平回头看，刘蕊站在他们身后不远处，落泪。

谢小婉连忙扶着文子平站起来，刘蕊快步走过来。

文子平含泪，兴奋叫了一声妈。

母子俩紧紧拥抱。

（6）

在二皮老家小学，文守卫等局领导，马星宇、徐昌黎和马旭东带领清水监狱民警、新入党民警三十余人伫立着。小学校的老师和同学们带着鲜艳的红领巾，站在民警方队的左边。上百个老乡静静地站在外围。高高竖立的旗杆上鲜艳的五星红旗在蓝天白云下轻轻飘扬。陈莉等几位女民警流着泪边点蜡焚香烧纸倒酒边说着什么。

文守卫说："开始吧！"

马星宇出列，整队，立正，敬礼，向文守卫报告："局长同志，清水监狱新党员入党宣誓仪式准备完毕，是否开始，请指示！"

"开始！"

马星宇转身："下面，由我们新党员在我们的党旗下和杨阳烈士面前认证他们的光荣身份！陈莉、刘凯、石永刚……"

新党员到前排立正站立。

不仅新党员民警，其他民警都举起右拳，民警注视着鲜艳的党旗，神情肃穆而庄重。

"我志愿加入中国共产党，拥护党的纲领，遵守党的章程，履行党员义务，执行党的决定，严守党的纪律，保守党的秘密，对党忠诚，积极工作，为共产主义奋斗终生，随时准备为党和人民牺牲一切，永不叛党。"

民警洪亮的声音在山梁上回荡，所有人热泪盈眶，孩子们幼稚的脸上挂着泪滴，有的还在嘤嘤抽泣。

马星宇拿出一张支票，走到老师面前："这是清水监狱全体民警和罪犯们的一点心意，请你们收下。"

老师接过支票，带着全体孩子鞠躬。

文守卫把秦欢叫到一边，沿着山间小路，边走边说："秦欢，这次在地震中，听他们说你表现很勇敢。"

秦欢眼里噙着泪："文叔叔……"

"你们年轻人的事情，我不想干预，但是我有个建议。今天你阿姨到了重灾区，子平已经决定留在那里，我尽管舍不得儿子，但是我支持他的决定。想必你也知道了吧？"

秦欢点头。

文守卫动情地说："孩子，判断一个人值不值得你去爱，你只需要思考一个问题，那就是他能不能与你共患难。子平在地震来袭时候，第一时间不是跑来找我、找你阿姨……"

秦欢显得很平静，只是流泪："文叔叔，我明白了，我会祝福他和小婉的。"

文守卫语重心长地说："我以前说过，你只要在两年内拿到国家二级心理咨询师资格证，我调你到局里，现在我还是这个想法。好好努力，啊！"

秦欢破涕为笑，立正："是！"

文守卫笑："这才是像个英姿飒爽的女警嘛。"

大地震过后，一切又恢复正常。对于马旭东、陈莉他们来讲，每天都有出监的人，也有进来的人，来来去去，铁打的营盘流水的"兵"，每天他们都要面对很多的新面孔，遇到很多的新问题，面临很多的新危机，他们面临的不是一年两年，也不是十年二十年，而是终身，真正意义上的"无期徒刑"。

但是对于谢天明、潘佳杰和鲁本川他们来讲，内心在经历炼狱般挣扎和痛苦之后，监狱的日子变得轻松起来。每天当太阳升起来，又从西边落下去的时候，公示栏上改造分又增加了几分，哪怕是零点几分，也意味着他们离开监狱的日子在加速缩短，带着期望进入梦乡，一觉醒来，又开始了第二天新的生活。

就这样，不知不觉间，三年又过去了，虽然在此之间，谢天明的母亲、二弟相继去世、潘佳杰的作家梦一直难圆、鲁本川的老父亲也辞世了，但在心理中心的干预下，在各级领导和民警的引导下，他们都渡过了危机，并且都获得了几次减刑的刑事奖励，距离刑满的日子越来越近了。

（7）

雨丝迷离，漫天飘飞，清水监狱后山上那棵梨树又开花了，在朦胧的细雨中透出一团团朦胧的白色，像沉睡了几千年的精灵，还在揉着惺忪的眼睛……

就在今年清明节即将来临之际，清水监狱公示了第一批也是有史以来最大规模的减刑名单，谢天明、潘佳杰、鲁本川都榜上有名。监狱的意思很明确，这批服刑人员将在清明节之前回到家中，与亲人团聚，在逝去的亲人坟头祭拜。

这一夜，三人都失眠了。

随后的几天里，就连管理他们的民警都在给他们道贺，似乎来得太突然了，他们还没有做好心理准备，十几年的铁窗生涯眼看就要结束了，他们都不敢相信是真的，一切的一切似梦如真，他们开始急匆匆地思考出去以后的日子，患得患失，踌躇彷徨，但心里更多的还是喜悦。

有这种心态是正常的，几乎每一个即将满刑的服刑人员都要经历这种心态，面对即将满刑后的社会生活而产生的预期焦虑、烦躁、害怕乃至于恐惧心理，正常满刑的罪犯，在满刑前三个月就要对他们进行出监教育，引导他们如何面对已经变化发展了的社会，建立合理信念，指导他们如何谋生和就业，消除他们焦虑的心理。

马旭东发现，潘佳杰有些反常，没能像谢天明和鲁本川那样很快调节好心态，严重的失眠，折磨得他痛不欲生，他萎靡不振，没有食欲，做什么都提不起精神，整天一副魂不守舍的样子。头两天他还能强撑着，第三天开始，估计他实在是撑不下去了，神情恍惚，反应变慢，感觉迟钝，有时别人叫半天才听到，上下班报数时居然也会出错。必须要尽快解决这个问题，否则说不定潘佳杰因承受不住心理压力而又闹出什么事端来，于是找他谈话，也吩咐管教民警跟他谈话。

谈话之后，潘佳杰似乎心里好受了一些，但是还是失眠。

谢天明很不解地问："你究竟怎么了？难道不想出去？"

"哪里不想出去啊？可我也不知道究竟是怎么一回事，就是失眠，我尽一切努力控制调节自己，还是不行。"潘佳杰说，紧接着像哪里在剧烈疼痛，痛苦地呻吟起来。

"我刚开始也跟你心情一样，出去了，我能做什么呢？你说找个工作吧，都五十

几岁的人了，谁要？"提到这个话题，谢天明也有些沉重。

"是啊，不仅年龄到这点上了，而且我们这种人，要特长没特长，专业知识早就忘了，就是有工作岗位，恐怕也干不下去……实际上这是一个普遍现象，只要你是公务员，到了四十岁这个点，我估摸着绝大部分找不到工作，更何况你我啥身份？刑满释放分子。"潘佳杰越说越沮丧。

谢天明觉得他的话有些过了，于是说："老潘，你悲观过头了吧？你都没法过，我们怎么办？我这样想的，出去总比在这里强，对吧？管他呢，出去再说。不成，我回老家种地去，采菊东篱下，悠悠见南山，哈哈……"

"那倒也是，老潘，老谢说得对，天无绝人之路，出去再说，别担忧了。"鲁本川也劝慰说。

潘佳杰连连摇头，满脸沮丧："我跟你们不一样，老鲁你家底殷实，再怎么说，还有个公司，还有个家嘛，老谢呢，女儿工作了，就是回老家种地，至少还有地可种，我呢？家没了，儿子不到十岁，一个人连自己都不能确信自己能否养活自己，还能养活儿子吗？且不说儿子还小，现在教育成本那么高，既然不能把儿子接回到自己身边，那出去和待在监狱里，有什么两样呢？"

鲁本川笑道："你呀，杞人忧天，要不，你到我那里去？"

潘佳杰摇摇头，沉默不语。

"去申请心理干预吧。"过了好一阵子，鲁本川建议说。

"是啊，这个眼骨节上可不能出半点差错。"谢天明也关切地说。

潘佳杰又摇头："没用的……"

"要不，跟马监他们说说？"谢天明说。

潘佳杰叹息一声，说："监狱又不是万能的，其实这几年我们心里也很明白，他们为我们做的很多事情已经超出了他们的工作范围……唉，现在反思，如果我们的各级政府都像监狱这样开展工作，我们国家，我们的社会将会更加和谐……"

清水监狱被省纪委列为警示教育基地，计划在本月底举行成立仪式，届时，省纪委副书记王炳松将带领省委省府和公检法司各级领导五十余人来接受警示教育，聆听罪犯的现身说法。对于省监狱管理局来讲，这可是件大事，也是宣传监狱系统的一个良机，所以文守卫亲自挂帅，筹备挂牌仪式。

罪犯现身说法是重头，所以必须先选出现身说法的人选。不仅要认罪悔罪，而且改造表现要好，在职务犯罪中还有具有代表性，文守卫和清水监狱协商，都觉得谢天明、潘佳杰和鲁本川是最合适不过的人选。

但是现身说法，法律没有相关规定，也就是说法律没有明文强制性规定，所以不能把罪犯是否愿意现身说法作为衡量他们是否认罪悔罪与否的标准，所以还得征求他们的意见。

谢天明和鲁本川毫不犹豫地答应了，可潘佳杰的态度却让监狱有些意想不到，他一口回绝，而且态度坚决。

尽管不能把罪犯是否愿意现身说法作为衡量他们是否认罪悔罪与否的标准，但是这里面也涉及一个态度问题，如果态度不端正，谈何认罪悔罪？既然不认罪悔罪，那么就不够减刑的条件。马旭东不会这样认为，但并不能代表其他同志和领导也不会这么认为，所以权衡再三，他还是向监狱报告说，三个人都愿意现身说法。

马旭东想，先报上去，接下来就是做潘佳杰的工作，他叫潘佳杰再好好考虑一下，至于讲稿嘛，他写的那本书就是讲稿。

过了几天，潘佳杰还是那个态度，他只好把利害关系给他讲了，满以为潘佳杰会明白其中的道理，哪知潘佳杰还是不同意。

马旭东百思不得其解，有些生气。

潘佳杰有些惶恐，想了想还是说："马监，我知道你对我好，处处为我考虑，在我心底里，你就是我的再生父母，你叫我做什么都行，可这件事……"

"你，一个罪犯，面对梦寐以求的刑事奖励而不要，这是我马旭东个人的失败，也是我们监狱的失败！"马旭东一下子火了。

潘佳杰惊愕地看着他，不知所措。

"我代表你儿子盼盼给你下一道命令，你愿意也罢，不愿意也罢，都得去现身说法！"马旭东撂下这句话，头也不回地走了。

潘佳杰望着他的背影，不知不觉泪流满面。

吃过晚饭不久，监狱长马星宇给一监区值班室打电话，询问马旭东是不是在值班。

不大一会儿，他就来到一监区，问马旭东潘佳杰是否真的愿意参加现身说法。

马旭东警觉地问："监狱长，你是不是听到啥了？"

一个罪犯面对梦寐以求的减刑出狱而无动于衷，这中间必定有原因的，要是真把潘佳杰的减刑取消，不仅对潘佳杰不公平，而且对清水监狱的形象也会造成负面影响。

对于潘佳杰，他是了解的，就在上个礼拜，他找谢天明进行例行的个别教育谈话时，谢天明就把潘佳杰出监后所面临的困境和目前的情况跟他讲了，但是，潘佳杰如果还是这个态度，那只有取消他的减刑。

马旭东急了："怎么能这样呢？监狱长，就算他潘佳杰不愿意现身说法，也不能成为取消他减刑的依据吧？"

"你只是把潘佳杰的情况如实告诉我，其他你别管。"马星宇说。

马旭东就把自减刑公示以来潘佳杰的反常表现详详细细做了汇报，最后说："监狱长，潘佳杰的情况就是这样，他出狱后所面临的困难确实很大，我个人认为，取消他的刑事奖励，还是得慎重。"

这时，潘佳杰在外边喊报告。

马旭东说："这不，我正准备继续做做他的思想工作呢。"

"那好，你再找他谈谈。"马星宇说完，匆匆出去了。

过了一会儿，他突然又走了进来，潘佳杰连忙站起来，显得局促不安。

"你坐吧。"马星宇和颜悦色地说。

潘佳杰坐下来，只有半个屁股在沙发上，一副正襟危坐的模样。

马星宇笑了笑："你在清水监狱比我资格还老，别那么拘谨嘛。"

潘佳杰也跟着笑了，在沙发上坐实。

"这就对了嘛……其实，你的情况我在上个礼拜就有所耳闻，今天主要是来找你们监区长核实一下情况。这几天你可能都在思考那些问题吧？怎么样？有什么想法？"马星宇问。

潘佳杰情绪一下子低落起来，摇摇头，长吁短叹。

马星宇说："有一点你要记住，监狱对于那些出去后生活困难的，我们有责任也有义务为他们提供力所能及的帮助。这些天，我们一直在思考怎么帮助你，所以，监狱不会把你送出大门了事。"

潘佳杰眼圈又红了起来。

马星宇又说："不过，你要知道，监狱不像其他政府部门，所掌握、能支配的社会资源有限，有些事，说起来容易，但是做起来还是很难，需要一个过程。"

潘佳杰点点头："监狱长，你有这份心意，我就感激不尽了。"

"还有一点你也要记住，不能光靠监狱，你自己也得努力才行，对吧？如果你连这个坎从心理上都战胜不了，那你就不是一个称职合格的父亲。"马星宇继续说。

第二天早晨起来，马旭东发现，昨晚监狱长给潘佳杰的谈话作用似乎不明显，他在报数的时候还是出错，一副无精打采的样子。吃过早饭，马旭东就把他带到罪犯心理干预中心，对他实施心理干预。

心理咨询民警很清楚问题的症结，就是面对即将满刑后的社会生活而产生的预期焦虑、烦躁，感到茫然。就个体而言，每个人即将面临的问题都不一样，所以要解决潘佳杰的心理问题，必须对症下药。潘佳杰最大的顾虑在于儿子，其次是出去之后自己的生计问题。

然而，这两个问题都不是监狱能解决的，最多就是倾听一下，让潘佳杰发泄心里的郁闷，缓解一下心理压力而已。

潘佳杰似乎也明白这个道理，不管怎么样引导他，他只是出于礼貌，很简短地回答，然后就是沉默。

心理咨询民警对马旭东说："他的情况很特殊，不解决他所面临的实际问题，任何疏导、干预手段仅仅只是治标。"

从干预中心出来，潘佳杰对马旭东说："马监，我昨晚想了一夜，我不能辜负你的期望，不能对不起你和马监狱长，我愿意现身说法。"

马旭东知道他不是从心底里愿意，还是故意问："真心的？"

潘佳杰犹豫了一下，点点头。

马旭东很欣慰，心里想："尽管不是百分之百的愿意，但毕竟他表态了。"他把潘佳杰带回监区后，就给马星宇做了汇报。

马星宇说："你立即来我办公室一趟。"

马旭东刚刚走出二大门，远远地看见陈莉正从车子上下来，他像见到救星一样，一阵小跑过去："陈主任，我正说给你打电话呢……"

陈莉笑道："老领导，什么主任不主任的，在你面前，我永远是个小兵。对了，是不是为了潘佳杰的事？"

"哎呀，真闹心……昨天监狱长还给我说，局里不知怎么知道了潘佳杰不愿意现身说法，要取消对他的减刑。"

"我就是为这事儿来的，走，我们去见马监狱长。"陈莉说。

按照常理推测，鲁本川居于官宦世家，本人也官至一县之长，而家族中身居要职的很多，据说，堂兄弟中还有一人现在还是某个省的副省长。这样显赫的家族，这么庞大的社会关系网，就算谢天明、潘佳杰被刷下来，他鲁本川无论如何都不会被刷下来。

可鲁本川的减刑在法院就被卡住了，这令许多民警和罪犯出乎意料，也很费解，不考虑所谓的社会关系，就是按照减刑条件，鲁本川也是符合的，怎么就被刷下来了呢？

何况，鲁本川前几次也减过刑呀？

面对这个结果，鲁本川显得很平静，这让马旭东有点意外，于是把谢天明找来，

先从侧面了解一下情况。

谢天明说："我们也替他惋惜，只是当天有点失落，然后他很平静。"

"你问他自己分析原因没有？"

"问了，我们也帮他分析原因。不管我怎么说，他只是笑而不答。"

"喔……"

"哦，对了，昨晚他把我叫醒，问我文守卫一些情况。"

"哦？！"马旭东感到很意外。

"我说，你就别动歪脑筋了，文守卫是我同学，共事了很长一段时间，我还不了解他？我最后试探他，问他是不是还有什么尾巴没有了。"

马旭东赞许地看着他。

"他说没有。"

马旭东有些失望，但是可以断定的是，鲁本川心里还藏着事情。

潘佳杰的书正式进入出版流程，预计在假释裁定书下发之前能印刷出来。

文守卫决定在法院对谢天明等人的裁定书下发之日，清水监狱举行省纪委警示教育基地挂牌仪式。这一想法也得到了省纪委副书记王炳松的同意。

就在法院裁定书送达的前一天，文守卫和洪文岭突然来到清水监狱，了解鲁本川的情况。

清水监狱认为，鲁本川肯定还有问题，但是到目前为止，没有充分的证据。

文守卫沉思说："看来，对他这一次的减刑，缓一缓是正确的，这样吧，我们找他谈谈。"

很快，鲁本川被带到了心理干预中心谈话室。

鲁本川进来，不住地打量文守卫。

文守卫笑道："怎么，我的脸没洗干净？"

鲁本川忙致歉："哪里哪里……失礼了失礼了……"

鲁本川说着，立正，端端正正地站着。

"你累不累呀？坐吧坐吧。"

鲁本川坐下来，还是很端正，不过，令文守卫出乎意料的是，没等他开口，鲁本川说："局长，我明白你要给我谈什么……"

"噢……那你说说，我今天要找你谈什么？"

"容我想想……"鲁本川迟疑而低沉地说。

文守卫点点头，注视着他，良久才说："也许，某些事儿不至于那么严重，不会影响你假释，就算有点严重，大不了再坐几年，又可以假释，对吧？"

鲁本川下意识地点头，然后抬起头看着他："谢天明也是这么跟我说的。"

看来，谢天明做了不少工作，他感到很欣慰。

"他还说什么没有？"文守卫问。

"他还说，就算多坐几年，也划算，因为心里彻底亮堂了，端端正正地过完下半生，没有了心理压力，说不定能多活几年。就算以后辞世，也了无牵挂，死也死得清清白白的。"

"哈哈……知我者，谢天明也！"文守卫开心地笑起来。

（8）

中午时分，一监区来了一个新犯，被分配到谢天明他们的监舍。明天上午，谢天明和潘佳杰给前来接受警示教育的领导们讲讲自己的感受，就要走出监狱大门，鲁本川接替了谢天明，成了室长。值班民警把新犯带到他们监舍，对鲁本川说，你先给他讲讲规矩。

鲁本川看了看新来的罪犯，其实他是认识他的，故意问："叫啥名字？"

新犯也看看他，脸上掠过一丝恐惧，低声说："吴友明……"

"什么？"谢天明正在收拾行李，突然停下来，盯着他，那眼神就像盯着怪物一般。

吴友明吓了一跳，手上抱着的被子一下子掉在地上，惊慌地看着他。

"吴友明？"谢天明瞪着他。

"你们有过节？"一个犯人从上铺跳下来，摩拳擦掌地问。

吴友明惊恐地说："你们……不会欺负新人吧……"然后以一种祈求的眼光看着鲁本川，"老大……我……我可不认识他……"

鲁本川也想逗逗他，取取乐子，于是"嘿嘿"奸笑道："这得听老谢怎么说。"

谢天明站起来，看看吴友明，慢吞吞地说："算了。"

然后又开始收拾行李。

"啥职务？"鲁本川继续问。

"县委书记。"

"啥罪？"

"贪污、受贿、挪用公款。"

鲁本川"嘿嘿"地笑起来："咦，老谢，怎么跟你一样，难道你们做县委书记的，都犯同样的错误？"

其他罪犯也笑起来。

谢天明好像没有听见一般，继续慢吞吞折叠前一天就洗得干干净净囚服。

"你……你是……谢天明？"吴友明结结巴巴地问。

谢天明朝他友善地点点头，帮他把被子抱起来，放到床上："你的床位在这里。"

吴友明颓然地站在那里，满脸尴尬。

谢天明把折叠好的囚服送到他面前，说："我明天就出去了，这些你拿着吧。"

吴友明机械地接过囚服，脸上惊疑不定。

谢天明笑笑，拍拍他的肩膀，安慰道："我刚来跟你一样，没事，过一段时间适应了，就好了。"

吴友明似乎找到了保护神，一下躲在谢天明身后。

谢天明笑道："老鲁，你就别逗他了，看把他吓的。"

这时，马旭东走了进来，手里拿着一本书，另外一只手提着一个纸袋。

"老潘，这是你的书。"马旭东把书给他。

潘佳杰立即瞪大眼睛，似乎不相信自己的耳朵，指指那本书："我的书？！"

马旭东微笑着点点头。

其他人一下子围过来，其他监舍的罪犯闻讯也赶了过来，争相看那本书，监舍里立即挤满了人。

"别急别急，一会儿每人发一本。"马旭东说，"咦，潘佳杰呢？"

一些人退了出去，这才发现潘佳杰蹲在地上，轻声啜泣。

马旭东也蹲下，拍拍他，然后把一个纸袋交给潘佳杰说："这个你拿着，明天好穿。"

潘佳杰拿出来一看，原来是几年前去儿童游乐园见儿子时，马旭东借给他的那件T恤。他捧着T恤，万千思绪一下子涌上心头，泣不成声。

这时，民警通知各监舍到图书室去领书。

"好了，你们去领书吧。"马旭东晃眼间看见了吴友明，便问，"新来的？"

鲁本川立即立正，报告说："报告监区长，是新来的，叫吴友明。"

"嗯……"马旭东慢步走到吴友明面前，看看他，和蔼地说，"每个人刚来的时候，都有点紧张，很正常。"随后对鲁本川说："你看着点，别欺负新犯。"

鲁本川立即立正回答："是！"

马旭东走后，屋子里一下寂静起来。

"他……他是监区长？"吴友明凑过来小声问谢天明。

"他叫马旭东，原来是我们监区的监区长，现在是副监狱长。"

吴友明"哦"了一声，随后自言自语地说："他们不像传闻那样的嘛……"

"别听外边那些人瞎说。"谢天明说，"他可是个热心老头，有困难你找他就是了。"

吴友明若有所思，一副似信非信的表情。

潘佳杰看不下去，愤愤不平地说："老谢，你跟他啰唆啥呢？"

"唉……"谢天明摇摇头，淡淡一笑，"老潘，你记一下我女儿电话号码，出去安顿下来后，记得打个电话，我好来看你。"

吴友明疑惑地看看他们，然后坐在床上开始发呆。

第三十二章　浴火重生

（1）

　　谢天明从雷声中惊醒，他一骨碌爬起来，看见潘佳杰坐在床上，低声问："下雨了？"

　　紧接着传来一阵像流水一般的声音，哗哗的，在黎明时分格外清脆。

　　潘佳杰凝视着监舍后墙那扇小小的窗户，似乎没有听见谢天明的问话，兀自吟道："一夕轻雷落万丝，霁光浮瓦碧参差。有情芍药含春泪，无力蔷薇卧晓枝。"

　　"老潘？！"谢天明提高了声音。

　　潘佳杰惊醒过来，愣愣地看了他一眼。

　　谢天明说："你呀，心思太重，我可不这样看，万事强求不得，还是顺其自然好。哦……我呀，也想起一首诗，与你共勉。"

　　"啥诗？"鲁本川也醒了，探出头来问。

　　"青箬笠，绿蓑衣，斜风细雨不须归。"谢天明兴致勃勃地吟诵道。

　　"老谢，你真的变了。"鲁本川感叹道，"记得我俩刚认识那几天，也是这样一个雨夜，当时你吟诵那首诗呀，却没有这般洒脱……"

　　"是呀……"潘佳杰也跟着喟叹，"那首诗……我听了一遍就记住了……可我……却没有你这般洒脱，唉……"

　　"听一遍就能记住？什么诗？"吴友明也探出头来，好奇地问。

"你还是不要知道的好，当时我听了后，反正失眠了好些日子……"潘佳杰摇着头叹息。

"噢？啥诗？那么神？说说嘛。"吴友明愈加好奇。

"真想知道？"潘佳杰看着他。

吴友明连连点头，用一种巴结的眼神看着他。

"君问归期未有期，巴山夜雨涨秋池。何当共剪西窗烛，却话巴山夜雨时。"鲁本川吟诵道，声音有些悲凉。

吴友明一听，尽管有些似懂非懂，但还是明白了这首诗的含义，埋头沉思，一会儿，脸上写满沮丧。

（2）

黎明过后，雨突然住了，一轮红日升起来，笼罩在这个城市的轻雾立即披上柔和的霞光，飘荡摇曳，如梦似幻。

清水监狱也从熟睡中醒来，昂扬的歌声从各个监区传来。

谢天明来到走廊上，深深地吸了一口气，湿漉漉的一股清新直入心府。他徐徐吐出来，看着周围一切，铁丝网、高高的围墙、高墙下那些再熟悉不过的花花草草，还有一队队迈着整齐步伐的身着灰衣灰裤的人……他突然油然而生一种依恋，一种不舍……

上午九点，短短的挂牌仪式后，谢天明第一个步入现身说法会场的讲台上，他看看下面的人，一下子忘记了早已烂熟于心的稿子，他站在讲台上，怔怔地不知所措。

一秒、两秒、三秒……十多秒……半分钟。

文守卫急了，狠狠地瞪着马星宇。

马星宇比谁都急，早就在不断地给谢天明比画着，暗示他开始。可谢天明像根本没有看见他一般，还是呆若木鸡地站在那里。

王炳松似乎觉察到什么，问文守卫："怎么回事？"

谢天明突然喃喃地说："我女儿……已经在外边等我……"

声音发自肺腑，虽然很轻，但苍凉的韵味中透出一股震撼的力量，穿透了在场每一个人的胸膛。

谢天明还沉浸在那种不知道是悲伤还是喜悦的情绪中，犹在喃喃自语："父亲、母亲、二弟，还有我那可怜的侄儿，都因我而去……我的亲人全没了，就只剩下女儿了……"他神情凄凉，在场的人无不为之动容。

文守卫站起来，提醒他说："老谢，怎么啦？是不是身体不舒服？"

谢天明回过神来，歉意地笑笑："失态了，失态了，对不起……"说完，朝下面深深鞠躬。

王炳松率先鼓掌，会场立即响起掌声。

谢天明又深深鞠躬，开始讲述，开初还偶尔瞄瞄讲稿，一会儿就像拉家常一般，娓娓道来，不知不觉间把讲稿放在讲台上，比画着讲述着他这些年来的感受。

"我这几天在想一个问题，出去后做什么呢？回老家，日出而作，日落而息，了此残生？还是应该做一些有意义的事情呢？"谢天明说到这里，停顿了一下，似乎在思考什么，疑惑犹豫什么。

会场再次响起掌声。

谢天明似乎受到鼓舞，继续说："昨天，又一个县委书记吴友明进来了，他，就是我第二个妻子想嫁的人，说实话，我自己都不知道心里是啥滋味……"

这时，一帮记者的闪光灯在不停地闪动。

谢天明笑了笑："记者同志，我感慨的并不是离婚和再婚的问题，而是为什么我们党员干部会前'腐'后继呢？"

闪光灯又是一阵地闪动。

谢天明接着说："潘佳杰写了一本书，我也要写一本书，把自己的犯罪和改造过程如实写出来，并研究一下如何充分发挥党内民主、实现地方党的书记党内直选等问题，如果能够给我们的党员干部带来一些警示，如果能给党提供一些参考意见，我想，我算是对得起我那些因我而去的亲人，对得起监狱对我的挽救。"

接下来是鲁本川，与前两个不同的是，他结合自己的犯罪过程，重点剖析了"雅贪"与文物市场的关系，"雅贪"是如何在文物市场洗钱的，并提出国家对文物市场应当加强监管，完善立法，杜绝某些官员利用这个市场洗钱。

"我的汇报完了，谢谢各位领导。"鲁本川说，然后深深鞠躬，"说句心里话，从认罪悔罪这个角度出发，我不配站在这里现身说法……"

他拿出一个信封，扬了扬。

马星宇立即惊出一身冷汗，也顾不了那么多了，立即命令民警把他带离现场。

在场的人都始料未及，心里都在想，这场现身说法砸了，不仅文守卫这面子丢大了，而且省纪委副书记王炳松脸上也无光。

文守卫站起来，从容地说："马监狱长，让他把话说完嘛。"

鲁本川低下头，过了好一阵子，才仰起头，深深吸了一口气，才说："我还有余罪……"

鲁本川说完，低下头，双手拿着信封，伸出去。

会场似乎凝滞了，人们似乎都能听见彼此的呼吸声。

王炳松站起来，使劲地鼓掌。

会场响起了经久不息的掌声。

待掌声平息后，王炳松问主持人："徐昌黎政委，下一个议程是什么？"

"报告书记，是参观监狱。"

"我看，加一个议程，我们送送谢天明和潘佳杰。"

王炳松分别拉着谢天明和潘佳杰的手，慢慢地走向大门。两人没有想到为他们送行的，是王炳松，还有五十几个领导，诚惶诚恐。

"我期待早日看到你的书稿！"王炳松拍拍谢天明说。

谢天明热泪盈眶，使劲点头。

"我期待你下一部作品！"他又对潘佳杰说。

潘佳杰也连连点头，激动得说不出话来。

谢小婉和文子平牵着平平的手走过来，喊了一声爸爸，然后蹲在去，指着谢天明说："平平，这是爸爸，叫爸爸。"

平平怯生生看着谢天明，低声叫了一声爸爸。

谢天明疑惑地看着他们，谢小婉在他耳朵边说了几句，他弯腰将平平抱起来，端详着平平，迟疑了一下，在平平脸上亲了一口，然后朝王炳松他们挥挥手，一步一回头地慢慢而去。

潘佳杰没有回头，步伐很快，转眼就消失在人流中。

"要是潘佳杰知道他儿子和妻子就在前面等着他，今天的现身说法可能更加精彩……"陈莉磨蹭到文守卫的身边，有些惋惜地说。

"他有一个好的归宿，这比什么都精彩！"文守卫微笑着说。

文守卫正陪同王炳松一行参观监狱的时候，马星宇接到特警队报告，说潘佳杰突然返回，要见文守卫局长、马旭东副监狱长和陈莉主任。他们说领导现在很忙，叫他离开，哪知他一下子跪在监狱大门不走，非要见。随后，他妻子也赶来了，和他一并跪着。

陈莉清楚是怎么一回事，便请示文守卫见还是不见。

文守卫笑笑："不见为好。"

王炳松问怎么一回事，文守卫便将潘佳杰和吴双双事儿简要说了一下。

王炳松高兴地说："你们不仅挽救了一个人，还挽救了一个家庭。家庭是什么？

是亲情。幸福、圆满、和睦的家庭是社会发展的细胞，也是我们国家安定、和谐和生机勃勃基础。这事儿，你们干得漂亮！"

"不过，我倒是很欣赏吴双双的个性，她一定要坚持潘佳杰必须经过监狱改造的考验，才同意接纳潘佳杰。"马星宇说。

"当一扇门为你关闭时，一定有一扇窗为你打开。就像监狱的AB门……"陈莉说。

"这也是你们女人的可爱，也是可怕之处！"马星宇笑道。

王炳松一行人都笑起来。

笑声未落，马旭东疾步跑过来，把马星宇拉到一旁报告，说昨天新来的那个吴友明企图自杀。

（3）

一年后，阳春三月。

阳光灿烂，天高云淡。一辆警车缓缓停靠在乡村公路的尽头。陈莉从车上下来，文子平和挺着大肚子的谢小婉迎上去。

陈莉笑着拥抱谢小婉："几个月了？"

"六个月了。"

陈莉转向文子平，责备说："子平，小婉这么颠簸，你就不心疼？"

谢小婉灿烂地笑："姐，是我自己要来的。"她指着前方，"看，爸爸来了。"

谢天明一身粗布衣服，精神矍铄，牵着平平，慢慢走在山道上。

平平问："爸爸，我们去哪儿呀？"

"我们去看妈妈。"

"妈妈在哪儿呀？"

"妈妈呀，妈妈在通往天堂的驿站！"

后　记

▼

——几十年来风雨兼程的最好纪念册

文/张宏伟

　　12月中旬，我正在宜宾出差，洪与给我打来电话，希望我能为该书写篇后记。在电话里，我告诉他，这后记我写不好，我建议他请名家写，这样的效果肯定会不一样。

　　坦诚而言，我清楚地知道我还没有能力和资格谈论他笔下的小说，我不具备恰当地看待他小说的眼光。对于这样一个和我长期相处、相知、相交的朋友和同事，我感到深深的愧疚，我们同处一城，但我们之间的关心、问候和支援实在太少了。

　　很多年以前，我和洪与都曾经在川北米仓山南麓群山环抱的小镇工作生活。那时的监狱隐藏在小镇的深山里，从大学毕业来到那里，我们的青春岁月就开始变得支离破碎，根本无法拼凑成一副完整的骨骼。很多时候，我们自以为会刻骨铭心的青春其实很快就灰飞烟灭了，没有人能阻挡时间的洪流，就像没有人能够追及风的脚步一样。

　　何况，青春于我们，如握在手心的一把碎玻璃，每一个侧面都锋利如针尖如刀刃，每一转侧，都要流血，都要痛。

　　那时监狱生产以矿业为主，钢丝绳和长木板搭成的吊桥是监狱内唯一的风景。人走在吊桥上，整个身心都会跟着桥身剧烈的摇晃，几十米深的峡谷底下就是打着漩涡的黑色水浪，留给人的就只有灰黑色的晕眩。监狱矿区周围河沟的水在时间的流逝中变得越来越黑，民警职工得肺病的人越来越多。在很多个夕阳西下的时候，我都会跑到矿区山后去看落日的余晖，这种时候，离开矿区的念头在我心里就会越来越强烈。

若干年后，我和洪与都相继离开了川北山区，先后来到了华蓥山下的溪口。号称川东第一镇的溪口，与川北小镇有着惊人的相似之处：远离城市，群山环抱，以矿业为主，黑烟笼罩。当时的华蓥监狱（现在的嘉陵监狱）正着手搬离溪口，准备整体迁至四川的南充市郊。那时我们都有幸留在了监狱宣教科，我从事宣传工作，他从事《嘉苑》编辑工作。我们常常在办公室或者招待所彻夜交谈，言谈中他流露出了小说创作的意愿。

从2007年开始，他的创作工作显然卓有成效，主要作品有长篇小说《临危受命》、《敌人》、《大国相——蜀汉丞相诸葛亮》等。他不仅是四川省作协会员，还是新华文轩的签约作家。

监狱题材的小说创造，在中国小说文学史上，严格地来说还是一片空白。虽然类似题材的影视文艺作品很多，但那些故事几乎都太过虚构和夸张，已经脱离了现代监狱管理的基本事实，因此根本不能算是中国现代监狱真实的展现。《交锋》中吴友明与谢天明的堕落轨迹，再一次印证了在物质盛宴的今天，物质与权力养育出来的情感不堪一击的真理。物质与权力滋生出的情感脆弱得任何人都不能相信人和人还能创造一种爱和爱的永恒，脆弱得只愿在手指敲击键盘的网络中用匿名虚拟的假借名，互相感受着丝丝缕缕的似真似幻的温情，感受着更为真切的缥缈与虚无。在此情况下，很多人都开始忧虑，不分年龄，不分男女，不分有钱无钱，在物欲的喧嚣中对未来开始史无前例的焦虑、愤怒、嫉妒、怨恨、纷乱，金钱、美女、奔驰、宝马、皮尔卡丹、LV，一切都没劲。人活着什么都有，就是没有幸福。

在监狱体制改革和布局调整即将结束的时候写完《交锋》，洪与已经是中年人了。人是有本命年的，中年是人生最身心憔悴的阶段，上要养老，下要哺小，但他一如既往的坚持小说创造，实属可贵。早在内江读书的时候，我也曾经做过文学梦。当时我使出半月不出家门的勇气，试图缔造我那自认为浩荡深远的长篇小说，可惜终究未能完成，一而鼓，再而衰，三而竭，文学梦就此断了。可事隔多年的今天，当我读到洪与的文字，我才知道文学作品不是缔造出来的，而是工作生活的真实再现，是用心去真实体会感悟出来的。写到此处，我不由得为自己常常把多余的时间浸泡在麻将桌上而汗颜和愧疚。

《交锋》中平溪监狱着墨虽然不多，但它的影子，在我脑海里一直挥之不去，川北矿区的荒野，以及矿区那些荒野的人和事，一直在我的脑海里萦绕。时至今日，我还记起这样一个冬天，办公室的杨叔生起了炉火，我们几个人都围坐在炉火旁边取暖。煤炭在炉中烘烘地燃烧着，屋子里暖烘烘的，我的手和脸都烤得发烫了，脊背却依旧凉飕飕的。窗外的寒风正从我看不见的一道道裂缝中吹进来。寒冷的冬天又一次来到这个荒芜的小山头，来到我们每个人的身边。几天以前我看见杨叔用报纸在糊窗户，但寒风还是进来了。它比我们每个人都熟悉墙上的每一道细微裂缝。

川北小镇，我不知道我所工作的那个山头，真正有多大，我住在它的一个角上。

我也不知道那个山头，到底住了多少人。在那些寒冷的冬天里，我异想天开地认为下雪了就可以不工作了，那些监狱民警就不用穿着警服带服刑人员下矿井采煤了。动物在雪天都会进入冬眠，我们都有理由放下手里的事情，紧围着火炉，努力烤热自己，然后用温暖的双手，在冬天里从头到尾抚摸自己冰凉的一生。

但是，对于川北冬天里那些遥远的山头，我清楚地记得那些劳动着的人影，他们真实得近乎虚无。他们没有声音，也没有其他声音打扰他们。这是一群纪律严格的真正的劳动者，每天早晨，从黑暗中爬起来便开始干活。我不敢相信他们是人。他们更多的是影子，或者机器。我什么也看不深也看不透，我的视野局限了我，久居山头的孤陋生活局限了我的视野也局限了我的一生。那时我在想，一个人活下去的理由可能不会比一粒芝麻大。在那些荒野中，我突然醒悟，每个人的生活状态，都不是选择，而是命运。物种起源的法则告诉我，所有的生命都必须从水开始，那时我心情悲观到让我自认为自己不过是泥土里生长的蚯蚓，在一片片潮湿的泥土里，沉默，压抑，吞食泥土再分泌泥土，像根一样寻找生存。

我清楚地记得我到川北参加工作报到的第一个夜晚，我整夜的睡不着觉，听见外面的一条狗围着屋外的两座荒坟不停地叫。它的叫声凄厉悠长，当时我不知道它要干什么，仿佛小时候我家丢失的一只猫回来清水监狱，它找不到进家的门，只有不停地叫。

我想起身去看看，想到那两个荒坟，我就动不了身，胸脯像被什么东西压住，也喊不出声。

在那些辗转反侧难眠的夜里，那挥之不去如乱云飞渡的思绪，不痛不痒地撩拨我的自尊和沉默。在那种时候，我就特别想逃。

我相信，凡是在监狱基层工作过的警察，都和《交锋》中王寿贵一样，或者与我和洪与一样，经历过曾经的荒野山头，在那些荒野的山头和寒冷的冬天，冻结了他们年少轻狂的最后一点理想和愿望，雪藏了他们的正常生活。那些合理的或者不合理的规则和事物，在他们的眼里突然之间变成了一个残旧的舞台，而舞台上正在轮番上演着一些蹩脚的戏剧，他们的腰身，在蹩脚的戏剧中也早已变成了一张张弯弓。

帕斯卡尔说："人是一支有思想的芦苇。"芦苇是脆弱的，但脆弱中有思想的灵魂，就比自然任何东西都要高贵。在此，我想说的是，监狱民警，从来不缺思想者，更不缺思想的探索者和改革的开拓者，但他们是真苦，真累，真穷。监狱的工作，是真难。

我只是希望，《交锋》的出版，但愿读者和社会各职能部门，对监狱能真的了解，真的理解，真的支持。

行文至此，我突然感觉到自己神清气爽了起来，不经意地抬头望向窗外，不禁想象在冬的那头，一定是万物复苏的暖春。关于监狱浴火重生的故事，关于监狱的孤独、怅惘、清苦、荒芜，以及监狱民警坚毅、执着、忍耐、等待的影像，洪与用他的《交锋》，都一一收录了起来，装帧成的这一本本文字，是用以祭奠我们监狱民警和监狱几十年来风雨兼程的最好纪念册。